大学赤本シリーズ

531

同志社大学

社会学部－学部個別日程

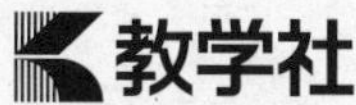

は し が き

おかげさまで，大学入試の「赤本」は，今年で創刊 70 周年を迎えました。

これまで，入試問題や資料をご提供いただいた大学関係者各位，掲載許可をいただいた著作権者の皆様，各科目の解答や対策の執筆にあたられた先生方，そして，赤本を使用してくださったすべての読者の皆様に，厚く御礼を申し上げます。

以下に，創刊初期の「赤本」のはしがきを引用します。これからも引き続き，受験生の目標の達成や，夢の実現を応援してまいります。

本書を活用して，入試本番では持てる力を存分に発揮されることを心より願っています。

編者しるす

＊　＊　＊

学問の塔にあこがれのまなざしをもって，それぞれの志望する大学の門をたたかんとしている受験生諸君！ 人間として生まれてきた私たちは，自己の欲するままに，美しく，強く，そして何よりも人間らしく生きることをねがっている。しかし，一朝一夕にして，この純粋なのぞみが達せられることはない。私たちの行く手には，絶えずさまざまな試練がまちかまえている。この試練を克服していくところに，私たちのねがう真に人間的な世界がはじめて開かれてくるのである。

人生最初の最大の試練として，諸君の眼前に大学入試がある。この大学入試は，精神的にも身体的にも，大きな苦痛を感ぜしめるであろう。あるスポーツに熟達するには，たゆみなき，はげしい練習を積み重ねることが必要であるように，私たちは，計画的・持続的な努力を払うことによって，この試練を克服し，次の一歩を踏みだすことができる。厳しい試練を経たのちに，はじめて満足すべき成果を獲得できるのである。

本書は最近の入学試験の問題に，それぞれ解答を付し，さらに問題をふかく分析することによって，その大学独特の傾向や対策をさぐろうとした。本書を一般の参考書とあわせて使用し，まとはずれのない，効果的な受験勉強をされるよう期待したい。

（昭和 35 年版「赤本」はしがきより）

挑む人の、いちばんの味方

1954年に大学入試の過去問題集を刊行してから70年。赤本は大学に入りたいと思う受験生を応援しつづけてきました。これからも，苦しいとき落ち込むときにそばで支える存在でいたいと思います。

そして，勉強をすること，自分で道を決めること，努力が実ること，これらの喜びを読者の皆さんが感じることができるよう，伴走をつづけます。

そもそも赤本とは…

受験生のための大学入試の過去問題集！

70年の歴史を誇る赤本は，500点を超える刊行点数で全都道府県の370大学以上を網羅しており，過去問の代名詞として受験生の必須アイテムとなっています。

なぜ受験に過去問が必要なのか？

大学入試は大学によって問題形式や頻出分野が大きく異なるからです。

赤本の掲載内容

傾向と対策

これまでの出題内容から，問題の「**傾向**」を分析し，来年度の入試に向けて具体的な「**対策**」の方法を紹介しています。

問題編・解答編

- 年度ごとに問題とその解答を掲載しています。
- 「**問題編**」ではその年度の試験概要を確認したうえで，実際に出題された過去問に取り組むことができます。
- 「**解答編**」には高校・予備校の先生方による解答が載っています。

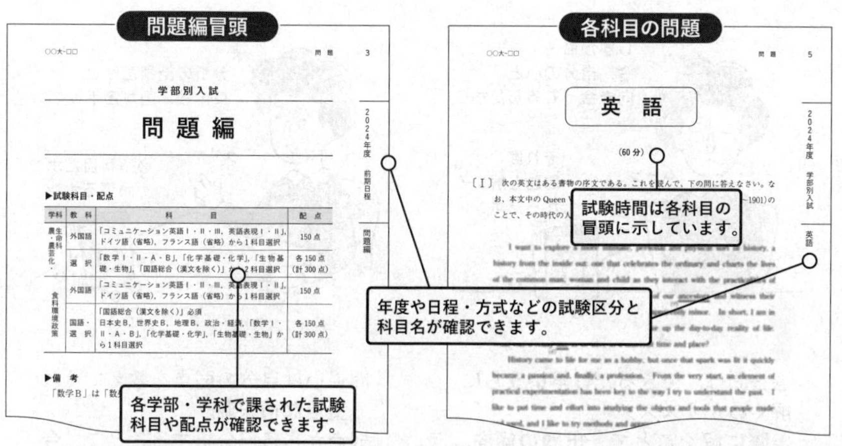

他にも，大学の基本情報や，先輩受験生の合格体験記，在学生からのメッセージなどが載っていることがあります。

掲載内容について

著作権上の理由やその他編集上の都合により問題や解答の一部を割愛している場合があります。
なお，指定校推薦入試，社会人入試，編入学試験，帰国生入試などの特別入試，英語以外の外国語科目，商業・工業科目は，原則として掲載しておりません。また試験科目は変更される場合がありますので，あらかじめご了承ください。

受験勉強は

過去問に始まり，

STEP 1

なにはともあれ

まずは解いてみる

しずかに…
今，自分の心と
向き合ってるんだから

ムーン

それは
問題を解いて
からだホン!

過去問は，**できるだけ早いうちに解く**のがオススメ！
実際に解くことで，**出題の傾向，問題のレベル，今の自分の実力**がつかめます。

STEP 2

じっくり具体的に

弱点を分析する

間違いは自分の弱点を教えてくれる**貴重な情報源**。
弱点から自己分析することで，**今の自分に足りない力や苦手な分野**が見えてくるはず！

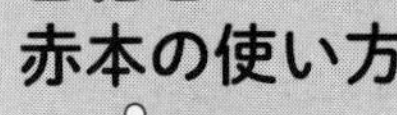

傾向と対策を熟読

（Fさん／国立大合格）

大学の出題傾向を調べるために，赤本に載っている「傾向と対策」を熟読しました。

繰り返し解く

（Tさん／国立大合格）

1周目は問題のレベル確認，2周目は苦手や頻出分野の確認に，3周目は合格点を目指して，と過去問は繰り返し解くことが大切です。

過去問に終わる。

STEP 3

志望校にあわせて

苦手分野の重点対策

参考書や問題集を活用して，苦手分野の**重点対策**をしていきます。**過去問を指針**に，合格へ向けた具体的な学習計画を立てましょう！

STEP 1▶2▶3

サイクルが大事!

実践を繰り返す

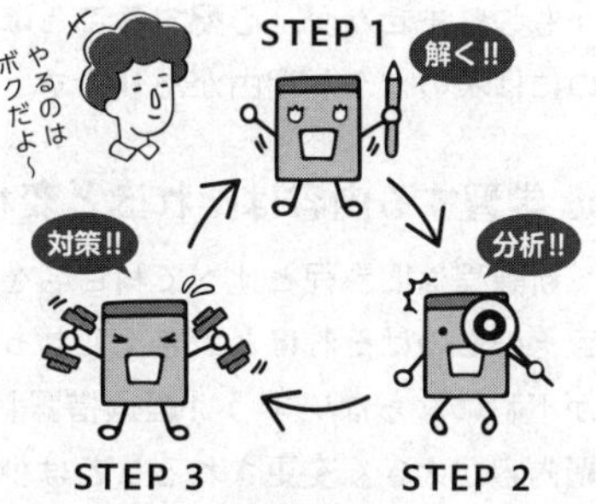

STEP 1～3を繰り返し，実力アップにつなげましょう！
出題形式に慣れることや，**時間配分を考えること**も大切です。

目標点を決める
（Yさん／私立大合格）
赤本によっては合格者最低点が載っているので，それを見て目標点を決めるのもよいです。

時間配分を確認
（Kさん／私立大学合格）
赤本は時間配分や解く順番を決めるために使いました。

添削してもらう
（Sさん／私立大学合格）
記述式の問題は先生に添削してもらうことで自分の弱点に気づけると思います。

新課程入試 Q&A

2022 年度から新しい学習指導要領（新課程）での授業が始まり，2025 年度の入試は，新課程に基づいて行われる最初の入試となります。ここでは，赤本での新課程入試の対策について，よくある疑問にお答えします。

Q1. 赤本は新課程入試の対策に使えますか？

A. もちろん使えます！

旧課程入試の過去問が新課程入試の対策に役に立つのか疑問に思う人もいるかもしれませんが，心配することはありません。旧課程入試の過去問が役立つのには次のような理由があります。

● 学習する内容はそれほど変わらない

新課程は旧課程と比べて科目名を中心とした変更はありますが，学習する内容そのものはそれほど大きく変わっていません。また，多くの大学で，既卒生が不利にならないよう「経過措置」がとられます（Q３参照）。したがって，出題内容が大きく変更されることは少ないとみられます。

● 大学ごとに出題の特徴がある

これまでに課程が変わったときも，各大学の出題の特徴は大きく変わらないことがほとんどでした。入試問題は各大学のアドミッション・ポリシーに沿って出題されており，過去問にはその特徴がよく表れています。過去問を研究してその大学に特有の傾向をつかめば，最適な対策をとることができます。

出題の特徴の例	・英作文問題の出題の有無 ・論述問題の出題（字数制限の有無や長さ） ・計算過程の記述の有無

新課程入試の対策も，赤本で過去問に取り組むところから始めましょう。

Q2. 赤本を使う上での注意点はありますか？

A. 志望大学の入試科目を確認しましょう。

注意

過去問を解く前に，過去の出題科目（問題編冒頭の表）と 2025 年度の募集要項とを比べて，課される内容に変更がないかを確認しましょう。ポイントは以下のとおりです。科目名が変わっていても，実際は旧課程の内容とほとんど同様のものもあります。

英語・国語	科目名は変更されているが，実質的には変更なし。 ▶▶ **ただし，リスニングや古文・漢文の有無は要確認。**
地歴	科目名が変更され，「歴史総合」「地理総合」が新設。 ▶▶ **新設科目の有無に注意。ただし，「経過措置」(Q３参照) により内容は大きく変わらないことも多い。**
公民	「現代社会」が廃止され，「公共」が新設。 ▶▶ **「公共」は実質的には「現代社会」と大きく変わらない。**
数学	科目が再編され，「数学 C」が新設。 ▶▶ **「数学」全体としての内容は大きく変わらないが，出題科目と単元の変更に注意。**
理科	科目名も学習内容も大きな変更なし。

数学については，科目名だけでなく，どの単元が含まれているかも確認が必要です。例えば，出題科目が次のように変わったとします。

旧課程	「数学Ⅰ・数学Ⅱ・数学 A・数学 B（数列・ベクトル）」
新課程	「数学Ⅰ・数学Ⅱ・数学 A・**数学 B（数列）・数学 C（ベクトル）**」

この場合，新課程では「数学C」が増えていますが，単元は「ベクトル」のみのため，実質的には旧課程とほぼ同じであり，過去問をそのまま役立てることができます。

Q3. 「経過措置」とは何ですか？

A. 既卒の旧課程履修者への対応です。

多くの大学では，既卒の旧課程履修者が不利にならないように，出題において「経過措置」が実施されます。措置の有無や内容は大学によって異なるので，募集要項や大学のウェブサイトなどで確認しておきましょう。

○旧課程履修者への経過措置の例

- 旧課程履修者にも配慮した出題を行う。
- 新・旧課程の共通の範囲から出題する。
- 新課程と旧課程の共通の内容を出題し，共通範囲のみでの出題が困難な場合は，旧課程の範囲からの問題を用意し，選択解答とする。

例えば，地歴の出題科目が次のように変わったとします。

旧課程	「日本史 B」「世界史 B」から 1 科目選択
新課程	「**歴史総合**，日本史探究」「**歴史総合**，世界史探究」から 1 科目選択※ ※旧課程履修者に不利益が生じることのないように配慮する。

「歴史総合」は新課程で新設された科目で，旧課程履修者には見慣れないものですが，上記のような経過措置がとられた場合，新課程入試でも旧課程と同様の学習内容で受験することができます。

新課程の情報は WEB もチェック！
より詳しい解説が赤本ウェブサイトで見られます。
https://akahon.net/shinkatei/

科目名が変更される教科・科目

	旧課程	新課程
国語	国語総合 国語表現 現代文A 現代文B 古典A 古典B	現代の国語 言語文化 論理国語 文学国語 国語表現 古典探究
地歴	日本史A 日本史B 世界史A 世界史B 地理A 地理B	歴史総合 日本史探究 世界史探究 地理総合 地理探究
公民	現代社会 倫理 政治・経済	公共 倫理 政治・経済
数学	数学Ⅰ 数学Ⅱ 数学Ⅲ 数学A 数学B 数学活用	数学Ⅰ 数学Ⅱ 数学Ⅲ 数学A 数学B 数学C
外国語	コミュニケーション英語基礎 コミュニケーション英語Ⅰ コミュニケーション英語Ⅱ コミュニケーション英語Ⅲ 英語表現Ⅰ 英語表現Ⅱ 英語会話	英語コミュニケーションⅠ 英語コミュニケーションⅡ 英語コミュニケーションⅢ 論理・表現Ⅰ 論理・表現Ⅱ 論理・表現Ⅲ
情報	社会と情報 情報の科学	情報Ⅰ 情報Ⅱ

目　次

2022年度 問題と解答

●学部個別日程（社会学部）

解答用紙は，赤本オンラインに掲載しています。

https://akahon.net/kkm/dsh/index.html

※掲載内容は，予告なしに変更・中止する場合があります。

掲載内容についてのお断り

- 推薦選抜入試および大学入学共通テスト利用入試の個別学力検査は掲載していません。

基本情報

沿革

1875（明治 8）　官許同志社英学校開校

1884（明治 17）彰栄館（同志社最初の煉瓦建築）竣工
1886（明治 19）礼拝堂（チャペル）竣工
1887（明治 20）書籍館（現・有終館）開館
1894（明治 27）クラーク神学館（現・クラーク記念館）開館

1912（明治 45）　専門学校令による同志社大学開校
1920（大正 9）　大学令による同志社大学の開校。文学部，法学部を設置
1944（昭和 19）　文，法の 2 学部を法文学部 1 学部に縮小
1946（昭和 21）　学部を復旧し元の 2 学部に
1947（昭和 22）　文学部神学科が神学部となる
1948（昭和 23）　新制大学開校。神，文，法，経済学部を設置
1949（昭和 24）　商学部，工学部を設置
1950（昭和 25）　短期大学部（夜間 2 年制）を設置
1954（昭和 29）　短期大学部を発展的に解消，2 部（4 年制）を設置（文，法，経済，商，工各学部）

1975（昭和 50）	創立 100 周年
2004（平成 16）	政策学部を設置
2005（平成 17）	社会学部，文化情報学部を設置
2008（平成 20）	生命医科学部，スポーツ健康科学部を設置。工学部を理工学部に改組再編・名称変更
2009（平成 21）	心理学部を設置
2011（平成 23）	グローバル・コミュニケーション学部を新設。国際教育インスティテュートを開設
2013（平成 25）	グローバル地域文化学部を設置

校章

正三角形を 3 つ寄せたこのマークは，国あるいは土を意味するアッシリア文字『ムツウ』を図案化したものです。考案者の湯浅半月は，同志社が生んだ詩人（代表作『十二の石塚』）であり古代オリエント学者でもありました。制定された当時，半月は同志社神学校教授でした。制定以来，知・徳・体の三位一体あるいは調和をめざす同志社の教育理念をあらわすものと解釈されています。

学部・学科の構成

（注）学部・学科および大学院に関する情報は 2024 年 4 月現在のものです。

大　学

●神学部　今出川校地

神学科

●文学部　今出川校地

英文学科

哲学科

美学芸術学科

文化史学科

国文学科

●社会学部　今出川校地

社会学科

社会福祉学科

メディア学科

産業関係学科

教育文化学科

●法学部　今出川校地

法律学科

政治学科（現代政治コース，歴史・思想コース，国際関係コース）

●経済学部　今出川校地

経済学科

●商学部　今出川校地

商学科（商学総合コース，フレックス複合コース）

●政策学部　今出川校地

政策学科

●グローバル地域文化学部　今出川校地

グローバル地域文化学科（ヨーロッパコース，アジア・太平洋コース，アメリカコース）

●**文化情報学部** 京田辺校地

文化情報学科

●**理工学部** 京田辺校地

インテリジェント情報工学科

情報システムデザイン学科

電気工学科

電子工学科

機械システム工学科

機械理工学科

機能分子・生命化学科

化学システム創成工学科

環境システム学科

数理システム学科

●**生命医科学部** 京田辺校地

医工学科

医情報学科

医生命システム学科

●**スポーツ健康科学部** 京田辺校地

スポーツ健康科学科

●**心理学部** 京田辺校地

心理学科

●**グローバル・コミュニケーション学部** 京田辺校地

グローバル・コミュニケーション学科（英語コース，中国語コース，日本語コース） ※日本語コースは外国人留学生を対象としたコース

大学院

神学研究科／文学研究科／社会学研究科／法学研究科／経済学研究科／商学研究科／総合政策科学研究科／文化情報学研究科／理工学研究科／生命医科学研究科／スポーツ健康科学研究科／心理学研究科／グローバル・スタディーズ研究科／脳科学研究科／司法研究科（法科大学院）／ビジネス研究科（ビジネススクール）

大学所在地

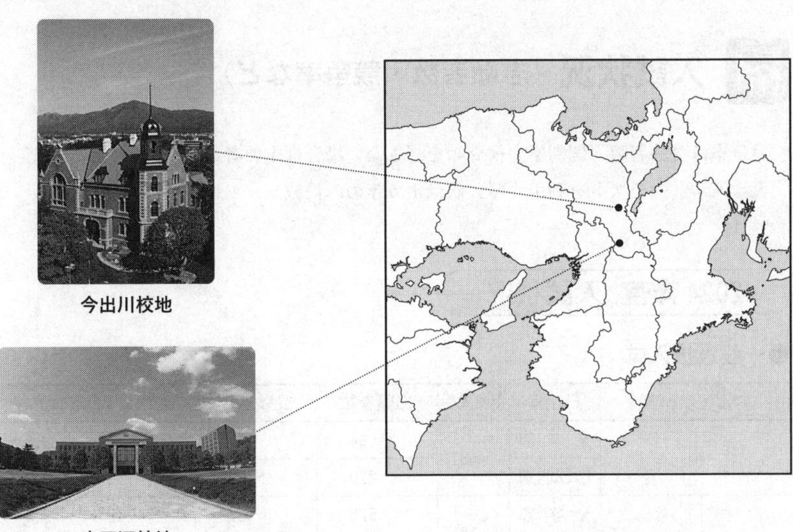

今出川校地　〒602-8580　京都市上京区今出川通烏丸東入
京田辺校地　〒610-0394　京田辺市多々羅都谷１－３

入試データ

入試状況（志願者数・競争率など）

○競争率は受験者数（個別学力検査等を課さない場合は志願者数）÷合格者数で算出。
○大学入学共通テストを利用する入試は１カ年のみ掲載。

2024年度 入試状況

●一般選抜入試

学部・学科等		日程	募集人員	志願者数	受験者数	合格者数	競争率
神		全学部	31	64	62	16	3.9
		学部個別		220	209	63	3.3
文	英文	全学部	185	520	507	212	2.4
		学部個別		784	764	331	2.3
	哲	全学部	48	239	229	78	2.9
		学部個別		310	298	102	2.9
	美学芸術	全学部	49	213	208	64	3.3
		学部個別		248	236	78	3.0
	文化史	全学部	76	380	373	164	2.3
		学部個別		451	435	161	2.7
	国文	全学部	79	327	316	104	3.0
		学部個別		396	378	149	2.5
社会	社会	全学部	51	206	199	46	4.3
		学部個別		728	690	161	4.3
	社会福祉	全学部	54	149	143	27	5.3
		学部個別		663	635	144	4.4
	メディア	全学部	53	178	173	33	5.2
		学部個別		499	482	91	5.3
	産業関係	全学部	47	36	35	12	2.9
		学部個別		446	436	201	2.2

（表つづく）

<table>
<tr><th colspan="2">学部・学科等</th><th>日　程</th><th>募集人員</th><th>志願者数</th><th>受験者数</th><th>合格者数</th><th>競争率</th></tr>
<tr><td rowspan="2">社　会</td><td rowspan="2">教育文化</td><td>全学部</td><td rowspan="2">42</td><td>128</td><td>125</td><td>49</td><td>2.6</td></tr>
<tr><td>学部個別</td><td>310</td><td>297</td><td>121</td><td>2.5</td></tr>
<tr><td rowspan="4">法</td><td rowspan="2">法　律</td><td>全学部</td><td rowspan="2">380</td><td>1,343</td><td>1,286</td><td>481</td><td>2.7</td></tr>
<tr><td>学部個別</td><td>2,177</td><td>2,070</td><td>801</td><td>2.6</td></tr>
<tr><td rowspan="2">政　治</td><td>全学部</td><td rowspan="2">104</td><td>212</td><td>207</td><td>81</td><td>2.6</td></tr>
<tr><td>学部個別</td><td>579</td><td>546</td><td>226</td><td>2.4</td></tr>
<tr><td colspan="2" rowspan="2">経　済</td><td>全学部</td><td rowspan="2">510</td><td>2,135</td><td>2,045</td><td>655</td><td>3.1</td></tr>
<tr><td>学部個別</td><td>3,679</td><td>3,524</td><td>1,087</td><td>3.2</td></tr>
<tr><td rowspan="4">商</td><td rowspan="2">商学総合</td><td>全学部</td><td rowspan="2">344</td><td>919</td><td>885</td><td>257</td><td>3.4</td></tr>
<tr><td>学部個別</td><td>2,126</td><td>2,032</td><td>586</td><td>3.5</td></tr>
<tr><td rowspan="2">フレックス複合</td><td>全学部</td><td rowspan="2">75</td><td>180</td><td>176</td><td>43</td><td>4.1</td></tr>
<tr><td>学部個別</td><td>467</td><td>441</td><td>127</td><td>3.5</td></tr>
<tr><td colspan="2" rowspan="2">政　策</td><td>全学部</td><td rowspan="2">204</td><td>737</td><td>709</td><td>145</td><td>4.9</td></tr>
<tr><td>学部個別</td><td>1,820</td><td>1,729</td><td>377</td><td>4.6</td></tr>
<tr><td colspan="2" rowspan="4">文化情報</td><td>全学部（文系）</td><td rowspan="4">130</td><td>309</td><td>289</td><td>72</td><td>4.0</td></tr>
<tr><td>全学部（理系）</td><td>282</td><td>266</td><td>88</td><td>3.0</td></tr>
<tr><td>学部個別（文系型）</td><td>488</td><td>465</td><td>159</td><td>2.9</td></tr>
<tr><td>学部個別（理系型）</td><td>304</td><td>285</td><td>126</td><td>2.3</td></tr>
<tr><td rowspan="16">理　工</td><td rowspan="2">インテリジェント情報工</td><td>全学部</td><td>23</td><td>519</td><td>498</td><td>172</td><td>2.9</td></tr>
<tr><td>学部個別</td><td>23</td><td>464</td><td>427</td><td>138</td><td>3.1</td></tr>
<tr><td rowspan="2">情報システムデザイン</td><td>全学部</td><td>23</td><td>546</td><td>524</td><td>170</td><td>3.1</td></tr>
<tr><td>学部個別</td><td>23</td><td>526</td><td>475</td><td>163</td><td>2.9</td></tr>
<tr><td rowspan="2">電気工</td><td>全学部</td><td>27</td><td>324</td><td>311</td><td>167
〈26〉</td><td>1.9</td></tr>
<tr><td>学部個別</td><td>27</td><td>321</td><td>301</td><td>148</td><td>2.0</td></tr>
<tr><td rowspan="2">電子工</td><td>全学部</td><td>29</td><td>512</td><td>494</td><td>260</td><td>1.9</td></tr>
<tr><td>学部個別</td><td>29</td><td>376</td><td>353</td><td>173</td><td>2.0</td></tr>
<tr><td rowspan="2">機械システム工</td><td>全学部</td><td>37</td><td>745</td><td>725</td><td>412</td><td>1.8</td></tr>
<tr><td>学部個別</td><td>32</td><td>649</td><td>614</td><td>277</td><td>2.2</td></tr>
<tr><td rowspan="2">機械理工</td><td>全学部</td><td>27</td><td>489</td><td>467</td><td>266</td><td>1.8</td></tr>
<tr><td>学部個別</td><td>23</td><td>426</td><td>399</td><td>181</td><td>2.2</td></tr>
<tr><td rowspan="2">機能分子・生命化</td><td>全学部</td><td>26</td><td>595</td><td>581</td><td>274</td><td>2.1</td></tr>
<tr><td>学部個別</td><td>27</td><td>616</td><td>575</td><td>268</td><td>2.1</td></tr>
</table>

（表つづく）

学部・学科等		日程	募集人員	志願者数	受験者数	合格者数	競争率
理工	化学システム創成工	全学部	26	527	512	261	2.0
		学部個別	27	516	485	232	2.1
	環境システム	全学部	16	430	413	192〈9〉	2.2
		学部個別	17	399	377	166	2.3
	数理システム	全学部	11	237	223	89	2.5
		学部個別	13	297	279	121	2.3
生命医科	医工	全学部	30	288	271	144	1.9
		学部個別	36	380	358	192	1.9
	医情報	全学部	30	199	191	106	1.8
		学部個別	36	179	165	88	1.9
	医生命システム	全学部	17	520	503	196	2.6
		学部個別	24	534	509	198	2.6
スポーツ健康科		全学部（文系）	90	320	303	94	3.2
		全学部（理系）		134	130	52	2.5
		学部個別（文系型）		403	386	105	3.7
		学部個別（理系型）		138	130	53	2.5
心理		全学部（文系）	79	377	368	109	3.4
		全学部（理系）		100	93	25	3.7
		学部個別		512	483	149	3.2
グローバル・コミュニケーション	英語コース	全学部	50	210	202	46	4.4
		学部個別		381	366	103	3.6
	中国語コース	全学部	26	56	55	21	2.6
		学部個別		146	138	54	2.6
グローバル地域文化	ヨーロッパコース	全学部	46	175	172	67	2.6
		学部個別		268	256	93	2.8
	アジア・太平洋コース	全学部	37	114	109	40	2.7
		学部個別		187	179	62	2.9
	アメリカコース	全学部	31	109	107	25	4.3
		学部個別		235	231	59	3.9
合計			3,480	40,731	38,923	13,964	—

（備考）理工学部電気工・環境システム学科においては，全学部日程において第2志望合格を実施した。合格者数の〈 〉内は第2志望合格者で外数。競争率は第1志望合格者数より算出している。

●大学入学共通テストを利用する入試

学部・学科等			募集人員	志願者数	合格者数	競争率
神			2	42	7	6.0
文	英文	A方式	25	141	42	3.4
		B方式	10	414	215	1.9
	哲		3	117	40	2.9
	美学芸術		3	125	35	3.6
	文化史		5	200	49	4.1
	国文		4	244	63	3.9
社会	社会		5	144	27	5.3
	社会福祉		5	78	8	9.8
	メディア		5	69	23	3.0
	産業関係		5	23	1	23.0
	教育文化		5	255	60	4.3
法	法律		20	964	426	2.3
	政治		10	170	76	2.2
経済			27	1,673	543	3.1
商	商学総合		25	754	202	3.7
政策	3科目方式		30	399	72	5.5
	4科目方式		5	163	60	2.7
文化情報	A方式		20	187	34	5.5
	B方式		10	676	220	3.1
理工	インテリジェント情報工		5	209	40	5.2
	情報システムデザイン		5	245	59	4.2
	電気工		5	106	36	2.9
	電子工		5	215	73	2.9
	機械システム工		2	155	15	10.3
	機械理工		2	175	19	9.2
	機能分子・生命化		5	202	40	5.1
	化学システム創成工		5	201	40	5.0
	環境システム		2	243	41	5.9
	数理システム		2	116	27	4.3
生命医科	医工		5	135	39	3.5
	医情報		3	51	13	3.9
	医生命システム		2	181	30	6.0

（表つづく）

学部・学科等		募集人員	志願者数	合格者数	競争率
スポーツ健康科	3 科 目 方 式	5	250	67	3.7
	5 科 目 方 式	10	276	100	2.8
	スポーツ競技力加点方式	15	185	88	2.1
心理		5	300	69	4.3
グローバル地域文化	ヨーロッパコース	2	68	14	4.9
	アジア・太平洋コース	2	47	10	4.7
	アメリカコース	2	45	10	4.5
合計		313	10,243	3,033	—

2023年度　入試状況

●一般選抜入試

（　）内は女子内数

学部・学科等		日　程	募集人員	志願者数	受験者数	合格者数	競争率
神		全学部	31	86(45)	85(45)	23(10)	3.7
		学部個別		210(99)	206(97)	61(26)	3.4
文	英文	全学部	185	543(309)	530(299)	216(122)	2.5
		学部個別		843(487)	822(476)	348(198)	2.4
	哲	全学部	48	177(69)	171(67)	77(34)	2.2
		学部個別		264(108)	256(104)	107(43)	2.4
	美学芸術	全学部	49	161(122)	154(116)	52(41)	3.0
		学部個別		242(188)	231(181)	71(51)	3.3
	文化史	全学部	76	449(208)	437(204)	131(57)	3.3
		学部個別		583(262)	569(260)	165(69)	3.4
	国文	全学部	79	302(190)	295(188)	101(61)	2.9
		学部個別		377(237)	365(230)	129(87)	2.8
社会	社会	全学部	51	256(151)	250(149)	52(35)	4.8
		学部個別		890(387)	853(375)	164(83)	5.2
	社会福祉	全学部	54	81(60)	78(57)	22(18)	3.5
		学部個別		356(175)	350(171)	141(61)	2.5
	メディア	全学部	53	162(110)	160(108)	33(21)	4.8
		学部個別		442(278)	433(272)	114(65)	3.8
	産業関係	全学部	47	77(38)	72(36)	10(4)	7.2
		学部個別		839(283)	809(279)	174(59)	4.6
	教育文化	全学部	42	124(76)	120(73)	39(25)	3.1
		学部個別		385(216)	362(205)	99(62)	3.7
法	法律	全学部	380	1,300(533)	1,256(513)	462(195)	2.7
		学部個別		2,122(829)	2,014(790)	744(309)	2.7
	政治	全学部	104	209(82)	197(78)	77(29)	2.6
		学部個別		582(193)	550(181)	204(75)	2.7
経済		全学部	510	2,094(477)	2,006(460)	692(177)	2.9
		学部個別		3,581(941)	3,423(899)	1,158(316)	3.0

（表つづく）

学部・学科等		日　程	募集人員	志願者数	受験者数	合格者数	競争率
商	商学総合	全 学 部	344	1,026(399)	991(386)	219(92)	4.5
		学部個別		2,626(868)	2,513(836)	547(191)	4.6
	フレックス複　合	全 学 部	75	196(60)	187(57)	42(15)	4.5
		学部個別		424(136)	408(127)	111(38)	3.7
政　策		全 学 部	204	421(141)	411(137)	188(56)	2.2
		学部個別		1,176(462)	1,140(446)	514(198)	2.2
文　化　情　報		全 学 部(文　系)	130	261(133)	252(129)	75(32)	3.4
		全 学 部(理　系)		181(58)	175(57)	75(29)	2.3
		学部個別(文系型)		433(211)	404(195)	148(79)	2.7
		学部個別(理系型)		291(72)	275(71)	139(36)	2.0
理　工	インテリジェント情 報 工	全 学 部	23	612(45)	593(44)	227(10)	2.6
		学部個別	23	508(35)	482(32)	178(10)	2.7
	情報システムデ ザ イ ン	全 学 部	23	541(66)	526(61)	155(19)	3.4
		学部個別	23	617(64)	583(56)	191(13)	3.1
	電　気　工	全 学 部	27	307(16)	300(13)	178(　7) 〈　8(　0)〉	1.7
		学部個別	27	202(　7)	196(　5)	103(　1)	1.9
	電　子　工	全 学 部	29	506(24)	492(22)	261(10)	1.9
		学部個別	29	403(12)	389(11)	191(　4)	2.0
	機　械システム工	全 学 部	37	874(65)	845(62)	430(30)	2.0
		学部個別	32	764(43)	721(39)	302(14)	2.4
	機械理工	全 学 部	27	465(26)	453(24)	251(15) 〈 16(　1)〉	1.8
		学部個別	23	372(20)	346(17)	184(　7)	1.9
	機能分子・生命化	全 学 部	26	460(165)	446(160)	268(103)	1.7
		学部個別	27	489(143)	459(134)	248(78)	1.9
	化学システム創　成　工	全 学 部	26	505(144)	494(143)	299(89)	1.7
		学部個別	27	460(115)	441(110)	252(68)	1.8
	環　境システム	全 学 部	16	410(84)	396(84)	183(38) 〈　9(　0)〉	2.2
		学部個別	17	390(70)	369(67)	164(27)	2.3
	数　理システム	全 学 部	11	216(18)	205(15)	87(　6)	2.4
		学部個別	13	237(21)	218(19)	113(10)	1.9

(表つづく)

学部・学科等		日　程	募集人員	志願者数	受験者数	合格者数	競争率
生命医科	医　工	全学部	30	281(84)	274(84)	157(55)	1.7
		学部個別	36	305(83)	286(78)	160(45)	1.8
	医情報	全学部	30	263(85)	256(82)	108(35)	2.4
		学部個別	36	257(53)	237(48)	100(14)	2.4
	医生命システム	全学部	17	499(297)	476(277)	184(103)	2.6
		学部個別	24	386(224)	366(213)	148(78)	2.5
スポーツ健康科		全学部(文系)	90	274(96)	259(90)	72(30)	3.6
		全学部(理系)		145(32)	138(30)	54(19)	2.6
		学部個別(文系型)		371(123)	348(116)	97(37)	3.6
		学部個別(理系型)		145(31)	140(30)	54(16)	2.6
心　理		全学部(文系)	79	431(267)	410(257)	114(80)	3.6
		全学部(理系)		93(39)	85(35)	23(9)	3.7
		学部個別		607(372)	576(356)	164(103)	3.5
グローバル・コミュニケーション	英語コース	全学部	50	178(94)	174(92)	42(25)	4.1
		学部個別		338(179)	321(173)	88(47)	3.6
	中国語コース	全学部	26	58(46)	58(46)	27(20)	2.1
		学部個別		143(94)	142(94)	65(42)	2.2
グローバル地域文化	ヨーロッパコース	全学部	46	243(164)	241(163)	66(45)	3.7
		学部個別		391(250)	384(248)	88(64)	4.4
	アジア・太平洋コース	全学部	37	133(104)	131(102)	33(25)	4.0
		学部個別		262(197)	258(195)	73(51)	3.5
	アメリカコース	全学部	31	82(40)	81(40)	25(14)	3.2
		学部個別		162(84)	160(84)	62(31)	2.6
合　計			3,480	40,157 (13,914)	38,565 (13,405)	14,026 (4,647)	—

（備考）理工学部電気工・機械理工・環境システム学科においては，全学部日程において第２志望合格を実施した。合格者数の〈　〉内は第２志望合格者で外数。競争率は第１志望合格者数より算出している。

2022年度 入試状況

●一般選抜入試

（ ）内は女子内数

学部・学科等		日程	募集人員	志願者数	受験者数	合格者数	競争率
神		全学部	31	58(28)	56(27)	18(10)	3.1
		学部個別		172(65)	160(60)	50(19)	3.2
文	英文	全学部	185	513(295)	499(286)	209(126)	2.4
		学部個別		801(477)	776(466)	351(216)	2.2
	哲	全学部	48	190(62)	186(60)	60(16)	3.1
		学部個別		275(109)	265(105)	91(37)	2.9
	美学芸術	全学部	49	186(148)	184(147)	52(43)	3.5
		学部個別		236(190)	231(185)	80(63)	2.9
	文化史	全学部	76	330(152)	321(149)	145(72)	2.2
		学部個別		470(222)	457(217)	200(102)	2.3
	国文	全学部	79	389(240)	371(229)	106(61)	3.5
		学部個別		525(321)	510(313)	135(90)	3.8
社会	社会	全学部	51	211(127)	207(123)	55(28)	3.8
		学部個別		702(300)	679(293)	177(96)	3.8
	社会福祉	全学部	54	125(87)	123(85)	26(19)	4.7
		学部個別		564(275)	548(269)	143(76)	3.8
	メディア	全学部	53	163(117)	162(117)	31(25)	5.2
		学部個別		460(279)	453(276)	101(64)	4.5
	産業関係	全学部	47	46(22)	45(21)	7(3)	6.4
		学部個別		606(196)	598(194)	211(60)	2.8
	教育文化	全学部	42	118(77)	111(72)	52(35)	2.1
		学部個別		268(150)	252(140)	111(69)	2.3
法	法律	全学部	380	1,376(510)	1,329(492)	411(153)	3.2
		学部個別		2,370(851)	2,251(811)	705(253)	3.2
	政治	全学部	104	199(65)	192(65)	67(29)	2.9
		学部個別		669(209)	633(203)	203(78)	3.1
経済		全学部	510	1,957(394)	1,880(382)	663(144)	2.8
		学部個別		3,529(798)	3,390(768)	1,187(251)	2.9

（表つづく）

学部・学科等		日　程	募集人員	志願者数	受験者数	合格者数	競争率
商	商学総合	全学部	344	836(299)	802(288)	250(90)	3.2
		学部個別		2,146(703)	2,049(673)	633(197)	3.2
	フレックス複合	全学部	75	102(42)	94(39)	35(12)	2.7
		学部個別		242(81)	232(77)	78(31)	3.0
政策		全学部	204	509(191)	495(188)	158(52)	3.1
		学部個別		1,319(544)	1,278(530)	397(174)	3.2
文化情報		全学部(文系)	130	194(74)	188(69)	76(30)	2.5
		全学部(理系)		142(38)	134(33)	61(16)	2.2
		学部個別(文系型)		320(152)	303(147)	102(52)	3.0
		学部個別(理系型)		211(46)	200(43)	108(26)	1.9
理工	インテリジェント情報工	全学部	23	705(57)	680(55)	243(14)	2.8
		学部個別	23	572(43)	529(41)	185(14)	2.9
	情報システムデザイン	全学部	23	559(70)	540(66)	194(17)	2.8
		学部個別	23	489(60)	452(56)	202(15)	2.2
	電気工	全学部	27	286(12)	274(11)	158(7) 〈 12(1)〉	1.7
		学部個別	27	228(9)	213(9)	104(5)	2.0
	電子工	全学部	29	404(18)	384(17)	225(12)	1.7
		学部個別	29	343(6)	329(6)	155(3)	2.1
	機械システム工	全学部	37	775(56)	746(54)	426(37)	1.8
		学部個別	32	673(39)	636(36)	301(13)	2.1
	機械理工	全学部	27	405(21)	394(20)	237(14)	1.7
		学部個別	23	299(12)	278(11)	168(5)	1.7
	機能分子・生命化	全学部	26	446(152)	438(151)	247(74)	1.8
		学部個別	27	388(131)	366(127)	185(57)	2.0
	化学システム創成工	全学部	26	515(142)	508(141)	290(68)	1.8
		学部個別	27	461(110)	439(108)	248(59)	1.8
	環境システム	全学部	16	409(98)	394(93)	172(42) 〈 9(3)〉	2.3
		学部個別	17	339(66)	313(56)	137(24)	2.3
	数理システム	全学部	11	242(33)	227(30)	97(11)	2.3
		学部個別	13	227(22)	210(19)	107(5)	2.0

（表つづく）

学部・学科等		日　程	募集人員	志願者数	受験者数	合格者数	競争率
生命医科	医　工	全学部	30	276(82)	262(75)	138(45)	1.9
		学部個別	36	349(79)	322(70)	177(42)	1.8
	医情報	全学部	30	224(90)	215(85)	113(40)	1.9
		学部個別	36	216(68)	207(64)	104(33)	2.0
	医生命システム	全学部	17	388(240)	372(234)	153(93)	2.4
		学部個別	24	338(199)	311(185)	134(80)	2.3
スポーツ健康科		全学部（文系）	90	252(89)	245(87)	68(27)	3.6
		全学部（理系）		104(19)	99(17)	36(9)	2.8
		学部個別（文系型）		371(117)	355(112)	104(35)	3.4
		学部個別（理系型）		100(17)	94(16)	39(8)	2.4
心　理		全学部（文系）	79	411(257)	402(252)	111(72)	3.6
		全学部（理系）		74(31)	69(28)	22(8)	3.1
		学部個別		571(353)	550(345)	163(102)	3.4
グローバル・コミュニケーション	英語コース	全学部	50	172(95)	166(92)	37(24)	4.5
		学部個別		366(206)	358(202)	88(41)	4.1
	中国語コース	全学部	26	46(39)	46(39)	20(16)	2.3
		学部個別		85(57)	83(55)	45(30)	1.8
グローバル地域文化	ヨーロッパコース	全学部	46	172(112)	170(110)	59(40)	2.9
		学部個別		293(173)	286(168)	101(54)	2.8
	アジア・太平洋コース	全学部	37	121(104)	117(100)	43(33)	2.7
		学部個別		203(165)	198(161)	79(65)	2.5
	アメリカコース	全学部	31	88(52)	83(50)	26(17)	3.2
		学部個別		212(123)	199(118)	63(36)	3.2
合　計			3,480	37,726 (12,860)	36,203 (12,414)	13,570 (4,368)	—

（備考）理工学部電気工・環境システム学科においては，全学部日程において第２志望合格を実施した。合格者数の〈　〉内は第２志望合格者で外数。競争率は第１志望合格者数より算出している。

合格最低点（一般選抜入試）

●合否の目安

合否の判定は3教科の合計得点により行われる。

合格最低点は以下に示すとおりであるが，**法・経済学部の英語については基準点（80点）**が設けられており，英語が79点以下の場合，3教科の総得点が合格最低点を上回っていても不合格となる。

●選択科目間の得点調整について

両日程・全学部において，選択科目間の得点調整が実施されている。計算式は以下のとおり。

150点満点の場合

$$調整点=\frac{得点-当該科目の平均点}{当該科目の標準偏差}\times 15+選択科目全ての平均点$$

200点満点の場合

$$調整点=\left[\frac{得点-当該科目の平均点}{当該科目の標準偏差}\times 15+選択科目全ての平均点\right]\times\frac{200}{150}$$

ただし，調整点＜0の場合，調整点は0点。また，調整点＞150（200）の場合，調整点は150点（200点）。なお，当該科目の得点が0点または満点の場合，得点調整は行われない。

●全学部日程

学部・学科等		満点	2024	2023	2022
神		500	347	365	365
文	英文	500	338	357	358
	哲		348	355	367
	美学芸術		348	365	364
	文化史		353	372	367
	国文		353	361	373
社会	社会	500	373	387	384
	社会福祉		350	358	361
	メディア		371	374	382
	産業関係		339	373	363
	教育文化		353	369	364
法	法律	500	351	371	374
	政治		348	375	374
経済		500	345	368	359
商	商学総合	500	353	379	368
	フレックス複合		353	379	368
政策		500*	355	383	406
文化情報		文系 500	344	354	354
		理系 550	309	296	300
理工	インテリジェント情報工	550	350	332	335
	情報システムデザイン		350	334	329
	電気工		①301	①300	①305
			②308	②301	②310
	電子工		317	304	313
	機械システム工		301	305	295
	機械理工		304	①300	301
				②303	
	機能分子・生命化		318	297	297
	化学システム創成工		320	296	303
	環境システム		①321	①315	①322
			②337	②330	②339
	数理システム		352	342	347

（表つづく）

学部・学科等		満点	2024	2023	2022
生命医科	医工	600	316	311	314
	医情報		308	320	301
	医生命システム		358	350	350
スポーツ健康科		文系 500	319	344	345
		理系 550	260	279	273
心理		文系 500	356	375	372
		理系 500	314	312	319
グローバル・コミュニケーション	英語コース	550	407	425	424
	中国語コース	500	340	359	358
グローバル地域文化	ヨーロッパコース	500	358	391	376
	アジア・太平洋コース		357	377	370
	アメリカコース		364	370	374

（備考）理工学部の①は第１志望合格者の最低点，②は第２志望合格者の最低点を示す。

＊2023・2022 年度は 550 点満点。

●学部個別日程

学部・学科等		満点	2024	2023	2022
神		500	351	376	338
文	英文	500	327	367	360
	哲		337	365	369
	美学芸術		340	372	364
	文化史		343	381	370
	国文		342	370	376
社会	社会	500	372	395	377
	社会福祉		347	359	352
	メディア		369	380	374
	産業関係		335	378	349
	教育文化		349	375	354
法	法律	500	340	357	371
	政治		337	360	371
経済		500	334	357	359
商	商学総合	500	366	394	344
	フレックス複合		366	394	344
政策		500	371	356	373
文化情報		文系型 500	353	360	367
		理系型 550	328	324	303
理工	インテリジェント情報工	450	267	273	253
	情報システムデザイン		263	272	240
	電気工		235	240	236
	電子工		248	257	246
	機械システム工		244	258	235
	機械理工		244	250	229
	機能分子・生命化		233	241	223
	化学システム創成工		235	248	228
	環境システム		246	259	231
	数理システム		257	260	248
生命医科	医工	500	303	276	268
	医情報		290	288	259
	医生命システム		334	308	298

（表つづく）

学部・学科等		満点	2024	2023	2022
スポーツ健康科		文系型 500	339	349	349
		理系型 550	307	302	288
心理		500	369	393	351
グローバル・コミュニケーション	英語コース	550	396	414	425
	中国語コース	500	325	339	354
グローバル地域文化	ヨーロッパコース	500	370	405	360
	アジア･太平洋コース		369	392	352
	アメリカコース		375	384	357

募集要項（願書）の入手方法

大学案内・入試ガイドは6月に発行される予定です。一般選抜・大学入学共通テスト利用入試の入試要項の発行時期については大学ホームページ等でご確認ください。郵送をご希望の方は，大学ホームページよりお申し込みください。テレメールでも請求できます。

問い合わせ先

同志社大学　入学センター入学課
〒602-8580　京都市上京区今出川通烏丸東入
TEL　075-251-3210〔直通〕
FAX　075-251-3082
ホームページ　https://www.doshisha.ac.jp
E-mail　ji-nyugk@mail.doshisha.ac.jp

同志社大学のテレメールによる資料請求方法

スマホ・ケータイから　QRコードからアクセスしガイダンスに従ってご請求ください。
パソコンから　教学社 赤本ウェブサイト(akahon.net)から請求できます。

合格体験記 募集

2025 年春に入学される方を対象に，本大学の「合格体験記」を募集します。お寄せいただいた合格体験記は，編集部で選考の上，小社刊行物やウェブサイト等に掲載いたします。お寄せいただいた方には小社規定の謝礼を進呈いたしますので，ふるってご応募ください。

応募方法

下記 URL または QR コードより応募サイトにアクセスできます。
ウェブフォームに必要事項をご記入の上，ご応募ください。
折り返し執筆要領をメールにてお送りします。
※入学が決まっている一大学のみ応募できます。

☞ http://akahon.net/exp/

応募の締め切り

総合型選抜・学校推薦型選抜 ……… 2025 年 2 月 23 日
私立大学の一般選抜 ……… 2025 年 3 月 10 日
国公立大学の一般選抜 ……… 2025 年 3 月 24 日

受験にまつわる川柳を募集します。
入選者には賞品を進呈！
ふるってご応募ください。

応募方法　http://akahon.net/senryu/　にアクセス！☞

気になること、聞いてみました！

在学生メッセージ

大学ってどんなところ？ 大学生活ってどんな感じ？
ちょっと気になることを，在学生に聞いてみました。

以下の内容は 2020～2022 年度入学生のアンケート回答に基づくものです。ここで触れられている内容は今後変更となる場合もありますのでご注意ください。

メッセージを書いてくれた先輩 ［文学部］ R.O. さん ［法学部］ 小野倫敬さん 安東賢信さん

大学生になったと実感！

大学からは自分で時間割を作成することができます。また，科目は自分の興味があることに応じて選ぶことができます。アルバイトやサークルをするのも自由です。しかし，高校までとは違い，進路などを考えるときには自分から説明会やインターンシップに足を運ばねばなりません。受け身ではいつまでも貴重な情報を得ることができないのが大学という場所だと思います。ですが，あらゆる面で，束縛されずにアクティブに活動できるのは大学生のいいところだと思います。（安東さん／法）

大学生活に必要なもの

大学生として必要なものはパソコンです。パソコンは授業中に調べものをしたり，レポートを作成したり，さらには履修登録をするために使用したりと必須アイテムです。大学にもパソコンがありますが，自分のパソコンを持っていないと自宅や授業で使用する際に困る場合があるので，自分のパソコンを用意することをおすすめします。また，Wi-Fi などのインターネットが使える環境の準備も必要です。（小野さん／法）

この授業がおもしろい！

文化史学科日本史コースの必修科目である日本文化史演習。少人数で行われる漢文講読の授業で，学生それぞれに漢文史料が割り振られて，それについて調査して発表を行うことを主としている。他の人の発表を聞くと，自分の力ではわからなかった新たな発見があってとてもおもしろい。（R.O. さん／文）

おもしろい授業は外交論についての授業です。歴代日本首相のアメリカとの外交について学ぶことができる授業です。この授業では，メディアに多数出演されている有名教授の話を聞くことができ，日米関係についての理解を深めることができます。戦後公開された映画「ゴジラ」のゴジラは何を表しているのか，亡くなった日本兵なのか，アメリカ人なのか，など身近な題材を基にした話もあり，教授の研究に引き込まれました。（小野さん／法）

部活・サークル活動

演劇のサークルに入っている。年に4回ほど新町キャンパスにある小ホールで公演を行っており，それに向けた稽古が主な活動内容となっている。同志社大学には演劇のサークルが複数あり，他にも多種多様なサークルがあるので，自分に合ったサークルを選択することができる。（R.O. さん／文）

私は2つのサークルに所属しています。1つ目は野球のサークルで，週に1回程度，集まって野球をしています。私は野球初心者ですが楽しく活動しています。2つ目はキャンプのサークルで，子供たちが夏休みにキャンプをする際にボランティアをするサークルです。子供たちと川遊びをしたりご飯を作ったり，かけがえのない思い出をつくることができます。（小野さん／法）

交友関係は？

入学式で話しかけてくれた人と仲良くさせてもらっている。また，少人数クラスで席が隣の人に話しかけると仲良くなれると思う。積極的に話しかけることが大切。先輩とはやはりサークルを通じて交流することがメインだと思う。交友関係を広げるためには積極性は不可欠だと感じている。（R.O. さん／文）

いま「これ」を頑張っています

現在，高校からやっているギターを猛練習しています。軽音サークルにも入っているので1曲でも多くの曲を上手に弾けるようになれたらと思っています！ サークルの中では，自分の知らないバンドや曲のことを共有できるのでいい刺激になっています。（安東さん／法）

おススメ・お気に入りスポット

大学の図書館。蔵書数も多く，落ち着いた雰囲気で勉強や読書に集中できる。また，古書特有の独特な香りが漂っている書庫も気に入っている。中には史料がたくさんあり，レポートや発表資料の作成に非常に役立つ。(R.O. さん／文)

大学周辺のお気に入りスポットは鴨川です。鴨川周辺は夏でも涼しいので散歩をするのに快適です。その他にも自転車で 20 分くらいの場所に河原町があるので買い物ができますし，地下鉄に乗れば 10 分程度で京都駅に行けるので，学校の立地がとてもいいです。（小野さん／法）

入学してよかった！

同志社大学に入学してよかったと思うことは，自分に刺激を与えてくれる友人が多いことです。中国語検定 1 級を持っている友人や，弁護士を目指して必死に勉強している友人など，尊敬できる友人は多岐にわたります。そのような友人たちとの出会いを通して自分の世界観を広げることができました。（小野さん／法）

高校生のときに「これ」をやっておけばよかった

受験英語だけでなく，英会話など実践的な英語にもっと触れておけばよかったと痛感している。同志社大学は外国人留学生も多く，また英語教育にも力を入れているため，英語が苦手で受験英語の勉強しかしてこなかった自分にとって，ついていくのが難しいという状況になってしまっている。(R.O. さん／文)

みごと合格を手にした先輩に，入試突破のためのカギを伺いました。
入試までの限られた時間を有効に活用するために，ぜひ役立ててください。

（注）ここでの内容は，先輩方が受験された当時のものです。2025 年度入試では当てはまらないこともありますのでご注意ください。

・アドバイスをお寄せいただいた先輩・

N.M. さん 文学部（美学芸術学科）
全学部日程 2024 年度合格，愛媛県出身

試験前日は新しい問題に取り組んでわからないと焦ってしまうかもしれないので，今まで取り組んできたインプットを繰り返しました。自信にもつながりますし，基礎が大切な同志社大学では最後まで戦力を高められました。

T.Y. さん 法学部（法律学科）
全学部日程・学部個別日程 2024 年度合格，茨城県出身

周りに流されるのではなく，自分のレベルや現状に合わせて，試験日までに淡々とこなしていくことです。

M.Y. さん　政策学部
全学部日程 2024 年度合格，三重県出身

私は浪人生でした。毎朝同じ時間に起きて同じ時間に予備校に行って勉強するというサイクルを習慣化させました。早寝早起き朝ごはんを徹底していたので風邪をひくこともなかったです。人より早く予備校や学校に行って勉強するなどのちょっとした差が後々大きな差を生むことになると思います。受験期間は自分のやりたいことを我慢して勉強漬けの毎日になるとは思いますが，勉強だけの生活で自分が壊れてしまわないように，日々の中にちょっとした娯楽を入れることも大切です。

その他の合格大学　立教大（観光），國學院大（観光まちづくり），名城大（法），愛知大（地域政策〈共通テスト利用〉）

S.K. さん　理工学部（インテリジェント情報工学科）
学部個別日程 2024 年度合格，神奈川県出身

最後まで諦めないことです。わからなくても，わかることを最後まで諦めずに書き続けることが肝心です。私はそれで合格最低点＋ 8 点で滑り込みました。

その他の合格大学　明治大（理工〈情報科〉），立命館大（情報理工〈共通テスト利用〉）

T.U. さん　スポーツ健康科学部
全学部日程（文系）2024 年度合格，滋賀県出身

とても基本的なことですが，睡眠時間をしっかりと確保して，栄養バランスのよい食事をし，適度にランニングなどの運動をしたりして，健康的な生活を続けたうえで，勉強していました。特に適度に運動することはとてもよかったと思っていて，ちょっと体を動かすだけでむしろその 1 日の自分の調子がよくなって，勉強により集中して取り組めました。

その他の合格大学　近畿大（経営〈経営〉），京都産業大（経営）

A.N. さん　社会学部（教育文化学科）
全学部日程・学部個別日程 2023 年度合格，兵庫県出身

合格のポイントは，正確に，確実に問題を解けるように練習したことです。同志社大学は標準レベルの問題が出題されますが，標準的な問題だからこそ他の受験生が取れるような問題を落としてはいけません。特に，英語や国語では 1 問の配点が高い問題が多くあり，その問題の出来で合否が変わる可能性が十分にあります。練習すれば必ず高得点を狙える実力を手に入れることができます。また，記述問題の対策も合格するために必要です。しっかりと自分の答案を解答用紙に表現できるように頑張ってください。

その他の合格大学　立命館大（経済〈共通テスト利用〉），関西大（経済，社会）

H.S. さん　生命医科学部（医生命システム学科）
全学部日程 2023 年度合格，広島県出身

合格するために最も大切なのは，本番の精神力だと思います。私は，本番では物理と数学で苦戦し，過去問と比べても全然できませんでした。絶望的でしたが，得意の英語で持ち直し，英語では 8 割を取ることができました。本番ではいかに気持ちをコントロールして，最後まで粘れるかが重要だと思います。また私は，本番に弱いタイプだとわかっていたので，どんなに緊張してもある程度の力は出せるよう，たくさん演習しました。本番で精神を安定させるための準備も大切だと思います。受験勉強や本番の試験で，つらいこと，焦ることはたくさんあると思います。それでも，私のように絶対に不合格だと思っても受かることはあるので，最後まで諦めないで頑張ってほしいです。

その他の合格大学　立命館大（薬〈共通テスト利用〉）

N.I. さん　商学部
学部個別日程 2021 年度合格，兵庫県出身

英単語を 2 年生の間にある程度覚えておいたことが，後々とても役に立ったと思います。英文を読んだときに知っている単語があると，スラスラ読めてモチベーションも上がるからです。なので，受験生の方は早めに英単語を覚えておくことをおすすめします。

その他の合格大学　同志社大（法，経済，政策）

入試なんでもQ&A

受験生のみなさんからよく寄せられる，
入試に関する疑問・質問に答えていただきました。

「赤本」の効果的な使い方を教えてください。

A 志望校を決定した高3の4月に赤本で一通り問題形式を確認しました。1年の学習の指針を立てるためにも早めに一度目を通しておくべきです。本格的に取り組み始めたのは10月頃でした。周りは8月頃から取り組んでいたので焦りはありましたが，きちんと基礎ができてから取り組めたので，結果としては正解でした。同志社大学の英語は問題形式が同じなので，英語は志望学部にかかわらず全部解きました。

（N.M. さん／文）

A 最新年度の問題は，自分のレベルや志望校との距離を測るために，すぐに解きました。解き終わったら，何が足りなくてどうすればよいのかといった分析，次につなげる対策，そして解いた年度の過去問の復習をしっかりしました。その後に第一志望の学部以外の赤本も解くことで，形式に慣れたり，問題集として利用したりしました。最後に，時間配分の確認や本番当日と同じ時間割で解くといった仕上げとして残りの年度の問題を解きました。

（T.Y. さん／法）

1年間のスケジュールはどのようなものでしたか？

A 高2の12月くらいから英文法や古典文法，単語などの基礎をやり始めて，文法事項に関しては夏休みまでにはほぼ完璧にしました。単語に関しては受験直前まで1個でも多く覚えようと継続してやりました。理想としては単語も夏休みまでに完璧にできれば強いと思います。僕は3科目受験だったので，とにかく配点の高い英語に一番勉強時間を割きました。現代文は，毎日継続して文章を読むように努力すれば感覚が染みついてきます。社会は，僕は始めるのが少し遅くて本格的には夏休みから始めたのですが，もう少し早く取りかかっておけば受験直前での仕上がりがよかったんだろうなぁと少し後悔しています。けれど，社会は最後の最後まで粘れば成績は伸びます！　受験直前に自分の思う完成度じゃなかったとしても，諦めずに最後まであがき続けてください。

(T.U. さん／スポーツ健康科)

どのように学習計画を立て，受験勉強を進めていましたか？

A 1カ月の目標や終わらせたい参考書から逆算して1週間の計画を立てていました。計画はある程度の余裕をもたせて立てました。また，2カ月に一度，共通テスト模試を受けていたので，それで基礎が不足している苦手科目や分野を特定し，3科目の勉強時間を調節していました。

(N.M. さん／文)

A 英文法が苦手だったので，予備校の授業で習ったことをしっかり復習しました。全然身についていないなと思ったら毎日連続で復習し，定着してきたなと思ったら3日置きに復習するなど間隔を空けていきました。前日に次の日にすることをメモして，次の日にすぐ勉強に取りかかれるようにしました。うまく進まない日もあるので，そんな日のために何も予定を入れない予備日も作っておきました。日本史は最後のほうに近現代史が残ってしまわないように，10月くらいまでには一通り終わらせました。

(M.Y. さん／政策)

学校外での学習はどのようにしていましたか？

A 家ではあまり勉強に集中できなかったので，休日や長期休暇は1日中塾にこもっていました。朝は10時からの開校でしたが，それまでは家ではあえて勉強しませんでした。塾に行くまでの時間は，軽くランニングをしたりニュースを見たりなど，なるべく遊び過ぎずに勉強以外のことをするように意識していました。電車で塾に通っていたので，電車に乗った瞬間にその日の勉強はスタートです。電車に乗っているときは，ひたすら単語を覚えまくりました。正直なところ，僕の受験勉強のなかで一番頑張ったなと思うのは，この時間です。座ってしまうとどうしても眠くなって全く頭に入っていないことに気づいてからは，意地でも立って単語帳を開いていました（笑）。往路は英単語，復路は古文単語などとすることを分けると，より集中力が上がった気がします。これを毎日，受験本番まで続けました。 （T.U. さん／スポーツ健康科）

時間をうまく使うためにしていた工夫があれば，教えてください。

A キッチンタイマーを使って時間を計り，45分勉強したら15分休憩（スマホも漫画もOK）ということをしていました。これならモチベーションも保てるし，かなり効率よく勉強することができます。また，英語などの暗記科目は電車やバスの中で取り組みました。家から高校まではバス・電車で片道1時間半程度で，往復しっかりと勉強すれば約3時間近くの勉強時間を手に入れることができました。 （S.K. さん／理工）

同志社大学を攻略するうえで，特に重要な科目は何ですか？

A 英語です。配点が高いのと，得点調整がなくそのまま反映されるので，重要です。同志社大学は語彙力が大切なので，単語帳は『英単語ターゲット 1400』と『同 1900』（旺文社），『速読英単語 上級編』（Z会），『システム英単語』（駿台文庫）の4冊を使いました。また，文法力も重要なので『Next Stage 英文法・語法問題』（桐原書店）で強化しました。そして何よりも長文に慣れる必要があるので，『やっておきたい英語長文』シリーズ（河合出版）や他大学の過去問を解きました。英作文は，実際に第三者に見てもらい添削してもらうことが大切です。日本語の微妙なニュアンスが英語に訳せていなかったりするのは自分ではなかなか気づけないので，私の場合は家庭教師の先生に添削してもらいました。
（N.M. さん／文）

A 数学です。理系であれば配点も高いですが，高難度のため「途中点をガッツリ取る」ということを心がけなければなりません。私は，赤本でわからなかった問題の解答例と自分の解答を見比べながら，考え方の違いを整理したり，赤本の解答例通りに自分で解答を作成してみたりということを繰り返しました。このようにすると自ずと合格につながる解答の書き方のコツが見えてくるのではないかと思います。他の同傾向の過去問を解いてみるのもよいでしょう。（S.K. さん／理工）

苦手な科目はどのように克服しましたか？

A 私は国語がとても苦手でした。特に現代文のできるときとできないときの波が激しかったです。しかし，予備校の授業を受けて，教えてもらったことを徹底的に身につけたおかげで，本番でも緊張することなく力を発揮できました。同志社大学の国語には記述問題がありますが，現代文の解き方がしっかり身についていれば何も怖くありません。また，古文は単語が重要だと思います。早いうちに覚えてしまいましょう。助動詞などの古文文法もしっかりとやるべきです。（M.Y. さん／政策）

Q 併願をするうえで重視したことは何ですか？
また，注意すべき点があれば教えてください。

A 私は後悔しないように，受けるか迷った大学は基本受けました。ただし，３日連続受験することは避けました。自分でも気づかないうちに精神的にも体力的にも疲れます。また，大学の出題形式によって向き不向きが多少あります。過去問を見ていて，自分と相性が悪すぎると思うなら，併願校を変えてみてもいいかもしれません。たまに本命しか受けない人がいますが，それはあまりおすすめしません。１校だけでも練習として受けておくと本命大学の受験のときに，あまり緊張せず，力を発揮できると思います。 (M.Y. さん／政策)

Q 試験当日の試験場の雰囲気はどのようなものでしたか？
緊張のほぐし方，交通事情，注意点等があれば教えてください。

A 試験当日は，ほぼ確実に緊張します。僕は，なるべく気持ちを落ち着かせるために，受験勉強を始めたときからずっと続けてきて一番長い時間一緒にいたであろう単語帳を静かに見返していました。あれこれ見るのではなく，何か１つだけ自分のお気に入りの参考書などを試験会場に持って行って，じっくりとそれを読むのが一番緊張がほぐれるような気がします。また，僕は試験会場に着く時間を意識しました。８時半から試験会場に入室可能だったので，なるべく早めに自分の席についてイメトレをしていました。よい結果を出すには，もちろんそれまでの勉強の頑張りも必要だけれど，当日の自分のコンディションをよくして最大限のパフォーマンスをすることも必要です。当日に自分でできるあらゆる準備をしたうえで試験に臨むとよいと思います。あとは，周りには賢そうな受験生がたくさんいますが，あまり気にしてはいけません。あくまで自分との戦いです。試験中に自分のできることにだけ集中すればよい結果は望めるはずです。 (T.U. さん／スポーツ健康科)

受験生へアドバイスをお願いします。

A　失敗したと思った科目があっても最後まで諦めず，とりあえず力を出し切って答案は全部埋めましょう。私は当日，英語の試験の手応えがなくて絶対ダメだと思い，すぐに帰りたい気持ちにさえなりましたが，なんとか残りの国語や日本史の試験も終えました。正直言って合格発表まで合格している自信はありませんでしたが，得点開示を見てみると国語や日本史だけでなく，英語も英作文や和訳を諦めずに書いたことで得点がもらえていました。あなたが一生懸命に書いた答案はきちんと採点者に見てもらえます。最後まで頑張ってきた全力を出し切りましょう。

（N.M. さん／文）

科目別攻略アドバイス

みごと入試を突破された先輩に，独自の攻略法や
おすすめの参考書・問題集を，科目ごとに紹介していただきました。

英語

とにかく語彙力を強化しましょう。同志社大学の英語は単語単体で問われることもあるなど，何かと語彙が必要です。（N.M. さん／文）

おすすめ参考書 『速読英単語 上級編』（Z 会）

同志社大学の英語はさまざまな分野の専門的話題から出題されることが多いですが，多くが選択式の問題ですから，単語さえわかれば雰囲気はつかめるのではないでしょうか。私は『リンガメタリカ』の文章と単語・熟語を何周も口に出して大きな声で音読し，頭に叩き込んでいきました。

（S.K. さん／理工）

おすすめ参考書 『話題別英単語リンガメタリカ』（Z 会）

日本史

日本史は時代の流れをしっかり攻略することが大切です。「いつ，どこで，どうしてそのような戦いが起こったのか？」「なぜ○○の輸出が増えたのか？」など，教科書に書かれている前後関係をしっかり把握しておきましょう。同志社大学の日本史は記述問題もあります。日頃から漢字を書く練習をして本番で頭が真っ白にならないように気をつけてください。

（M.Y. さん／政策）

おすすめ参考書 『実力をつける日本史 100 題』（Z会）
『詳説日本史』（山川出版社）

世界史

年号は必ず覚えておいてください。語呂をつかって覚えると速く覚えられると思います。また，用語だけではなくて背景も知っておくと，正誤判定問題で役に立つと思います。（N.I. さん／商）

数　学

同志社大学の文系数学はとても難しい問題が出題されることがありますが，それにくじけないことです。また，記述式の問題が 2 題あり，その問題では解答のプロセスをわかりやすく，また理にかなったものを書くことを心がけて解答を作成することです。（A.N. さん／社会）

おすすめ参考書 『理系数学の良問プラチカ』（河合出版）

物　理

いかにに基本をきちんとおさえて応用問題につなげられるかがポイントです。

（H.S. さん／生命医科）

おすすめ参考書 『実戦 物理重要問題集 物理基礎・物理』（数研出版）

国　語

設問の趣旨をしっかり把握することです。問われていることに答えないと，せっかく書いた答案も点数がつかなくなります。　(T.Y. さん／法)

現代文の正確な解き方を身につけることがポイント。古文単語，古文助動詞は早いうちに覚えましょう。　(M.Y. さん／政策)

おすすめ参考書　『つながる・まとまる古文単語 500PLUS』（いいずな書店）

『望月光　古典文法講義の実況中継①・②』（語学春秋社）

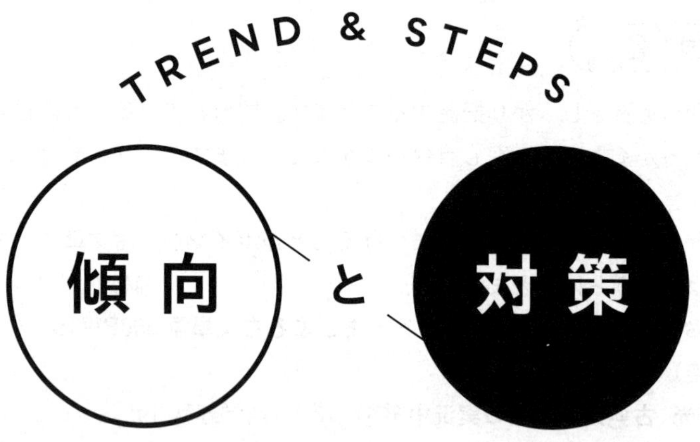

科目ごとに問題の「傾向」を分析し，具体的にどのような「対策」をすればよいか紹介しています。まずは出題内容をまとめた分析表を見て，試験の概要を把握しましょう。

注　意

「傾向と対策」で示している，出題科目・出題範囲・試験時間等については，2024 年度までに実施された入試の内容に基づいています。2025 年度入試の選抜方法については，各大学が発表する学生募集要項を必ずご確認ください。

英　語

年度	番号	項　目	内　容
2024	〔1〕	読　解	空所補充，同意表現，内容説明，語句整序，段落の主題，内容真偽
	〔2〕	読　解	空所補充，同意表現，内容説明，語句整序，内容真偽，英文和訳
	〔3〕	会話文，英作文	空所補充，和文英訳
2023	〔1〕	読　解	空所補充，同意表現，内容説明，語句整序，内容真偽，英文和訳
	〔2〕	読　解	空所補充，同意表現，内容説明，語句整序，内容真偽
	〔3〕	会話文，英作文	空所補充，和文英訳
2022	〔1〕	読　解	空所補充，同意表現，内容説明，語句整序，内容真偽
	〔2〕	読　解	空所補充，同意表現，内容説明，語句整序，内容真偽，英文和訳
	〔3〕	会話文，英作文	空所補充，和文英訳

読解英文の主題

年度	番号	主　題
2024	〔1〕	水がもたらす癒し効果
	〔2〕	英国における発掘品の保管場所不足
2023	〔1〕	気候変動が昆虫や生態系に与える影響
	〔2〕	カササギフエガラスの利他的行動
2022	〔1〕	嗅覚と記憶の関連性
	〔2〕	犬のしつけの仕方とは

長文読解 2 題と会話文 1 題の出題　速読力と精読力の養成が不可欠

01 出題形式は？

試験時間は 100 分で，例年，長文読解問題 2 題，会話文問題 1 題の計 3 題という構成である。ほとんどの設問が選択式であるが，読解問題の中で英文和訳が，会話文問題の中で和文英訳が記述式で，それぞれ 1 問ずつ出題されている。

02 出題内容はどうか？

読解英文は論説文が多く，内容は人文・社会・自然科学と多岐にわたっている。主旨がはっきりしており，語彙的にはおおむね標準レベルの英文であるが，やや難しい語彙が含まれていたり，中略がなされている箇所もある。また論説文独特の表現（同一のものを何通りかの表現で説明するなど）がみられることもあるので，読みづらく感じられるかもしれない。設問の内容は，記述式の英文和訳のほかに，空所補充，同意表現，内容説明，語句整序，内容真偽などが頻出である。

会話文のテーマは日常的なものを中心に，やや専門的なものが取り上げられることもある。設問は空所補充と記述式の和文英訳である。

読解問題の分量が圧倒的に多く，明らかに読解・内容把握力が重視されている。会話文の分量も，入試問題としては多い部類に入る。日本語の介在なしで英語をそのまま理解できる力，いわゆる速読即解力をみることが主眼になっていると考えられる。

03 難易度は？

全体としては標準的なレベルの問題であるが，個々の設問をみると，なかには紛らわしい選択肢を含む問題や，慣用表現に関する深い知識を要求する問題もある。和文英訳は例年標準的なものであり，特に英訳しづらい日本語表現は含まれていない。

英文も設問もおおむね標準的とはいえ，100分の試験時間内にこれだけの量の英文を読み，正解に達するのは容易ではない。普段から制限時間を設定した上での長文読解のトレーニングが不可欠である。

01 精読力＋速読即解力を養成する

英文を読むには，よく言われるように，「精読力」と「速読即解力」の両方が要求される。

精読力を身につけるには，次のような学習方法が適している。まずは学校の授業を中心として基礎を固め，参考書や問題集で応用力を高める。特に大切なのが，構文・承前語句・文法の用法などに注意しながら綿密に読むことである。難しそうな箇所や複雑な構文が使われているところは，和訳をして英文和訳の練習も同時に行ってしまおう。不明な箇所は，文法書や辞書で徹底的にチェックするようにしよう。入試に頻出の文構造を解説した『論理を捉えて内容をつかむ 大学入試 英文解釈クラシック』（研究社），『大学入試 ひと目でわかる英文読解』（教学社）など，英文解釈に特化した参考書を1冊仕上げることも有効である。

これに対して速読即解力の養成には，副読本や英字新聞あるいは英語雑誌などを利用するのがよい。高校生でも読みやすいレベルの英語を使った新聞や雑誌が数多く発行されている。中でも，*The Japan Times Alpha*（ジャパンタイムズ）や *Asahi Weekly*（朝日新聞社）などの英字新聞がよいだろう。

実際に入試で出題された問題を解き，設問になっていない箇所で気になる文を和訳するのも，効果的・実戦的な学習方法である。問題集は，解答と解説が充実しているものを選ぶことが必須である。本シリーズや難関校過去問シリーズ『同志社大の英語』（教学社），『竹岡の英語長文 SUPREMACY 至高の20題』（学研プラス）などが最適であろう。

02 文法知識を確実に

文法・語彙問題は独立した大問としては出題されていないが，読解力や英作文力の裏付けとしても大切なので，文法・語法の知識を確実に身につけておかなければならない。信頼できる文法書を選び，１つの単元が終わるたびに問題集でチェックをして，うろ覚えだったところや不明なところは文法書に戻って復習をする。このような学習を繰り返し，１冊の文法書を完全に読破できれば，文法力が定着するはずである。たとえば，受験生が間違えやすいポイントを完全網羅した総合英文法書『大学入試 すぐわかる英文法』（教学社）などを手元に置いて，調べながら学習すると効果アップにつながるだろう。最終チェックとして，過去の入試問題にあたっておくとよい。

03 英英辞典を活用する

同意表現など，類似の表現のニュアンスや用法の差を理解していないと解答できない設問が多く出題されている。この種の問題に対応するためには，語彙を増やすことが不可欠である。そのためには英英辞典を利用するのも一手である。英英辞典は語彙力増強のほかに，速読即解力を養成するのにも大いに役立つし，和文英訳のセンスを磨くことにもつながる。

同志社大「英語」におすすめの参考書

- ✓『論理を捉えて内容をつかむ 大学入試 英文解釈クラシック』（研究社）
- ✓『大学入試 ひと目でわかる英文読解』（教学社）
- ✓『The Japan Times Alpha』（ジャパンタイムズ）
- ✓『Asahi Weekly』（朝日新聞社）
- ✓『同志社大の英語』（教学社）
- ✓『竹岡の英語長文 SUPREMACY 至高の 20 題』（学研プラス）
- ✓『大学入試 すぐわかる英文法』（教学社）

赤本チャンネルで同志社大特別講座を公開中

実力派講師による傾向分析・解説・勉強法をチェック →

日本史

年度	番号	内　容	形　式
2024	〔1〕	中世の社会・経済	記述・選択
	〔2〕	江戸時代の仏教と民衆	記述・選択
	〔3〕	大正〜昭和前期の政治史	選択・記述・配列
2023	〔1〕	古代〜中世の仏教史	記述・選択
	〔2〕	寛政の改革と幕末・維新期の政治 ⊘史料	記述・選択・配列
	〔3〕	幕末・明治期の歴史と戦後の経済史	選択・記述
2022	〔1〕	古代〜中世の対外関係	記述・選択
	〔2〕	近世の交通網と貨幣制度	選択・記述
	〔3〕	近代の宗教・思想	記述・選択

文化史頻出の傾向続く，外交史も注意　史料にも注目！

01 出題形式は？

大問3題の出題で，試験時間は75分。記述法と選択法の併用である。記述法の問題では，リード文中の空所補充と，下線部分に関連させた設問がほとんどで，漢字の字数を指定したり，カタカナで記すよう指定している場合もある。現代文の著作物からの引用文が用いられることもある。2023年度〔2〕ではリード文中に長文史料が2種類用いられている。また，2023・2024年度は配列問題も小問で1問ずつ出題されている。解答用紙はB4判で，記入欄は記述法が上部，選択法が下部と分かれている。

なお，2025年度は出題科目が「日本史探究」となる予定である（本書編集時点）。

02 出題内容はどうか？

時代別では，近年は，古代から近代までが出題されており，歴史の流れに留意した，よく考慮された出題内容となっている。過去には，原始について，中国文献にみる倭国の外交が，かなりの分量で問われたこともある。戦後史については，2023 年度〔３〕で戦後の日本経済，2024 年度〔３〕で終戦後に組閣した芦田均が出題された。

分野別では，文化史・外交史を中心に出題されているが，2022 年度は近世の交通網と貨幣制度，2023 年度は明治と戦後の経済史，2024 年度は近現代の政治史が出題されており，偏りなく学習しておく必要がある。文化史は大問での出題が続いており，2022 年度は近代の宗教・思想，2023 年度は古代～中世の仏教，2024 年度は江戸時代の仏教と民衆信仰が問われた。書名・作品名や人物については，それぞれの時代背景まで関連させ，確実に想起できるように学習しておくことが大切である。外交史は，２国間外交をテーマとするものが頻出しており，2022 年度は古代～中世の対外関係，2024 年度は第一次世界大戦での日本の参戦が出題された。

史料問題は，2023 年度は〔２〕のリード文中で史料が用いられた。数種類の史料を提示し，史料文中の空所補充や，文中の下線部に関連した問題が出題されている。

03 難易度は？

問題の大半は受験生の総合的な歴史理解力を試す標準レベルの問題である。高校教科書の内容をきちんと把握していれば十分に対応できる。一部で難問も出されているが，消去法などで対応できるものがほとんどである。ただし，2022 年度〔１〕の新羅商人名と日本人の取引相手を問う問題，2023 年度〔１〕の天台宗中興の祖を問う問題，2024 年度〔１〕の百姓申状を問う問題などは，やや難～難のレベルであった。難問以外の設問でいかに確実に得点するかが勝負どころとなる。難問に必要以上に時間をかけすぎないよう，時間配分には気をつけよう。

01 教科書学習の徹底を

ほとんどが教科書を重視した標準レベルの問題である。しかし，詳細な知識を問うものも含まれており，用語集を参考に問題作成されている場合もあるので，『日本史用語集』（山川出版社）などの用語集で事項・人物に関して幅広く正確に知って，その内容を教科書にメモしておくことが有効である。近現代史については，年表やサブノートの穴埋めだけで済ませるのではなく，政治・経済に関して教科書の最後まで精読し，さらに社会・文化との関連に気をつけながらもう一度精読して，時代・時期の特色を理解するように努めよう。学習の仕上げとして，問題集に取り組むことをおすすめする。たとえば『大学入試 全レベル問題集 日本史 4』（旺文社）などに取り組むのもいいだろう。

02 分野別・問題タイプ別対策を

分野別では，まず外交史への対策を確実にしておくことを心がけたい。2国間関係を問うものが比較的多い。外交史については全時代にわたり，史料なども用いて学習しておこう。近世までは，日中・日朝（韓）関係，近代以降はこの2国に加え対欧米関係も，国別の通史として年表風に整理しておきたい。政治史・社会経済史についても確認したうえで，頻出の文化史の学習に十分な時間をとるようにしよう。まずは教科書に記載されている範囲で，文化史の記述を繰り返し読み込んで，作品や著作，人物の時代が特定できるように，知識の精度を高めよう。

問題タイプ別の対策として，リード文の空所補充では，空所の前後だけでなく，その前の段落までさかのぼれば正解を導くヒントが得られる場合がある。語句の選択問題の場合，学校の授業や教科書では触れられないような難解な選択肢が1，2個含まれ，消去法を用いても1つに絞りきれないことがある。正解に至ることが困難でも，文意から「いつ」「なぜ」を考えるように努めよう。正文・誤文を選択する問題の場合は，すべての選択肢の正誤がわからなくても，正解となる文章は明確に判断できることが多い。普段から過去問をできるだけ解いて，柔軟な対応ができるようにしておきたい。

03 記述問題に注意

リード文・設問文ともに説明が丁寧で読みやすく，正答だけを見ると簡単な問題に思われるかもしれない。しかし，一覧表などで書名・作品名や人物名を丸暗記して，試験の際にそれを思い出して正解を即断することは危険である。キーワードを探しながら問題にじっくり取り組み，内容を正確に把握することが大切である。さらに，「気をつけよう」と何度注意しても間違うのが日本史の漢字である。誤字による失点は致命傷になりかねない。日常的に正確な漢字を書くとともに，空所に自分の解答をそのまま書き込んでみて，「(○○○天皇）天皇」というような語句の重複や，字数指定の見落としなどによるケアレスミスのないように注意しよう。

04 史料・年代対策

2023 年度は〔2〕で長文の史料が出題された。史料問題では，かなりの読解力を要する出題が見られ，受験生にはなじみの薄い史料も出題されている。教科書に収載されている史料に関しては一通り目を通し，『詳説日本史史料集』（山川出版社）などで理解を深めてほしい。教科書は膨大な史料をわかりやすく解説したものであるから，初見史料の場合は必ず教科書の記述を思い起こすようにしよう。

また，年代に関連する問題も詳細かつ複雑な場合が多いので，年代についてまとめた参考書や問題集などを使用すると実力が確実にアップするだろう。史料対策の問題集として，『日本史 史料問題集』（駿台文庫）をおすすめしておく。

05 過去問の練習

本書や本シリーズで他学部を含め多くの過去問にあたり，解説を丁寧に読んでおくことをすすめる。類似したテーマを扱う問題が出題されたこともあるので，取り上げられる問題のテーマとその傾向を把握しておくと，どういった対策が必要かがはっきりしてくるだろう。過去問への取り組みは大切である。

日本史の試験時間は 75 分である。時間は長めだが，時間配分が想定通りにできないと，試験の後半で焦りによるケアレスミスが発生したり，最終の見直しが十分できなくなったりすることがあるので注意しよう。なお，リード文中には，空所補充問題として問われても当然と思われる歴史名辞が多く用いられている。本書での解答後，リード文を丁寧に読み返してチェックペン等を用いてきちんと復習しておくことは非常に有効である。

世界史

年度	番号	内　容	形　式
2024	〔1〕	紀元前3～後13世紀の内陸アジア史	正誤・記述・選択・配列
	〔2〕	19～20世紀初頭のラテンアメリカ史	選択・正誤・記述
	〔3〕	東西冷戦と東欧の民主化	選択・記述・正誤
2023	〔1〕	ローマ建国～ビザンツ帝国の滅亡	選択・正誤・記述
	〔2〕	17世紀後半～19世紀後半のロシア帝国史	選択・正誤・配列・記述
	〔3〕	蔣介石の生涯	選択・記述・正誤・配列
2022	〔1〕	古代～近世のロンドンの歴史	記述・選択・配列
	〔2〕	清朝の動揺と列強の進出	選択・記述・正誤・配列
	〔3〕	1920年代～1960年代のフランス外交史	記述・選択・正誤

傾向　複数の短文による正誤法が頻出

01　出題形式は？

例年大問3題の出題であるが，解答個数でみると，2022年度は63個であったが，2023年度は58個に減少，2024年度は61個に増加した。選択法・記述法・正誤法を中心に，配列法も出題されている。正誤法は，「2つの短文」の正誤判定が多く，2023年度はこれに「3つの短文」の正誤判定が加わった。それ以外にも，正文（誤文）を選択する問題などが出題されている。配点は各大問50点で，試験時間は75分。

なお，2025 年度は出題科目が「世界史探究」となる予定である（本書編集時点）。

02 出題内容はどうか？

地域別では，例年は，欧米史 2 題，アジア史もしくはその他の地域史 1 題の比率で出題されることが多い。欧米史は西ヨーロッパ中心であるが，アメリカ合衆国・ロシアなどからの出題もあり，2023 年度はロシア史，2024 年度はラテンアメリカ史が大問で出題された。アジア史もしくはその他の地域史では，インド・東南アジア・アフリカ・中国など多地域から出題されることが多い。2022〜2024 年度は 3 年連続で中国史から出題された。

時代別では，比較的長い時代を問う通史と比較的短期間の時代の国家・王朝やテーマを問う大問が混在しており，年度による変動が比較的大きい。2022 年度は現代史から約 4 割出題されているので注意が必要である。

分野別では，政治・外交史が中心であるが，文化史も出題され，難度も高いので注意しておきたい。同志社大学では，他学部も含めて伝統的にキリスト教やそれに関連した問題が多く出題されることにも注意したい。

03 難易度は？

ほとんどの問題は教科書の内容が理解できていれば答えられる基本的な問題であるが，用語集の説明文レベルの内容や細かい年代の知識を問われることがあり，さらに「2つの短文」「3つの短文」の正誤判定など得点しにくい形式の問題が出題され，中には難度が高いものも見られる。長めのリード文や，正誤判定問題の難度を考慮した時間配分が求められる。

対策

01 教科書・用語集中心の学習

出題される問題のほとんどが教科書レベルなので，まずは教科書を精読することから始めるとよい。その際，重要語句をそれだけでなく，その前後の文章とのつながり，特にひとつの事件・事象の原因と結果に注目しながら読む習慣をつけるようにしたい。また，詳細な知識が補助的に要求されることもあるので，脚注や本文周辺の図表・地図・写真の解説なども精読しておきたい。教科書学習をある程度終えたら，『世界史用語集』（山川出版社）などを用いて重要事項に付随する内容を確認しよう。

02 各国別・地域別の重要事項の整理

同じ国・地域での長いスパンの歴史となると教科書では記述が分割されているため，教科書の理解がほぼ終わった段階で，それぞれの国別（フランス通史など），地域別（東南アジア通史など）に，重要事項を年代順に整理しておこう。幅広い地域から出題されるため，地域的な偏りのないよう各地域の通史を学習することが必要となる。このような学習には教科書と並行して『各国別世界史ノート』（山川出版社）などのサブノートや『体系世界史』（教学社）などの問題集を使用するのも効果的である。中国史に関しては，固有名詞も含めて漢字で書けるようにしておこう。

03 文化史学習

文化史を苦手とする受験生は，文化史専門の参考書を利用して，効果的で系統立った学習をめざすとよい。文化史学習は，欧米史では各時代（ギリシア文化・ローマ文化・中世文化など），中国史では各王朝ごとの整理が中心になるが，一通り理解できたら，テーマ別（宗教史・哲学史・美術史・文学史など）の「縦の整理」にも挑戦してほしい。

04 年代と地理に強くなろう

年代関連問題が目立つ。年代・世紀のほか，諸王朝の存続期間などやや細かい内容を問うものも見られる。特に 19・20 世紀の近現代史の学習では年代学習が効果的なので，詳しく整理しておきたい。

また，地理的知識に関する設問も見られるので，教科書や図説などに掲載されている歴史地図を見て，地域や都市の位置関係，時代による国家の領域の変遷や国境となった河川名などを確認しておく必要がある。学習の際には地名・領域などについて必ず確認する姿勢を身につけたい。「目で覚える」ことは意外とあなどれない。

05 現代史の対策

2022 年度は解答個数の約 4 割が 20 世紀からの出題，2024 年度は解答個数の約 3 割が第二次世界大戦後からの出題であった。対策が後回しになりがちな現代史についても，手を抜かずに学習しておく必要がある。特にアジア・アフリカを中心とした近代以降の民族運動・独立運動に関する内容については，地域・年代も含めてしっかりと確認しておこう。

06 過去問の研究を

他学部も含めて，過去の出題と形式・傾向が似通っており，他の文系学部で出題されたものと一部重複している場合もあるので，過去問を研究しておこう。得点差の出やすい 2 つまたは 3 つの短文の正誤判定問題の攻略には，基本的事項の徹底学習が最も効果的であることが納得できるだろう。また，難問といえるものが出題されることもあるので，過去問の研究の際に疑問点を残さないように努めたい。

政治・経済

年度	番号	内容	形式
2024	〔1〕	地方自治	記述・選択
	〔2〕	国際政治の動向	記述・選択
	〔3〕	プライバシー権と忘れられる権利	記述・選択・正誤
2023	〔1〕	地方公共団体	記述・選択・正誤
	〔2〕	資本主義と社会主義	記述・選択
	〔3〕	自由貿易の推進と EU	記述・選択・正誤
2022	〔1〕	プライバシーの権利	記述・選択
	〔2〕	一国の経済活動	選択・記述・計算
	〔3〕	国際経済秩序	記述・選択・正誤

基本事項の正確な知識・理解が幅広く問われる
時事的な事柄をふまえて考察する学習が大事

01 出題形式は？

例年大問は3題となっている。解答個数は 65 個程度である。試験時間は 75 分。選択法や記述法を中心に，文章の正誤などを判定する正誤法も出題されている。記述法では，漢字・カタカナの指定がある場合が多い。

02 出題内容はどうか？

2022・2023 年度は政治1題，経済1題，国際経済1題，2024 年度は政治2題，国際政治1題が出題されている。これまで取り上げられた内容は，政治分野では憲法規定や判例，地方自治，選挙制度と政党政治，国連の機構と活動，戦後の国際政治など，また，経済分野ではGDPや国民所得，景気変動，金融政策，財政の仕組みと役割，雇用・労働問題，社会保障制度，消費者問題，日本の農業，中小企業，資本主義と社会主義，国際経済機構，EU，FTAやEPA，外国為替市場など，きわめて幅広い内容に及んでいる。大部分は教科書レベルの基本事項だが，その多くが時事的な動きと関連づけて取り上げられており，2024年度は忘れられる権利について触れるものが出題された。

03 難易度は？

大部分は教科書レベルの基本事項から出題されているが，一部にレベルの高い問題もあり，注意が必要である。基本用語の正確な知識を身につけ，正誤法や記述法に自信をもって対処できるようになれば，高得点も期待できるだろう。

対策

01 教科書の基本事項の確実な消化

教科書内容の確実な消化に努めることが何よりも大事である。特に政治や経済関連の分野の学習にあたっては，あらゆる事象を歴史的な流れの中で考察することを習慣づける必要がある。また，正確な用語知識が重視されていることから，『政治・経済用語集』（山川出版社）や『用語集 公共＋政治・経済』（清水書院）などの用語集を，前後の用語に注意を払いつつ十分に活用し，記述法に自信をもって対処できるようにしておかねばならない。

02 資料集の活用

グローバル化が進んだ現代では，国際情勢の変化がただちに国内経済に影響を及ぼす。最新データに基づいた『政治・経済資料 2024』（とうほう）などの政治・経済資料集の活用は不可欠である。重要法令の内容や主要統計の数値，年表事項などに関する最新知識だけではなく，コラム欄や脚注なども丁寧に読み込み，重要テーマの要点整理や内容理解に役立てよう。

03 時事問題の学習

教科の性格上，政治・経済全般にわたる時事的な問題についての常識が身についていなければならない。日常的に『2024 年度版ニュース検定公式テキスト』（毎日新聞出版）など時事問題を集めたテキストを読み，主要統計や年表事項はノートに忘れずにメモしておくなどして知識や理解を深め，問題意識を養うことに努めたい。

04 過去の問題にあたる

選択法や記述法，正誤法など，問題のパターンは例年ほぼ同じである。過去の問題にあたっておけば，出題の傾向もわかり，自信をもって試験に臨むことができる。他学部を含めて過去問を研究するために，本シリーズの十分な活用をすすめたい。

数　学

年度	番号	項　目	内　容
2024	〔1〕	小 問 4 問	(1)剰余の定理と因数定理 (2)定積分で表された関数 (3)三角関数 (4)データの分析
	〔2〕	ベクトル	空間ベクトル，四面体の体積，内接球の中心の位置ベクトル
	〔3〕	図形と方程式，数列	2円が外接する条件，分数型漸化式
2023	〔1〕	小 問 2 問	(1)最大値・最小値の確率，反復試行の確率 (2)極値，対称移動，面積，関数の接線の傾き
	〔2〕	数列	漸化式と数学的帰納法 ⊘**証明**
	〔3〕	図形の性質，ベクトル	内角・外角の二等分線，ベクトルの分解，分点の位置ベクトルと共線条件 ⊘**証明**
2022	〔1〕	小 問 3 問	(1)確率の計算と余事象 (2)余弦定理と四角形の面積 (3)3次方程式と虚数解
	〔2〕	ベクトル	ベクトルの大きさ，垂直条件，余弦の値と四角形の面積
	〔3〕	微・積分法，図形と方程式	面積，線型計画法，接線の本数

出題範囲の変更

2025年度入試より，数学は新教育課程での実施となります。詳細については，大学から発表される募集要項等で必ずご確認ください（以下は本書編集時点の情報）。

2024年度（旧教育課程）	2025年度（新教育課程）
数学Ⅰ・Ⅱ・A・B（数列，ベクトル）	数学Ⅰ・Ⅱ・A・B（数列）・C（ベクトル）

傾向　標準レベルだが計算力・思考力を問う問題も

01　出題形式は？

例年，大問3題の出題で，試験時間は75分である。〔1〕は空所補充形式で，小問集合であることが多い。〔2〕〔3〕は記述式で，年度によっては証明問題が出題されている。過去には図示問題も出題されたことがある。解答用紙はB4判両面で，実際に答案を記入できるスペースは記述式では大問1題につきA4判くらいである。

02 出題内容はどうか？

複数年度を通して見ると，特定の分野に偏ることなく満遍なく出題されている。微・積分法は例年出題されているので確実に対応できるようにしたい。なお，複数の分野の融合問題が出題されることもあるので，深く学習し，応用力をつけておく必要がある。

03 難易度は？

全体を見渡すと，なかには教科書レベルあるいはそれより容易な問題も散見されるが，大半は標準レベルの問題で，計算能力，思考能力，そして多くの数学の問題を解くことによって得られる数学的感覚が必要とされる内容である。

対策

01 基礎力をつけるための徹底学習

最初にするべきことは，教科書の例題の徹底理解である。そこに出てくる公式や定理を完全に身につけると同時に，教科書レベルの問題は確実に解ける力を養成しよう。それによって一つの問題全体を見渡す力をつけることができ，ある程度のレベルの受験問題にも対処できる力がつく。

02 図形の解析力をつけよう

数学ではいろいろな分野で図形やグラフが理解できれば意外と簡単に解

ける問題がある一方，それを使わなければかなりてこずる問題がある。図形やグラフをフリーハンドで正確に描くことや，それらから必要なことを読み取る練習が常日頃から必要である。

03 記述力の養成を

例年大問３題中２題が記述式の問題になっている。それだけに，①ていねいに，②わかりやすく（他人に理解してもらえるかを意識して），③ポイントを押さえて論述を組み立てる，という３点を意識して，普段から解答を書く必要がある。また，そのためには受験問題集や過去問に取り組んで数をこなすとともに，模範解答における論法や記述答案の書き方も参考にしたい。

国　語

年度	番号	種　類	類別	内　容	出　典
2024	〔1〕	現代文	評論	空所補充，内容説明，内容真偽 記述：内容説明（40字）	「正倉院のしごと」　西川明彦
	〔2〕	古　文	浮世草子	口語訳，語意，和歌解釈，内容説明，文法，内容真偽 記述：内容説明（30字）	「御伽百物語」　青木鷺水
2023	〔1〕	現代文	評論	四字熟語，内容説明，口語訳，内容真偽 記述：主旨（40字）	「人間と自然の関係の文化『庭』の今」　岡田憲久
	〔2〕	古　文	室町物語	語意，口語訳，内容説明，文法，内容真偽 記述：内容説明（30字）	「堀江物語」
2022	〔1〕	現代文	評論	空所補充，内容説明	「言葉，音楽，デモクラシー」　猪木武徳
	〔2〕	現代文	評論	内容真偽 記述：内容説明（40字）	「創造性の進化」　太刀川英輔
	〔3〕	古　文	擬古物語	語意，内容説明，口語訳，和歌解釈，文法，内容真偽 記述：内容説明（30字）	「小夜衣」

現代文の評論は幅広いジャンルから出題
現・古ともに要約型の記述問題対策を

01　出題形式は？

2022年度は現代文2題，古文1題の計3題であったが，2023・2024年度は現代文・古文各1題の計2題の出題となった。ただし総解答数は変わっていない。試験時間は75分。解答形式は選択式がほとんどだが，現代文・古文ともに設問のうち最後の1問が記述問題であり，制限字数は現代文が40字，古文が30字となっている。解答用紙は横長のB4判大で，選択式の解答欄は用紙の左側にまとめられており，記述式の2問のみ用紙の右側に書くようになっている。

02　出題内容はどうか？

〈現代文〉 内容的には標準的なものだが，文章が長めなので論旨を押さえながら速く正確に読む力が必要である。出典は，2022 年度は 1 題が音楽史，1 題が心理学，2023・2024 年度は文化論と，幅広いジャンルから出題されている。

設問内容は，空所補充，内容説明（択一式の選択問題），内容真偽（複数解答形式であることが多い），記述問題と，構成パターンはほぼ定着している。空所補充は，文脈・論旨の展開の的確な把握を求めるもので，選択肢の語意の理解が必要な場合もある。また，微妙な選択肢も含まれているので，注意深さが必要。内容説明など択一式の選択問題は，論旨や筆者の見解に沿って内容・理由を把握することが求められる。誤りの選択肢は，本文中の語句を文脈を無視してつないだものが多いので，慎重に判断しよう。また，選択肢の文が本文中の表現そのものではない場合もあるので，精密な識別が必要である。なお，2023 年度は，本文と関連のある古文の解釈を問う問題があった。内容真偽など全体把握を要する選択問題で選択肢から複数の正答を選ぶ場合は，個数が指定されている。選択肢の正否は比較的明確である。記述問題は，本文の論旨全体を踏まえて，内容の説明や筆者の見解をまとめるものが多い。複数のポイントを 40 字以内にまとめるには，相当の要約力・表現力・語彙力が要求される。

〈古文〉 出典のジャンルにかたよりはあまり見られない。出典に見られる特徴として，人物関係が絡んでいること，筆者・登場人物の批評・見解などが付されていることなどが挙げられる。有名作品以外からの出題が目立つが，本文の内容は読み取りやすいものが多い。

設問内容の主なものには，語意，口語訳，文法，人物の心情や言動の内容とその理由説明，内容真偽などがある。2022・2024 年度には和歌の修辞や解釈が出題された。語意は，多義語の用法の判別が出題されることもある。いずれにしろ，基本古語の知識を中心に，助動詞・助詞の意味・用法などの的確な把握が求められている。文法の単独問題も頻出で，助動詞・助詞を主とした判別問題が多く，敬語が出題されることもある。その他に本文の中心的話題，考えの内容・理由などを 30 字以内で具体的に説明する記述問題が 1 問出題されている。現代文の記述問題と同等，あるいはそれ以上の要約力が必要となる。

03 難易度は？

現代文は 2023・2024 年度はかなりの長さの文章が出題された。2022 年度も二つの文章を合わせるとかなりの分量である。しかし，設問自体は素直で，標準的なレベルのものが多い。ただし，記述問題は本文の主旨を踏まえてまとめなければならず，難度は高い。古文は，基本的な知識や読解力をみる問題が多いが，内容把握などにやや難しい設問も見られる。2，3 題で 75 分という試験時間は妥当なものといえよう。ただし，時間配分には注意しよう。特に現代文に時間をかけ過ぎないように気をつけ，少なくとも古文に 25 分は回したい。

対策

01 現代文

❶　幅広いジャンルの評論の読解力を身につけたい。長文の文章構成，論旨の展開，大意などを短時間で把握する練習が不可欠である。各段落のキーフレーズをチェックして要点を箇条書きにしたり，一文にまとめたりしてみよう。その上で，段落相互の論理的展開を明確にしてつかむ，文章全体を内容上いくつかに区分する，筆者の提起する問題とその結論をつかむなどの作業を心がけること。練習を積むことによって，長文の評論読解に慣れ，テーマと結論，それを結ぶキーワード，キーフレーズといった骨格をピックアップする要領がのみこめてくる。また，現代の哲学・思想や社会，文化，自然科学などを論じた新書・文庫の類を幅広く読み，知識を深めておきたい。

❷　選択式の説明問題で求められる主なものは，筆者の考え・その論拠の的確な把握である。論述内容の各要素の相互関係（自説と他説，主旨と具

体例，結論と論証など）を整理して読み分けよう。特に微妙な選択肢の内容・表現については，骨格となる箇所に線を引いて本文と照合しながら正誤を見分ける練習が必要である。問題集の，特に評論の問題を数多く解いておこう。『入試現代文へのアクセス（発展編）』（河合出版）は記述問題と選択式問題のバランス，難度ともに適しているので，取り組んでみてほしい。また，設問形式のパターンに慣れるため，過去問にあたることも大切である。誤りの選択肢の作り方には各大学の特徴がよく表れるものである。選択肢の完成度の高い，共通テストの過去問演習も大いにすすめる。

❸　記述問題は，筆者の見解，部分的解釈，全体的論旨の説明など，年度によっていろいろ工夫された設問になっているが，その解答となるべきポイントは，本文の要点箇所である。まず，設問が要求している条件（本文全体をまとめるのか，解答の際に落としてはいけないポイントは何かなど）を的確に把握すること。ついで，それに即して制限字数内に簡潔に収める力が決め手になる。答えるべき内容をまず書いてみて，それを制限字数内に収まるよう削る，それでもだめなら他の語句に言い換える，といった作業が短時間でできるように熟達したい。文章の要約練習とともに，他学部の問題にもあたって，練習を重ねよう。

❹　漢字の読み・書き取りは，他学部同様，最近は出題されていないが，意味・用法の理解を中心とした語彙力は充実させておくこと。記述問題でも役に立つので，日頃から辞書を引く習慣をつけ，ノートを作るなどして紛らわしい類義語，文芸・哲学・思想などの術語，外来語，故事成語，ことわざ，慣用句，四字熟語などの知識も身につけておこう。

02　古　文

❶　出典のジャンルは幅広いが，その内容は，ある事柄・事件を中心に人物関係が絡み，筆者の考えが織り込まれているものが多い。教科書や問題集などで，種々の古文を読んで人物関係をとらえる練習を積むことをすすめたい。説話・随筆・日記・（歌）物語などが好適な練習材料であろう。読んでいく上で，文の主語，会話で誰が誰に話しているか，筆者の見解はどの部分に表されているかなどに注意し，心情や指示内容を把握すること。なお，有名出典については筆者・内容についての予備知識をできるだけ仕

入れておきたい。

❷ 基本古語・文法・慣用句・修辞法などの基本的知識の習得は絶対に欠かせない。基本古語は単によく用いる意味を暗記するだけではなく，文脈に即して意味を選ぶ練習を心がけたい。文法では，助動詞・助詞の用法と識別をしっかりと整理しておくこと。敬語の理解も人物関係をつかむ上で不可欠である。また，古文常識も，『大学入試 知らなきゃ解けない古文常識・和歌』（教学社）などを用いて身につけておきたい。こういった学習が，古文読解の基礎を養うことになる。

❸ 必出の口語訳は，基本古語の習得はもちろんのこと，前後の文脈の把握，文法的理解が選別のポイントになっていることが多い。空所補充なども，普段の学習で用語の文脈中での働き・意味に細心の注意を払うことが効果的な対策になる。選択肢は，訳出・表現の仕方に微妙な違いをもつものが多いから，おおまかな理解では不十分。ポイントとなる古語・文法に注意して，正確な直訳と前後の文脈を踏まえた内容把握ができるよう，口語訳の練習を積もう。『古文上達 基礎編 読解と演習 45』（Ｚ会）は文法事項を丁寧に学ぶのに適している。これで基本を押さえた上で，過去問等に取り組むとよいだろう。

❹ 30 字の記述問題が出題されている。本文の内容の読み取りが前提だが，設問の条件に即した的確な表現が要求される。現代文の場合と同様，限られた時間で字数内にまとめる練習を怠らないようにしたい。

❺ 和歌を含む文章も出題されている。和歌解釈の対策として「百人一首」を解説した『風呂で覚える百人一首』（教学社）などを利用し，和歌の理解力アップに努めよう。

❻ 漢文は大問としては出題されていないとはいえ，2021 年度には漢文の知識が必要な設問が出題されていた。漢文の基本である句法と基本漢語については一通り身につけておこう。

03 他学部の問題演習

出題内容・設問形式は各学部とも似た傾向にあるので，現代文・古文とも，他学部の過去問を解いておくことをすすめる。本シリーズで，選択肢の傾向に慣れ，ポイントのつかみ方，記述問題のまとめ方などを練習し，多様な設問形式に慣れておこう。さらには共通テストの過去問や，選択肢の作り方が似ている早稲田大学，関西大学などの過去問にも挑戦してみるとよいだろう。

同志社大「国語」におすすめの参考書

- ✓『入試現代文へのアクセス（発展編）』（河合出版）
- ✓『大学入試 知らなきゃ解けない古文常識・和歌』（教学社）
- ✓『古文上達 基礎編 読解と演習 45』（Z会）
- ✓『風呂で覚える百人一首』（教学社）

2024年度

問題と解答

学部個別日程（社会学部）

問題編

▶試験科目・配点

教　科	科　　　　　目	配　点
外国語	コミュニケーション英語Ⅰ・Ⅱ・Ⅲ，英語表現Ⅰ・Ⅱ	200 点
選　択	日本史Ｂ，世界史Ｂ，政治・経済，「数学Ⅰ・Ⅱ・Ａ・Ｂ」から１科目選択	150 点
国　語	国語総合，現代文Ｂ，古典Ｂ	150 点

▶備　考

「数学Ｂ」は「数列」および「ベクトル」から出題する。

英 語

(100分)

〔Ⅰ〕 次の文章を読んで設問に答えなさい。[＊印のついた語句は注を参照しなさい。](71点)

On a dusty August day in 2020, Wallace J. Nichols hiked into the California valley where he had lived for more than 20 years to find his family's home and all their possessions destroyed by a wildfire.

(W), Nichols searched the debris*. He walked the entire property. Then he did the only helpful thing he could think to do: He went down to the nearby creek*, stripped off his clothes and submerged* himself.

Nichols, who is a marine scientist, was seeking the healing power of water.

It has been a rough few years. Many of us are finding ourselves exhausted, burned out, struggling to build balance back into our lives. We need to recharge.

Water can help. Neuroscientists* say that spending time near oceans, lakes, rivers and other blue spaces can provide (a) a range of benefits including reducing anxiety, easing mental fatigue and rejuvenating* us.

Participating in water activities such as swimming or surfing can help us enter a "flow state," where we become fully immersed* in what we're doing. This calms the mind, which is often absorbed by rumination* and worry, says Ricardo Gil-da-Costa, a neuroscientist and chief executive of the neurotechnology* company Neuroverse, who has studied how water affects our brain.

Bodies of water also can produce a glorious sense of awe — the emotional response to something vast that expands and challenges how we see the world. Awe can decrease stress and help us put things into perspective.

Water naturally relaxes us (and helps focus our thoughts) "by taking away all the noise," says Nichols, whose work centers on how blue spaces affect our well-being. "All we have to do is show up."

Water has special properties that may boost(b) nature's positive impact, environmental psychologists say. When you are near water, there is often less visual and auditory* information to process. Your mind can rest.

The sound of water, typically steady and soft, soothes us. Its smell can provoke(c) positive memories and associations. When we're floating in water, our bodies can rest too, (X) we never can on land.

Most important: Water is dynamic. It moves rhythmically, producing a play of light, color and sound that is mesmerizing*. It holds our attention, but not in an overly demanding way(ア). Researchers call this soft fascination. It gives our brains a break from the intense, focused, cognitively depleting* attention that much of daily life requires.

"Water helps your mind wander(d) in a positive way," says Marc Berman, director of the Environmental Neuroscience Laboratory at the University of Chicago. "This is what is so restorative*."

Here's some advice on how to harness the healing power of water.(イ)

〈 A 〉

You likely have some close by, even if it is just a creek alongside the road. Start there. Then branch out to water you can visit on the weekend or a vacation.

Urban water counts(e) — rivers, canals and fountains. (Y) domestic water — in pools, bathtubs, even sprinklers. Pay attention to the sound, play of light and movement, says Nichols, author of *Blue Mind*, (あ)

(い)(う)(え)(お) us happier and healthier.

If you can't get to actual water, then paintings, photographs, videos and movies can produce some of the same benefits, he says. If you want to boost the positive effect, choose locations that represent positive memories for you.

Even virtual reality helps. In research studies, computer-generated virtual reality water scenes boosted participants' moods, likely because they got to interact with the virtual environment.

〈 B 〉

A little bit makes a big difference.

A 2019 study found that it takes at least two hours a week in nature to improve our well-being, although that time can be broken into smaller stretches. A more recent, yet-to-be-published study found that spending a similar amount of time near water has the same benefits, says Mathew White, an environmental psychologist at the University of Vienna, who studies the health benefits of water environments and was lead researcher on both studies. Scientists also have found that people who peered into aquariums had lower heart rates and better moods after just 15 minutes.

〈 C 〉

And get good at it. This will help you experience a flow state where time and your worries fall away as you become fully engaged in what you are doing, says Gil-da-Costa. When you become proficient at an activity, your brain changes: It forms new neural pathways, which become faster and stronger. This makes it even easier in the future to enter a state of flow while doing this same activity.

〈 D 〉

It is（ Z ）that many of the most popular soundscapes* on the Calm app, such as "Rain on Leaves," involve water.

One of the most calming properties of water is its sound, White says. In a recent study, he and colleagues found that the water sounds people find most restorative are rain in a rainforest, waves lapping on a beach, and a babbling* brook. When the researchers added biotic* sounds, from living beings, to the water sounds, people liked them even more.

Make an audio recording of your favorite water. It will trigger happy memories.

You can spend time on the water anywhere, anytime in your mind. Visualize the sun sparkling on its surface or the sound of its waves splashing against the shore. And when the water you imagine is water you have enjoyed in real life, the positive effect will be even stronger, Nichols says.

When Nichols surfaced(f) for air after submerging himself in the creek behind the ruins of his still-smoldering* home, he sobbed. Then he floated on his back until he felt calm.

Since then, he has gone into the creek each day. "It is like a daily reset," he says. "I don't know how I would have gotten through all my feelings without it."

(From *Reader's Digest*, March/April 2023)

［注］ debris　瓦礫　がれき

creek　小川

submerged　(submerge　沈める)

Neuroscientists　神経科学者

rejuvenating　(rejuvenate　若返らせる)

immersed　(immerse　浸す)

rumination　沈思黙考

出典追記：The Underrated Therapy for Anxiety and Stress: Water, The Wall Street Journal on August 23, 2022 by Elizabeth Bernstein

neurotechnology ニューロテクノロジー（脳神経科学の分野において発展した技術）
auditory 聴覚の、聴覚による
mesmerizing （mesmerize 魅了する）
depleting （deplete 減らす）
restorative 元気を回復させる
soundscapes サウンドスケープ、音風景（音を環境の中で、風景として捉えようとすること）
babbling （babble さらさらと音を立てて流れる）
biotic 生命の、生物の
still-smoldering （smolder くすぶる）

I－A 空所(W)～(Z)に入るもっとも適切なものを次の1～4の中からそれぞれ一つ選び、その番号を解答欄に記入しなさい。

(W) 1 Stun 2 Stunned 3 Stunning 4 To stun

(X) 1 in a way 2 in conclusion
3 in the moment 4 in time

(Y) 1 So did 2 So do 3 So does 4 So that

(Z) 1 no coincidence 2 no incident
3 no meaning 4 no trouble

I－B 下線部(a)～(f)の意味・内容にもっとも近いものを次の1～4の中からそれぞれ一つ選び、その番号を解答欄に記入しなさい。

(a) provide
1 prepare 2 purchase 3 supply 4 suppose

(b) boost
1 control 2 restrain 3 surpass 4 uplift

(c) provoke
1 arouse 2 erase
3 misrepresent 4 preserve

(d) wander

1 clarify　　2 drift　　3 extend　　4 marvel

(e) counts

1 is attributed　　2 is calculated

3 is included　　4 is reduced

(f) surfaced

1 came up　　2 looked up　　3 sat down　　4 went down

I－C　波線部(ア)と(イ)の意味・内容をもっとも的確に示すものを次の１～４の中からそれぞれ一つ選び、その番号を解答欄に記入しなさい。

(ア) not in an overly demanding way

1 not in a very ambiguous manner

2 not in an especially excessive manner

3 not in a particularly unconscious way

4 not in an outstandingly moralistic way

(イ) how to harness the healing power of water

1 how to reject the activating effect of water

2 how to neutralize the powerful effect of water

3 how to deal with the mysterious effect of water

4 how to take advantage of the soothing effect of water

I－D　二重下線部の空所(あ)～(お)に次の１～６の中から選んだ語を入れて文を完成させたとき、(あ)と(う)と(お)に入る語の番号を解答欄に記入しなさい。同じ語を二度使ってはいけません。選択肢の中には使われないものが一つ含まれています。

Pay attention to the sound, play of light and movement, says Nichols, author of *Blue Mind*, (あ)(い)(う)(え)(お) us happier and healthier.

1 makes　　2 to make　　3 explores　　4 how

5 which　　6 water

Ⅰ－E 空所〈A〉～〈D〉に入るもっとも適切な小見出しを次の１～５の中からそれぞれ選び、その番号を解答欄に記入しなさい。同じ選択肢を二度使ってはいけません。選択肢の中には使われないものが一つ含まれています。

1 **Listen**

2 **Soft fascination**

3 **Go often**

4 **Remember that all water counts**

5 **Try a water sport**

Ⅰ－F 本文の意味・内容に合致するものを次の１～８の中から三つ選び、その番号を解答欄に記入しなさい。

1 Being near bodies of water provides more auditory and visual stimulation, which excites and activates our minds, relieving us of our daily worries and stresses.

2 It is important to note, the researchers point out, that water gently fascinates us by constantly and rhythmically producing sounds and reflecting sparkling light on the surface of the water.

3 Practicing water sports will not enable us to increase the flow of air in and out of our lungs and enable us to stay under water for longer periods of time.

4 By engaging in immersive activities in the water, such as swimming or surfing, we can free ourselves from the cares and concerns we ordinarily feel.

5 Simply looking at water in paintings, photographs, videos, and movies, rather than being near actual water, is not enough to have a positive effect on our minds.

6 According to one researcher, it is crucial to look at the water for at least two continuous hours a week, and being near the water for small, fragmented periods of time will not bring peace of mind.

7 The sound of rain falling in a tropical rainforest or waves crashing

on a beach can comfort us, but if we can hear the sounds of the creatures living there, the effect is reduced by half.

8 Imagining the sparkle of water or the sound of crashing waves on the shore has an even greater effect on our mind if it is an actual water-related experience we have had.

〔Ⅱ〕 次の文章を読んで設問に答えなさい。[*印のついた語句は注を参照しなさい。](79点)

Troves* of ancient artifacts* unearthed during building and infrastructure works are gathering dust in warehouses as England's museums run out of space, the BBC has learned. Archeologists* say this is a missed opportunity for people to learn about their history and heritage(a). The objects range from fine Roman metalwork to bronze age pottery. They are discovered by archeological contractors whom developers hire before clearing sites for construction. Many of our most important historical discoveries now come from such contractors, known as "commercial archeologists."

London's largest mosaic find in 50 years was unearthed during a regeneration* project near the Shard* in Southwark and archeologists working on the route of the HS2 high-speed railway* found a vast wealthy Roman trading settlement. But Historic England says that museums could soon run out of room for such artifacts. A report commissioned(b) by the public body and Arts Council England shows that (W) they acquire more storage space, the amount of material coming out of the ground will soon be greater than the space available to store it.

"The clock is ticking — we have four or five years (X) we really do start seeing massive problems," said Barney Sloane, national specialist services director at Historic England. "The potential of archeological archives(ア)

is really rich," he said. "It would be a massive shame if we couldn't find a way of making sure they are protected for the future."

While the management of archeological finds differs between Scotland, Wales and Northern Ireland, all three countries have also reported similar problems with storage. Many museums have already stopped collecting archeological archives. This means that they remain out of sight of the public,(イ) although many contractors provide access to researchers who want to study them. "There's literally nowhere to put them," said Tom Booth, a researcher at the Crick Institute who works with museums to access samples for research. He added that a lack of dedicated archeological curators*, due to funding,(c) added to the problem. "If there's not an archeological curator at a museum, they might not be as keen to take it on because they don't feel they could look after [the finds] properly," he said. (Y) of museums in England now have an archeological curator, according to the Society of Museum Archeologists.

Already, at least a quarter of the excavations undertaken by archeological contractors in England produce collections that never find their way to a museum, according to Historic England and Arts Council England. That means contractors are left holding the bag(ウ) when it comes to storing them, but are ill-equipped(d) to show what they have found to the public, even though some do try to make objects available to local communities.

"We have a small visitor center at our office where people can come and view some of the archival material," said Victoria Sands of The Colchester Archeology Trust, a charity which also does contract work and discovered the site of a Roman circus. "But obviously we're not a museum, it's not on permanent(e) display or anything like that."

Historic England, along with Arts Council England and National Trust, are in early talks to advise government on the creation of a national archive that they say could solve the issue of storage for the next

100 years. It (あ)(い)(う)(え)(お) government will commit funding to that solution. Historic England say they are concerned that if storage space runs out, councils may no longer be able to compel (f) developers to excavate sites of archeological interest, meaning a lot of history could be lost forever.

One novel solution to the storage problem has been to put finds back (Z) they came — underground. Cambridgeshire County Council has turned to Deepstore, an underground storage company located in a former salt mine in Cheshire, which gives them boundless space to keep their 20,000 boxes of historical artifacts, which they can recall (g) as needed. A project called After the Plague run by the University of Cambridge has requested hundreds of boxes of human remains from their collection at Deepstore that came from burials at the Hospital of St. John in Cambridge. That project used cutting-edge techniques to learn more about the consequences of the Black Death in Cambridge, including how epidemic* diseases affect our evolution, and found the first direct archeological evidence of the plague in Britain. "That benefits (h) medicine, it benefits genetics — it's not just about heritage," said Mr. Sloane of Historic England.

Finds from the stores can also be loaned out (i) to museums for temporary exhibitions, like the current showing of goods from two graves at the burial site of a possible Saxon* princess on display at Ely museum. That exhibition uses finds from the collection of Cambridgeshire County Council, including an ancient brooch and amethyst* beads from a necklace. "The whole point of storing this material is to tell stories about it and to show it to people and make them aware of their own history," said Sally Croft, archives manager for Cambridgeshire County Council. "And you can only do that by putting it on display and allowing people to see it."

(By Patrick Hughes, writing for *BBC News*, February 24, 2023)

［注］ Troves　貴重な発見物
artifacts　（特に古代人が用いた）人工品
Archeologists　考古学者
regeneration　再生
the Shard　ロンドンの高層ビル
HS2 high-speed railway　イングランドで計画されている高速鉄道路線
curators　（博物館、美術館の）学芸員
epidemic　（病気などが）流行性の
Saxon　古代サクソン人の
amethyst　（鉱物）紫水晶、アメジスト

Ⅱ－A　空所(W)～(Z)に入るもっとも適切なものを次の１～４の中からそれぞれ一つ選び、その番号を解答欄に記入しなさい。

(W)　1 also　2 because　3 provided　4 unless

(X)　1 ago　2 before　3 for　4 since

(Y)　1 All　2 Fewer than half
3 More than most　4 None

(Z)　1 when　2 where　3 which　4 while

Ⅱ－B　下線部(a)～(i)の意味・内容にもっとも近いものを次の１～４の中からそれぞれ一つ選び、その番号を解答欄に記入しなさい。

(a) heritage
1 legacy　2 lesson　3 resource　4 technology

(b) commissioned
1 argued　2 contacted　3 ordered　4 used

(c) funding
1 base　2 capital　3 experience　4 motivation

(d) ill-equipped
1 unaware　2 unhealthy
3 unprepared　4 unused

(e) permanent

1 joint 2 occasional 3 perpetual 4 private

(f) compel

1 deter 2 find 3 forbid 4 oblige

(g) recall

1 remember 2 retain 3 retrieve 4 reveal

(h) benefits

1 adjusts 2 improves 3 introduces 4 moderates

(i) loaned out

1 handed on 2 lent out

3 paid back 4 passed down

II－C 波線部 (ア)〜(ウ) の意味・内容をもっとも的確に示すものを次の１〜４の中からそれぞれ一つ選び、その番号を解答欄に記入しなさい。

(ア) The potential of archeological archives is really rich

1 Archeological finds enable people to learn about their history and culture

2 People will discover many more places in the future to store archeological finds they unearthed

3 Archeological objects are being digitally archived for future classification and preservation

4 People can obtain wealth through maintaining archeological objects

(イ) they remain out of sight of the public

1 they are not stored close to inhabited areas

2 they are too small to be visible

3 they are too precious to be exhibited

4 they are not available for exhibition

(ウ) contractors are left holding the bag

1 contractors remain responsible for transporting the finds

2 contractors have to deal with a difficult situation on their own

3 contractors usually have to wait for their employers' directions

4 contractors leave construction sites as soon as possible after work

Ⅱ－D　二重下線部の空所(あ)～(お)に次の１～６の中から選んだ語を入れて文を完成させたとき、(い)と(お)に入る語の番号を解答欄に記入しなさい。同じ語を二度使ってはいけません。選択肢の中には使われないものが一つ含まれています。

It (あ)(い)(う)(え)(お) government will commit funding to that solution.

1 be　　2 whether　　3 to　　4 seen

5 had　　6 remains

Ⅱ－E　本文の意味・内容に合致するものを次の１～８の中から三つ選び、その番号を解答欄に記入しなさい。

1 Archeological contractors are hired by developers to dispose of artifacts and clean up construction sites.

2 One of the most difficult problems from an archeological point of view is the lack of space to store excavated objects.

3 People are optimistic about the storage problem because there is still ample time to find a solution.

4 The lack of archeological contractors is another reason why museums are unwilling to take in and store excavated artifacts.

5 Archeological contractors are reluctant to make ancient artifacts available to local communities because it is costly and time-consuming.

6 There is a possibility that mandatory excavation of archeological finds will not be part of the future of building developments in England.

7 People bury what they unearthed back into the ground because they do not know how to deal with them.

8 A research project took advantage of access to the underground storage to make new medical and archeological discoveries about the Black Death.

Ⅱ－F　本文中の太い下線部を日本語に訳しなさい。

It would be a massive shame if we couldn't find a way of making sure they are protected for the future.

〔Ⅲ〕　次の会話を読んで設問に答えなさい。(50点)

(*Annie and Emma are friends who haven't seen each other for quite a while, so Annie decided to visit Emma in Kyoto for a week to catch up. They are discussing Annie's sightseeing plans.*)

Emma: Hi Annie, it's so great to see you.

Annie: Likewise.

Emma: How long has it been?

Annie: I can't even remember.

Emma: At least five years, I reckon?

Annie: Approximately. ＿＿(a)＿＿

Emma: All the more reason to make the most of your time in Kyoto. I'm so glad you managed to find the time to come visit me here. How long are you going to stay?

Annie: Six days. My mom has a doctor's appointment on the 19th, so I want to be back in Korea by then. ＿＿(b)＿＿

Emma: Oh! Nothing serious, I hope.

Annie: No, it's just a routine check-up, but my mom gets really nervous about not being able to remember everything the doctor tells her, so she likes it when there is a second person there to take notes. And we always turn it into a fun day out together, going shopping and visiting one of the many cute and stylish cafés we have in Seoul.

Emma: ＿＿(c)＿＿ I would love to take you to some of my

favorite cafés and sights.

Annie: To be honest, I didn't spend much time looking into what I want to do and see while I'm here, but I did see pictures of Kiyomizu-dera and Kinkaku-ji. ______(d)______

Emma: That's a great idea. I can tell you how to get there. You can go there while I'm at work and I can show you some of my favorite sights on the weekend. Do you like hiking?

Annie: ______(e)______ If it's not too strenuous or long, then I quite enjoy it.

Emma: The hike I am thinking of is not too demanding. It is a little bit steep in some places, but it is not even two hours long. And afterwards you get to cool off sitting in a restaurant over the river, which is really refreshing after the hike.

Annie: Over the river? How does that work?

Emma: During the hot summer months, they put *tatami* mats up across the river. The water flows underneath the mats, so it is not only cooling, but it is also really pretty to watch while you're eating lunch. The food is also really special.

Annie: How so?

Emma: In one of the restaurants they serve noodles that flow down a bamboo tube. [麺が流れ過ぎる間に、お箸でつかまえないといけないんです。]

Annie: I never heard of floating noodles.

Emma: It's fun, I promise. ______(f)______ If you miss them, they are gone for good.

Annie: Does that taste nice? Plain noodles sound a bit tasteless.

Emma: It's a simple meal, but they are surprisingly delicious. You get a dipping sauce with them, so they are much more tasty than they sound.

Annie: Even if they weren't tasty, I would still want to try them.

(g) ______________________

Emma: It sure is! I promise it is worth it.

Annie: Can't wait! I'm getting hungry just thinking about it.

Emma: If you're hungry, I have a few dinner suggestions for you to choose from.

Annie: No need. (h) ______________________

Emma: How do you feel about a quaint little restaurant with some delicious local specialties? Their *tofu* in particular is worth trying.

Annie: Sounds great. Lead the way!

Emma: Alright. Let's go.

Ⅲ－A　空所 (a)～(h) に入るもっとも適切なものを次の１～10の中からそれぞれ一つ選び、その番号を解答欄に記入しなさい。同じ選択肢を二度使ってはいけません。選択肢の中には使われないものが二つ含まれています。

1 They look really nice, so I was thinking I might pay them a visit.
2 How do you do?
3 I promised to accompany her.
4 That sounds about right.
5 And you have to be quick too.
6 It depends.
7 I am not a big fan of sightseeing.
8 I trust you to pick something delicious for us.
9 Speaking of which, what are your plans while you're here?
10 That sounds like quite an experience in and of itself.

Ⅲ－B　本文中の［　　　］内の日本語を英語で表現しなさい。

麺が流れ過ぎる間に、お箸でつかまえないといけないんです。

日本史

（75分）

〔Ⅰ〕 次の（1）～（3）の中世の社会・経済に関する文章を読んで、下記の【設問A】【設問B】に答えよ。なお、同一記号の空欄には同一語句が入る。（60点）

（1） 平安時代中期以降、（　a　）と呼ばれた有力農民のなかから、名田の耕作を請負った負名が現れ、のちに荘官になる者や武士化する者もいた。負名は国衙に対して（　ア　）や臨時雑役を請負った。

中世の荘園や国衙領には、地頭・下司・郷司・公文などの立場の者の下に、（　イ　）・平民とも呼ばれた百姓もいた。百姓は階層的な幅が広く、作人として零細な土地を耕作するだけで、しばしば浮浪と変わらない生活を送る者もいた。

鎌倉時代に入る頃には、農業が技術的に発展し、麦を裏作とする二毛作も、畿内を中心に西日本方面へ普及していった。田畠を耕す場合は牛馬を使い、米は中国から導入された大唐米が普及し、肥料としては刈った草を田畠に持ち込み腐敗させて使用した（　ウ　）が広く用いられるようになった。

（2） 鎌倉時代後期から、百姓がまとまった行動をとることで強い団結を示す村落が成立しはじめた。この動きは南北朝時代を経て畿内を中心にさらに強まり、惣という自治組織を作った。惣は村共有の土地を持ち、惣の中核となる神社の氏子組織である（　b　）において、氏神・鎮守の祭祀、豊作祈願、各種年中行事などをおこなった。また、惣の寄合で定めた惣掟により村の秩序は維持され、惣掟に反する者には警察権を行使して村から追放した。さらに、領主に対して<u>税の納入を請け負い</u>（エ）、境界争いや水利権の管理などでは一致団結して交渉にあたり村を守った。

百姓たちは、彼らのなかから指導者として（　オ　）などを選び、若衆と呼ばれる者たちを率いて惣の運営にあたった。領主に対しては、<u>年貢減免の嘆願をおこない</u>（c）、ときには<u>集団の威力を使ってそれを訴え</u>（d）、その要求が受け入れられないと団結して耕作の放棄や、一時的な他領や山中への退去などで抵抗した(e)。室町時代中期以降、こういった抵抗に基づき、特定の目的達成のための惣を基盤とする地域的な集団(カ)の活動が活発化した。

（3） 室町時代から戦国時代にかけて農村の経済活動が盛んになり、全国各地では特産物が作られ商品の流通と海運業が発達し、その交通の要衝として港町(f・キ)が生まれた。また、巡礼で賑わう有名な寺社のあるところには門前町(ク)が生まれ、浄土真宗の寺院を中心に周囲を堀や土塁をめぐらした寺内町(ケ)も生まれた。また、戦国大名の居住地を中心に城下町(g)も生まれた。

近畿地方と瀬戸内地方を結ぶ重要な交通の要衝であった堺は、戦国大名間の対立を巧みに利用しつつ、豪商のなかから36人の（　h　）が出て自治をおこなった。また堺は、（　コ　）によってイタリアのベニス（ヴェネツィア）に似る都市としてヨーロッパに紹介されている(i)。一方、東アジアとの交通の要衝として栄えた筑前にある（　j　）では、（　k　）が都市の自治にあたった。なお、ヨーロッパの関心は日本の銀に向けられ、16世紀半ばにヨーロッパで製作された世界地図には、その鉱山名(サ)が記載されるほどであった。

応仁の乱後の京都では、自治的な共同体である町が形成され、やがて町掟なども独自に定めるようになった。また、上京や下京(シ)といった大きなまとまりも形成され、そのうち下京では、町衆が町を母体としてある祭礼(l)を復活させた。

【設問A】文中の下線部や空欄（a）～（l）について、下記の設問に答えよ。

a．田の経営を請け負ったこの有力農民を何と呼ぶか。この名称を、解答欄Ⅰ－Aに漢字で記せ。

b．惣結合の実質的な役割を果たしたこの組織を何と呼ぶか。この名称を、解答欄Ⅰ－Aに漢字で記せ。

c．領主に対し、年貢減免などを嘆願するために、百姓たちが作成した上申書のことを何と呼ぶか。この名称を、解答欄Ⅰ－Aに漢字4字で記せ。

d．領主に対し、年貢減免などを求めて威圧的におこなう共同行動を何と呼ぶか。この名称を、解答欄Ⅰ－Aに漢字で記せ。

e．c・dが受け入れられない場合にとるこういった行動を何と呼ぶか。この名称を、解答欄Ⅰ－Aに漢字で記せ。

f．広島県福山市の芦田川河口部の中州にかつて所在したこの町は、鎌倉時代から室町時代までを中心に港町だけでなく、門前町・市場町といった多機能を有する町として栄えたことが、1961年からの発掘調査で明らかになった。この遺跡を何と呼ぶか。この名称を、解答欄Ⅰ－Aに漢字で記せ。

g．戦国大名や織田信長がおこなった、自由で円滑な商取引を保証する政策を何と呼ぶか。この名称を、解答欄Ⅰ－Aに漢字で記せ。

h．堺の都市としての独立を維持したこの集団を何と呼ぶか。この名称を、解答欄Ⅰ－Aに漢字３字で記せ。

i．宣教師が本国ポルトガルへ書き送り、（　コ　）が記した書簡も含まれるものを何と呼ぶか。この名称を、解答欄Ⅰ－Aに漢字で記せ。

j．鎌倉時代には蒙古襲来に際してこの一帯に石塁（石築地）が築かれ、南北朝時代には九州探題が置かれ、後に大内氏と結んで貿易で栄えたこの都市を何と呼ぶか。この名称を、解答欄Ⅰ－Aに漢字で記せ。

k．豪商12人によって構成され、月ごとに輪番で都市の自治にあたっていたこの人々を何と呼ぶか。この名称を、解答欄Ⅰ－Aに漢字３字で記せ。

l．八坂神社から神輿を遷座させ、各町の山や鉾といった山車を巡行させるこの祭礼を何と呼ぶか。この名称を、解答欄Ⅰ－Aに漢字３字で記せ。

【設問B】文中の下線部や空欄（　ア　）～（　シ　）について下記の設問に答えよ。

ア．負名が請負った税のうち、律令制の租や公出挙の利稲などの系譜を引くとみられるものを何と総称しているか。次のうちから選び、その番号を解答欄Ⅰ－Bに記入せよ。

1．夫　役　　2．出　挙　　3．官　物　　4．公　事

イ．この階層の人々を何と呼ぶか。次のうちから選び、その番号を解答欄Ⅰ－Bに記入せよ。

1．所　従　　2．下　人　　3．凡　下　　4．侍

ウ．この肥料を何と呼ぶか。次のうちから選び、その番号を解答欄Ｉ－Ｂに記入せよ。

1．草木灰　2．干鰯　3．刈敷　4．〆粕

エ．惣が税の納入なども請け負ったこの形態を何と呼ぶか。次のうちから選び、その番号を解答欄Ｉ－Ｂに記入せよ。

1．地下検断　2．地頭請　3．地下請　4．起請文

オ．この指導者について正しい組み合わせはどれか。次のうちから選び、その番号を解答欄Ｉ－Ｂに記入せよ。

1．乙名・沙汰人・神水　2．乙名・沙汰人・番頭

3．乙名・神水・番頭　4．一味同心・沙汰人・番頭

カ．このような地域的な集団の行為を一揆と呼ぶが、1429年に発生し「侍ヲシテ国中ニ在ラシムヘカラス」と守護軍の退去を要求した一揆を何と呼ぶか。次のうちから選び、その番号を解答欄Ｉ－Ｂに記入せよ。

1．嘉吉の土一揆　2．播磨の土一揆

3．正長の土一揆　4．享徳の徳政一揆

キ．港町として正しくない組み合わせはどれか。次のうちから選び、その番号を解答欄Ｉ－Ｂに記入せよ。

1．兵庫・敦賀・小浜・桑名　2．坊津・尾道・鞆・淀

3．大津・三国・品川・四日市　4．十三湊・金沢・貝塚・鹿児島

ク．門前町として正しくないのはどれか。次のうちから選び、その番号を解答欄Ｉ－Ｂに記入せよ。

1．坂本　2．宇治・山田　3．富田林　4．長野

ケ．寺内町として正しくないのはどれか。次のうちから選び、その番号を解答欄Ｉ－Ｂに記入せよ。

1．山科　2．吉崎　3．石山　4．平野

コ．堺をベニス（ヴェネツィア）と紹介した人物は誰か。次のうちから選び、その番号を解答欄Ｉ－Ｂに記入せよ。

1．ルイス＝フロイス　2．千々石ミゲル

3．伊東マンショ　4．ガスパル＝ヴィレラ

サ．ヨーロッパでも知られたその鉱山の所在地はどこか。次のうちから選び、その番号を解答欄Ｉ－Ｂに記入せよ。

1．石　見　　2．生　野　　3．佐　渡　　4．足　尾

シ．自治組織である町が上京や下京などの単位で連合したものを何と呼ぶか。次のうちから選び、その番号を解答欄Ｉ－Ｂに記入せよ。

1．両側町　　2．月行事　　3．惣　町　　4．宿場町

〔Ⅱ〕 次の文章を読んで、【設問a】～【設問i】、ならびに【設問ア】～【設問ケ】に答えよ。なお、本文中の引用については一部修整を施した。（45点）

江戸幕府が設けた寺壇制度の下での仏教は、民衆の宗教的要求を受け止めることができない面があった。しかし近世民衆思想史の研究者である奈倉哲三は、江戸時代にもなお、「惣道場的性格」をもつ「門徒持ち寺」「村寺」が存在したことを次のように指摘している。「真宗の（　a　）組織そのものが（中略）近世的な寺壇制度・本末制度[b]が確立する以前の、僧俗を身分的に峻別することもない、同行・同朋の精神によって結ばれたものであった」（奈倉哲三『真宗信仰の思想史的研究―越後蒲原門徒の行動と足跡』、校倉書房）。

江戸中期、浄土真宗本願寺派の教学をめぐる対立が末端の門徒を巻き込み、大規模な紛争に発展した「三業惑乱」と呼ばれる事件があった。その発端について、宗教史研究者である石原和は次のように述べている。「三業惑乱の発端は、宝暦一二（一七六二）年二月一一日に、僧俗を福井御坊に集め、本山からここに遣わされた平乗寺功存がおこなった四座の法談であった。これはこの地域に浄願寺龍養の唱導によって流布していた無帰命の安心（中略）を否定するため、龍養を糾明し回心させたあとにおこなわれたものだった。（中略）龍養と功存の違いは、当時、本願寺の正統教学とされていた（　c　）『御文章』（『御文』）中の「後生たすけたまへとたのむ」の「たのむ」の解釈の違いにあった。龍養の安心は、衆生が後生の救済を求めるときの「たのむ」一念を軽視して、衆生を助けることが阿弥陀の本願であるとする一節を強調し、衆生はその救済をただ信じて頼みにすればよいとするものであった。それに対し功存の安心は、「たのむ」を文字通り衆

生が阿弥陀如来に向かって頼む他力信仰の姿と解釈し、その際には、身には阿弥陀如来を礼拝し、口では助けたまえと称え、心では往生を願うという身口意（しんくい）の三業を揃えて頼まなければならないとする三業帰命説であった。これは「たのむ」一念を軽視する無帰命安心の異説を否定するのに有効であったため、当時の宗主法如・門主文如がその功績に対して褒美を与え、また学僧の間でも讃嘆されたという」(石原和『「ぞめき」の時空間と如来教―近世後期の救済論的転回』、法藏館)。

三業帰命説は学僧たちの教学論争を引き起こしただけでなく、それをめぐる動揺が末端の門徒の間にも広がった。石原は次のように述べている。「美濃大垣藩では、享和元（一八〇一）年から反三業派門末門徒と本山との攻防が拡大し、翌年一月には数千人規模の、また同年七月には数百人規模の、反三業派による騒動がおこり、幕府老中で美濃大垣藩主の戸田氏教自らが鎮圧するという事態に至った。（中略）享和三（一八〇三）年には全国の門末門徒が京都浄教寺・西本願寺学林に押し寄せ、徒党を組んで暴動同様の事態に発展し、最終的には幕府による直接介入に発展した[d]。文化元（一八〇四）年から、本山の三業帰命説を異安心とみなす反三業派の主張を汲んだ形で関係者の尋問が進められ、文化三（一八〇六）年七月一一日の幕府裁定（中略）により、関係者の処罰が決定し、本山は一〇〇日間の閉門となった」(石原、前掲書)。

しかし、幕府による裁定の後も、三業帰命説に共鳴する門徒は根強く存在した。そのような「三業固執の族」の背景について奈倉哲三は次のように述べている。「近世後期ともなれば、現実世界の諸問題に対し、おのれの側から主体的に働きかけることができる範囲、可変的であることの範囲は、一般民衆にとっても大きく広がってくる[e]。（中略）三業揃えて往生祈願をしなければならぬとする三業帰命説は、現実世界の諸問題に対する「我」(民衆) の側からの主体的な働きかけの増大という近世後期の一般的趨勢が、浄土往生に対する積極的行為となって、あらわれたものなのである。すなわち、弥陀の本願を信ずる立場の門末のなかにも、弥陀に対するおのれの信をどのような行為で積極的に示していくか、いかなる行為が往生を可能にするのかを問題とする人々が増大してきたのである」(奈倉、前掲書)。

さらに奈倉は「三業固執の族」の救済観を近世後期民衆の生命観に照らして考察している。「文政期という時代には、たしかに一方で（　ア　）などの、神仏鬼神や来世といったものをすべて退ける徹底した唯物論的見解（それは儒教的「合理主義」を一つの土台にしたものではあったが）も生まれていたし、また蘭学を中心とした西洋医学（イ・ウ・エ）的な生命論も、「解体新書」の翻訳刊行などから数えてすでに半世紀の蓄積を有してはいた。しかし、これらはなお日本人のごく一部の世界での認識に限られており、近代的生命観がその背後で拡大しつつあるとはいえ、民衆のほとんどすべては、霊肉分離の考え方と来世観念を有する世界のなかにあった」(奈倉、前掲書)。

他方、先述の石原和は、「三業惑乱」が終息した後の民衆の宗教情況を考察する際、尾張国に現れた「如来教」を参照軸として設定している。如来教は享和2年（1802)、熱田の農村に生まれた喜之という女性が「神がかり」を起こしたことに始まる。石原は次のように述べている。「その活動の中心となったのは、信者の求めに応じて開催された「(　オ　)」と呼ばれる喜之の説教である。この説教では、如来教の救済の中心的な神格である如来から一切の救済を託された（　カ　）大権現が、喜之の身体に降り説教をするという形式がとられている。説教のほとんどは、（　カ　）が喜之の身体に降りて語ったものだが、まれに親鸞や日蓮などの仏教の祖師や、秋葉大権現、入海大明神など、この地域で信仰されていた他の仏神も降っている。（　オ　）の内容は、これを書き留めた『お経様』により窺い知ることができる。(中略) 成立時期不明の篇を含めて二五〇余篇が残されている。近代に成立した「物語」も何篇かみられるものの、天理教や（　h　）に比べ、近代教団による改変は格段に少ないとされている。ゆえに、従来より当時の民衆の信仰や思想を探ることができるものとして注目されてきた」(石原、前掲書)。

ところで、石原は著作の冒頭で、尾張藩陪臣高力種信が名古屋城下の信行院で行われた一光三尊仏の（　i　）に集まった人々の「賑合」を記した記録に触れ、次のように述べている。「ここには、人々が（　i　）に狂乱して向かう場が描写されている。このように彼の描く「賑合」とは、信仰の場の繁昌であり、熱狂する人々＝「群集」の喧騒であり、救済への希求＝「渇仰」ぶりであった（キ・ク・ケ）。高力は彼の著作のいたるところでこのような「賑合」の中にみられる人々の宗教的昂揚を「ぞめき」の語をもって表現する。名古屋で開教した如来教は、この祝祭の場の騒々しさと強力な救済要求が入り混じる「ぞめき」の中に登場し、展開していったのだった」(石原、前掲書)。

【設問 a】空欄（　a　）には、集まって経を読み、法話を聞いた後、酒食を共にして連帯を深めた組織の名が入る。当てはまる語句を解答欄Ⅱ－Aに漢字1字で記せ。

【設問 b】下線部 b に関して、本山・本寺の地位を保障して末寺を組織させた法令を総称して何と呼ぶか。解答欄Ⅱ－Aに漢字4字で記せ。

【設問 c】空欄（　c　）には、「御文章」(「御文」) と呼ばれる布教のための手紙を書いた本願寺第8世の名が入る。解答欄Ⅱ－Aに漢字で記せ。

【設問 d】下線部 d に関して、幕府による介入は、京都町奉行から双方の関係者が呼び出され、吟味が行われたことに始まり、最終的には［　　］である脇坂安董による裁定が行われるまでに及んだ。［　　］には将軍直属で、譜代大名より選任されて宗教行政に携わる役職の名称が入る。当てはまる語句を解答欄Ⅱ－Aに漢字で記せ。

【設問 e】下線部 e に関して、奈倉が念頭に置いているのは「民衆による新田開発、灌漑施設の改良による生産力の向上」や、一揆の成功といった歴史的状況である。「新田開発」とは海浜の浅瀬、湖沼、荒蕪地などを耕地として開発することであり、熊本藩、柳川藩、佐賀藩の各藩や豪農などが関わって干潟を干拓した例として［　　］海が知られる。［　　］海北岸に位置する東よか干潟は、2015年にラムサール条約湿地に登録されている。［　　］に当てはまる語句を解答欄Ⅱ－Aに漢字で記せ。

【設問 f】上記【設問 e】中の「一揆」については、藩領全般におよぶ全藩一揆も見られた。一例として、1739年に鳥取藩で起きた元文一揆を挙げることができる。この一揆は、前年の長雨の影響で年貢不足に苦しむ農民に配慮することなく厳しい取り立てを行った郡代米村広当らに対する不満が募ったことによるものであった。鳥取藩は農民の要求のほとんどを受け入れたが、一揆が解散すると指導者勘右衛門らを逮捕し、処刑した。若桜鉄道徳丸駅近くに、勘右衛門を［　　］として顕彰する碑がある。［　　］とは、一揆で生命・私財を賭けて行動した農民指導者のことである。［　　］に当てはまる語句を解答欄Ⅱ－Aに漢字2字で記せ。

【設問g】上記【設問e】中の「一揆」に際しては、団結の意志を表すとともに首謀者を隠すため、円形になるように放射状に署名が行われることがあった。これを何と呼ぶか。当てはまる語句を解答欄Ⅱ－Aに漢字3字で記せ。

【設問h】空欄（　h　）には教派神道の一つで、岡山の川手文治郎が創始した宗教の名が入る。当てはまる語句を解答欄Ⅱ－Aに漢字で記せ。

【設問i】空欄（　i　）には寺の秘仏や霊宝を公開して人々を結縁させる行事を表す語が入る。当てはまる語句を解答欄Ⅱ－Aに漢字で記せ。

【設問ア】空欄（　ア　）には、唯物論、無神（鬼）論を唱えた大坂の町人学者で、『夢の代』を著し、豪商升屋の番頭として仙台藩の財政再建にも携わった人物の名が入る。下記から選んで解答欄Ⅱ－Bに番号を記入せよ。

1．中井竹山　2．山片蟠桃　3．富永仲基　4．中沢道二

【設問イ】下線部イに関して、美作津山藩医で、1793年からオランダ内科書の翻訳『西説内科撰要』の刊行に着手した人は誰か。その人物の名を下記から選んで解答欄Ⅱ－Bに番号を記入せよ。

1．宇田川玄随　2．宇田川榕庵　3．前野良沢　4．稲村三伯

【設問ウ】下線部ウに関して、ドイツ人のオランダ商館医師であり、鳴滝塾で医学を教授したシーボルトが帰国する際、持ち出し禁止であった日本地図などを彼に渡したために投獄され、獄死した天文・地理学者は誰か。その人物の名を下記から選んで解答欄Ⅱ－Bに番号を記入せよ。

1．高橋景保　2．高橋至時　3．伊能忠敬　4．志筑忠雄

【設問エ】下線部エに関して、シーボルトに医学・蘭学を学んだ高野長英がモリソン号打払いの無謀さを批判した書は何か。下記から選んで解答欄Ⅱ－Bに番号を記入せよ。

1．『慎機論』　2．『世事見聞録』

3．『一掃百態』　4．『戊戌夢物語』

【設問オ】空欄（　オ　）には、元来は、前夜から潔斎して寝ずに神仏を拝み、

日の出を待つ集会の呼び名であった語が入る。喜之はそれを「我心の（　オ　）をして此方を呼出せやう。心の（　オ　）といふは、銭も金もなんにもいれせぬぞやう」というように、独自の意味で用いている。当てはまる語句を下記から選んで解答欄Ⅱ－Bに番号を記入せよ。

1．日　待　　2．彼岸会　　3．盂蘭盆会　　4．縁　日

【設問カ】空欄（　カ　）には、近世以降、海上の守護神として信仰を集め、神仏分離以前には「大権現」と称された神名が入る。これを祀る讃岐の宮へ向かう庶民の参詣の様子は十返舎一九の滑稽本『東海道中膝栗毛』の続編のテーマともなった。当てはまる語句を下記から選んで解答欄Ⅱ－Bに番号を記入せよ。

1．不　動　　2．稲　荷　　3．金毘羅　　4．山　王

【設問キ】下線部キに関して、江戸後期に盛んになった遠方への寺社参詣で詣でられた寺院の一つで、日本最古と言われる一光三尊阿弥陀仏を本尊とし、小林一茶の50句余りの俳句によっても知られる寺は何か。下記から選んで解答欄Ⅱ－Bに番号を記入せよ。

1．醍醐寺　　2．善光寺　　3．金剛峯寺　　4．平等院

【設問ク】下線部クに関して、近世を通じて何度も発生し、1830年にも群衆が熱狂して参加した様子を歌川広重が「伊勢参宮宮川の渡し」に描いている。この伊勢神宮への集団参詣は何と呼ばれたか。下記から選んで解答欄Ⅱ－Bに番号を記入せよ。

1．万　歳　　2．お札降り

3．ええじゃないか　　4．御蔭参り

【設問ケ】下線部ケに関して、近畿地方を中心とした観音菩薩を祀る［　　］カ所の札所を巡拝することが流行した。この札所を西国［　　］カ所と呼ぶ。［　　］という数字は、観音菩薩が衆生を救済するためにとる［　　］身（『法華経』「観世音菩薩普門品」）に由来するものである。［　　］に当てはまるものを下記から選んで解答欄Ⅱ－Bに番号を記入せよ。

1．三十三　　2．三十六　　3．五十三　　4．八十八

〔Ⅲ〕 次の（1）～（3）の文章を読み【設問ア】～【設問ツ】に答えよ。(45点)

（1） 1912年7月30日、明治天皇が満59歳で死去した。それにともない、満32歳の大正天皇が即位した。新たな大正時代の幕開けである。その新時代の到来を象徴する政治的事件が大正政変(ア)であった。第三次桂太郎内閣の成立を機に、政治家(イ)、ジャーナリスト、商工業者、都市民衆が加わり、「閥族打破・憲政擁護」を掲げた運動が全国に広がった。その結果、議会を民衆に包囲されるなか桂内閣はわずか50日余りで総辞職した。大正政変は藩閥の時代の終わりを意味した。続く第一次山本権兵衛内閣のもとで、（　ウ　）令が改正され、政党員も高級官僚のポストに就くことが可能となった。また、軍部大臣が現役武官でなくとも就任できる道を開くなど、官僚や軍部に対する政党の影響力は強まった。次に元老(エ)が後継首相に推薦したのは国民的人気を誇る大隈重信であった。1914年8月、立憲同志会などを与党とする第二次大隈内閣は、元老に相談せずドイツに対して宣戦布告し、第一次世界大戦に参戦(オ)した。大隈内閣総辞職の後、元老山県有朋の推薦により、陸軍軍人の寺内正毅が組閣する。寺内は、外交政策の統一を図るため臨時外交調査会を設置し、重要な外交政策の決定過程に政党代表を参加させた。1918年に米騒動が全国的に広がると、元老は衆議院第一党だった立憲政友会の党首（　カ　）を後継に推薦した。こうして、大正政変から約5年後、陸相、海相、外相以外の閣僚をすべて政党員で占める本格的政党内閣が誕生した。

【設問ア】下線部アの発端となったのは、第二次西園寺公望内閣の陸軍大臣が単独辞職して、内閣を倒閣に追い込んだ事件である。この陸軍大臣の人物名を下記から1つ選び、その番号を解答欄Ⅲ－Bに記入せよ。

1．田中義一　　2．三浦梧楼　　3．上原勇作　　4．宇垣一成

【設問イ】下線部イに関して、第一次護憲運動の指導者で「憲政の神様」と称され、1953年総選挙に落選するまで衆議院議員を務めた政治家の人物名を解答欄Ⅲ－Aに漢字で記せ。

【設問ウ】空欄（　ウ　）に当てはまる語句を解答欄Ⅲ－Aに漢字4字で記せ。

【設問エ】下線部エに関して、1914年当時において元老のメンバーでない人物名を下記から1つ選び、その番号を解答欄Ⅲ－Bに記入せよ。

1．松方正義　　2．井上馨　　3．大山巌　　4．伊藤博文

【設問オ】下線部オに関する文章として、正しいものを下記から１つ選び、その番号を解答欄Ⅲ－Bに記入せよ。

1．第二次大隈内閣はドイツに宣戦布告したあと、ドイツの同盟国オスマン帝国にも宣戦布告した。

2．寺内内閣は中国における利権拡大のため、21カ条の要求を中国政府につきつけた。

3．1914年にドイツ領南洋諸島を占領し、同地は第一次世界大戦後、日本の委任統治領となった。

4．参戦後、日本軍はドイツの膠州湾租借地を占領し、戦後のワシントン会議でも中国への返還を認めなかった。

【設問カ】空欄（　カ　）に当てはまる人物名を解答欄Ⅲ－Aに漢字で記せ。

（2） 第一次世界大戦後キ、男子普通選挙権の獲得を求める運動が盛り上がりを見せた。1924年に枢密院議長であった清浦奎吾が元老の推薦によって首相に就任すると、憲政会、政友会、革新倶楽部の三党は超然内閣の出現であるとして憲政擁護運動を起こした。その後、解散総選挙によって護憲三派内閣が成立した。こうして護憲三派内閣成立から1932年まで、約８年間政党内閣が続くことになる。護憲三派内閣は、念願だった普通選挙法クを成立させた。その一方で、「（　ケ　）」の変革や私有財産の否認を目的とする結社に関わった者を処罰することを定めた治安維持法も成立させた。制定の目的は、日ソ国交樹立コによる共産主義の波及を防ぎ、普通選挙法による労働者階級サの政治的台頭に備えることにあった。その後、議会二大勢力の憲政会（27年に立憲民政党）と政友会は、約４倍に膨れ上がった選挙民の支持を獲得するべく、外交政策、金融政策を争点とするのみならず、互いのスキャンダルを暴露して攻撃しあった。とりわけ、浜口雄幸民政党内閣が1930年に調印したロンドン海軍軍縮条約に対して、政友会は統帥権の干犯であると政府を激しく批判した。そうしたなか、浜口首相は狙撃され、翌年命を落とした。その後も政党政治に不満を持つ勢力によるクーデタ未遂事件や要人暗殺事件シが相次いだ。こうして、1932年５月に政友会の犬養毅首相が在任中に暗殺された五・一五

事件をもって、約８年間続いた政党内閣は終焉した。

【設問キ】1921年11月から22年６月まで内閣総理大臣を務め、後に二・二六事件で暗殺された人物名を解答欄Ⅲ－Ａに漢字で記せ。

【設問ク】下線部クに関して、選挙権と被選挙権の年齢要件（○歳以上）の組み合わせとして正しいものを下記から１つ選び、その番号を解答欄Ⅲ－Ｂに記入せよ。

１．20歳・25歳　　２．25歳・30歳
３．20歳・30歳　　４．30歳・35歳

【設問ケ】空欄（　ケ　）に当てはまる語句を解答欄Ⅲ－Ａに漢字で記せ。

【設問コ】下線部コに関して、1925年にソ連との間で結ばれた条約名を解答欄Ⅲ－Ａに６字で記せ。

【設問サ】下線部サに関して、普通選挙法成立後に結成された無産政党でないものを下記から１つ選び、その番号を解答欄Ⅲ－Ｂに記入せよ。

１．友愛会　　２．社会民衆党　３．労働農民党　４．日本労農党

【設問シ】下線部シに関して、1931年から35年に起こった事件として誤っているものを下記から１つ選び、その番号を解答欄Ⅲ－Ｂに記入せよ。

１．血盟団事件　　２．十月事件
３．三月事件　　４．二・二六事件

（３）犬養毅内閣総辞職後、斎藤実(ス)、岡田啓介と海軍出身者が内閣を率いた。元老は満洲事変後に強まった軍部や右翼の影響力をおさえるため、穏健な海軍軍人を首相に選んだ。政党内閣とはならなかったが、斎藤内閣には政友会から３名、民政党から２名が閣僚に就任、岡田内閣には民政党から２名が入閣するなど、影響力を保持した。とりわけ両内閣は、恐慌からの脱出に成功するとともに、軍部の軍拡要求を抑えようとした。他方で、政友会の一部は美濃部達吉の（　セ　）説をめぐって、右翼とともに岡田内閣を攻撃し、同説を否認させた。それによって政党政治は民本主義とならぶ理論的主柱を失った。続く広田弘毅内閣でも政友会から２名、民政党から２名が入閣したが、陸軍の発言力はいっそう高まり、大幅な軍備拡張が進められた。他方で、親軍的な態度をとる無産政党の社会大衆党(ソ)が1936年および1937年の総選挙で議

席を伸ばした。1937年に日中戦争が勃発して以降も、閣僚入りこそ維持するものの、二大政党が大勢を左右するほどの影響力をもつことはなかった。こうして、大衆に強固な基盤を持つ一大指導政党の樹立をめざす新体制運動(タ)に合流するべく、各党は1940年(チ)に解散した。敗戦後、政党は再出発を目指す。旧民政党系は日本進歩党を結成、旧政友会系は日本自由党を結成した。無産政党も日本社会党を結成、日本共産党も合法政党として誕生した。ＧＨＱの公職追放指令により、戦争協力者とみなされた政治家が追放されたものの、新たに制定された選挙法のもとで1946年に戦後初の総選挙(ツ)が実施され、39名の女性議員が誕生するなど、日本の政党政治は新たな時代を迎えた。

【設問ス】下線部スに関して、斎藤内閣がとった政策として正しくないものを下記から１つ選び、その番号を解答欄Ⅲ－Ｂに記入せよ。

１．満洲国を承認　　２．国際連盟脱退を通告

３．塘沽停戦協定を締結　　４．東亜新秩序声明を発出

【設問セ】空欄（　セ　）に当てはまる語句を解答欄Ⅲ－Ａに漢字４字で記せ。

【設問ソ】下線部ソに関して、同志社出身でキリスト教の立場から社会主義を唱え、日本野球の発展に貢献したことでも知られる、社会大衆党の委員長の人物名を解答欄Ⅲ－Ａに漢字で記せ。

【設問タ】下線部タに関して、新体制運動の結果設置されたものとして正しくないものを下記から１つ選び、その番号を解答欄Ⅲ－Ｂに記入せよ。

１．労働組合期成会　　２．町内会

３．隣　組　　４．大政翼賛会

【設問チ】下線部チに関して、この年に起こった出来事を早いものから順に正しく並べたものを、下記から１つ選び、その番号を解答欄Ⅲ－Ｂに記入せよ。

１．第二次近衛文麿内閣成立―米内光政内閣総辞職―パリ陥落―日独伊三国同盟調印

２．パリ陥落―米内光政内閣総辞職―第二次近衛文麿内閣成立―日独伊三国同盟調印

３．米内光政内閣総辞職―第二次近衛文麿内閣成立―日独伊三国同盟調印―パリ陥落

4．米内光政内閣総辞職―日独伊三国同盟調印―パリ陥落―第二次近衛文麿内閣成立

【設問ツ】下線部ツに関して、1946年の総選挙に当選し、その後占領下の1948年3月から同年10月まで中道連立（民主党・社会党・国民協同党）内閣の総理大臣を務めた、京都府出身の人物名を解答欄Ⅲ－Aに漢字で記せ。

世界史

（75分）

〔Ⅰ〕 内陸アジア世界について，歴史上の6人の人物がそれぞれの時代について語っている。これらの文章に関連する設問1～18に答えなさい。（50点）

【人物1】 私は漢①の宮女であったが匈奴の君主と結婚した。かつて②匈奴は東胡を征服し，月氏を西域に駆逐し，漢の高祖を窮地に陥らせるほど強勢だった。その後，③漢の武帝は反撃に転じ，一人の男を西域の大月氏のもとに向かわせた。この者に与えられた任務は匈奴を挟撃するため，同盟を模索することであった。いま漢と匈奴の関係は良好で，夫の呼韓邪単于は漢の蕃臣を称しているが，基本的には対等な立場と言ってよいだろう。

【人物2】 私は唐の帝の妃となった。帝はすばらしい統治を行っていた。その一方で，朝廷ではソグド系突厥の武人らが力を増していた。唐朝には西域④でイスラームの大国との決戦を経験したすぐれた将軍がいたが，北方に⑤トルコ系騎馬遊牧民の国が新たにおこり，辺境にも防衛の必要があったので，彼ら異民族の軍事力も必要であった。ついにソグド系突厥の武人たちが反乱を起こし，帝と私は長安を逃れる事態となってしまった。

【人物3】 中国では⑥山西地方の匈奴人を率いた劉淵が建てた漢以降，戦乱と王朝の交替が続き，仏の教えが必要とされている。⑦私はクチャから来た西域僧で，羌の人が建てた後秦の招へいで長安に来た。かつて⑧クチャ出身の仏図澄は中国に多くの仏教寺院を建立したが，インド出身者を父に持つ私は多くの仏教経典を漢訳することで貢献した。

【人物4】 私はかつての北燕の皇族である馮氏の出で，⑨拓跋氏の皇帝と結婚した。帝が亡くなり太子が即位したが，数年後に譲位し，私は⑩新しい帝の統治を支えている。内政では均田制や三長制を実施した。外政では北方の可汗が率いる⑪遊牧国家が侵入し，対処しなくてはならぬ。

【人物5】私は唐の第2代皇帝の皇女としてラサへ嫁いできた。その頃，⑫吐蕃の王はチベットの統一を成し遂げた。チベット独自の文字も作られる。チベットではインド文化を導入している。中国文化の導入には私も貢献している。「仏の地」と呼ばれる⑬吐蕃の都ラサは今後もチベット独自の文化の中心として発展していくだろう。

【人物6】わが父方の祖父は⑭大モンゴル国（モンゴル帝国）の第2代大ハンだ。父の長兄グユクが第3代大ハンに即位した。その⑮即位を決定する集会の時に西方の国から修道士がやってきた。彼はルーシの地に近い⑯キプチャクの地を治めるハンの国を通ってやってきた。東方にも彼ら⑰キリスト教徒の同胞がいる。いま私はトルコ語を話す人々の地域を治めているが，⑱祖父の末弟トゥルイの子が東方で全モンゴルの大ハンを称し大都（北京）という都を築き，われらと対立している。私は諸ハンと手を結びこの者の軍勢と戦う。

設問1　下線部①の漢の時代に関する次の記述(a)(b)について，(a)(b)ともに正しい場合は数字**1**，(a)のみ正しい場合は数字**2**，(b)のみ正しい場合は数字**3**，(a)(b)ともに正しくない場合は数字**4**を，解答欄Ⅰ－Aに記入しなさい。

(a)　班超が節度使として西域経営を担った。

(b)　司馬遷の『史記』は紀伝体で書かれた。

設問2　下線部②について，このときの匈奴の君主の名前を，解答欄Ⅰ－Bに漢字4文字で記入しなさい。

設問3　下線部③について，大月氏に向かった人物の名前を，解答欄Ⅰ－Bに漢字で記入しなさい。

設問4　下線部④について，この戦いが行われた場所とイスラームの王朝の組合せとして正しいものを，次の1～4から一つ選び，番号を解答欄Ⅰ－Cに記入しなさい。

1．タラス（河畔）――サーマーン朝

2．タラス（河畔）――アッバース朝

3．ニハーヴァンド――アッバース朝

4．ニハーヴァンド――サーマーン朝

設問5　下線部⑤の国に関する次の記述(a)(b)について，(a)(b)ともに正しい場合は数字**1**，(a)のみ正しい場合は数字**2**，(b)のみ正しい場合は数字**3**，(a)(b)ともに正しくない場合は数字**4**を，解答欄Ⅰ－Aに記入しなさい。

(a)　キルギスの進攻を受けて崩壊した。

(b)　独自の文字をもち，マニ教を受容した。

設問6　下線部⑥について，劉淵の漢以降，華北が再び統一されるまで，「異民族」や漢人の王朝がめまぐるしく興亡した時代を指す語句を，解答欄Ⅰ－Bに記入しなさい。

設問7　下線部⑦について，クチャから来た西域僧である「私」の名を，解答欄Ⅰ－Bに漢字4文字で記入しなさい。

設問8　下線部⑧のクチャは，後にトルキスタンと呼ばれるようになった地域に含まれる。トルキスタンに関する次の記述(a)(b)について，(a)(b)ともに正しい場合は数字**1**，(a)のみ正しい場合は数字**2**，(b)のみ正しい場合は数字**3**，(a)(b)ともに正しくない場合は数字**4**を，解答欄Ⅰ－Aに記入しなさい。

(a)　カラ＝ハン（カラハン）朝を建てたイラン系の支配者は，10世紀にイスラームを受容した。

(b)　清朝の左宗棠は，ヤークーブ＝ベクから新疆を奪還した。

設問9　下線部⑨の拓跋氏が建てた王朝に関する次の記述(a)(b)について，(a)(b)ともに正しい場合は数字**1**，(a)のみ正しい場合は数字**2**，(b)のみ正しい場合は数字**3**，(a)(b)ともに正しくない場合は数字**4**を，解答欄Ⅰ－Aに記入しなさい。

(a) 雲崗・竜門で石窟寺院が営まれた。

(b) 道教が禁止され，寇謙之の教団が弾圧された。

設問10 下線部⑩に関連して，この皇帝は親政を始めると漢化政策を進め，都を平城から南へ遷した。新たな都は長安などと並んで碁盤の目状の区画で知られ，日本の都城にも影響を与えた。この都市の名称を，解答欄Ⅰ－Bに漢字２文字で記入しなさい。

設問11 下線部⑪に関連して，この遊牧国家の名称を，解答欄Ⅰ－Bに漢字２文字で記入しなさい。

設問12 下線部⑫に関連して，この王の名前を，解答欄Ⅰ－Bにカタカナで記入しなさい。

設問13 下線部⑬の吐蕃およびその周辺に関する次の記述(a)(b)について，(a)(b)ともに正しい場合は数字**1**，(a)のみ正しい場合は数字**2**，(b)のみ正しい場合は数字**3**，(a)(b)ともに正しくない場合は数字**4**を，解答欄Ⅰ－Aに記入しなさい。

(a) ８世紀後半，吐蕃は長安を一時占領した。

(b) 吐蕃と唐の抗争に乗じて，南詔が勢力を広げた。

設問14 下線部⑭⑱について，これらの人物の名の組合せとして正しいものを，次の１～４から一つ選び，番号を解答欄Ⅰ－Cに記入しなさい。

１．⑭オゴタイ――⑱フビライ　　２．⑭チャガタイ――⑱フビライ

３．⑭オゴタイ――⑱ハイドゥ　　４．⑭チャガタイ――⑱ハイドゥ

設問15 下線部⑮について，この集会の呼称を，解答欄Ⅰ－Bにカタカナ５文字で記入しなさい。

設問16　下線部⑯について，この国を治める人物と，この国の領域に含まれる都市の組合せとして正しいものを，次の１～４から一つ選び，番号を解答欄Ｉ－Ｃに記入しなさい。

１．フラグ――タブリーズ　　２．フラグ――サライ

３．バトゥ――タブリーズ　　４．バトゥ――サライ

設問17　下線部⑰に関連して，キリスト教と東方との関係に関する次の記述(a)(b)について，(a)(b)ともに正しい場合は数字**1**，(a)のみ正しい場合は数字**2**，(b)のみ正しい場合は数字**3**，(a)(b)ともに正しくない場合は数字**4**を，解答欄Ｉ－Ａに記入しなさい。

(a)　キリスト教は唐代の長安に伝わっていた。

(b)　プラノ＝カルピニを派遣した時，教皇庁はフランスにあった。

設問18　【人物１】～【人物６】を時代順に配列すると，最初は【人物１】，最後は【人物６】となる。その間の【人物２】～【人物５】を時代順に正しく配列したものを，次の選択肢１～６のうちから一つ選び，解答欄Ｉ－Ｃに記入しなさい。

１．【人物４】→【人物５】→【人物２】→【人物３】
２．【人物４】→【人物３】→【人物５】→【人物２】
３．【人物５】→【人物２】→【人物３】→【人物４】
４．【人物５】→【人物２】→【人物４】→【人物３】
５．【人物３】→【人物４】→【人物５】→【人物２】
６．【人物３】→【人物５】→【人物２】→【人物４】

〔Ⅱ〕 次の文章を読み，設問1～4に答えなさい。(50点)

(X)18世紀末に勃発したアメリカ独立革命は，世界に甚大な衝撃を与えることになった。革命精神の根底をなした自由と平等の理念が旧体制を揺さぶり，各地で植民地支配からの解放運動がおこった。西インド諸島の（　a　）領サン＝ドマングでは奴隷の大反乱がおこり，1804年，カリブ海域で最初の黒人共和国（　b　）が誕生した。

ラテンアメリカ社会に目を転じてみれば，主にスペインとポルトガルに統治されながらも現地の支配者であるヨーロッパ白人を頂点に，植民地生まれの白人クリオーリョ，白人と先住民との混血メスティーソ，先住民インディオ，(ア)白人と黒人の混血，自由身分の黒人，その下の黒人奴隷という，厳しい社会階層秩序が形成されていた。しかし，この秩序も大西洋にまたがる大革命によって動揺した。

1808年に皇帝（　c　）の軍隊がスペインを侵略すると，(Y)大西洋を挟んだ南米のスペイン領植民地ではクリオーリョを中心に独立運動が本格化した。19世紀初頭には，スペイン領メキシコから南米のアンデス高原に至るまでの広大な地域にかけて内乱と解放戦争が繰り広げられた。南米北部では，（　d　）の革命家（　e　）は共和国政府の樹立を宣言したが，スペイン軍の反撃を受けて各地を転々とせざるを得なかった。しかし態勢を立て直した（　e　）一行は，1819年（　d　）とコロンビアを含む大コロンビア共和国を宣言し，1822年には（　f　）も解放し併合した。南部では，軍人（　g　）の指導のもと，1816年アルゼンチンが共和国として独立を達成した。このころまでにアメリカ大陸におけるスペイン勢力の衰退は明らかであり，スペイン本国の混乱に乗じてアメリカ合衆国は首尾よく1819年に（　h　）を購入した。

メキシコでは，カトリック司祭（　i　）にひきいられたインディオ農民の蜂起が始まった。この反乱を鎮圧させた保守的なクリオーリョの支配層は，(イ)スペイン本国の自由主義革命の気運に反発して独立にふみきり，1824年には三権分立をうたう連邦共和国憲法を制定した。また，ポルトガル領（　j　）では，フランス軍の侵攻でリスボンを奪われ，大西洋を越えて逃避を余儀なくされたポルトガル王子が，1822年に独立を宣言し帝政を開始した。かくして19世紀前半のラテンアメリカでは十数か国が相次いで独立を達成した。ところが，カリブ海域に浮かぶ大きな島（　**k**　）は，スペインとアメリカ合衆国の抗争の中で20世紀初頭まで独立が遅れることになった。

1814年から15年にかけてのウィーン会議ではヨーロッパ諸国は，混乱した秩序の収拾につとめた。①会議では大国の勢力均衡による国際秩序の維持を確認したものの，各地で自由主義とナショナリズムが急速に台頭し始めた。こうした状況下でヨーロッパ列強は，アメリカ大陸における自決権の高まりと相次ぐ植民地の崩壊を目の当たりにし，武力干渉も辞さない姿勢を示した。これを察知した当時のアメリカ合衆国大統領は，1823年に(ウ)アメリカ大陸とヨーロッパ諸国の間の相互不干渉の宣言を発してヨーロッパ列強の動きをけん制した。一方で，ラテンアメリカ地域に経済的影響力を強めつつあったイギリスの外相（　**l**　）は，独立運動によるスペイン勢力の後退を期待し，合衆国に同調したのでヨーロッパ列強の干渉の試みは実現しなかった。

しかし，多くのラテンアメリカ諸国では，地元の軍事的実力者の支配のもと，独立後も（　**m**　）とよばれる大規模な土地所有にもとづく農業経営が存続したので，極端な貧富の格差と社会的不平等が維持された。また，(エ)コーヒー，バナナ，サトウキビ，鉱石などの輸出用作物や原料生産に特化した経済も発達した。そのため，(Z)ラテンアメリカの経済発展は，産物の国際価格や気候変動に左右されやすく，英米資本と技術への依存をいっそう強めることになった。これが今日のラテンアメリカ経済の停滞の遠因といえよう。

設問1　文中の（　**a**　）～（　**m**　）に入る最も適切な語句を次の語群から選び，番号を解答欄Ⅱ－Aに記入しなさい。なお，同じ記号には同じ語句が入る。

［語群］

1．アシエンダ制　2．アラスカ　3．アルゼンチン
4．アレクサンドル２世　5．イギリス　6．イダルゴ
7．ウルグアイ　8．エクアドル　9．エンコミエンダ制
10．オランダ　11．カニング　12．カブラル

13. カリフォルニア	14. ギアナ	15. キューバ
16. グラッドストン	17. 再版農奴制	18. サパタ
19. サン＝マルティン	20. シモン＝ボリバル	
21. ジョゼフ＝チェンバレン		22. スペイン
23. チリ	24. ディアス	25. テキサス
26. トゥサン＝ルヴェルチュール		27. ドミニカ
28. ナポレオン1世	29. ナポレオン3世	30. ニカラグア
31. 農場領主制	32. ハイチ	33. パラグアイ
34. ピット	35. ビリャ	36. プエルトリコ
37. ブラジル	38. フランス	39. フロリダ
40. ベネズエラ	41. ペルー	42. ペロン
43. ボリビア	44. マデロ	45. マラッカ
46. メッテルニヒ	47. ラス＝カサス	48. ルイ16世
49. ルイジアナ	50. ロイド＝ジョージ	

設問2　二重下線部①に関して，以下の問い(A)～(C)の答えとして最も適切なものを一つ選び，番号を解答欄Ⅱ－Bに記入しなさい。

(A)　ウィーン会議の結果，オーストリア帝国はどこに領土を獲得したのか。

1．南ネーデルラント　2．シュレジエン　3．スイス
4．北イタリア　5．コルシカ　6．プロイセン

(B)　1820年代にギリシアは独立戦争をおこしてどの国の支配から脱しようとしたのか。

1．イタリア王国　2．オランダ王国　3．オスマン帝国
4．オーストリア帝国　5．ナポリ王国　6．ロシア帝国

(C)　伝統的な国際秩序の安定のためキリスト教精神に基づく神聖同盟の結成を呼びかけた人物は誰か。

1．アレクサンドル1世　2．エカチェリーナ2世
3．ネッケル　4．ニコライ1世
5．ミラボー　6．ルイ＝フィリップ

設問3　下線部(X)〜(Z)に関連する次の記述(a)(b)について，(a)(b)ともに正しい場合は数字**1**，(a)のみ正しい場合は数字**2**，(b)のみ正しい場合は数字**3**，(a)(b)ともに正しくない場合は数字**4**を，解答欄Ⅱ－Cに記入しなさい。

(X)

(a)　独立を勝ち得たアメリカでは，憲法制定会議が開かれ，人民主権の共和政を基礎として自治権をもつ各州の上に中央政府が立つ連邦主義が採択された。

(b)　独立戦争は長期化したが，アメリカ植民地軍はレキシントンの戦いでイギリスを破り，1783年に有利に講和条約を結んだ。

(Y)

(a)　南米アンデス山脈のインカ帝国は，鉄の鋳造技術によって栄えたが，コルテスの侵攻で滅ぼされた。

(b)　16世紀にはスペインは現ボリビアで発見された銀山を開発し，大量の銀を本国に搬送したが，それはヨーロッパのみならずアジアの経済にも影響を与えた。

(Z)

(a)　外国資本導入策で貧富の格差が増大したメキシコでは，メキシコ革命がおこると農民指導者らも参加し，フアレス大統領を追放した。

(b)　アメリカ合衆国は，海外市場を求めて，1889年にパン＝アメリカ会議を開催し，ラテンアメリカ諸国への勢力の拡大を図った。

設問4　文中の下線部(ア)〜(エ)に関して，以下の問いに対する答えを解答欄Ⅱ－Dに記入しなさい。

(ア)　ラテンアメリカの白人と黒人の混血は何と呼ばれるか。

(イ)　ウィーン会議後，スペインで復活した王朝の名前は何か。

(ウ)　この宣言を発したアメリカ大統領の名前は何というか。

(エ)　特定の商品作物や鉱山資源の産出と輸出に特化した経済は何と呼ばれるか。カタカナで答えなさい。

〔Ⅲ〕 次の文章を読み，設問1～4に答えなさい。（50点）

第二次世界大戦中ともにドイツと戦ったアメリカ合衆国（米国）とソヴィエト社会主義共和国連邦（ソ連）は，大戦末期から徐々に関係を悪化させた。ソ連の影響力拡大を警戒した米国が，ヨーロッパ諸国の経済復興を支援する（　**a**　）などの政策を進めたのである。ソ連や(1)東ヨーロッパ諸国は（　**a**　）を受け入れず，米国に対抗した。この対立は，米ソ両国の武力衝突には至らなかったものの，戦争に至る可能性を抱えていたために冷戦と呼ばれた。

第二次世界大戦後の中国には，世界的に大きな役割を果たすことが期待されていた。中国は，（　**b**　）で国際連合憲章が採択されるとこの組織の原加盟国となり，安全保障理事会の常任理事国の地位を得た。しかし大戦終結後まもなく，中国では国民党と共産党との内戦が再燃した。共産党は内戦に勝利し，(2)中華人民共和国の設立を宣言する。新政権は中ソ（　**c**　）を締結し，ソ連圏の一員になった。さらに新政権は，朝鮮戦争に義勇軍を送り，米軍と戦場で直接対峙した。この戦争をきっかけに米国は中国とも対決姿勢を強め，アジアにも同盟網を拡大した。

1953年に［　ア　］が死去するとソ連政府は外交政策の見直しを進め，資本主義国との平和共存を提唱した。1955年には，第二次世界大戦終結以降初めて，米ソ首脳が直接話し合った。さらに第一書記の（　**d**　）は，［　ア　］批判を行った。ただし当時のソ連は，平和共存路線を唱えつつも核戦力を強化し，米国に対決姿勢で挑むこともあった。この対立路線の頂点が，キューバ危機であった。核戦争の危機を経験した米ソ両政府は緊張緩和の方向に転じ，1963年に（　**e**　）を締結するなど，核兵器の規制が進んだ。

米ソの関係改善が進む一方，(3)中国はソ連との対立を強めていった。ソ連は中国への技術協力を中止し，これに対して中国は単独で国内開発を進めようとした。（　**d**　）の失脚後も中ソ関係は改善せず，国境地帯で武力衝突が起こった。この時期の中国国内は，不安定だった。毛沢東が提唱した急激な国内開発は失敗し，劉少奇を中心に経済政策の見直しが進んだ。しかしこれに反発する毛は，劉らが資本主義の復活を図っていると非難し，［　イ　］を呼び掛けて指導力を回復しようとした。しかし［　イ　］は，中国社会に深刻な混乱をもたらした。

中ソ対立に乗じて対外政策を刷新しようとしたのが，米国の(4)ニクソン大統領であった。ベトナム戦争が長期化して財政負担が拡大し，さらに国内外に反戦運動が広がっていた。ベトナム戦争の終結を約束して大統領に就任したニクソンは，北ベトナムを支援するソ連と中国に同時に接近し，両国政府を通じて北ベトナムに，米国の和平条件を受け入れさせようとしたのである。彼は（　f　）年に，建国以来国交のなかった中国を訪問した。同年中にさらに米国大統領初のソ連訪問を実現した。この時期の東西関係改善を，(5)デタント（緊張緩和）と呼ぶ。米国政府は北ベトナムとの和平協定を締結し，米軍を撤退させた。

毛沢東が死去すると，その側近として［　イ　］を推進した「四人組」が失脚した。中国政府はその後，農業・工業・国防・科学技術の近代化を目指す（　g　）を提唱するようになった。一方，内戦に敗れた国民党の統治下にあった台湾は，西側諸国が次々に中国との国交を回復するなかで，外交的な孤立を深めた。しかし同時期に急速な経済成長を遂げ，（　h　）の一角を占めるようになる。

ニクソン大統領が辞任した後も米ソ両国はデタントを維持した。しかし1979年末にソ連が［　ウ　］に侵攻すると，米国政府は対外政策を一転し，ソ連に厳しい対決姿勢をとって軍拡を進めた。この新たな対立を，（　i　）と呼ぶ。しかしこの国際的な緊張は，米ソ双方にとって大きな負担となった。米国では，軍拡の負担や競争力の喪失によって「双子の赤字」が生じた。ソ連も戦費の負担や情報化の失敗などから経済が停滞した。(6)共産党の書記長に就任したゴルバチョフは，ソ連経済の立て直しを目指し，さらに新思考外交を掲げて対外関係の改善に取り組んだ。（　i　）を主導した米国のレーガン大統領もこれに応じ，米ソ関係の改善が進んだ。その一例として，［　ウ　］からソ連軍が撤退した。

ゴルバチョフによる改革は東ヨーロッパ諸国にも波及した。ポーランドでは1989年に民主的な選挙が実施され，自主管理労働組合「［　エ　］」が勝利した。東ドイツでも反政府運動が広がり，ドイツおよびヨーロッパの分断を象徴する（　j　）が開放された。東ヨーロッパ諸国には反政府運動が広がり，おおむね平和裏に民主化が実現した。これに対して中国では，首都の北京で学生を中心に民主化を求める運動がおこったものの，武力で弾圧された。

設問 1　文中の（　a　）～（　j　）に入る最も適切な語句を次の語群から選び，番号を解答欄Ⅲ－Aに記入しなさい。なお，同じ記号には同じ語句が入る。

【語群】

1．改革・開放　2．カイロ会談
3．核拡散防止条約　4．関税と貿易に関する一般協定（GATT）
5．国際通貨基金（IMF）　6．経済相互援助会議（コメコン）
7．コミンテルン　8．コミンフォルム
9．ゴムウカ　10．サンフランシスコ会議
11．ジュネーヴ4巨頭会談　12．新興工業経済地域（NIES，NIEs）
13．新冷戦（第2次冷戦）　14．先進国首脳会議
15．総力戦　16．第1次五カ年計画
17．第1次戦略兵器制限交渉（SALT Ⅰ）
18．第2次戦略兵器制限交渉（SALT Ⅱ）
19．大躍進　20．ダンバートン＝オークス会議
21．チャウシェスク　22．鉄のカーテン
23．トルーマン＝ドクトリン　24．パリ講和条約
25．フォークランド紛争　26．北緯38度線
27．部分的核実験禁止条約　28．フルシチョフ
29．ブレジネフ＝ドクトリン　30．ベルリンの壁
31．北方戦争　32．ホネカー（ホネカ，ホーネッカー）
33．マーシャル＝プラン　34．友好同盟相互援助条約
35．四つの現代化　36．ヨーロッパ自由貿易連合（EFTA）
37．1966　38．1969
39．1972　40．1973

設問 2　文中の［　ア　］～［　エ　］に入る適切な語句を，解答欄Ⅲ－Bに記入しなさい。なお，同じ記号には同じ語句が入る。

設問 3　下線部(1)〜(5)に関連する次の記述(a)(b)について，(a)(b)ともに正しい場合は数字 **1**，(a)のみ正しい場合は数字 **2**，(b)のみ正しい場合は数字 **3**，(a)(b)ともに正しくない場合は数字 **4** を，解答欄Ⅲ－Cに記入しなさい。

(1)　第二次世界大戦後の東ヨーロッパ諸国

(a)　ソ連と東欧６ヵ国が1955年にワルシャワ条約機構を結成した。

(b)　1948年にチェコスロヴァキアで共産党が権力を握ると，東西の緊張が高まった。

(2)　中華人民共和国の設立

(a)　同じ年にソ連が原子爆弾の実験に成功し，米ソの核兵器開発競争が始まった。

(b)　同じ年に，米英仏の占領地域からドイツ民主共和国が発足した。

(3)　中ソ間の対立

(a)　ソ連政府が提唱した平和共存路線は，中ソの争点の一つになった。

(b)　中国は独力で核兵器開発を進め，核実験を成功させた。

(4)　ニクソン大統領

(a)　この人物は，ウォーターゲート事件により任期途中で辞職した。

(b)　この人物の下で，米国は中国と正式に国交を樹立した。

(5)　デタント

(a)　全欧安全保障協力会議（CSCE）が開催され，ヘルシンキ宣言が採択された。

(b)　西ドイツのアデナウアー首相が，ソ連や東ヨーロッパ諸国との関係を改善する東方外交を推進した。

設問 4　下線部(6)について，ゴルバチョフに関連する記述として正しいものを，次の１〜４から一つ選び，番号を解答欄Ⅲ－Cに記入しなさい。

1．自立の動きを見せたハンガリーに，軍事介入した。

2．ヤルタ会談を開催した。

3．資本主義を一部復活させる，新経済政策（ネップ）を実施した。

4．米国と中距離核戦力（INF）全廃条約を締結した。

政治・経済

(75分)

〔Ⅰ〕 次の文章を読み、下の設問（設問1～設問7）に答えよ。　(50点)

日本国憲法は第92条で、「ⓐ地方公共団体の組織及び運営に関する事項は、（　ア　）に基いて、法律でこれを定める」と規定する。（　ア　）とは、地方公共団体が、国から独立した組織として自ら政治や行政を行う意味の（　A　）と、地域に住む人が自ら地域を治める（　B　）の2つの理念からなる。これらはイギリスの政治家ブライスが、「（　C　）」とよんだように、住民が自治意識をもち、政治参加の能力を自ら高めるために重要である。こうした日本国憲法の理念を具体化する法的根拠として、1947年に（　D　）が制定された。

（　D　）は、住民が首長と地方議会議員を直接選び、地方公共団体の活動を委ねる制度を定めている。首長と議員について、ともに直接公選制を採用しているので（　E　）である。また、住民が首長・議員の解職を直接請求できる制度も置いている。この直接請求制度には、他に、ⓑ住民が条例の制定・改廃を直接求める制度、住民の直接投票により民意を問う制度がある。

地方公共団体が民意に配慮した試みは他にもある。住民の代表である地方議会が、首長や行政に対するチェック機能を充実するため、北海道栗山町をはじめ100以上の地方公共団体が（　イ　）を制定した。また、住民と協働してまちづくりをすすめる地方公共団体も現れ、北海道（　ウ　）町の「まちづくり基本条例」(2001年) など、住民との協働を条例で制度化する市町村が増えた。

その中で、地方公共団体の組織そのものを見直す動きもある。都道府県の枠をこえた協力体制を模索する道州制の議論は古くからあり、また公共サービスを複数の地方公共団体が共同で実施する一部事務組合制度がある。さらに、府県や市町村が、国または都道府県から権限委譲を受け事務処理体制を整備する（　エ　）の制度も1995年からはじまった。

このように日本の地方制度については、いろいろな改革が試みられてきた。その代表は、20世紀末にはじまった国と地方の関係の見直しで、1999年には(　F　)が制定され、中央政府と地方公共団体に関して、さまざまな法律の改正が行われた。この改正の中で、国の事務と地方公共団体の事務とが区別され、それまで国が地方公共団体に関与する方法の代表だった(　G　)が廃止され、地方公共団体の事務は(　H　)と自治事務とに分けられた。

また、市町村の規模も議論になり、行政サービスを提供するのに適正な規模が求められた。2000年前後から©市町村合併がすすめられ、市町村数は大幅に削減された。当時これは「(　オ　)」とよばれた。同時に、小泉政権時代には財政面での見直しもすすみ、国からの補助金の削減、(　I　)の見直し、地方への税源移譲など、いわゆる「(　J　)の改革」がすすめられた。

その一方で、地方公共団体には問題が多い。ⓓ厳しい財政状況、人口減少、高齢化と過疎化、地方議員のなり手不足、災害対策や感染症予防など、地方公共団体が独自に対応できない課題が地域社会に増えてきた。財源不足もさらに悪化し、借金やⓔ国の財源への依存が強まっている。

国も地方創生、総合特区制度などで地方を支援した。また、納税者が応援する地方公共団体に寄付をすれば、所得税や住民税が控除される「(　K　)」制度を2008年から続けてきた。

しかし、国の支援が届きにくい地方公共団体も増えている。

【設問1】　文中の(　ア　)～(　オ　)に入る最も適切な語句を、解答欄Ｉ－甲のア～オに記入せよ。ただし、ウはカタカナで記入せよ。

【設問2】文中の(　A　)～(　K　)に入る最も適切な語句を、次の語群から1つ選び、その番号を、解答欄Ｉ－乙のA～Kに記入せよ。

[語群]

1．公民教育　2．民主主義の学校　3．シチズンシップ教育

4．草の根民主主義　5．地域主権　6．政治教育

7．住民自治	8．市民自治	9．直接民主制
10．地方公務員法	11．二元代表制	12．議院内閣制
13．まち・ひと・しごと創生法		14．財政再生団体
15．団体自治	16．機関委任事務	17．三位一体
18．税制優遇	19．民営化	20．地方分権
21．地方自治法	22．地域再生法	23．地方分権一括法
24．二院制	25．法定受託事務	26．消費税
27．地方交付税	28．住民税	29．政策減税
30．地方税	31．ふるさと納税	32．事務事業
33．道州制	34．地域主義	35．地方創生
36．固有事務		

【設問３】下線部ⓐに関連して、地方自治制度は、委員会制度を導入した。その中で、警察の民主化のために都道府県に置かれた委員会は何か。その名称を、解答欄Ⅰ－甲に記入せよ。

【設問４】下線部ⓑに関連して、住民が条例の制定・改廃を地方公共団体に直接求める制度を、次の１～４のうちから１つ選び、その番号を、解答欄Ⅰ－乙に記入せよ。

１．レファレンダム　　２．リコール
３．イニシアティブ　　４．ロビイスト

【設問５】文中の下線部ⓒに関連して、市町村の数はどの程度まで削減されたか。次の１～４のうちから１つを選び、その番号を、解答欄Ⅰ－乙に記入せよ。

１．市町村数は、約７万から１万程度に削減された。
２．市町村数は、約5,800から300程度に削減された。
３．市町村数は、約3,200から1,700程度に削減された。
４．市町村数は、約1,700から1,000程度に削減された。

【設問6】文中の下線部ⓓに関連して、財政が破綻し、「地方公共団体の財政の健全化に関する法律」(2009年施行) に基づく財政再生団体になった「市」の名称を、解答欄Ⅰ－甲に記入せよ。

【設問7】文中の下線部ⓔに関連して、長年、地方公共団体が独自に徴収できる地方税の割合や、地方議会の裁量で決定できる財政の割合が低く、国の財源に依存せざるをえなかった状況を、何とよんでいたか。最も適切な語句を、解答欄Ⅰ－甲に記入せよ。

〔Ⅱ〕次の文章を読み、下の設問（設問1～設問7）に答えよ。　(50点)

冷戦の終結後、アメリカ合衆国（以下、「アメリカ」と記す）とロシアのイデオロギーが接近した時期には、大国間の戦争がおこる可能性は低下した。しかし、その後も地域紛争や内戦は各地でおき、大量破壊兵器や<u>テロリズム</u>ⓐ、難民などが、国際政治の重要な課題となっている。

たとえば、旧ユーゴスラビア連邦共和国は、<u>民族的・宗教的対立</u>ⓑによって分裂し、激しい内戦がおきた。1999年、ＮＡＴＯ軍が（　ア　）自治州の紛争に介入し、セルビアを空爆した。欧米諸国は<u>大量虐殺</u>ⓒを止めるための武力行使としてこれを正当化したが、多くの犠牲者を出した。その後、（　ア　）自治州は2008年にセルビアからの独立を宣言した。

2001年9月、アメリカで、ニューヨークの世界貿易センタービルなどに対する<u>同時多発テロ事件</u>ⓓがおきた。アメリカはこれに対する報復をとなえ、その犯人たちをかくまったとして、同じ年に（　イ　）を空爆し、2003年には、<u>国際世論に強い反対がある中で、イギリスとともにイラク侵攻を強行した</u>ⓔ。その後、アメリカが主張した大量破壊兵器は見つからず、戦争の正当性が失われた。イラクのフセイン政権が崩壊したあと、イスラム過激派の武装集団が支配地域を拡大し、イラクとシリアから大量の<u>難民</u>ⓕが流出した。

【設問1】文中の（　ア　）・（　イ　）に入る最も適切な語句を解答欄Ⅱ－甲のア・イに記入せよ。ただし、イは国名を記入せよ。

【設問2】下線部ⓐに関連して、次の1～5のうちから、**適当でないもの**を1つ選び、その番号を、解答欄Ⅱ－乙に記入せよ。

1．日本は、「テロ対策特別措置法」を制定して、アメリカ軍の後方支援のため、インド洋に自衛隊を派遣した。
2．テロリズムとは、もともとフランス革命期の恐怖政治や、ロシア革命後の革命派と反革命派の双方による暴力を意味した。
3．テロ攻撃は、今も、敵対する政治的・宗教的指導者をもっぱら標的としておこなわれる。
4．イスラム過激派は、自爆テロの実行者を「聖戦」の「殉教者」としてたたえた。
5．化学兵器禁止条約にもとづいて1997年に設立された化学兵器禁止機関が、2013年のノーベル平和賞を受賞した。

【設問3】下線部ⓑに関連して、次の文章の（　ウ　）～（　オ　）に入る最も適切な語句・人名を、解答欄Ⅱ－甲のウ～オにカタカナで記入せよ。

人種問題・民族問題とは、皮膚の色や身体的特徴を理由として、ある集団が他の集団を不当に差別し、不利益にあつかうことである。こうした問題は、歴史的にも世界各地に存在した。

アメリカでは、1950年代と60年代に公民権運動が高まり、公民権法を制定して、長年差別されてきた黒人の権利を保障した。少数の白人が支配してきた南アフリカ共和国では、（　ウ　）の廃止を求める運動が勝利し、（　エ　）が1994年に黒人初の大統領になった。

偏見をなくすには教育が重要である。パキスタンの女性教育活動家である（　オ　）は、あらゆる子供が教育を受ける権利を実現する運動中に、2012

年、タリバンから銃撃を受けて負傷した。それでも彼女は信念を変えず、2014年、17歳でノーベル平和賞を受賞した。

【設問４】下線部ⓒに関連して、次の文章の（　カ　）に入る最も適切な語句を、解答欄Ⅱ－甲のカに、カタカナで記入せよ。また、（　A　）～（　G　）に入る最も適切な語句を、下の語群から１つ選び、その番号を、解答欄Ⅱ－乙のA～Gに記入せよ。

1985年にソビエト連邦で権力を握ったゴルバチョフは、ペレストロイカと情報公開を意味する（　カ　）を掲げたが、保守派のクーデタやバルト３国の独立を経て、連邦が解体した。ジョージア（旧グルジア）に隣接し、イスラム系住民の多い（　A　）は、1991年に独立を宣言した。しかしロシアはこれを認めず、内戦が激化した。和平合意後、ロシア軍は撤退したが、1999年に再び攻撃して戦争状態になった。

民族紛争では、複数の民族集団が混在している地域で、支配集団による他の集団への暴力的排除がおこなわれ、ときには民族浄化という大量虐殺にいたる。たとえば（　B　）において、フツ族の政府軍が少数派ツチ族の反政府ゲリラと戦う中で、数十万人が死亡した。（　C　）のダルフール地方では、政府軍と政府系住民が多数の住民を虐殺した。（　D　）では、政府軍に迫害されたロヒンギャがバングラデシュに大量に避難した。

内戦を回避しても、民主的な解決策が成功するとは限らない。2010年にアフリカで始まった民主化を求める政治改革運動、「アラブの春」は、（　E　）におよび、（　E　）では約30年も権力を独占していたムバラク大統領が辞任した。しかし2013年、軍が事実上のクーデタで権力を奪った。また（　F　）では、41年におよぶカダフィ大佐の独裁体制が、ＮＡＴＯ軍の空爆などにより崩壊した。

スペインの（　G　）では、民族差別や課税に対する不満から2017年に住民投票をおこない、その後、（　G　）政府は独立を宣言した。しかし、スペイン政府は独立を認めなかった。

［語群］

1．リビア　2．ソマリア連邦共和国
3．スーダン共和国　4．カンボジア王国　5．イエメン共和国
6．タイ王国　7．ジンバブエ共和国　8．ルワンダ共和国
9．カタルーニャ州　10．アルジェリア民主人民共和国
11．エジプト・アラブ共和国　12．カナリア諸島
13．ジョージア　14．ミャンマー連邦共和国
15．エチオピア連邦民主共和国　16．バスク地方
17．スリランカ民主社会主義共和国　18．チュニジア共和国
19．チェチェン共和国　20．コンゴ民主共和国　21．バルセロナ

【設問5】下線部ⓓに関連して、次の1～5のうちから、**適当でないもの**を1つ選び、その番号を、解答欄Ⅱ－乙に記入せよ。

1．国際テロ組織アル＝カーイダがおこした事件である。
2．ニューヨークの世界貿易センタービルへのテロ攻撃がテレビで中継された。
3．国防総省ビル（通称「ペンタゴン」）にも旅客機1機が激突した。
4．アメリカは「テロとの戦争（対テロ戦争）」を国外に向けても展開した。
5．「恐怖の均衡」とは、イラク戦争後のアメリカの国内秩序を意味する。

【設問6】下線部ⓔに関連して、次の文章の（　キ　）・（　ク　）に入る最も適切な語句を、解答欄Ⅱ－甲のキ・クに記入せよ。

冷戦後のアメリカは唯一の超大国として多くの戦争に関係した。

1991年の（　キ　）戦争では、クウェートに侵攻していたイラク軍を排除するため、国連安全保障理事会で武力行使容認決議を可決したうえで、アメリカが約30カ国の参加する多国籍軍を組織した。

しかし2003年に始まったイラク戦争では、アメリカは国連安全保障理事会

での反対意見を無視し、アメリカ軍とイギリス軍がバクダッドを空爆し、地上軍も投入してサダム＝フセインの体制を崩壊させた。宗派対立による暴力が続き、多くの犠牲者を出した。

2000年以降、アメリカは、核兵器の管理や温室効果ガスの削減に関する合意からも離脱した。他国との交渉や多国間の条約を重視するマルチラテラリズムに対して、それらに制約されることを嫌うアメリカのこうした姿勢を（　ク　）とよぶ。

【設問７】下線部ⓕに関連して、次の文章の（　Ｈ　）～（　Ｋ　）に入る最も適切な語句を、下の語群から１つ選び、その番号を、解答欄Ⅱ－乙のＨ～Ｋに記入せよ。

戦争や革命、政治的迫害により住居を離れ、国境をこえて避難する人びとがいる。

第１次世界大戦中、（　Ｈ　）はパレスチナにユダヤ人国家の建設を約束した。イスラエルの建国とその後におけるアラブ諸国とイスラエルの４次にわたる戦争は多くのパレスチナ難民を生んだ。イスラエルがガザ地区とヨルダン川西岸を占領し、パレスチナ人の自治権を奪ったため抵抗運動がおきた。特に、1980年代後半の第１次（　Ｉ　）がそうである。パレスチナ人の暫定自治を認める1993年の（　Ｊ　）にもかかわらず、その後も聖地エルサレムやヨルダン川西岸への入植をめぐる対立は続き、2000年から第２次（　Ｉ　）がおきた。

冷戦後も、民族・地域紛争による難民は増加し続けている。受け入れ国は難民を保護し、迫害の危険のある地域に送還してはならない、という（　Ｋ　）がある。しかし、日本の庇護希望者の受け入れ数・難民認定者数は欧米諸国に比べて少ない。

［語群］

１．民族自決主義　　　２．ハング＝パーラメント

3．バグウォッシュ会議　　4．アメリカ
5．ロッチデール原則　　6．カットオフ条約
7．キャンプ＝デーヴィッド会談
8．クオリティ＝オブ＝ライフ　　9．民族独立運動
10．インティファーダ　　11．フランス
12．オスロ合意　　13．国際連盟
14．イギリス　　15．ハーグ条約
16．ノン＝ルフールマンの原則

〔Ⅲ〕次の文章を読み、下の設問（設問1～設問7）に答えよ。（50点）

1990年代後半以降、パソコン、携帯電話、インターネットなどのⓐ情報通信技術が進展し、大量の情報をだれもが即座に送受信することができる高度情報社会が形成された。ビジネスの世界では、インターネット・バンキングが普及し、2009年に株券は（　ア　）化され、コンビニをはじめ多くの店舗でＰＯＳシステムが用いられるようになった。企業は、個人の属性情報や購入履歴などの（　Ａ　）を分析し、個人の嗜好に応じた広告を提供することで、企業の販売活動を促進させてきた。エネルギーについても、情報通信技術を活用して、電力の需要と供給を最適に調整する（　イ　）が開発された。行政の分野においてもコンピュータによる一元的な管理が進み、2002年には、住民票コードなどにより、全国共通の本人確認を可能とする（　Ｂ　）が稼働した。2016年には、個人に（　Ｃ　）桁の個人番号を割り当てるⓑマイナンバー制度の運用も開始され、医療などの分野においてオンライン化の普及が期待されている。

このように高度情報社会は国民生活に大きな利便性をもたらす一方で、いくつかの課題も抱えている。まず、上記の（　Ｂ　）やマイナンバー制度に対して、個人情報の漏えいによるプライバシーの侵害の危険が指摘され、1999年に制定された（　Ｄ　）に基づく犯罪の捜査に対しても、プライバシーの侵害を懸念する声がある。ⓒプライバシーの権利は、従来、私生活をみだりに公開されない権利として理解されてきたが、現代では、より積極的に、自己に関する情報をコントロ

ールする権利としても捉えられている。このようなプライバシーの権利のほか、近年では、インターネット上に拡散された個人情報に対して、ⓓ忘れられる権利も主張されている。なお、高度情報社会の進展に伴い、インターネット上でさまざまな情報のやり取りの場を提供する（　E　）が伸長しているが、そこに集約された個人情報の保護も課題である。

今日では、インターネットの普及に伴い、だれもが情報を容易に発信できるようになったが、ソーシャルネットワーキングサービスの利用のあり方が問題となっている。他人の顔や姿の写真を本人の承諾なしに掲載すれば、（　ウ　）権の侵害に該当する可能性がある。

また、青少年が犯罪に巻き込まれる事件やサイバー犯罪への対応策も課題である。これに関し、2008年に制定された青少年インターネット規制法では、18歳未満の青少年が有害情報を閲覧する機会をできるだけ少なくするための措置として、事業者に（　エ　）サービスを義務付けている。サイバー犯罪については、承諾なく他人の識別符号を入力し、他人のコンピュータに侵入する行為などを禁止する（　F　）が1999年に制定されている。その他、情報のデジタル化によって、情報の複製が容易となったことから、音楽や映像などの著作物が違法にダウンロードされる事態が生じ、これら著作物のⓔ著作権侵害の問題も指摘されている。

【設問１】文中の（　ア　）～（　エ　）に入る最も適切な語句を、解答欄Ⅲ－甲のア～エに記入せよ。ただし、イ・エはカタカナで記入せよ。

【設問２】文中の（　A　）～（　F　）に入る最も適切な語句や数字を、次の語群から１つ選び、その番号を、解答欄Ⅲ－乙のA～Fに記入せよ。

［語群］

1．プラットフォーム企業　2．15
3．公益通報者保護法　4．ナノテクノロジー　5．オンブズマン制度
6．ビッグデータ　7．シンギュラリティ　8．特定秘密保護法
9．不正アクセス禁止法　10．電子契約法

11. 10　12. フィンテック　13. パブリックコメント
14. 通信傍受法　15. 特定商取引法
16. 住民基本台帳ネットワーク　17. コングロマリット
18. トレーサビリティシステム　19. 個人情報保護制度
20. サンシャイン法　21. 12　22. 国民保護法
23. 8　24. アグリビジネス

【設問3】下線部ⓐに関連して、次の文章の（　G　）に入る最も適切な語句を、下の語群から1つ選び、その番号を、解答欄Ⅲ－乙のGに記入せよ。また、（　オ　）に入る最も適切な語句を、解答欄Ⅲ－甲のオにカタカナで記入せよ。

2004年に（　G　）は、いつでも、どこでも、何でも、誰でもネットワークとつながり、情報通信技術を利用できる社会である（　オ　）ネットワーク社会を実現すべくｕ－Ｊａｐａｎ政策を提案した。

[語群]

1．デジタル庁　2．経済産業省
3．総務省　4．内閣府

【設問4】下線部ⓑに関連して、次のａ～ｃの記述について、**正しいものには数字の1**を、**正しくないものには数字の2**を、解答欄Ⅲ－乙のａ～ｃに記入せよ。

ａ．マイナンバー制度は、利用範囲を納税と社会保障の2分野に限定して、運用が開始された。

ｂ．マイナンバーは、日本に住民票を有するすべての人に付番されるものである。

ｃ．マイナンバー制度には個人情報保護対策の点で欠陥があり、憲法13条に違反するとの判決を下した大阪高裁判決がある。

【設問５】下線部ⓒに関連して、次の文章の（　Ｈ　）に入る最も適切な語句を、下の語群から１つ選び、その番号を、解答欄Ⅲ－乙のＨに記入せよ。また、（　カ　）に入る最も適切な語句を、解答欄Ⅲ－甲のカに記入せよ。

プライバシーの権利を、私生活をみだりに公開されない権利としてはじめて認めたのは、（　Ｈ　）の東京地裁判決である。プライバシーの権利は、憲法21条１項に「集会、結社及び言論、出版その他一切の（　カ　）の自由は、これを保障する」と規定する（　カ　）の自由としばしば衝突し、（　Ｈ　）においても争点となった。

［語群］

1.『チャタレイ夫人の恋人』事件
2.『石に泳ぐ魚』事件
3.『宴のあと』事件
4. サンケイ新聞意見広告事件

【設問６】下線部ⓓに関連して、**適当でないもの**を、次の１～４のうちから１つ選び、その番号を、解答欄Ⅲ－乙に記入せよ。

1. 新しい人権の１つとして忘れられる権利が主張されることがあるが、他の新しい人権の例として、環境権や知る権利などが挙げられる。
2. 欧州司法裁判所は、2014年、スペイン人の男性が過去の検索結果の削除を求めた事件において、忘れられる権利を認めた。
3. 日本では、逮捕歴に関する検索結果について、さいたま地方裁判所が、忘れられる権利を認め、検索結果の削除を認める決定を下したことがある。
4. 日本の最高裁判所は、2017年、逮捕歴に関する検索結果について、忘れられる権利に言及しつつも、検索結果の削除を認めない決定を下した。

【設問7】下線部ⓔに関連して、次の文章の（　キ　）・（　ク　）に入る最も適切な語句を、解答欄Ⅲ－甲のキ・クに記入せよ。また、（　Ｉ　）に入る最も適切な語句を、下の語群から１つ選び、その番号を、解答欄Ⅲ－乙のＩに記入せよ。

著作権は知的財産権の１つである。知的財産権には、著作権のほか、発明に関する（　キ　）権、物品のデザインに関する（　Ｉ　）権などがある。これら知的財産権に関する訴訟を専門的に取り扱う知的財産高等裁判所が2005年に設置された。知的財産高等裁判所は、憲法76条２項が「（　ク　）裁判所は、これを設置することができない」として禁止する、（　ク　）裁判所にはあたらない。

［語群］

１．意匠　　２．商標　　３．自己決定　　４．著作隣接

数学

（75 分）

〔Ⅰ〕次の □ に適する数または式を，解答用紙の同じ記号の付いた □ の中に記入せよ。

(1) $x+1$ を因数にもつ整式 $P(x)$ を $x-1$ で割ると 5 余るとき，$P(1)$ の値は ア であり，$P(-1)$ の値は イ である。また，$P(x)$ を x^2-1 で割った余りは ウ である。

(2) $f(x)$ は 3 次の整式で表された関数で，次の等式

$$3x^4+2x^3-2x^2+xf(x)=\int_1^x f(t)dt$$

を満たす。このとき，$f(1)$ の値は エ である。また，$f(x)=$ オ である。

(3) 関数 $y=\cos\left(2x+\dfrac{5}{6}\pi\right)\cos\left(2x-\dfrac{2}{3}\pi\right)\ \left(0\leqq x\leqq\dfrac{\pi}{4}\right)$ について，$y=0$ を満たす x の値は カ であり，y が最小値をとるときの x の値は キ である。

(4) 変量 x の m 個の値 $x_1, x_2, \cdots, x_m$ からなるデータがある。$m\geqq 2$，$d>0$ として，$i=1,2,\cdots,m-1$ のとき $x_i=a$ であり，$i=m$ のとき $x_i=a+d$ である。このデータの平均値 $\overline{x}$ は m，a，d を用いて表すと $\overline{x}=$ ク であり，分散 s^2 は m，d を用いて表すと $s^2=$ ケ である。また，$i=1,2,\cdots,m$ のとき，このデータの標準偏差 s を用いて x_i の標準得点 z_i を $z_i=\dfrac{x_i-\overline{x}}{s}$ により定める。このとき，z_{m-1} と z_m の積の値は $z_{m-1}z_m=$ コ である。

〔 II 〕 xyz 空間の 4 点 O(0,0,0), A(3,0,0), B(0,4,0), C(0,4,3) を頂点とする四面体 OABC を考える。△ABC, △OBC, △OCA, △OAB の重心をそれぞれ P, Q, R, S とおく。四面体 OABC, 四面体 PQRS に内接する球の中心をそれぞれ I, J とおく。このとき，次の問いに答えよ。

(1) 四面体 OABC の体積を求めよ。

(2) $|\overrightarrow{PQ}|$, $|\overrightarrow{PR}|$, $\overrightarrow{PQ}\cdot\overrightarrow{PR}$ の値をそれぞれ求めよ。また，四面体 PQRS の体積を求めよ。

(3) $\overrightarrow{OI}$ を $\overrightarrow{OA}$, $\overrightarrow{OB}$, $\overrightarrow{OC}$ を用いて表せ。

(4) 線分 IJ の長さを求めよ。

〔 III 〕 座標平面上の，x 軸に接する円 $C_0, C_1, C_2, \cdots$ を (i) から (iii) のように定める。

(i) 円 C_0 は，$x^2+(y-1)^2=1$ とする。

(ii) 円 C_1 は，y 軸に接し，中心 P_1 の x 座標が正であり，C_0 と外接する。

(iii) $n=2,3,4,\cdots$ のとき，円 C_n は，2 つの円 C_0，C_{n-1} の両方と外接し，かつ，x 軸および C_0，C_{n-1} に囲まれた領域に含まれる。

$n=1,2,3,\cdots$ のとき，円 C_n の中心 P_n の x 座標を a_n とする。このとき，次の問いに答えよ。

(1) $X>0$ とする。点 $\mathrm{P}(X, Y)$ を中心とする円 C は，x 軸に接し，C_0 と外接する。このとき，Y を X を用いて表せ。

(2) a_1 の値を求めよ。

(3) $n=1,2,3,\cdots$ のとき，a_{n+1} を a_n を用いて表せ。

(4) $n=1,2,3,\cdots$ のとき，a_n の逆数を b_n とする。b_{n+1} を b_n を用いて表せ。

(5) 数列 $\{a_n\}$ の一般項を求めよ。

6　鶯囀司は良い仙人のもとで修行したので、天界に登ることができた。

(七)　傍線―――「君がなさけ」の内容を具体的に説明せよ（三十字以内、句読点を含む）。

（以上・六十点）

3　あなたはとうに不老長寿の仙人になっているのだから、命が危うくなるという心配はない身だろう。どうして我々に助命を嘆願するのか

4　あなたはとっくに死者の名前を記した名簿から名前を除いてもらっているのだから、命を失う心配はない身のはずだ。いったい何に憤慨しているのか

5　あなたはもはや死者の名前を記した名簿からは名前が消されていて、命を失う心配がない身ではないか。まったく悲しむ必要はない

(五)　傍線――「なん」と文法的意味・用法が同じものを、次のうちから一つ選び、その番号を記せ。

1　我が身も持斎して、真言を行ひなんどする程に、
2　いつしかその日にならなんといそぎおしありくもいとをかしや。
3　心憂く、わりなき御心地に、思ひなんわびぬる。
4　光るとはこれを言ふべきにやと見ゆるにほひなん、いとど加はりにたる。
5　ひたみちに行ひにつきて、野にも山にも交じりなんと思ひつれど、

(六)　本文の内容に合致するものを、次のうちから二つ選び、その番号を記せ。

1　猿畠山で鶯囀司は「すむ身こそ」の和歌の内容を思い起こした。
2　鶯囀司は扇を使って一匹の蜂をはたき落とし、袋に入れた。
3　小さな声が聞こえたので、鶯囀司は寝たふりをして聞き耳を立てた。
4　白箸翁は賭け事で勝ち取った琅玕紙を、蜂たちに分け与えた。
5　旅に出る鶯囀司の前に黄色い服を着た民の黒人という名の仙人が現れて、露をくれた御礼を述べた。

する西行の姿と山裾に吹く風とが二重写しとなるように工夫された和歌である。

㈢ 傍線――イ「げにかかる蜂にこそ」の説明として適当なものを、次のうちから一つ選び、その番号を記せ。

1 猿畠山の蜂たちに名前が付けられていることを知って、かつて宗輔が蜂に名前を付けて可愛がっていたように、時代が違っていても虫を愛する心は変わらないのだと鶯囀司は納得している。

2 窟の近くで蜂たちが和歌を詠むのを聞いて、帝の御前に参上した宗輔が蜂に和歌を詠ませたという昔話を思い出し、その蜂も猿畠山にいるような蜂だったのだと鶯囀司は感動している。

3 目の前に人の姿をした蜂がいるのを見て、一寸ほどの人の姿をした何丸・角丸と名付けられた蜂が、宗輔の命令を聞いたという昔話も、まさに真実だったのだと鶯囀司は驚嘆している。

4 人のように和歌をうたう蜂の声を聞いて、飼い主である宗輔の言うことを理解して人を刺したという昔話の中の蜂も、この猿畠山にいるような蜂だったのだと鶯囀司は感嘆している。

5 猿畠山の蜂たちが珍しく群れて飛び交う姿を見て、宗輔の飼う何丸・角丸などの蜂が群れ飛んでいたという昔話を思い出し、この猿畠山にいるような蜂だったのだと鶯囀司は仰天している。

㈣ 傍線――ウ「君既に死籍を除して命のあやぶみなき身ならずや。何のなげくことかあらん」の解釈として適当なものを、次のうちから一つ選び、その番号を記せ。

1 あなたは以前に死者の名前を記す名簿を分けてもらっているのだから、命を失う危険はない身ではないか。なぜそんなに悲しんでいるのか

2 あなたはもう少しで死者の名前を記した名簿から除外されるはずなので、恐れることなどない身ではないか。けっして嘆き悲しむ必要はない

設　問

㈠　傍線──a・bの語句の意味として適当なものを、次のうちからそれぞれ一つ選び、その番号を記せ。

a　をりしもこそあれ
1　こんな季節に
2　こんな時間に
3　こんな場所で
4　こんな機会に
5　こんな様子で

b　あやしく
1　恐ろしく
2　みすぼらしく
3　美しく
4　不思議で
5　不吉で

㈡　傍線──ア「秋たつと人は告げねど知られけりみ山のすその風のけしきに」の和歌の説明として適当なものを、次のうちから一つ選び、その番号を記せ。

1　「秋来ぬと目にはさやかに見えねども風の音にぞおどろかれぬる」を本歌取りし、受身の「れ」と過去の「けり」を用いた「知られけり」という表現を使い、山裾に吹く風に秋の訪れを知らされた驚きを詠んだ和歌である。
2　「秋たつ」で秋が過ぎ去ったことを表し、「秋」と「飽き」の掛詞を用いて、山裾に吹く風の様子が冬の訪れを強く感じさせることを詠んだ、三句切れの和歌である。
3　自発の「れ」と詠嘆の「けり」を用いた「知られけり」という表現を使い、山裾に吹く風の様子によって、人に教えられなくとも秋の訪れを知った感慨を倒置法で詠んだ和歌である。
4　「すそ」に衣の裾と山の裾の二つの意味を掛け、人から教えられることはなくとも、山裾に吹く風の様子や衣の裾から感じる風の冷たさから冬の訪れを感じたことを倒置法で表現した和歌である。
5　「み山のすその」が「風」を導く序詞で、「秋たつ」に秋の終わりと旅立ちの意味を持たせ、人に行き先を告げずに旅をはるべし」など、すべてみな人間世の知るべきことにあらず。よもすがら語りあかして去りぬ。

鶯囀司、不思議の思ひをなし、夜あけしかば、袋の口をほどきて放ちやりぬ。みづからもその窟を出でて、極楽寺の切通しを小坪にと心ざして出でしところに、ふと人に行きあひたり。そのたけ三尺ばかりなるが、黄なる衣服して空よりくだり、「我は三清（さんせい）の使者、上仙の伯といふ官に至りたる者なり。名は民の黒人といふ者なり。今宵君がまへに来たり集まりし人々は、皆『本朝遯史』などにいひ伝へし日本の仙人たちなり。難に遭ひしは、かの『遊仙窟』の読みを伝へし賀茂の翁なり。今君がなさけによりて、二たび上清の天にのぼりし礼のために、我をくだして謝せしめらる。君また学業至りたるゆゑ、その身ながら仙骨を得て、近き内に登天あるべし」といふかと見えしが、たちまち消えて行き方を失ひけるとぞ。

（『御伽百物語』）

注　無何有の里　理想郷とされる虚無の世界。
朱陳の民　俗世と隔絶し、朱と陳の二姓での婚姻を繰り返す土地の人々。
『十訓』　『十訓抄』のこと。
天心造化　天や自然の理法。
博奕　金品をかけた遊戯や勝負事。
琅玕紙　紙の名前。
礼星子の辞　厄払いの祭文。
三清　仙人のいる場所、玉清・上清・大清。
『本朝遯史』　日本の隠逸者の小伝。

の音近く遠くひびき合ひて、松のしらべをもてなしたる。さながら塵外の楽しび、無何有（むかう）の里、朱陳の民ともやいはんなど観じ居給ふをりから、異なる蜂どものあまたいづくともなく群がり来て、この桐の林に飛びかけりて鳴くあり。「こはいかに。aをりしもこそあれ、日暮れ雲をさまる山中に蜂のかく飛び交ふは。もしみつするとかやいふなるもありとは聞けど、それさへ昼のみぞ出づるなるものを」と、しばしながめいりて聞くに、蜂どもの声は人のものいふやうにひたと吟詠するなり。何をかいふやと聞けば、

すむ身こそ道はなからめ谷の戸に出で入る雲をぬしとやは見ん

とうたふなり。「まことにかの京極太政大臣宗輔と申せし人の、蜂をあまた飼はせ給ひ、何丸角丸などと名を付けて呼び給ひ、召しにしたがひて御まへに参りたるに、『何丸、あの男さして来』と仰せられつれば、いつも仰せにしたがひしとか、『十訓』といふものに記されしも、イげにかかる蜂にこそ」と、さしのぞき給へば、やうやうそのたけ一寸あまりある生身の人にて、しかも翅（つばさ）あり。鶯囀司も「bあやしくめづらかなる虫のさまかな」と思ひ、扇を広げて拄杖のさきに括り付け、この蜂をひとつ打ち落とし、戻子（もぢ）の袋に入れ、鉢の子の上にすゑ置きぬ。「桐の木に群れつつ遊びけるは、もし露をや愛しけん」と、桐の葉露ながら折りて、そのかたはらにうち置きながめ居たりしに、しばらくしてこの虫かたはらにそばみ居て、少しなげく声あり。

たちまちに人かたちなる蜂ども数十飛び来たり、かの袋のあたりに集まりつつ、そのさま慰むるに似たり。あとよりおしつづきてその類あまた、あるいはいと小さき車に乗り、あるいは輦（てぐるま）して入り来たり。この虫をとぶらひけるを聞くに、ほそく小さき声なり。鶯囀司寝たるさまして聞き居たるに、主人と見えつる者の名を伏見の翁といひけるが、このとらはれし蜂にむかひていふやう、「吾、君がこの不祥のために、筮をとりて占ひて参らすべし。君よろしく無有を観じ給へ。ウ君既に死籍を除して命のあやぶみなき身ならずや。何のなげくことかあらん。これ天心造化のしばしば移るところなり」と慰む。また増翁といふあり。彼がいふは、「このごろ、我白箸翁と博奕（ばくえき）して、琅玕紙（らうかんし）十幅を勝ち得たり。君この難をのがれ出で給はば、礼星子の辞を作りて給

2　九州国立博物館の「再現文化財」と東京藝術大学の「クローン文化財」は、正倉院事務所の「復元模造」と同様の観点から用いられた呼称ではないかと筆者は推測している。

3　古器旧物保存方を契機に行われた壬申検査の頃から、正倉院宝物の模造が始まった。

4　半官半民の「奈良博覧会社」は、奈良の産業振興に尽くし、今日の第三セクターの設置を促した。

5　昭和初期の模造事業では工芸作家が宝物を直に調査することなく自らの理念のもと復元していたが、第二次世界大戦の勃発により事業は短期間で終わった。

6　天平の工人は技術的に優れていたが、おおらかな気風であったため、作られた宝物の多くは精巧ではなかった。

(六)　模造品の製作過程が持つ意義について筆者はどのように考えているか、説明せよ（四十字以内、句読点を含む）。

（以上・九十点）

二　次の文章を読んで、後の設問に答えよ。

旅に出た僧侶の鶯囀司（おうでんす）が猿畠山（さるはた）の窟（いわや）に着いた場面である。

この窟のほとりは皆大きなる桐の木原にて、枝老い梢たれて地をはらふかと見ゆるばかりなるが、秋来ぬと目には見えぬものから、風のおとづれを桐の葉のおちてぞ、をりからのあはれも身にしみて知られしかば、かの西行の

ア　秋たつと人は告げねど知られけりみ山のすその風のけしきに

などながめ暮らして、その夜は洞の内にうずくまり居てあかし給ひなんとするに、十四夜（まつよひ）の月、木の間よりほのめきそめて、虫

取って正倉院宝物の模造品を製作する「再現模造」が始まり、現在にいたっている。

4　明治時代に本格的に模造品が製作されたときには、江戸時代以来の伝統に裏付けられた高度な技術をもつ工芸家らが選ばれたが、正倉院事務所では、多くの〝ひと〟の力量を集めることで、現在の「再現模造」を確立させた。

5　関東大震災からの復興を契機として模造品の重要性が認識されたことにより、「復元模造」という語が生まれたが、「にせもの」という悪いイメージを持たれることが多いため、現在では「再現模造」という語が一般的になっている。

(四)　傍線――C「模造事業の「結果」が果たす役割」の説明として適当なものを、次のうちから一つ選び、その番号を記せ。

1　文化財の詳細なデータを取っておくことで、原物の一部が欠けたり、文様が摩滅したり、汚れで隠れたりしている状態のまま再現することができる。

2　模造品を製作するうえで想像に頼る部分が多く意匠が予測不可能な場合でも、美術工芸品としての価値が高く精巧な宝物であれば、再現模造の対象に選ばれて保存継承される。

3　破損していない宝物や、かつて修理を受けた宝物の再現模造を製作することで、「ものづくり」の価値を知ったり古代の工人の仕事を学んだりすることができる。

4　地味な宝物であっても、形状や文様が左右対称であるなど、意匠に特徴があるものを再現模造の対象とすることで、歴史資料としての稀少価値を高めることができる。

5　古色着けの加工を行わずに再現した宝物について、別の場所で保管するなどの取り組みを行うことで、天災や人災によって消滅する危機に備えることができる。

(五)　本文の内容に合致するものを、次のうちから二つ選び、その番号を記せ。

1　俵屋宗達の『風神雷神図屏風』は尾形光琳や酒井抱一の作品から影響を受け、新たな価値を生み出した。

㈡　傍線──Aについて、「オリジナルではないものにも価値が認められて」いるということの説明として適当なものを、次のうちから一つ選び、その番号を記せ。

1　顧愷之の『女史箴図』の模写本や王羲之の『喪乱帖』の複製には、再生または再現されたものとしてきわめて高い価値が見出せる。

2　伊勢神宮では形のない「こと・おこない」を守り伝えることよりも、遷宮のたびに新たに御神宝を作り替えることに重要な価値を見出している。

3　江戸東京たてもの園や博物館明治村などの標本展示では、歴史的建造物を本来あった場所で復元するため、公開すること自体に価値が存在する。

4　戦火で何度も燃え落ちた東大寺の大仏は、天平造立時の姿をとどめる台座の蓮弁の一部に価値が認められることで、信仰の拠りどころとされている。

5　金閣寺や京都御所はすでに創建当初のものではないが、修理や再建を繰り返すたびに歴史的な価値が増したため、人々から高い関心を持たれている。

㈢　傍線──B「現在の再現模造」の説明として適当なものを、次のうちから一つ選び、その番号を記せ。

1　天覧に供されて宝庫に返納されたり、皇居内に留め置かれたりした模造品は、現在では分析装置や光学機器を駆使して観察され、「再現模造」として新たに位置づけられている。

2　オリジナルの当初の姿を求めて模造事業に取り組んでいるが、推定復元することもあり元の宝物とまったく同じものにはならないため、現在の正倉院事務所では「再現模造」という呼び方を用いている。

3　第三回パリ万国博覧会など海外の博覧会で日本の伝統産業を復興し海外に売り込むことを目的として、オリジナルを写しなく、凹凸がついていたり、左右非対称であったりする。これは精巧な出来栄えを見てわかるように、天平の工人が技術的に未熟であったのではなく、小事にとらわれない当時のおおらかな気風を反映したものである。しかし、それを真似るとなると作業は困難をきわめ、実技者は模造に着手する前に、試作を繰り返し、天平工芸の特性を手に覚えさせたうえで取り掛かる。模造に際しては、細部に固執することよりも、おおらかで力強い「天平の気分」とでもいうべき趣きを再現することを優先する。そのため、必ずしも描線は合致していなくても、筆あるいはタガネの勢いをそぐことなく、再現することをめざすのである。

このことは宋代の蘇軾が唱えた「写意（しゃい）」に近い。「写意」とは、絵を描く際に対象の形態や、表面上の色や質感を写して似せるだけの「形似（けいじ）」、あるいは「写形（しゃけい）」にとどまることなく、筆法を会得し、オリジナルの精神や魅力の本質を表現することである。オリジナルと寸分違わず同じものを作るのであれば、デジタルによる最新の「写形」技術を用いるほうが効率的である。しかし、再現模造では経年による歪みを補正し、湮滅した部分を推定して復元するなどの作業が必要となるため、デジタル技術のみでは実現できない。

（西川明彦『正倉院のしごと』中央公論新社）

設問

㈠ 空欄〔　　〕a・bに入る語句として適当なものを、次のうちからそれぞれ一つ選び、その番号を記せ。

a
1 内々に
2 銘々に
3 散々に
4 千々に
5 軽々に

b
1 さらさら
2 かつがつ
3 つらつら
4 いよいよ
5 ゆめゆめ

別の場所で保管する、もしくはいつでも再現できるように詳細なデータを取っておく必要がある。ちなみに御物を収蔵し、正倉院と同じく勅封で管理されている東山御文庫は、戦国時代から江戸時代の火災を経験した結果、皇室や公家の典籍写本を別置したことが成立の端緒だという。

模造の三つの目的は、再現した模造品自体、すなわち模造事業の「結果」が果たす役割について述べたものである。多くの場合において、模写や模造の一義的な目的は代替品として用いることにあるが、古くから「ものづくり」の際には形や技術を学ぶための「写し」が行われている。これは製作の「過程」に意味があるという位置づけによるもので、複製には結果と過程のそれぞれに価値があるといえる。

模造の際には、その対象となる宝物の経年劣化のため、科学的な調査に制約が生じ、究明しきれないというジレンマに陥ることがある。その場合には現代の製作者が習得した伝統的な手法や経験に依るところが多く、それによって材料や技法について検討を行う。ただし、今日の伝統工芸は、長い歴史のなかで技術の一部が失われており、正倉院宝物の作られた天平時代の技法にまで遡れない場合がある。そのため伝統工芸作家といえども、正倉院宝物に向き合った際には、解明できないこともある。現代の工芸作家にすれば、古代の工人からいにしえの言葉や外国語で話しかけられているようなもので、理解しえないのである。その「通訳」は正倉院事務所の職員が担うべき〝しごと〟の一つと心得て、古代の文献史料を参考に材料や技法を吟味し、実技者とともに検討する。不明な点があれば、それを解明すべく実験的な試作を行うため、模造が完成するまでには相当な時間を要する。実は古代の技術を再現するうえでの重要な知見は、この模造品の製作過程を通じて得られることが多く、模造事業の意義の一つはここにある。

模造製作にあたる実技者は、創作活動を通して個性を表現する「作家」である場合が多い。しかし、再現模造では極力創意を働かせず、ひたすら画工や塗師、石工といった「工人」に徹してもらう。宝物をよく見ると、現在の工業製品のように均質ではとなった宝物について、分析装置や光学機器を駆使して調査を実施し、その結果に基づいて製作することである。形状の再現にとどまらず、材料・構造・技法にわたって限りなく原物に近いものを求めて、宝物が製作された当初の姿を再現することに努めている。

なぜ原物があるにもかかわらず、模造品を作る必要があるのか。その理由を端的にいうと宝物の保存に資するから、ということになる。また、原物があるにもかかわらずというよりも、原物があるからこそ、材料・構造・技法を解明できて再現が可能となる。したがって、どの宝物でも再現模造が可能なわけではなく、残存状況によって、想像に頼る部分が多い場合は対象として選ばれないこととなる。ただし、形状や文様が左右対称であるなど、予測可能な意匠であれば、一部が欠けたり、文様が摩滅したり、汚れで隠れたりしていても復元は可能で、製作当初の姿を甦らせるという意味で効果的な再現模造となる。選定の基準となるのは、美術工芸品としての価値が高く、精巧なものであること、あるいは地味なものであっても、歴史資料として稀少価値が高いことが挙げられる。

再現模造の目的を具体的に挙げると、第一に、唯一無二の脆弱な宝物を保存継承するため、宝物に代えて展示等に用いることにある。

二つめの目的は、破損した宝物について、欠失部や湮滅(いんめつ)した箇所を可能な限り復元し、奈良時代にはかくあったであろうという姿を再現することである。なお、一般的に模造や模写には、破損や退色した現状のままを再現する場合と、製作当初の姿を再現する場合がある。正倉院宝物の再現模造は後者に当たり、古びたように加工する古色着けは一切行わない。

破損していない、もしくはかつて修理を受けた、状態のよい宝物についても再現模造を製作する場合がある。それは再現模造の三つめの目的である危機管理の一環としての取り組みであることによる。文化財は天災や人災によって消滅する危機に常に晒されており、正倉院宝物といえども例外ではなく、危機意識をもって備える必要がある。そのためにもう一つ同じものを作り、は宮内卿であった伊藤博文の指示によって東京へ運ばれて研磨される。その際に刀剣類二七振が刀身および柄・鞘などの拵えとともに模造される。それらは明治二十三年（一八九〇）に完成し、宝物と並べて天覧に供され、宝物は宝庫に返納されるが、模造品は皇居内に留め置かれた。この際の模造はそれまでとは異なり、研磨修理に伴う詳細な観察をもとに作られており、材料・構造・技法にわたって宝物と同様に再現されている。

その後、明治二十五〜三十七年（一八九二〜一九〇四）に宮内省に正倉院御物整理掛が設置され、宝物の大規模な修理が行われたときに、本格的に模造品を製作している。この際には、破損していた宝物を修理のために奈良から赤坂離宮内の作業所に運び、明治時代の名工たちが修理に用いる材料や技法を吟味するために模造品を製作した例もある。この当時、修理と模造は宝物のもとの姿を甦(よみがえ)らせるという意味において、密接に関係しており、一体の事業として取り組んでいた。

ここまでにみてきた明治時代の模造品は、のちに帝室技芸員に選ばれるような当代随一の工芸家らが、江戸時代以来の伝統に裏付けられた高度な技術で作ったもので、B<u>現在の再現模造</u>に勝るとも劣らない出来栄えのものが数多く見受けられる。

明治三十七年、日露戦争の勃発に伴い御物整理掛は廃止されるが、大正の終わりから昭和のはじめにかけて、帝室博物館が再び模造事業を企画する。それは大正十二年（一九二三）の関東大震災からの復興および昭和三年（一九二八）の昭和天皇即位の祝賀が契機となったと考えられる。その事業に関連する文書には「原品万一の場合、尚其典型を留め、併せて汎(ひろ)く公衆をして、その髣髴(ほうふつ)を窺ふことを得しむるの必要を感じ」とあり、罹災(りさい)によって模造の重要性を再認識し、危機管理の一環に位置づけたことがうかがえる。こうした理念のもと、製作する工芸作家が直に宝物を調査して、復元的な模造製作を行った。この昭和初期の模造事業は、世界大恐慌の時期と重なり、第二次世界大戦の勃発により短期間で終わったが、その際に掲げられた方針や意義は、現在も正倉院事務所の模造事業に引き継がれている。

正倉院事務所の模造事業は昭和四十七年（一九七二）に始まったが、それまでの模造とは大きく異なる点がある。それは対象現在、正倉院事務所で行っている模造事業では、形だけではなく、材料・構造・技法のいずれもオリジナルと同じものを求めて取り組んでいる。ただし、経年による歪みや欠失部、消えた文様を推定復元することもあるため、元の宝物とまったく同じものにはならない。そこで、もう一つ宝物を「再造（reproduction）」するという意味から、当初の姿を再び現す「再現模造」という造語を新たに考案した。テレビ番組などで馴染みのある「再現映像」や「再現ビデオ」に似ていて通俗的な印象は否めず、「再現」を「再元」に換えて「再元模造」という語も考えてみたが、（　b　）混沌とする。本書では、一般的な場合には単に「模造」と表現し、現在の正倉院事務所の取り組みについては「再現模造」を用いることとする。

明治維新後の廃仏毀釈運動をはじめとする伝統や文化の毀損を食い止めるため、明治四年（一八七一）に「古器旧物保存方」という太政官布告が発せられる。この古器旧物保存方は、明治新政府が掲げた殖産興業政策とともに、正倉院宝物の模造事業と密接に関わっている。

古器旧物保存方を契機として、明治五年（一八七二）に行われた壬申検査によって、正倉院宝物の実態が明らかとなり、調査に関わった町田久成や蜷川式胤らがその頃より模造を始めている。その後も宝物調査に合わせて模造品が作られたほか、明治八年（一八七五）から始まった奈良博覧会や、同十一年（一八七八）の第三回パリ万国博覧会に際して製作されたものがいくつか確認できる。

奈良博覧会は今日の第三セクターのような半官半民の組織「奈良博覧会社」が開催運営し、第一回から四度ほど、正倉院宝物を東大寺で展示している。このときの模造は単に展示するためだけでなく、奈良の産業振興のためでもあった。また、海外での博覧会に際して模造品が作られたのは、染織や漆、陶器など、日本の伝統産業を復興するとともに、海外に紹介して売り込むことで国を豊かにするというねらいがあった。

明治十七～十八年（一八八四～八五）には、正倉院宝物のうちの刀剣類に、刀身が錆び付いたものが何振か見つかり、それらわが国では太古より、オリジナルではないものにも価値が認められており、伊勢神宮では遷宮のたびに社殿とともに御神宝も新たに作り替えてきた。そもそも、神道や仏教、あるいは皇室においては、形のある「もの」と形のない「こと・おこない」を守り伝え、関連する場所や空間についても重要な意味をもたせている。御神宝について、〔　a　〕模造と同列で語ることはできないにしても、場所と関連する建物に限らず、文物、つまり「もの」の再生あるいは再現に対する価値は少なからず見出すことができる。

たとえば『風神雷神図屛風』は俵屋宗達のオリジナルのみならず、尾形光琳や酒井抱一が描いた写しにも新たな価値が生まれている。また、オリジナルが失われ、複製したものが価値を持つ場合がある。いずれも中国・唐時代のものであるが、四世紀に顧愷之が描いた『女史箴図』の模写本、あるいは同じく四世紀の書聖王羲之の書状集『喪乱帖』の複製の価値はきわめて高い。

これら複製品の価値は単に時間の経過がもたらしたものではなく、作品がもつ優れた魅力が前提にあることは言うまでもない。「模写」や「模造」「複製品」という言葉は「贋作」「レプリカ」「コピー」と同義語として使われ、「にせもの」や「まがいもの」といった悪いイメージを持たれることが多い。そのため、正倉院事務所で製作している正倉院宝物の模造品については、これまで「復元模造」という語を用いることで差別化を図ってきた。おそらく同様の観点からか、九州国立博物館では「再現文化財」、東京藝術大学では「クローン文化財」という呼び方をしている。

呼称についての明確な規定はなく、それが作られた時代や目的によって使い分けている。一般的に文化財においては「模写」や「模造」「複製品」は広い意味で用いられ、形状のみ似せた合成樹脂製のものを「レプリカ」、材料や製作技法まで追求して作ったものを「復元模造」と呼ぶ。それぞれ、オリジナルを写し取る作業である「見取り」や「型取り」で、アナログか、デジタル技術を用いるかによって再現性の精度が異なる。ただし、必ずしも入力時の精度が出力に反映できるとは限らず、アナログ、デジタルのいずれの場合も、最終的には実作や調整には〝ひと〟の力量が関わる。

国語

（七五分）

一 次の文章は、西川明彦『正倉院のしごと――宝物を守り伝える舞台裏』の「宝物をつくる――模造」の一節である。これを読んで、後の設問に答えよ。

私自身が正倉院宝物を守り伝える組織の一員という立場にあり、言うまでもなく唯一無二のオリジナルが何にも代えがたいという、「原物至上主義」的な観点を有しているのは確かである。しかし、たとえば東大寺の大仏も、治承四年（一一八〇）と永禄十年（一五六七）に戦火で燃え落ち、天平造立時の姿をとどめるのは台座の蓮弁の一部のみとなっている。しかし、信仰という人の「思い」の拠りどころとして、対象の新旧によって価値が変わるものではない。「すべての部品を置き換えられた物体は元の物体と同じものなのか」というギリシア神話の「テセウスの船」のようなパラドックスに陥るが、歴史的な価値はオリジナルでなくとも継続しうるとも思え、正直なところ気持ちは揺れ動く。

また、金閣寺や京都御所なども、修理や再建を繰り返しており、すでにオリジナルではなくなっているものの、人々の関心は高い。建造物の場合、その歴史的な価値は存在する場所にもあるため、上屋は真正であるに越したことはないが、新たに作られたり、加えられたりしたとしても、それさえも歴史の一部として捉えることができる。一方、歴史的建造物を別の場所に移築あるいは復元して公開する、江戸東京たてもの園や博物館明治村など標本展示のようなあり方についても価値は存在する。

解 答 編

英 語

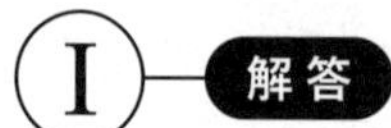

A. (W)－2 (X)－1 (Y)－3 (Z)－1

B. (a)－3 (b)－4 (c)－1 (d)－2 (e)－3 (f)－1

C. (ア)－2 (イ)－4

D. (あ)－5 (う)－4 (お)－1

E. 〈A〉－4 〈B〉－3 〈C〉－5 〈D〉－1

F. 2・4・8

全 訳

《水がもたらす癒し効果》

1 2020年8月の埃っぽい日，ウォレス＝J.ニコルズは20年以上住んできたカリフォルニアの谷にハイキングに出かけ，森林火災で全焼した自宅と家財道具を見つけた。

2 唖然としながらも，ニコルズは瓦礫の中を探した。敷地全体を歩いた。そして彼は考えられるかぎり唯一の有益なことをした。近くの小川に降りて服を脱ぎ，水中に身を沈めたのだ。

3 海洋科学者であるニコルズは，水が持つ癒しの力を求めていた。

4 ここ数年は大変な年だった。私たちの多くは気づけば疲れ果て，燃え尽き，人生に落ち着きを取り戻すのに苦労している。私たちには充電が必要なのだ。

5 水はその助けになる。神経科学者によれば，海，湖，川，その他の水域の近くで過ごすことは，不安を軽減し，精神的疲労を和らげ，私たちを若返らせるなど，さまざまな効果をもたらすという。

6 水泳やサーフィンのようなウォーターアクティビティへの参加は，自分の行っていることに完全に没頭する「フロー状態」に入るのに役立つ可能性がある。これは考え事や心配事にとらわれがちな心を落ち着かせるのだ，と水が脳にどのような影響を与えるのかを研究している神経科学者で，ニューロバースというニューロテクノロジーを扱う企業の最高責任者であるリカルド＝ギル－ダ－コスタは述べている。

7　水域はまた，深く畏敬の念を抱かせることもある。これは広大なものに対して気持ちが反応することであり，私たちの世界の見方を広げたり，それとは異なる見方を与えてくれたりする。畏敬の念はストレスを軽減し，物事を大局的に見る助けとなるのだ。

8　水は「すべての雑音を取り除くことで」私たちを自然にリラックスさせる（そして頭を整理する手助けとなる），と水域が私たちの幸福にどのような影響を与えるかを研究しているニコルズは言う。「私たちは水があるところに行きさえすればよいのです」

9　水には特別な性質があり，自然がもたらす良い影響を水が後押ししているのかもしれないと環境心理学者は言う。水の近くにいると，視覚や聴覚で処理すべき情報が少なくなることが多い。心が休まるのだ。

10　水の音は普通，一定していて柔らかく，私たちを落ち着かせる。水の匂いは良い記憶やそれに関連することを呼び起こさせる。水に浮かんでいるときは，陸上では決してできない方法で，私たちの身体も休むことができるのである。

11　最も重要なことは，水は動的だということだ。リズミカルに動き，魅力的な光，色，音の戯れを生み出す。それは私たちの注意を引きつけるが，過度に要求するものではない。研究者はこれをソフトな魅力と呼んでいる。それは日常生活の多くの場面で必要とされる，集中力を要し，認知能力を消耗させる極度の注意力から私たちの脳を解放してくれる。

12　「水に接することによって，私たちの心が良い方向に漂います」とシカゴ大学環境神経科学研究所所長のマーク＝バーマンは言う。「これが元気を大いに回復させるのです」

13　以下に水が持つ癒しの力を利用する方法についてアドバイスを示そう。

「すべての水が含まれることを忘れてはならない」

14　道路沿いのちょっとした小川だけだとしても，おそらく身近に何らかの水があるだろう。まずはそこから始めよう。そして週末や休暇に訪れることのできる水のあるところにまで足をのばしてみよう。

⑮　河川，運河，噴水など，都市部の水も含まれる。プールや浴槽，さらにスプリンクラーなど，家庭の水も同様だ。どのようにして水が私たちをより幸せに，そしてより健康にするかを探究している『Blue Mind』の著者であるニコルズは，音，光の戯れ，動きに注意を払おうと言う。

⑯　実際の水に触れることができない場合は，絵画，写真，ビデオ，映画でも同じ効果が得られるとニコルズは言っている。良い効果を高めたいなら，自分にとって良い思い出を象徴する場所を選ぶことだ。

⑰　仮想現実でさえも役に立つ。調査研究では，コンピューターが生成した仮想現実の水のシーンによって参加者の気分が高まった。おそらく仮想環境に触れることができたからであろう。

「頻繁に行こう」

⑱　ちょっとしたことが大きな違いを生む。

⑲　2019 年の研究では，私たちの幸福度を向上させるには，短い時間に分割しても構わないが，少なくとも週に 2 時間，自然の中で過ごす必要があることがわかった。最近の未発表の研究によると，水の近くで同じくらいの時間を過ごすと同様の効果が表れる，と水環境の健康効果を研究し，両方の研究の主任研究員を務めたウィーン大学の環境心理学者，マシュー＝ホワイトは言う。科学者たちはまた，水槽を覗き込んだ人は，たった 15 分後に心拍数が下がり，気分が良くなることも発見している。

「ウォータースポーツをやってみよう」

⑳　そして上手になろう。こうすることで，自分がしていることに完全に没頭しながら，時間や心配事が消えていくフロー状態を経験することができる，とギル－ダ－コスタは言う。ある活動に熟達すると，脳が変化する。つまり，脳が新しい神経経路を作り，それが一層速く，より強くなる。こうすることで，将来，同じ活動をしているときにフロー状態にさらに入りやすくなるのだ。

「耳を傾けよう」

21 Calm アプリで，Rain on Leaves のような最も人気のあるサウンドスケープの多くに水が使われているのは偶然ではない。

22 水の最も心を落ち着かせる特性の1つは，その音だとホワイトは言う。最近の研究で，彼と同僚は人々が最も回復力を感じる水の音は，熱帯雨林の雨，浜辺に打ち寄せる波，小川のせせらぎであることを発見した。また水の音に生物の鳴き声を加えると，さらに好まれることがわかった。

23 お気に入りの水の音を録音してみよう。それは幸せな記憶を呼び起こすだろう。

24 いつでもどこでも，水上で過ごしていることが想像できる。水面にきらめく太陽や，岸辺に打ち寄せる波の音を思い浮かべてみよう。そして，想像した水が現実の生活で楽しんだことのあるものであれば，その良い効果はさらに強くなる，とニコルズは述べている。

25 ニコルズは，まだくすぶっている自宅の廃墟の裏にある小川に身を沈めた後，息をするために浮き上がったとき，号泣してしまった。そして気持ちが落ち着くまでは仰向けに浮いていた。

26 それ以来，彼は毎日小川に入るようになった。「日々のリセットのようなものだよ」と彼は言う。「それがなかったら，今までどうやって自分のすべての気持ちを乗り越えてきたのかわからない」

解説

A. (W) stun は「唖然とさせる」という意味の動詞。be stunned で「唖然としている，呆然としている」という意味になるので，正解は2。Stunned の前には being が省略されており，分詞構文になっている。

(X) 空所の直後に we never can (rest) on land という文が来ていることから，関係副詞 that が省略されていると考え，1を入れる。ここでは way は「方法」という意味を表す。2は「結論として」，3は「～の瞬間に，～の時間に」，4は「間に合うように」という意味。

(Y) 「～もそうである」という意味を表す so は，so V S の語順で用いる。正解は3で，does は直前の文の三人称単数形になっている動詞 counts を受けている。

(Z) 空所の直後に，Calm アプリ（リラックスさせるアプリ）で最も人気のあるサウンドスケープの多くに水が使われていると書かれている。前の段落で述べられているウォータースポーツにも水の効用があり，このアプリのサウンドスケープにも水が使用されていることは「偶然ではない」と考えると，1が正解となる。it is no coincidence that ～ は「～は偶然のことではない」という意味の熟語。2は「出来事がない」，3は「意味がない」，4は「問題がない」という意味。

B. ⒜ provide は「与える，供給する」という意味なので，3が正解。1は「準備する」，2は「購入する」，4は「考える」という意味。

⒝ boost は「増大させる，高める」という意味なので，4が正解。1は「制御する」，2は「制止する，抑える」，3は「～より優れている」という意味。

⒞ provoke は「引き起こす，誘発する」という意味なので，1が正解。2は「消す」，3は「誤って伝える」，4は「保存する」という意味。

⒟ wander は「歩き回る，さまよう」という意味なので，2が正解。1は「明らかにする」，3は「延長する」，4は「驚く」という意味。

⒠ count はここでは「含まれる，数に入れられる」という意味なので，3が正解。1は「(性質などが) ～にあると考えられる」，2は「計算される」，4は「減らされる」という意味。

⒡ surface はここでは動詞で「浮き上がる」という意味なので，1が正解。直後の for air や after submerging から意味を推測できる。2は「見上げた」，3は「腰を下ろした」，4は「下った」という意味。

C. ㋐ 波線部は「過度に要求するものではなく」という意味。demanding は「多くを要求する，厳しい」という意味。excessive と言い換えている 2.「特に過度な方法ではなく」が正解。1は「あまり曖昧な方法ではなく」，3は「特に無意識にする方法ではなく」，4は「著しく道徳的な方法ではなく」という意味。

㋑ 波線部は「水が持つ癒しの力を利用する方法」という意味。harness「利用する」を take advantage of に，healing を soothing に言い換えた4が正解。1は「水が持つ活性化させる力を拒否する方法」，2は「水が持つ強力な力を無効にする方法」，3は「水が持つ謎の力に対処する方法」という意味。

D. 解答へのプロセスは以下の通り。

①空所㋐の直前には *Blue Mind* という書名が来ているので，その内容を補足・説明する節が来ると考えて関係代名詞 which を入れる。この場合

は非制限用法である。

②空所(い)は直前の空所に主格の関係代名詞 which が入ったので，次に動詞 explores を入れる。

③空所(う)(え)(お)には explores の目的語が入るので，疑問詞 how から始まる間接疑問文を作る。空所の直後に us happier があることから，make O C「O を C にさせる」という使役の文構造をとると考え，how の後に water makes を入れると文意が通じる。

E.〈A〉 第14段（You likely have…）で道路沿いの小川などの身近にある水，第15段（Urban water counts…）で都市部や家庭内の水，第16段（If you can't…）で写真や映画などに出てくる水，第17段（Even virtual reality…）で仮想現実の中で触れることのできる水など，あらゆる水が癒しの効果を持つということがわかるので，正解は4.「すべての水が含まれることを忘れてはならない」になる。

〈B〉 第19段第1文（A 2019 study…）で少なくとも週に2時間，自然の中で過ごす必要があると述べられ，また同段最終文（Scientists also have…）で水槽を覗き込んだだけで気分が良くなると書かれていることから，水にできるだけ触れることの大切さがわかるので，正解は3.「頻繁に行こう」。

〈C〉 第20段第3文（When you become…）に，ある活動に熟達すると，脳が変化すると書かれている。activity が sports activity のことだと考えると，正解は5.「ウォータースポーツをやってみよう」である。こうすることで，同段第1文（And get good…）の it が a water sport を指し，整合性が取れる。

〈D〉 第22段第1文（One of the…）に，水の最も心を落ち着かせる特性はその音であると述べられている。さらに第23段（Make an audio…）に，お気に入りの水の音を録音して聞くと幸せな記憶がよみがえると書かれている。これらより，水の音を聞くことで癒しの効果がもたらされることがわかるので，正解は1.「耳を傾けよう」である。

F. それぞれの選択肢の意味と正誤の根拠は以下の通り。

1.「水域の近くにいると，聴覚や視覚からの刺激が多くなり，心が刺激されて活性化され，日々の悩みやストレスから解放される」

第9段第2文（When you are…）より，水域の近くにいると視覚や聴覚で処理すべき情報が少なくなるので誤りである。

2.「研究者たちが指摘するように，水は絶えずリズミカルに音を発し，水面にきらめく光を反射させることで，私たちをやさしく魅了することに気づくことが重要である」

第11段（Most important: Water …）に書かれている水のソフトな魅力が表す内容に合致しているので，正解である。

3.「ウォータースポーツを実践することで，肺の空気の出入りが増え，より長時間水中にいられるようになるわけではない」

第20段（And get good …）にウォータースポーツの効用について述べられているが，ここで述べられているのは脳や神経経路についてなので，誤りである。

4.「水泳やサーフィンのような水中での没入感のある活動に参加することで，私たちは普段感じている悩みや心配事から解放されるのだ」

第6段（Participating in water …）に，水泳やサーフィンのようなウォーターアクティビティへの参加は，それに完全に没頭することで，考え事や心配事にとらわれがちな心を落ち着かせてくれると書かれているので，正解である。

5.「実際の水の近くにいるのではなく，絵画，写真，ビデオ，映画などで水を眺めるだけでは，私たちの心に良い影響を与えるには十分ではない」

第13段（Here's some advice …）と第16段第1文（If you can't …）で，絵画，写真，ビデオ，映画を見るだけでも，水が持つ癒しの力を感じることができると述べられているので誤りである。

6.「ある研究者によれば，少なくとも週に2時間は連続して水を眺めることが重要であり，細切れの時間に水の近くにいるだけでは心の平穏は得られないという」

第19段第1文（A 2019 study …）において，週に2時間，自然の中で過ごすことが心の平穏を得るのに必要であると書かれており，その2時間を分割して過ごしても問題ないと書かれているので，誤りである。

7.「熱帯雨林で降る雨の音や浜辺に打ち寄せる波の音は私たちを慰めてくれるが，そこに住む生き物の鳴き声が聞こえると，その効果は半減してしまう」

第22段第2・3文（In a recent … them even more.）において，人々は熱帯雨林の雨，浜辺に打ち寄せる波などの水の音を聞くと回復力を感じるが，生物の鳴き声が合わさるとさらに好まれるとあり，その効果が半減するとは書かれていないので，誤りである。

8.「水のきらめきや岸辺に打ち寄せる波の音を想像することは，それが実際に経験した水に関することであれば，さらに大きな効果を私たちの心にもたらす」

第24段第2・3文（Visualize the sun … stronger, Nichols says.）で述べられている内容に合うので，正解である。

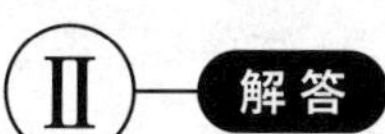

A. (W)−4 (X)−2 (Y)−2 (Z)−2

B. (a)−1 (b)−3 (c)−2 (d)−3 (e)−3 (f)−4 (g)−3 (h)−2 (i)−2

C. (ア)−1 (イ)−4 (ウ)−2

D. (い)−3 (お)−2

E. 2・6・8

F. 全訳下線部参照。

全訳

《英国における発掘品の保管場所不足》

1 建築工事やインフラ工事で発掘された貴重な古代の遺物が，英国の博物館の展示場所が不足していることに伴い，倉庫で埃をかぶっていることがBBCの取材でわかった。考古学者たちは，これは人々が自分たちの歴史や遺産について学ぶ機会を逃している，と言う。出土品は，ローマ時代の洗練された金属細工から青銅器時代の陶器まで，多岐にわたる。それらは，開発業者が建設用地を切り開く前に雇う考古学請負業者によって発見される。現在，最も重要な歴史的発見の多くは，「商業考古学者」として知られるこのような業者からもたらされている。

2 ロンドンで，この50年間で最大となるモザイク画の出土品が，サザークのザ・シャード近くで行われていた再生プロジェクト中に発掘されたり，HS2という高速鉄道路線で作業していた考古学者たちが，広大で裕福なローマ時代の交易集落を発見したりしている。しかし，ヒストリック・イングランドは，博物館がそのような遺物を保管する場所をすぐに使い果たしてしまう可能性があるとしている。同公的機関とイングランド芸術評議会が委託した報告書によれば，博物館がより多くの保管場所を確保しない限り，地中から出てくる資料の量は，すぐにその保管場所のスペースを上回るという。

③「時間は刻々と過ぎている―― 4，5年後には大きな問題を実際目の当たりにし始めることになる」とヒストリック・イングランドの国家専門サービスディレクターのバーニー＝スローンは言う。「考古学的資料が持つ可能性は本当に大きい。将来に向けて確実にそれらを保管する方法を見つけられなければ，非常に残念なことになるだろう」と彼は述べている。

④ スコットランド，ウェールズ，北アイルランドで考古学的遺物の管理は異なるものの，3カ国とも保管に関して同様の問題を報告している。多くの博物館はすでに考古学的資料の収集を中止している。そのため，多くの請負業者が研究を希望する研究者にそれらを公開はしているが，一般市民の目に触れることはないままである。「文字通り，保管する場所がないのだ」と，クリック研究所の研究者で，博物館と連携して研究用のサンプルを利用しているトム＝ブースは言う。彼が付け加えるには，資金面の問題から考古学専門の学芸員が不足していることも，この問題に拍車をかけている。「博物館に考古学の学芸員がいない場合，彼らは［発見されたものを］きちんと管理できないと考えるため，あまり引き受けたがらないかもしれない」と彼は述べている。博物館考古学者協会によれば，考古学を専門とする学芸員がいるのは現在イギリスの博物館の半数以下である。

⑤ ヒストリック・イングランドとイングランド芸術評議会によれば，英国の考古学請負業者による発掘の少なくとも4分の1で見つかった出土品は，博物館に収蔵されることなく終わっている。つまり，請負業者は，収蔵品の保管という話になると，自分たちだけで責任を負わなければならないことになるが，中には地域の人が品々を見られるよう努力する業者もいるものの，発見物を一般に公開するほど十分な設備を持っていないのである。

⑥「私たちの事務所には小さな案内所があり，一般の人が資料の一部を見に来ることができます」と，請負業務も行いながら，ローマ円形競技場がある場所を発見した慈善団体であるコルチェスター・アーケオロジー・トラストのビクトリア＝サンズは言う。「でも，言うまでもありませんが，博物館ではないので，常設展示のようなことはしておりません」

7　ヒストリック・イングランドは，イングランド芸術評議会とナショナル・トラストとともに，今後100年間の保管問題を解決することができるとするナショナル・アーカイブの創設について，政府に助言するための協議を開始している。政府がその解決策に資金を提供するかどうかはまだわからない。ヒストリック・イングランドは，保管スペースがなくなれば，議会が開発業者に考古学的に興味深い場所の発掘を強制できなくなり，多くの歴史が永遠に失われてしまうことになるのではないかと懸念していると言う。

8　保管場所の問題に対するひとつの斬新な解決策は，発掘物を元の場所，つまり地下に戻すことである。ケンブリッジシャー郡議会は，チェシャーの塩鉱山の跡地にある地下倉庫会社，ディープストアに頼ることにした。ディープストアは，2万箱の歴史的遺物を保管することができる広大なスペースを提供し，必要に応じてそれらを取り出すことができる。ケンブリッジ大学が運営する「アフターペスト」と呼ばれるプロジェクトでは，ディープストアの所蔵品からケンブリッジの聖ヨハネ病院にある墓所に由来する遺骨を数百箱取り寄せている。このプロジェクトでは，伝染病が人間の進化にどのような影響を及ぼすかなど，ケンブリッジにおける黒死病の影響について最先端の技術を駆使して詳しく調べ，英国で初めてペストの直接的な考古学的証拠を発見した。「これは医学や遺伝学に利益をもたらすものです――遺産だけの問題ではないのです」とヒストリック・イングランドのスローン氏は言う。

9　保管所からの発見物は，一時的な展示会のために博物館に貸し出すこともできる。例えば，現在開催中の展示会では，古代サクソン人の王女と考えられる人物の埋葬地にある2つの墓から出土した品々がイーリー博物館で展示されている。この展示では，古代のブローチや，ネックレスのアメジストでできたビーズといったケンブリッジシャー郡議会が所蔵する出土品が使用されている。「このような資料を保管する意義は，その資料について物語を語り，一般公開し，自分たちの歴史を認識してもらうことにあります」とケンブリッジシャー郡議会のアーカイブ責任者のサリー＝クロフトは言う。「そしてそれを展示し，人々に見てもらうことで，初めてそれが可能になるのです」

解説

A. (W) 空所の直後の「博物館がより多くの保管場所を確保する」とカンマの後の「地中から出てくる資料の量は，すぐにその保管場所のスペースを上回る」をつなぐ適切な接続詞は4の unless「～しない限り」である。

(X) 空所の前後に文があることから接続詞を入れる。「4，5年ある」と「大きな問題を目の当たりにし始める」をつなぐ接続詞として適切なものは2の before「～する前」である。直訳は「実際に私たちが大きな問題を目の当たりにする前に，まだ4，5年残っている」。

(Y) 第4段第5文（He added that …）を踏まえると，空所を含む文の意味は，英国の博物館の学芸員が不足しているという意味になると推測できる。4の None を入れると英国の博物館には考古学専門の学芸員がまったくいなくなることになってしまうので誤り。よって正解は2の Fewer than half「半数以下」。

(Z) 空所の直前にある put ～ back は「～を元に戻す」という意味。よって，先行詞 place の意味を含む関係副詞である2の where が正解。put *A* back where ～「～の場所に *A* を戻す」という形で覚えてもよい。

B. (a) heritage は「遺産」という意味。よって1が正解。2は「教訓」，3は「資源」，4は「科学技術」という意味。

(b) commissioned は「委託した」という意味なので，3の「注文した」が最も近い。1は「主張した」，2は「連絡をとった」，4は「使った」という意味。

(c) funding は「資金，財源」という意味の名詞。よって2の「資本（金）」が最も近い。1は「基礎」，3は「経験」，4は「動機」という意味。

(d) ill-equipped は「十分な設備を持っていない」という意味なので，3の「準備ができていない」が最も近い。1は「気づいていない」，2は「不健全な，有害な」，4は「使われていない」という意味。

(e) permanent「永遠の，常設の」という意味なので，3の「永久の」が最も近い。1は「共同の」，2は「時々の」，4は「私的な」という意味。

(f) compel は「強制する」という意味なので，4が正解。1は「思いとどまらせる」，2は「見つける」，3は「禁じる」という意味。

(g) recall は「呼び戻す」という意味なので，3の「取り戻す」が最も近い。1は「思い出す」，2は「保持する」，4は「暴露する」という意味。

recall の主語である they は Cambridgeshire County Council を指している。as needed は「必要に応じて」という意味の熟語。

(h)　benefit は動詞で「利益を与える」という意味なので，2の「向上させる」が最も近い。1は「適応させる」，3は「紹介する，導入する」，4は「和らげる」という意味。

(i)　loaned out は「貸し出される」という意味なので，2が正解。1は「渡される，譲られる」，3は「報いられる」，4は「伝えられる」という意味。

C. (ア)　波線部は「考古学的資料が持つ可能性は本当に大きい」という意味。「可能性」を具体的に述べている1の「考古学的発見物により，人々が自分たちの歴史や文化について学ぶことができる」が正解。2は「発掘された考古学的発見物を保管する場所は，今後さらに多く発見されるだろう」，3は「考古学的遺物は，後の分類や保管のためにデジタル保存されつつある」，4は「考古学的遺物を管理することで，人々は富を得ることができる」という意味。

(イ)　波線部は「それらは一般市民の目に触れることはないままである」という意味。よって4の「それらは展示には利用できない」が正解。1は「それらは人が住む地域の近くに保管されない」，2は「それらは小さすぎて見えない」，3は「それらは高価すぎて展示できない」という意味。out of sight of ～ は「～から見えないところに」という意味の熟語。

(ウ)　波線部を直訳すると「請負業者はカバンを持ったまま残される」という意味。直前の文より，請負業者による発掘で見つかった出土品の一部は，博物館に収蔵されないことがわかるので，請負業者は窮地に立たされることが推測できる。したがって正解は2.「請負業者は困難な状況に自分で対処しなければならない」。1は「発掘品の輸送は，請負業者が責任を負い続けている」，3は「請負業者は通常，雇用主の指示を待たなければならない」，4は「請負業者は仕事が終わるとできるだけ早く工事現場を離れる」という意味。leave *A* holding the bag は「*A* に一人で責任を負わせる，*A* を見殺しにする」という意味。

D. ポイントは以下の通り。

①主語は It なので，空所(あ)には動詞 remains を入れる。

②〈remain to be＋過去分詞形〉で「(まだ～されないので) 残っている，

解決されないままである」という意味なので，空所(い)(う)(え)には to be seen を，空所(お)には whether を入れる。It remains to be seen whether ～を「～はまだわからない，～はこれからのことだ」という意味の熟語として捉えることもできる。

E. それぞれの選択肢の意味と正誤の根拠は以下の通り。

1.「考古学の請負業者は，遺物を処分したり，建設現場を片付けたりするために開発業者に雇われる」

第1段第4文（They are discovered …）より，考古学の請負業者は開発業者が建設用地を切り開く前に雇われるので，誤りである。

2.「考古学的観点から最も難しい問題のひとつは，出土品を保管するスペースが不足していることだ」

第2段第2・3文（But Historic England … to store it.）より，発掘し続けると，出土品を保管する場所が不足するという問題が起こることがわかるので，正解である。

3.「解決策を見つけるにはまだ十分な時間があるため，人々は保管問題については楽観的である」

第3段第1文（"The clock is …）より，保管問題が大きくなるまでに4，5年しかなく，また人々が楽観的であるとは書かれていないので，誤りである。

4.「考古学の請負業者の不足も，博物館が発掘された遺物の引き取りや保管に消極的な理由のひとつである」

第4段第6文（"If there's not …）より，博物館が発掘された遺物の引き取りや保管に消極的なのは，請負業者ではなく，考古学の学芸員の不足が理由なので，誤りである。

5.「考古学の請負業者は，費用と時間がかかるため，古代の遺物を地域の人が見られるようにすることに消極的である」

第5段第2文（That means contractors …）において，考古学の請負業者が古代の遺物を地域社会に提供することに消極的な理由は，費用と時間がかかるためではなく，十分な設備がないからなので，誤りである。

6.「今後，イギリスの建築開発において，考古学的遺物の強制発掘が行われなくなる可能性もある」

第7段第3文（Historic England say …）に，保管スペースが不足すれば，議会が開発業者に考古学的に興味深い場所の発掘を強制できなくなると述べられているので，正解である。

7.「発掘されたものを土に埋めてしまうのは，その処理方法がわからないからである」

第8段第1文（One novel solution …）に保管場所の問題に対するひとつの斬新な解決策は，発掘物を元の場所，つまり地下に戻すことだと書かれている。これは処理の仕方がわからないのではなく，保管場所として地下倉庫を利用するということなので誤りである。

8.「黒死病に関する医学的・考古学的な新しい発見をするために，ある研究プロジェクトが地下貯蔵庫を利用した」

第8段第3～最終文（A project called … of Historic England.）より，「アフターペスト」と呼ばれるプロジェクトが地下に保管されていた遺骨を利用して，黒死病に関する医学的・考古学的な発見をしたことがわかるので，正解である。

F. it is a shame that ～「～は残念だ」を基に，it would be a shame if ～という表現が表す意味を考える。it は形式主語で，if 以下を主語として日本語に訳す。文中に would，couldn't があることから，仮定法過去である。make sure（that）～は「確実に～する」という意味の熟語。

III　解答　**A.** (a)－4　(b)－3　(c)－9　(d)－1　(e)－6　(f)－5　(g)－10　(h)－8

B.〈解答例1〉You have to catch them with your chopsticks while they are flowing in front of you.

〈解答例2〉While they are flowing by you, you need to pick them up with your chopsticks.

全訳

《京都観光について話し合う友人同士の会話》

（アニーとエマは友達で，しばらく顔を合わせていなかった。そのためアニーは京都に1週間滞在して，エマに久しぶりに会うことにした。2人はアニーの観光プランについて話し合っている。）

エマ：こんにちは，アニー，会えてとてもうれしいわ。

アニー：私もよ。

エマ：どれくらいぶりかしら？
アニー：思い出せないくらい。
エマ：最低でも５年くらいかしら？
アニー：大体そうね。それくらいだわ。
エマ：それならなおさら，京都での滞在時間を有意義に過ごすべきだよね。時間を見つけて私を訪ねてきてくれて，とてもうれしいわ。どのくらい滞在するつもりなの？
アニー：６日間よ。19日に母の診察があるので，それまでに韓国に戻りたいの。母に付き添うと約束したの。
エマ：そうなのね！　何もなければいいけど。
アニー：心配することはなくて，ただの定期検診なんだけど，母はお医者さんに言われたことを全部覚えられないことですごく不安になるみたいで，メモを取る人がいてほしいのよ。それに私たちは一緒にショッピングをしたり，ソウルにたくさんあるかわいくておしゃれなカフェの１つに行ったりして，いつもその日を楽しい一日に変えているの。
エマ：そういえば，滞在中の予定は？　私のお気に入りのカフェや観光スポットに連れて行ってあげたいわ。
アニー：実は滞在中に何をしたいのか，何を見たいのか，あまり調べていなかったんだけど，清水寺と金閣寺の写真は見たわ。とてもきれいだったので，行ってみようかと考えていたの。
エマ：それはいいアイデアね。行き方は私が教えられるわ。私が仕事に行っている間に行けるし，週末には私のお気に入りの観光スポットを紹介できるわ。ハイキングは好きかしら？
アニー：場合によるわね。あまりきついとか長いとかでなければ，結構楽しめると思うわ。
エマ：私が考えているハイキングは，それほどきつくないわ。ちょっと険しいところもあるけど，２時間もかからないわよ。その後は川の上のお食事処に入って涼むの。ハイキングの後で本当にリフレッシュできるわよ。
アニー：川の上？　どういう仕組みなの？
エマ：夏の暑い時期には，川の上に畳を敷くのよ。畳の下を水が流れるので，涼しいだけじゃなく，ランチを食べながら眺めるのもとてもすてきよ。食事も本当に特別なの。

アニー：どんなふうに？

エマ：あるお食事処では，竹の筒を伝って流れてくる麺が食べられるの。麺が流れ過ぎる間に，お箸でつかまえないといけないのよ。

アニー：流れてくる麺なんて聞いたことないわ。

エマ：楽しいわよ，絶対。それに素早さも必要よ。逃したら，戻ってこないからね。

アニー：おいしいの？　麺だけではちょっと味気ない気がするけど。

エマ：簡単な料理だけど，驚くほどおいしいわ。つゆもついてくるから，思っているよりずっとおいしいわよ。

アニー：おいしくなかったとしても，試してみたいわ。それだけでも，かなりおもしろい体験になりそうね。

エマ：そうね！　それだけの価値はきっとあると思うわ。

アニー：待ちきれないわ！　考えただけでお腹が空いてきたわ。

エマ：もしお腹が空いてるなら，お勧めの夕食がいくつかあるから，あなたが選んでね。

アニー：いえいえ。あなたがおいしいものを選んでくれると信じてるわ。

エマ：地元のおいしい特産品がある，趣のある小さなレストランはどう？特にここの豆腐は食べてみる価値があるわよ。

アニー：いいわね。案内して！

エマ：わかったわ。行きましょう。

解説

A. (a)　直前のエマの発言「最低でも5年くらいかしら」を受けて，空所の直前でアニーが「大体そうね」と言っており，この発言を補足している4.「それくらいだわ」を空所に入れると文意が通る。

(b)　空所の直前でアニーが「19日に母の診察があるので，それまでに韓国に戻りたい」と言っていることから，母に関する発言が続くと考えることができるので，3.「母に付き添うと約束したの」が正解となる。

(c)　空所の直後でエマが「私のお気に入りのカフェや観光スポットに連れて行ってあげたい」と言っているので，アニーに滞在中の計画を尋ねたと考えて，9.「そういえば，滞在中の予定は？」を入れると文意が通る。speaking of which は「そういえば」という意味の口語表現。

(d) 空所の直前でアニーが「清水寺と金閣寺の写真は見た」と言っているので，次に取る行動を表す1．「とてもきれいだったので，行ってみようかと考えていたの」が正解である。

(e) ハイキングの好き嫌いについて尋ねられたアニーが，空所の直後で「あまりきついとか長いとかでなければ，結構楽しめると思うわ」という条件付きの回答をしていることから，6．「場合によるわね」が正解となる。

(f) 空所の直後でエマが「逃したら，戻ってこないからね」というアドバイスを伝えていることから，5．「それに素早さも必要よ」が正解となる。

(g) 空所の直前でアニーが「おいしくなかったとしても，(流れてくる麺を) 食べてみたいわ」と言っていることから，おいしいかどうかではなく，流れてくる麺を経験してみたいと考えていることがわかるので，正解は10.「それだけでも，かなりおもしろい体験になりそうね」が正解となる。in and of itself は「それ自体で」という意味の熟語。in itself とほぼ同じ意味である。

(h) 直前のエマの発言で「お勧めの夕食がいくつかあるから，あなたが選んでね」と言われたことに対して，アニーは「いえいえ」と断っているので，これに続く発言として適切なのは8．「あなたがおいしいものを選んでくれると信じてるわ」である。

B.「つかまえる」には catch のほかに，「拾い上げる」と考えて pick up などを用いる。目的語は直前の文の noodles なので them で置き換えればよい。「お箸で」は手段を表す前置詞 with を用いて表す。「麺が流れ過ぎる間に」は「麺があなたの前を流れている間に」と考え，接続詞 while，動詞 flow，前置詞句 in front of を用いて書く。あるいは「あなたのそばを通り過ぎる」と考えて flow by you なども使うことができる。

講評

2024 年度も 2023 年度と同様に，長文読解問題が2題，会話文問題が1題の構成で，試験時間 100 分，下線部和訳と和文英訳以外はすべて選択式であった。ⅠとⅡは英文が長く，問題量も多いので，解答するにはかなり時間がかかる。正確さに加え，日ごろから色々な英文を読み，問題を制限時間内で解けるように，即断即決する習慣を身につける必要がある。

Iは，水がもたらす癒し効果について書かれた英文である。水がある身近な場所に行ったり，ウォーターアクティビティを行ったり，映画や絵画の中で水に触れるといった具体例を用いて説明されているため，全体としてわかりやすい英文となっていた。難度の高い表現や語句もあまりなく，具体例を手掛かりに，水の癒し効果がどのようなものかをつかみながら読み進めたい。設問に関して，2024年度は段落に見出しを付す問題が出題されたが，当該段落を丁寧に読み，趣旨をつかめばそこまで難しいものではなかった。

Ⅱは，英国における発掘品の保管場所不足の問題について論じた英文であった。語彙面などを考えると，Iより難易度が高かったのではないだろうか。出土品を保管するスペースがなくなり発掘が中止されると，自分たちの歴史を知る機会が奪われるだけでなく，医学や遺伝学などさまざまな分野の発展の妨げになるという論旨を見失わないように読み進めたい。IとⅡに共通して出題される内容真偽問題については，本文中の該当箇所を素早く見つけ，言い換え表現などに注意しながら解答していきたい。

Ⅲは，韓国に住むアニーと久しぶりに会うエマとの会話で，アニーの京都での観光プランについて話している。聞き慣れないイディオムや会話表現はほとんど使われておらず，また空所補充問題は標準的でぜひ満点を目指してほしいところである。和文英訳問題も難しい表現を問われているわけではない。「～している間に…しなければならない」という大きな構造をつかんで，接続詞 while を使い，簡単な英語で表現すれば，満点を取れる可能性は十分ある。

読解問題の英文は例年，さまざまな学問分野の入門書やニュースサイトの記事からの出題で，具体的なテーマを扱ったものである。ただ，原文がほぼそのまま用いられているために注が多く，注を参照しながら読むのがやや大変かもしれない。

形式・分量・難易度を考慮すると，100分という試験時間ではやや足りないと思われる。過去問演習をする中で，例えばIは35分，Ⅱは35分，Ⅲは25分，見直し5分といった時間配分を決めて解いていく必要があり，同時に正確かつ迅速に読み解けるように語彙力・文構造解析力・内容理解力をバランスよく磨いていこう。

日本史

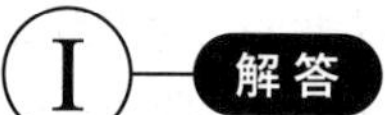

【設問A】 **a**．田堵　**b**．宮座　**c**．百姓申状
d．強訴　**e**．逃散　**f**．草戸千軒町遺跡
g．楽市・楽座（楽市令）　**h**．会合衆　**i**．耶蘇会士日本通信
j．博多　**k**．年行司　**l**．祇園祭

【設問B】 **ア**－3　**イ**－3　**ウ**－3　**エ**－3　**オ**－2　**カ**－2　**キ**－4
ク－3　**ケ**－4　**コ**－4　**サ**－1　**シ**－3

解説

《中世の社会・経済》

【設問A】 **a**．平安時代に荘園・公領の耕作と納税を請け負った有力農民は田堵と呼ばれた。

b．リード文に「神社の氏子組織」と説明され，「祭祀，豊作祈願，各種年中行事などをおこなった」とあるので，惣村の祭祀組織である宮座を答えよう。

c．難問。百姓申状は，農民たちが年貢減免などを領主に嘆願する愁訴を行った文書。その文書中の文言から愁状（うれいじょう）とも呼ばれるが，ここでは「漢字4字」の条件があるので，百姓申状のみが正解となる。

d・e．惣の要求を威圧的な共同行動によって通そうとする行為を強訴と呼び，要求が受け入れられないときに耕作放棄や他領への退去などで応じることを逃散という。

f．草戸千軒町は，江戸時代に芦田川の氾濫によって土砂に埋もれ，1961年に発掘調査された遺跡で，現在の広島県福山市に位置し，常福寺の門前町，港町，市場町など多様な側面をもつ町であったことが出土品から知られる。

g．楽市・楽座（楽市令）は，市における特権的な販売座席を撤廃し，より自由な取引の拡大・円滑化をはかって実施された政策で，戦国大名や織田信長によって城下町を対象に実施された。

h．堺では交易や貸倉庫業で富裕化した上層の町衆から36人の会合衆が選ばれ，町の自治を主導した。

i．やや難。イエズス会の宣教師がポルトガルに書き送った報告・書簡をまとめたものを『耶蘇会士日本通信』と呼んでいる。

j．博多は，日明貿易で大内氏と結んで栄えた港町で，かつて元寇に備えて石塁（防塁・石築地）が築かれたのも博多湾沿岸である。

k．博多では，豪商12人から成る年行司の合議で，自治が行われた。

l．京都の町は，応仁・文明の乱で戦場となって荒廃したが，その後，町衆たちによって復興が進み，祇園祭も再興された。

【設問B】ア．負名は国衙に対して官物・臨時雑役などの税を請け負ったが，このうち律令時代の租や公出挙の利稲の系譜を引くものを3．官物といった。

イ．荘園・国衙領において，「地頭・下司・郷司・公文」などの荘に対して，その下の百姓たちは，平民，3．凡下などと呼ばれた。1の所従や2の下人はより隷属性が強い労働に従事した人々であり，4．侍は貴族などの身辺警護にあたった武士階層なので地位は高い。

ウ．刈敷は，「刈った草を田畠に持ち込み」，それを腐熟させて肥料としたもの。1．草木灰は草木を焼いてできた灰を肥料としたものなので，区別しておこう。2．干鰯や4の〆粕は江戸時代に普及した金肥である。

エ．領主におさめる年貢を，惣村が一括して請け負うことを3．地下請，または村請，百姓請などという。守護請による守護の荘園への介入をきらった荘園領主が，惣村の自治容認とひきかえに認めた税請負のしくみで，室町時代に次第に広がった。

オ．百姓たちが指導者として選出したのはおとな（乙名・長）・沙汰人・番頭・年寄などと呼ばれた有力層農民である。

カ．播磨の土一揆（1429年）は，前年に起きた正長の土一揆をうけ，播磨国で守護赤松氏の勢力の国外追放を求め起きた一揆。土一揆は一般に徳政を要求したが，この土一揆は赤松氏に従う侍たちの退去という政治的要求があったことに特徴がある。

キ．4が不適切。十三湊は港町だが，鹿児島は島津氏の城下町，金沢・貝塚はともに寺内町。

ク．3．富田林（河内）は寺内町である。他の選択肢1．坂本は延暦寺，2．宇治・山田は伊勢神宮，4．長野は善光寺の門前町である。

ケ．4．平野（摂津）は自治的性格をもつ商業都市で，南蛮貿易や朱印船貿易で栄えた。朱印船貿易の豪商の末吉孫左衛門や，江戸時代の郷学含翠堂で知られる。

コ． 宣教師ガスパル＝ヴィレラは，イエズス会への書簡で，堺の町を「ベニス市のごとく執政官に依りて治めらる」と紹介している。

サ． 当時ヨーロッパにも紹介されていた鉱山は石見銀山（石見大森銀山）で，16 世紀後半から 17 世紀初頭が銀産出の最盛期であった。その契機は中国から灰吹法の精錬技術が導入されたことによる。日本の銀を求め多くの南蛮人が来航した。

シ． 正解は 3 の惣町。京都では，通りを挟んだ両側の家々からなる両側町を単位に自治的な町が形成され，いくつかの町が集まって町組がつくられ，月行事によって運営された。さらに複数の町組が集まって，上京，下京など巨大なまとまりをもった都市の連合組織が形成されたが，これらを惣町と呼んでいる。

Ⅱ　解答

【設問ａ】 講　**【設問ｂ】** 寺院法度　**【設問ｃ】** 蓮如
【設問ｄ】 寺社奉行　**【設問ｅ】** 有明　**【設問ｆ】** 義民
【設問ｇ】 傘連判　**【設問ｈ】** 金光教　**【設問ｉ】** 開帳
【設問ア】 2　**【設問イ】** 1　**【設問ウ】** 1　**【設問エ】** 4　**【設問オ】** 1
【設問カ】 3　**【設問キ】** 2　**【設問ク】** 4　**【設問ケ】** 1

解説

《江戸時代の仏教と民衆》

【設問ａ】・【設問ｃ】 講は，本願寺第 8 世の蓮如によって各地に設けられた浄土真宗の信者組織。蓮如はさらに阿弥陀仏の信仰を平易な手紙である「御文章（御文）」で説き，教えを広めていった。

【設問ｂ】 いくつかの末寺とその上位にある本山という関係は中世以来各宗で形成されつつあったが，江戸幕府は仏教勢力を統制下に置くため寺院法度を定め，本山の地位を保障して末寺を組織させ，本末制度を制度化した。

【設問ｄ】 江戸時代に宗教が関係する争いや紛争については，寺社奉行が対応した。寺社奉行は三奉行のなかでも最上位にあり，譜代大名から選任され，寺社や寺社領の管理，宗教統制にあたった。

【設問ｅ】 熊本藩，柳川藩（現・福岡県），佐賀藩の 3 藩に囲まれた海で，水深が浅く干拓が盛ん，という点より，九州の有明海であるとわかる。

【設問ｆ】　百姓一揆の指導者とされ処刑された人物は，義民と呼ばれて伝承された。

【設問ｇ】　多人数による署名のさいに，首謀者を隠したり一致団結を示すために円形になるよう放射状に署名をした誓約は傘（からかさ）連判と呼ばれる。

【設問ｈ】　岡山の川手文治郎（赤沢文治）が創始し，教派神道13派の1つとなった教えが金光教である。

【設問ｉ】　寺の秘仏を，特定の日時・期間に扉を開いて公開することを開帳（御開帳）と呼ぶ。開帳に集まる人々は多く，さらに人気が出ると，他所へと出張する出（で）開帳も行われた。

【設問ア】　山片蟠桃は，大坂の懐徳堂に学び，主著『夢の代』により神も鬼（霊魂）も存在しない無鬼論・唯物論を説いた。

【設問イ】　宇田川玄随は，オランダ医学を学び，内科書を翻訳して『西説内科撰要』を著した。その養子が宇田川玄真，さらにその養子が化学書『舎密開宗（せいみかいそう）』の著者である2．宇田川榕庵となる。彼ら宇田川氏は津山藩（岡山県北部）の蘭方医として活躍した。

【設問ウ】　1828年のいわゆるシーボルト事件において，シーボルトに国禁の日本地図を渡したとして処罰された人物が幕府の天文方である1．高橋景保で，彼はこの後入牢し獄死した。景保の父は2の高橋至時で，天文方として活躍し寛政暦を完成させた。

【設問エ】　1837年のモリソン号撃退事件にさいし，翌年高野長英は4．『戊戌夢物語』を著し幕府の攘夷政策を批判したが，1839年に蛮社の獄で逮捕され処罰された。同じく1の『慎機論』を著した渡辺崋山も蛮社の獄で処罰されている。

【設問オ】　設問文の「日の出を待つ集会」をヒントに，1．日待（ひまち）を選ぼう。日待とは近隣の人々が集まって神仏を拝み，ともに夜を明かす地域の行事である。

【設問カ】　江戸時代には寺社参詣が盛んになるが，海上交通の要衝である瀬戸内海を見下ろす高台に位置し，「海上の守護神」として信仰を集め，「讃岐の宮」に鎮座する「大権現」などと語られているので，3の「金毘羅」，つまり讃岐金刀比羅宮を選ぼう。

【設問キ】　「遠方への寺社参詣」で人々が参拝した寺院のひとつで，小林一茶の俳句から，一茶の出身地である本信濃（長野）の善光寺を想起したい。

【設問ク】 伊勢神宮は20年に一度遷宮（神体を移すこと）を行うが，その翌年を御蔭年といい，神の恩恵が大きいとされ，伊勢への参宮が盛んとなった。歴史的には約60年に一度爆発的な参詣があった。これを4．御陰参りという。

【設問ケ】 江戸時代には，寺社参詣とともに，聖地や霊場への巡礼も盛んとなった。近畿地方では観音菩薩の霊場をめぐる1．三十三カ所観音の巡礼が盛んであった。四国では弘法大師ゆかりの霊場をめぐる4．八十八カ所巡礼が有名である。

Ⅲ 解答 **【設問ア】** 3 **【設問イ】** 尾崎行雄
【設問ウ】 文官任用 **【設問エ】** 4 **【設問オ】** 3
【設問カ】 原敬 **【設問キ】** 高橋是清 **【設問ク】** 2 **【設問ケ】** 国体
【設問コ】 日ソ基本条約 **【設問サ】** 1 **【設問シ】** 4 **【設問ス】** 4
【設問セ】 天皇機関 **【設問ソ】** 安部磯雄 **【設問タ】** 1 **【設問チ】** 2
【設問ツ】 芦田均

解説

《大正～昭和前期の政治史》

【設問ア】 第2次西園寺公望内閣の陸軍大臣であった上原勇作は，陸軍2個師団増設を内閣に求めたが，財政上困難とする西園寺首相の反対にあったため，単独で天皇に辞表を提出し辞任，内閣は後任を得られず総辞職した。

【設問イ】 尾崎行雄は，第1次護憲運動で犬養毅とともに桂内閣を糾弾する運動を主導し，「憲政の神様」と呼ばれ，衆議院の正面玄関には胸像が置かれている。

【設問ウ】 1893年に成立した文官任用令は，文官（軍人以外の役人）の任用資格について規定した法令である。1899年の第2次山県有朋内閣時に政党の影響力を排除すべく改正され，政党の力で次官など高級官僚になることができなくした。しかし大正政変後成立した第1次山本権兵衛内閣時に再改正され，政党員も高級官僚になれる道が開かれた。

【設問エ】 4の伊藤博文は元老ではあったが1909年にハルビンで暗殺さ

れており，1914年の時点では生存していない。

【設問オ】 3が正文。2．誤文。21カ条の要求を出したのは，寺内正毅内閣ではなく，第2次大隈重信内閣である。4．誤文。ワシントン会議の場を借りて，日中間で山東権益を中国に返還する条約が結ばれた。

【設問カ】 空欄カには，米騒動で寺内正毅内閣が総辞職したあと衆議院第一党の立憲政友会を率いて組閣した原敬が入る。この組閣により陸・海・外相をのぞく全ての閣僚が政友会員である初の本格的政党内閣が発足することとなった。

【設問キ】 高橋是清は，1921年に原敬首相が東京駅で暗殺されたため，首相に就任したが，短命に終わった。高橋はその後も蔵相を歴任し，金融恐慌対策や金本位制離脱，積極財政政策などで活躍した。

【設問ク】 1925年の普通選挙法（男子普通選挙法）では，25歳以上の男性に選挙権，30歳以上の男性に被選挙権が付与された。よって2が正解となる。20歳以上の男女に選挙権・被選挙権が与えられたのは1945年のことである。

【設問ケ】 治安維持法で禁止された項目には「（　ケ　）ヲ変革」することがあった。空欄ケには「国体」が入る。国体とは天皇を頂点とする当時の政治支配体制，いわゆる天皇制で，これを否定する共産主義や無政府主義は取り締まりの対象になった。

【設問コ】 日本とソ連の間の国交が樹立されたのは，1925年に結ばれた日ソ基本条約による。同条約の議定書により，シベリア出兵後，北樺太を占領していた日本軍の撤退も約された。

【設問サ】 1．友愛会は，1912年発足の労働団体で，年代も無産政党にも該当しない。

【設問シ】 正解は4の二・二六事件（1936年）。1．血盟団事件は1932年，2．十月事件と3．三月事件は1931年に起きた事件。

【設問ス】 斎藤実内閣（1932～34年）は満州事変勃発後の日満，日中間など対外交渉に関与したが，4の東亜新秩序声明は第1次近衛文麿内閣時の1938年11月に発せられたものである。

【設問セ】 憲法学者である美濃部達吉の学説は天皇機関説で，大正デモクラシーの指導理念の1つでもあったが，右翼の批判にさらされた岡田啓介内閣は，これを否認する国体明徴声明を出した。

【設問ソ】 安部磯雄は同志社に学び，同志社や東京専門学校（後の早稲田大学）で教鞭をとり，学生野球の振興にも貢献した。戦前の無産政党である社会民衆党や後身の社会大衆党の党首としても活躍した。

【設問タ】 1．労働組合期成会は1897年に設置された労働組合結成を促す運動団体なので，新体制運動とは関係せず，正解となる。新体制運動をうけて4の大政翼賛会が設置され，その傘下の下部組織として2の町内会，末端組織として3の隣組が設けられていた。

【設問チ】 全て1940年の事件の年代整序を求める問題でやや難。時系列を整理して理解していることが求められる。まず，ドイツ軍によりパリが陥落して（6月）フランスがドイツに降伏すると，日本ではドイツとの軍事同盟に消極的であった米内光政内閣が総辞職して（7月），新体制運動を推進する第2次近衛文麿内閣が発足し（7月），日独伊三国同盟が締結された（9月）。よって正解は2となる。

【設問ツ】 正解は芦田均で，京都府北部（現在の福知山市）の出身。「民主党・社会党・国民協同党」の三党連立内閣と，戦後初の総選挙での当選後，すぐではなく1948年に総理となった点をヒントに，総選挙に三党連立で組閣した日本社会党の片山哲と区別したい。

講評

Ⅰ 中世の社会・経済に関して⑴平安～鎌倉時代の農民，⑵惣村と百姓，⑶都市の発展と町衆の3テーマの構成で出題されている。設問Aのcは漢字4字の指定でも「百姓申状」を答えるのは難しく，設問Bのシの3．「惣町」も難問である。ほかオやキなど複数項目の適当な組み合わせを選ぶ問題も判断に迷うだろう。一部で難問はあるが，全体的には教科書標準の答えやすい問題なので，その部分でミスのない解答を心がけたい。

Ⅱ 近世の仏教と民衆に関して，長いリード文を用いて出題されている。全体に教科書記述に沿った標準的な問いである。設問eは九州諸藩の陸地に囲まれた内海が問われるので，地理的知識で解けるだろう。

Ⅲ 大正～昭和前期の政治史に関して⑴大正政変から原内閣の成立，⑵第一次世界大戦後から犬養内閣，⑶斎藤内閣から戦後政党政治の復活までの３時代構成で問う。全体に教科書の記述に沿った問いが多く，解答にさほど困難はともなわないだろうが，設問オの第一次世界大戦への参戦に関する選択問題はやや難問で，設問チの 1940 年に起きた４つの出来事の前後関係を問う選択問題も，短期間の出来事を並べた選択肢であるため判断に迷うだろう。

世界史

設問1. 3　**設問2.** 冒頓単于　**設問3.** 張騫
設問4. 2　**設問5.** 1　**設問6.** 五胡十六国時代
設問7. 鳩摩羅什　**設問8.** 3　**設問9.** 2　**設問10.** 洛陽
設問11. 柔然　**設問12.** ソンツェン＝ガンポ　**設問13.** 1　**設問14.** 1
設問15. クリルタイ　**設問16.** 4　**設問17.** 2　**設問18.** 5

解説

《紀元前3～後13世紀の内陸アジア史》

設問1. (a)誤文。節度使は西域都護の誤り。節度使は唐代に設置された司令官。

(b)正文。

設問4. タラス河畔の戦いは751年。アッバース朝はその前年の750年にウマイヤ朝を滅ぼして成立している。

設問5. 下線部⑤の国はウイグルである。(a)・(b)正文。ウイグルはウイグル文字を持ちマニ教を受容したが，9世紀にキルギスに滅ぼされた。

設問8. (a)誤文。カラ＝ハン朝は中央アジア最初のトルコ系イスラーム王朝。

(b)正文。イリ条約により清は新疆領有を認められた。

設問9. 下線部⑨の拓跋氏が建てた国は北魏。

(a)正文。平城郊外に開削されたのが雲崗石窟，洛陽郊外に開削されたのが竜門石窟である。雲崗石窟の仏像にはガンダーラ・グプタ様式の影響がみられるのに対して，竜門石窟の仏像は中国的色彩が強い。

(b)誤文。太武帝は寇謙之の道教を国教化し，仏教を弾圧した。

設問10. 下線部⑩の皇帝は孝文帝である。孝文帝は都を平城から洛陽へ移した。

設問11. 北魏に対抗した柔然は，6世紀中頃，突厥に滅ぼされた。

設問12. ソンツェン＝ガンポはカシミール地方のインド文字を基に，チベット文字を制定した。

設問16. キプチャク＝ハン国の都はヴォルガ川下流のサライ（後にヴォル

ガ川上流に移った)。タブリーズはイル＝ハン国の都。

設問17. (a)正文。この時のキリスト教はネストリウス派であり，景教と呼ばれた。

(b)誤文。1245年にプラノ＝カルピニを派遣した教皇は，教皇権最盛期のインノケンティウス4世。南フランスのアヴィニョンに教皇庁が置かれていた（教皇のバビロン捕囚）のは1309〜77年である。

設問18. 1〜6の人物は以下の通りである。1．東匈奴の呼韓邪単于に嫁いだ王昭君。その生涯は元曲『漢宮秋』で作品化された。2．楊貴妃。「唐の帝」は玄宗を指す。3．鳩摩羅什。4．文成帝に嫁いだ馮太后。文成帝の後を継いだ献文帝を退位させ，孝文帝を即位させた。5．ソンツェン＝ガンポの王妃である文成公主。6．ハイドゥ。

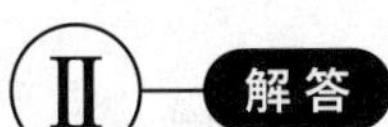

設問1． **a**—38　**b**—32　**c**—28　**d**—40　**e**—20　**f**—8　**g**—19　**h**—39　**i**—6　**j**—37　**k**—15　**l**—11　**m**—1

設問2． (A)—4　(B)—3　(C)—1　**設問3．** (X)—2　(Y)—3　(Z)—3

設問4． (ア)ムラート　(イ)ブルボン朝　(ウ)モンロー　(エ)モノカルチャー

解説

《19〜20世紀初頭のラテンアメリカ史》

設問1． **a．** サン＝ドマングはイスパニョーラ島西部の呼称。もとスペインの植民地であったが，1697年にフランス領となった。

b． ハイチ独立運動の指導者はトゥサン＝ルヴェルチュール。

c． スペインの画家ゴヤの「1808年5月3日」は，ナポレオン1世のスペイン侵略に抗議して描かれた作品である。

f． やや難。エクアドルは1830年に，ベネズエラとともに大コロンビアから分離独立した。

h． フロリダは1763年のパリ条約でスペインからイギリスに譲渡されたが，アメリカ独立戦争後の1783年，再びスペイン領となっている。モンロー大統領時代に，アメリカ合衆国が500万ドルで購入した。

k． キューバが独立を達成したのは，アメリカ＝スペイン戦争後の1902年。しかし，プラット条項を認めたため，事実上アメリカの保護国となった。

m. やや難。アシエンダ制は17世紀以降にエンコミエンダ制にかわって普及した大農園経営の形態。大土地所有者がインディオを債務奴隷として労働力とした。

設問2. **(A)** オーストリアは北イタリアのロンバルディア・ヴェネツィアを獲得した。

(B) 1453年にビザンツ帝国が滅亡し，バルカン半島はオスマン帝国の支配下に入った。

設問3. **(X)** (a)正文。

(b)誤文。レキシントンの戦いはヨークタウンの戦いの誤り。レキシントンの戦いはアメリカ独立戦争が始まる契機となった。

(Y) (a)誤文。インカ帝国では青銅・金・銀製の器具が製作されたが，鉄器の使用はみられない。

(b)正文。

(Z) (a)誤文。1910年のメキシコ革命で倒されたのはディアス独裁政権。フアレスはナポレオン3世のメキシコ出兵と戦い，メキシコの近代化・民主化につくした大統領。

(b)正文。

設問4. **(エ)** モノカルチャーの例として，ポルトガルのブラジルにおけるコーヒー，イギリスのインドにおける綿花やアヘン，またマレー半島におけるスズとゴムなどが挙げられる。

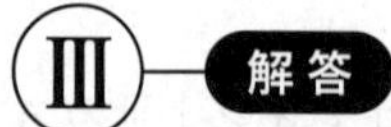

設問1. **a**−33　**b**−10　**c**−34　**d**−28　**e**−27　**f**−39　**g**−35　**h**−12　**i**−13　**j**−30

設問2. **ア.** スターリン　**イ.** プロレタリア文化大革命（文化大革命）　**ウ.** アフガニスタン　**エ.** 連帯

設問3. **(1)**−3　**(2)**−2　**(3)**−1　**(4)**−2　**(5)**−2　**設問4.** 4

解説

《東西冷戦と東欧の民主化》

設問1. **a.** マーシャル＝プランはヨーロッパ経済復興援助計画のこと。マーシャルは当時の国務長官である。

b. サンフランシスコ会議は連合国側50カ国によって開催された。この50カ国にポーランドが加わって，国際連合の原加盟国は51カ国で発足した。

e． 部分的核実験禁止条約は大気圏内・圏外の空間および水中での実験を禁止したもので，地下実験は認められた。フランスと中国は米・英・ソによる核の占有を批判し，参加しなかった。

h． 新興工業経済地域は1980年代に急速な経済成長をとげた国や地域で，台湾の他に，韓国・香港・メキシコ・ブラジルなどが挙げられる。

j． ベルリンの壁の開放は1989年で，翌1990年にドイツが統一された。

設問2．ウ． 1979年，ソ連のブレジネフ政権がアフガニスタンに侵攻した。1989年にゴルバチョフ政権が撤退を敢行したが，ソ連の経済破綻という背景があった。

エ． 自主管理労働組合「連帯」は1980年にワレサを議長に結成されたが，翌年政府は戒厳令を施行し，「連帯」は非合法化された。1989年，再合法化された「連帯」が自由選挙で圧勝した。

設問3．(1)　(a)誤文。6カ国は8カ国の誤り。ソ連・ポーランド・東ドイツ・チェコスロヴァキア・ハンガリー・ルーマニア・ブルガリア・アルバニア（1968年に脱退）の8カ国である。

(b)正文。

(2)　(a)正文。

(b)誤文。ドイツ民主共和国（東ドイツ）はソ連の占領地域から発足した。米英仏の占領地域から発足したのはドイツ連邦共和国（西ドイツ）である。

(4)　(a)正文。

(b)誤文。1979年の米中国交正常化は，アメリカのカーター政権と中華人民共和国の華国鋒政権の間で実現した。

(5)　(a)正文。

(b)誤文。アデナウアー首相はブラント首相の誤り。

設問4． 1．誤り。1956年，ハンガリーに軍事介入したのはフルシチョフである。

2．誤り。1945年，ヤルタ会談を開催したのはスターリンである。

3．誤り。1921年から新経済政策（ネップ）を実施したのはレーニンである。

講評

Ⅰは紀元前３世紀の漢の時代から13世紀の元の時代までの，内陸アジアの歴史に関する問題。歴史上の６人の人物にそれぞれの時代を語らせるという形式がとられている。１の王昭君，４の馮太后，５の文成公主の特定は困難であるが，名前が問題になっているわけではない。他にもキーワードがあり，時代を特定するのは，それほど難しくはない。２つの短文の正誤を判定する問題にはやや難しいものも見られる。記述問題では漢字を正確に書けることが求められている。設問18の配列問題は標準的問題である。

Ⅱは19〜20世紀初頭のラテンアメリカ史に関する問題で，ハイチの独立に始まるラテンアメリカ諸国の独立運動を中心に問われている。設問１では，ｆのエクアドルとｍのアシエンダ制が難しいが，語群があるので何とかしたい。設問２と設問３は標準的問題。設問４では㈣のモノカルチャーが難しい。

Ⅲは東西冷戦と東欧の民主化を中心にした問題。設問１と設問２は標準的問題，設問３の２つの短文の正誤を判定する問題も文章の間違いを見つけやすく，設問４も易しい。ここは確実に得点しておきたい。

2024年度は2023年度と比べて解答個数は若干増加した。年代配列問題は２問から１問に減少したが，２つの短文の正誤を判定する問題が10問から14問に増加し，戦後史の大問も出題されており，全体的にやや難化した。全体的にかなりレベルの高い問題である。

政治・経済

I 解答 **【設問1】ア.** 地方自治の本旨　**イ.** 議会基本条例
ウ. ニセコ　**エ.** 広域連合　**オ.** 平成の大合併

【設問2】 A－15　B－7　C－2　D－21　E－11　F－23　G－16　H－25　I－27　J－17　K－31

【設問3】 都道府県公安委員会（公安委員会）

【設問4】 3　**【設問5】** 3

【設問6】 夕張市　**【設問7】** 三割自治（四割自治も可）

解説

《地方自治》

【設問1】イ. やや難。地方議会の運営をどのように行うのかを定めた条例を議会基本条例という。2006年に施行された北海道栗山町の「栗山町議会基本条例」が最初といわれている。

エ. 複数の都道府県・市町村・特別区にまたがる広域の行政事務を処理するために設立される地方公共団体の組合を広域連合という。地方自治法の改正によって，1995年から始まった。

【設問2】A・B. 日本国憲法第92条にある「地方自治の本旨」とは，各地方自治体が国から自立した自治を行う団体自治と，住民が地方自治体の自治を担う住民自治の理念からなるとされている。

C. イギリスの政治家ブライスは，民主主義の原理を学ぶなら地方自治がふさわしいと考え，「地方自治は民主主義の学校」と呼んだ。

E. 地方自治の場合，首長，議員いずれも住民の直接選挙によって選出されるので，二元代表制という。

F～H. 1999年に制定された地方分権一括法は，地方分権の妨げの要因となっていた機関委任事務を廃止し，新たに地方公共団体の事務として法定受託事務と自治事務に分類した。

I・J. 小泉純一郎内閣の三位一体の改革は，国からの補助金の削減，地方交付税の見直し，地方への税源移譲を同時に実施するというものだった。

【設問4】 直接民主制の代表的手続として，レファレンダム（住民投票），リコール（住民解職），イニシアティブ（住民発案）の３つがある。

【設問５】 平成の大合併以降，約3,200あった市町村は，1,718（2024年３月現在）に減少している。

【設問７】 地方分権化が進んだために，現在，地方公共団体が独自に徴収できる地方税の割合が３割だったのが４割に達している。したがって現在は四割自治と呼ぶことの方が多い。

Ⅱ 解答

【設問１】ア． コソボ **イ．** アフガニスタン

【設問２】 3

【設問３】ウ． アパルトヘイト **エ．** ネルソン＝マンデラ

オ． マララ＝ユスフザイ

【設問４】カ． グラスノスチ

A－19 **B**－8 **C**－3 **D**－14 **E**－11 **F**－1 **G**－9

【設問５】 5

【設問６】キ． 湾岸 **ク．** ユニラテラリズム（単独行動主義）

【設問７】H－14 **I**－10 **J**－12 **K**－16

解説

《国際政治の動向》

【設問１】イ． アメリカは，同時多発テロの首謀者であるウサマ＝ビン＝ラーディンをかくまっているとの理由でアフガニスタンを報復攻撃し，タリバーン政権を崩壊させた。

【設問２】 3．同時多発テロが象徴しているように，現在，テロは民間人や一般の人々などを標的として行われる場合が多い。

【設問３】ウ． 南アフリカ共和国が行っていた（有色）人種隔離政策をアパルトヘイトという。

エ． アパルトヘイトの廃止に尽力したネルソン＝マンデラは，1993年にノーベル平和賞を受賞し，1994年に南アフリカ共和国初の黒人大統領となった。

【設問５】 5．不適。「恐怖の均衡」とは，一般的には米ソ間の核兵器の均衡状態を指す。

【設問６】ク． ソビエト連邦の崩壊後，アメリカは政治・経済・地球環境問題などについて，他国と強調せずに，単独で国際問題を解決しようとし

た。こうした姿勢をユニラテラリズム（単独行動主義）という。

【設問7】 J. 1993年のオスロ合意は，エルサレム内のガザ地区とヨルダン川西岸をパレスチナ人居住区とするというものであった。

K. 難民を，迫害の恐れのある国に追放または送還してはならないという原則をノン＝ルフールマンの原則という。難民条約第33条で規定されている。

【設問1】 ア. 電子　**イ.** スマートグリッド
ウ. 肖像　**エ.** フィルタリング

【設問2】 A－6　**B**－16　**C**－21　**D**－14　**E**－1　**F**－9

【設問3】 G－3　**オ.** ユビキタス

【設問4】 a－2　**b**－1　**c**－2

【設問5】 H－3　**カ.** 表現

【設問6】 4

【設問7】 キ. 特許　**ク.** 特別　**I**－1

解説

《プライバシー権と忘れられる権利》

【設問1】 イ. 電力の送配電網に情報システムを統合し，高度で自律分散的な需給調整機能を持たせたものをスマートグリッドという。

ウ. 自分の顔や姿をむやみに撮影したり，公表されたりしない権利を肖像権という。

【設問2】 E. 他の企業や個人が，自らの製品やサービスを提供できる共有のインフラストラクチャを提供する企業をプラットフォーム企業という。

【設問4】 a. 誤文。マイナンバー制度は，納税や社会保障のほかに，身分証明書，証券口座開設，公的な証明書の取得などにも利用できる。

c. 誤文。マイナンバー制度が憲法に反するという判決を大阪高裁が出したという事実はない。

【設問6】 4．不適。2017年に最高裁判所は，逮捕歴がわかるツイートについて，プライバシーの保護の観点から削除を認めたが，忘れられる権利については言及していない。

講評

Ⅰ 日本の地方自治に関する文章をもとにして，様々な観点から地方自治に関する問題について出題されている。概ね標準的な問題であったが，【設問1】の議会基本条例を問う問題はやや難易度が高い。

Ⅱ 冷戦終結後の国際情勢として主にアメリカの単独行動主義に関して述べた文章をもとに，民族紛争などの地域紛争やテロ，またそれらに対する国際社会の対応などについて出題されている。各紛争について，比較的詳細な知識について問われていた。

Ⅲ 情報化社会の進展を背景に，新しい人権としてプライバシー権や忘れられる権利などをテーマとした文章をもとに，日本の情報化社会とそれに対する法整備などが出題されている。いずれも教科書に準拠した標準的な問題であった。

数学

I 解答

(1)ア. 5　イ. 0　ウ. $\frac{5}{2}x+\frac{5}{2}$

(2)エ. -3　オ. $-4x^3-3x^2+4x$

(3)カ. $\frac{\pi}{12}$　キ. $\frac{5}{24}\pi$

(4)ク. $\frac{am+d}{m}$　ケ. $\frac{d^2(m-1)}{m^2}$　コ. -1

解説

《剰余の定理と因数定理，定積分で表された関数，三角関数，データの分析》

(1)　$P(x)$ を $x-1$ で割ると 5 余るので，剰余の定理より

$P(1)=5$　→ア

また，$P(x)$ は $x+1$ を因数にもつので，因数定理より

$P(-1)=0$　→イ

このとき，$P(x)$ を x^2-1 で割った商を $Q(x)$，余りを $ax+b$ とおくと

$$
\begin{aligned}
P(x)&=(x^2-1)Q(x)+ax+b\\
&=(x+1)(x-1)Q(x)+ax+b
\end{aligned}
$$

と表すことができるので，$P(1)=5$ より

$a\cdot1+b=5$　　$a+b=5$　……①

また，$P(-1)=0$ より

$a(-1)+b=0$　　$-a+b=0$　……②

①，②より　　$a=b=\frac{5}{2}$

よって，求める余りは

$\frac{5}{2}x+\frac{5}{2}$　→ウ

(2)　　$3x^4+2x^3-2x^2+xf(x)=\int_1^x f(t)dt$　……①

①に $x=1$ を代入すると

$$3+2-2+f(1)=\int_1^1 f(t)dt$$

$$3+f(1)=0 \qquad f(1)=-3 \quad \to エ$$

また，$f(x)$ は 3 次の整式であるから，$f(x)=ax^3+bx^2+cx+d\ (a\neq 0)$ とおくと

$$3x^4+2x^3-2x^2+ax^4+bx^3+cx^2+dx=\int_1^x f(t)dt$$

$$(a+3)x^4+(b+2)x^3+(c-2)x^2+dx=\int_1^x f(t)dt$$

両辺を x で微分すると

$$\begin{aligned}4(a+3)x^3+3(b+2)x^2+2(c-2)x+d&=f(x)\\&=ax^3+bx^2+cx+d\end{aligned}$$

両辺の係数を比較して

$$4(a+3)=a \qquad \therefore \quad a=-4$$

$$3(b+2)=b \qquad \therefore \quad b=-3$$

$$2(c-2)=c \qquad \therefore \quad c=4$$

$f(x)=-4x^3-3x^2+4x+d$ で $f(1)=-3$ より

$$d=0$$

$$\therefore \quad f(x)=-4x^3-3x^2+4x \quad \to オ$$

(3) 積和の公式を用いると

$$\begin{aligned}y&=\cos\left(2x+\frac{5}{6}\pi\right)\cos\left(2x-\frac{2}{3}\pi\right)\\&=\frac{1}{2}\left[\cos\left\{\left(2x+\frac{5}{6}\pi\right)+\left(2x-\frac{2}{3}\pi\right)\right\}\right.\\&\qquad\left.+\cos\left\{\left(2x+\frac{5}{6}\pi\right)-\left(2x-\frac{2}{3}\pi\right)\right\}\right]\\&=\frac{1}{2}\left\{\cos\left(4x+\frac{\pi}{6}\right)+\cos\frac{3}{2}\pi\right\}\\&=\frac{1}{2}\cos\left(4x+\frac{\pi}{6}\right)\end{aligned}$$

ここで，$y=0$ のとき

$$\frac{1}{2}\cos\left(4x+\frac{\pi}{6}\right)=0$$

$$\cos\left(4x+\frac{\pi}{6}\right)=0 \quad \cdots\cdots ①$$

$0 \leqq x \leqq \frac{\pi}{4}$ より

$$0 \leqq 4x \leqq \pi$$

$$\frac{\pi}{6} \leqq 4x + \frac{\pi}{6} \leqq \frac{7}{6}\pi$$

であるから，①より

$$4x + \frac{\pi}{6} = \frac{\pi}{2} \qquad x = \frac{\pi}{12}$$

よって，$y=0$ をみたす x の値は　　$x = \frac{\pi}{12}$　→カ

また，$\frac{\pi}{6} \leqq 4x + \frac{\pi}{6} \leqq \frac{7}{6}\pi$ のとき

$$-1 \leqq \cos\left(4x + \frac{\pi}{6}\right) \leqq \frac{\sqrt{3}}{2}$$

$$-\frac{1}{2} \leqq \frac{1}{2}\cos\left(4x + \frac{\pi}{6}\right) \leqq \frac{\sqrt{3}}{4}$$

$$-\frac{1}{2} \leqq y \leqq \frac{\sqrt{3}}{4}$$

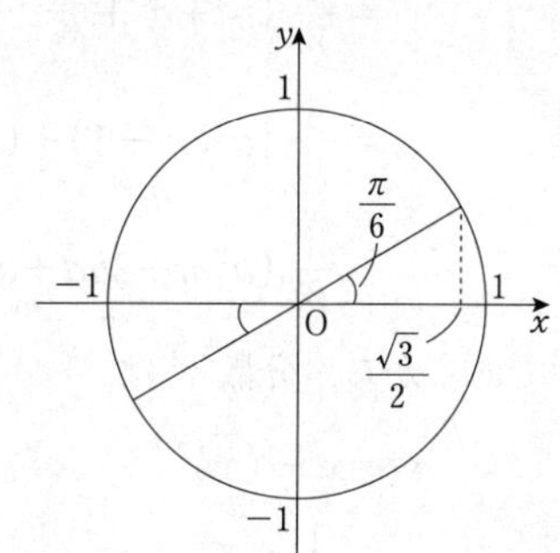

であるから，y が最小値 $-\frac{1}{2}$ をとるときの x の値は

$$4x + \frac{\pi}{6} = \pi$$

$$x = \frac{5}{24}\pi \quad →キ$$

(4)　変量 x の m 個の値 x_1，x_2，…，x_m について，条件より，$m \geqq 2$ のとき

$$x_i = \begin{cases} a & (i=1,\ 2,\ \cdots,\ m-1) \\ a+d & (i=m) \end{cases}$$

であるから

$$x_1 = a,\ x_2 = a,\ \cdots,\ x_{m-1} = a,\ x_m = a+d$$

となる。このとき，平均値 $\overline{x}$ は

$$\overline{x} = \frac{1}{m}(x_1 + x_2 + \ \cdots\ + x_{m-1} + x_m)$$

$$=\frac{1}{m}\{a+a+\ \cdots\ +a+(a+d)\}$$

$$=\frac{1}{m}\{a(m-1)+a+d\}$$

$$=\frac{1}{m}(am+d)\quad \toク$$

また，2乗平均 $\overline{x^2}$ は

$$\overline{x^2}=\frac{1}{m}({x_1}^2+{x_2}^2+\ \cdots\ +{x_{m-1}}^2+{x_m}^2)$$

$$=\frac{1}{m}\{a^2+a^2+\ \cdots\ +a^2+(a+d)^2\}$$

$$=\frac{1}{m}\{a^2(m-1)+(a+d)^2\}$$

$$=\frac{1}{m}(a^2m+2ad+d^2)$$

であるから，分散 s^2 は

$$s^2=\overline{x^2}-(\overline{x})^2$$

$$=\frac{1}{m}(a^2m+2ad+d^2)-\left\{\frac{1}{m}(am+d)\right\}^2$$

$$=\frac{1}{m^2}(a^2m^2+2adm+d^2m)-\frac{1}{m^2}(a^2m^2+2adm+d^2)$$

$$=\frac{d^2}{m^2}(m-1)\quad \toケ$$

であるから，$z_i=\dfrac{x_i-\overline{x}}{s}$ より

$$z_{m-1}=\frac{x_{m-1}-\overline{x}}{s}=\frac{a-\frac{1}{m}(am+d)}{s}=\frac{-\frac{d}{m}}{s}$$

$$z_m=\frac{x_m-\overline{x}}{s}=\frac{a+d-\frac{1}{m}(am+d)}{s}=\frac{\frac{d}{m}(m-1)}{s}$$

なので，求める値 $z_{m-1}z_m$ は

$$z_{m-1}z_m=\frac{-\frac{d^2}{m^2}(m-1)}{s^2}=-\frac{s^2}{s^2}=-1\quad \toコ$$

別解 **ケ.** 分散 s^2 は偏差の 2 乗の平均値であるから

$$s^2=\frac{1}{m}\{(x_1-\bar{x})^2+(x_2-\bar{x})^2+\ \cdots\ +(x_{m-1}-\bar{x})^2+(x_m-\bar{x})^2\}$$

$$=\frac{1}{m}\{(a-\bar{x})^2+(a-\bar{x})^2+\ \cdots\ +(a-\bar{x})^2+(a+d-\bar{x})^2\}$$

$$=\frac{1}{m}\{(a-\bar{x})^2(m-1)+(a+d-\bar{x})^2\}\quad\cdots\cdots①$$

ここで

$$a-\bar{x}=a-\frac{1}{m}(am+d)=-\frac{d}{m}$$

$$a+d-\bar{x}=a+d-\frac{1}{m}(am+d)=\frac{d(m-1)}{m}$$

であるから，①は

$$s^2=\frac{1}{m}\left[\left(-\frac{d}{m}\right)^2(m-1)+\left\{\frac{d(m-1)}{m}\right\}^2\right]$$

$$=\frac{1}{m}\left\{\frac{d^2}{m^2}(m-1)+\frac{d^2}{m^2}(m-1)^2\right\}$$

$$=\frac{1}{m}\cdot\frac{d^2}{m^2}(m-1)\{1+(m-1)\}=\frac{d^2}{m^2}(m-1)$$

Ⅱ 解答

O(0, 0, 0), A(3, 0, 0), B(0, 4, 0), C(0, 4, 3)

(1) 四面体 OABC の体積 V は

$$V=\frac{1}{3}\times(\triangle\text{OAB の面積})\times\text{BC}$$

$$=\frac{1}{3}\times\frac{1}{2}\cdot3\cdot4\times3=6\quad\cdots\cdots(\text{答})$$

2024年度 学部個別日程 数学

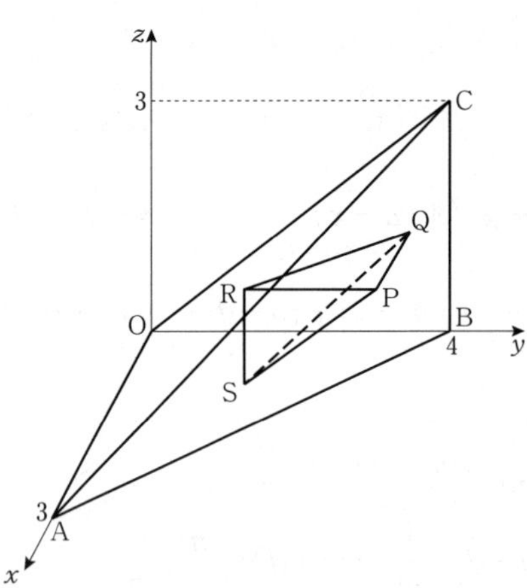

(2) 4 点 P, Q, R, S は, それぞれ, △ABC, △OBC, △OCA, △OAB の重心であるから

$$\overrightarrow{OP}=\left(\frac{3+0+0}{3},\ \frac{0+4+4}{3},\ \frac{0+0+3}{3}\right)=\left(1,\ \frac{8}{3},\ 1\right)$$

$$\overrightarrow{OQ}=\left(\frac{0+0+0}{3},\ \frac{0+4+4}{3},\ \frac{0+0+3}{3}\right)=\left(0,\ \frac{8}{3},\ 1\right)$$

$$\overrightarrow{OR}=\left(\frac{0+0+3}{3},\ \frac{0+4+0}{3},\ \frac{0+3+0}{3}\right)=\left(1,\ \frac{4}{3},\ 1\right)$$

$$\overrightarrow{OS}=\left(\frac{0+3+0}{3},\ \frac{0+0+4}{3},\ \frac{0+0+0}{3}\right)=\left(1,\ \frac{4}{3},\ 0\right)$$

となるので

$$\overrightarrow{PQ}=\overrightarrow{OQ}-\overrightarrow{OP}=\left(0,\ \frac{8}{3},\ 1\right)-\left(1,\ \frac{8}{3},\ 1\right)=(-1,\ 0,\ 0)$$

$$\overrightarrow{PR}=\overrightarrow{OR}-\overrightarrow{OP}=\left(1,\ \frac{4}{3},\ 1\right)-\left(1,\ \frac{8}{3},\ 1\right)=\left(0,\ -\frac{4}{3},\ 0\right)$$

であるから

$$|\overrightarrow{PQ}|=\sqrt{(-1)^2+0^2+0^2}=1,\ |\overrightarrow{PR}|=\sqrt{0^2+\left(-\frac{4}{3}\right)^2+0^2}=\frac{4}{3}$$

$$\overrightarrow{PQ}\cdot\overrightarrow{PR}=(-1,\ 0,\ 0)\cdot\left(0,\ -\frac{4}{3},\ 0\right)=-1\cdot 0+0\cdot\left(-\frac{4}{3}\right)+0\cdot 0=0$$

以上より

$$|\overrightarrow{PQ}|=1,\ |\overrightarrow{PR}|=\frac{4}{3},\ \overrightarrow{PQ}\cdot\overrightarrow{PR}=0 \quad \cdots\cdots(答)$$

次に，四面体 PQRS の体積を求める。

まず，$\overrightarrow{PQ}\cdot\overrightarrow{PR}=0$ より $\overrightarrow{PQ}\perp\overrightarrow{PR}$ であるから，△PQR の面積 S は

$$S=\frac{1}{2}|\overrightarrow{PQ}||\overrightarrow{PR}|=\frac{1}{2}\cdot 1\cdot\frac{4}{3}=\frac{2}{3}$$

また

$$\overrightarrow{RS}=\overrightarrow{OS}-\overrightarrow{OR}=\left(1,\ \frac{4}{3},\ 0\right)-\left(1,\ \frac{4}{3},\ 1\right)=(0,\ 0,\ -1)$$

であり

$$\overrightarrow{PQ}\cdot\overrightarrow{RS}=(-1,\ 0,\ 0)\cdot(0,\ 0,\ -1)$$
$$=-1\cdot 0+0\cdot 0+0\cdot(-1)=0$$
$$\overrightarrow{PR}\cdot\overrightarrow{RS}=\left(0,\ -\frac{4}{3},\ 0\right)\cdot(0,\ 0,\ -1)$$
$$=0\cdot 0+\left(-\frac{4}{3}\right)\cdot 0+0\cdot(-1)=0$$

であるから，$\overrightarrow{PQ}\perp\overrightarrow{RS}$ かつ $\overrightarrow{PR}\perp\overrightarrow{RS}$，すなわち（平面 PQR）$\perp\overrightarrow{RS}$ となるので，四面体 PQRS の体積は

$$\frac{1}{3}\cdot S\cdot|\overrightarrow{RS}|=\frac{1}{3}\cdot\frac{2}{3}\sqrt{0^2+0^2+(-1)^2}=\frac{2}{9}\quad\cdots\cdots(\text{答})$$

(3)　まず，四面体 OABC の内接球 I の半径を r とすると

（四面体 OABC の体積）

＝（四面体 I-OAB の体積）＋（四面体 I-OBC の体積）

＋（四面体 I-OCA の体積）＋（四面体 I-ABC の体積）

$$V=\frac{1}{3}\times(\triangle\text{OAB の面積})\times r+\frac{1}{3}\times(\triangle\text{OBC の面積})\times r$$
$$+\frac{1}{3}\times(\triangle\text{OCA の面積})\times r+\frac{1}{3}\times(\triangle\text{ABC の面積})\times r$$

$$6=\frac{1}{3}\times\frac{1}{2}\cdot 3\cdot 4\times r+\frac{1}{3}\times\frac{1}{2}\cdot 4\cdot 3\times r$$
$$+\frac{1}{3}\times\frac{1}{2}\cdot 3\cdot 5\times r+\frac{1}{3}\times\frac{1}{2}\cdot 5\cdot 3\times r$$

$$6=2r+2r+\frac{5}{2}r+\frac{5}{2}r$$

$$6=9r$$

$r=\frac{2}{3}$

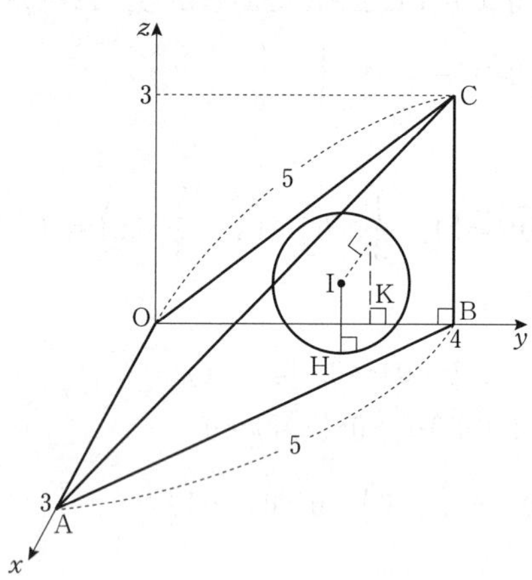

また，中心 I から平面 OAB に下ろした垂線の足を H とすると

$$\overrightarrow{OI}=\overrightarrow{OH}+\overrightarrow{HI}$$

ここで，$|\overrightarrow{HI}|=r=\frac{2}{3}$ であり，$\overrightarrow{HI}/\!/\overrightarrow{BC}$ かつ $|\overrightarrow{BC}|=3$ より

$$|\overrightarrow{HI}|:|\overrightarrow{BC}|=\frac{2}{3}:3=2:9$$

であるから

$$\overrightarrow{HI}=\frac{2}{9}\overrightarrow{BC}$$

次に，内接球 I と △OBC の接点から線分 OB に下ろした垂線の足を K とし，直線 BH と線分 OA の交点を L とすると，平面 OAB を上から見た右図について，線分 BL は ∠ABO の角の二等分線となるので

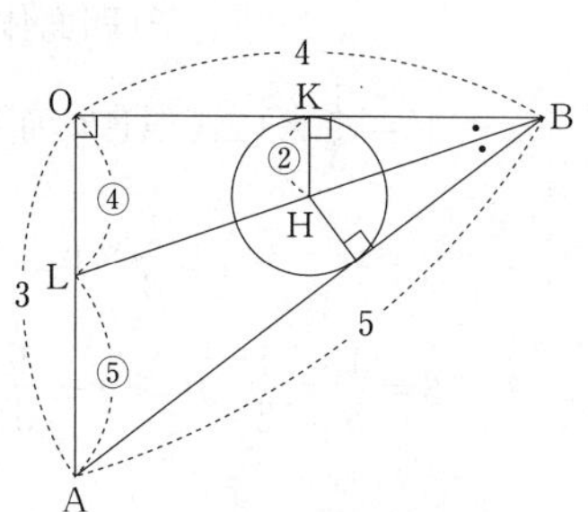

$$AL:LO=AB:BO=5:4$$

より

$$LO=\frac{4}{9}OA=\frac{4}{9}\cdot3=\frac{4}{3}$$

また，$HK=r=\frac{2}{3}$ であるから，HK∥LO より

$$\mathrm{HK}:\mathrm{LO}=\frac{2}{3}:\frac{4}{3}=1:2$$

$$\overrightarrow{\mathrm{OH}}=\overrightarrow{\mathrm{OK}}+\overrightarrow{\mathrm{KH}}$$

$$=\frac{1}{2}\overrightarrow{\mathrm{OB}}+\frac{2}{9}\overrightarrow{\mathrm{OA}}$$

$$\overrightarrow{\mathrm{OI}}=\overrightarrow{\mathrm{OH}}+\overrightarrow{\mathrm{HI}}$$

$$=\frac{1}{2}\overrightarrow{\mathrm{OB}}+\frac{2}{9}\overrightarrow{\mathrm{OA}}+\frac{2}{9}\overrightarrow{\mathrm{BC}}$$

$$=\frac{1}{2}\overrightarrow{\mathrm{OB}}+\frac{2}{9}\overrightarrow{\mathrm{OA}}+\frac{2}{9}(\overrightarrow{\mathrm{OC}}-\overrightarrow{\mathrm{OB}})$$

$$=\frac{2}{9}\overrightarrow{\mathrm{OA}}+\frac{5}{18}\overrightarrow{\mathrm{OB}}+\frac{2}{9}\overrightarrow{\mathrm{OC}}\quad\cdots\cdots(\text{答})$$

(4)　(2)より，四面体OABCと四面体PQRSは相似であり，その相似比は3：1であるから，$\overrightarrow{\mathrm{OP}}$，$\overrightarrow{\mathrm{OQ}}$，$\overrightarrow{\mathrm{OR}}$，$\overrightarrow{\mathrm{OS}}$，$\overrightarrow{\mathrm{OJ}}$を$x$軸方向に$-1$，$y$軸方向に$-\frac{8}{3}$，$z$軸方向に$-1$だけ平行移動し，それぞれのベクトルに$-3$を掛けると，点P，Q，R，S，Jは，それぞれ，点O，A，B，C，Iに一致する。これより

$$\overrightarrow{\mathrm{OI}}=-3\left\{\overrightarrow{\mathrm{OJ}}+\left(-1,\ -\frac{8}{3},\ -1\right)\right\}$$

と表すことができるので，これを変形すると

$$\overrightarrow{\mathrm{OJ}}=-\frac{1}{3}\overrightarrow{\mathrm{OI}}-\left(-1,\ -\frac{8}{3},\ -1\right)\quad\cdots\cdots①$$

ここで，(3)より

$$\overrightarrow{\mathrm{OI}}=\frac{2}{9}\overrightarrow{\mathrm{OA}}+\frac{5}{18}\overrightarrow{\mathrm{OB}}+\frac{2}{9}\overrightarrow{\mathrm{OC}}$$

$$=\frac{2}{9}(3,\ 0,\ 0)+\frac{5}{18}(0,\ 4,\ 0)+\frac{2}{9}(0,\ 4,\ 3)$$

$$=\left(\frac{2}{3},\ 2,\ \frac{2}{3}\right)$$

であるから，①より

$$\overrightarrow{\mathrm{OJ}}=-\frac{1}{3}\left(\frac{2}{3},\ 2,\ \frac{2}{3}\right)-\left(-1,\ -\frac{8}{3},\ -1\right)=\left(\frac{7}{9},\ 2,\ \frac{7}{9}\right)$$

よって

$$\overrightarrow{\mathrm{IJ}}=\overrightarrow{\mathrm{OJ}}-\overrightarrow{\mathrm{OI}}=\left(\frac{7}{9},\ 2,\ \frac{7}{9}\right)-\left(\frac{2}{3},\ 2,\ \frac{2}{3}\right)=\left(\frac{1}{9},\ 0,\ \frac{1}{9}\right)$$

であるから，線分 IJ の長さは

$$\mathrm{IJ}=|\overrightarrow{\mathrm{IJ}}|=\sqrt{\left(\frac{1}{9}\right)^2+0^2+\left(\frac{1}{9}\right)^2}=\frac{\sqrt{2}}{9}\quad\cdots\cdots(\text{答})$$

解説

《空間ベクトル，四面体の体積，内接球の中心の位置ベクトル》

(1)　四面体 OABC の底面積と高さを求める。

(2)　重心 P，Q，R，S の座標を求め，ベクトルの長さと内積を計算する。四面体 PQRS の体積は(1)と同様，底面積と高さを求める。

(3)　四面体 OABC を 4 つの四面体に分割することにより，内接球 I の半径が得られ，内接球と平面の接点と平面 OAB を上から見た図から，角の二等分線の性質を用いて，$\overrightarrow{\mathrm{OI}}$ を求める。

(4)　四面体 OABC と四面体 PQRS の相似の関係より，$\overrightarrow{\mathrm{OJ}}$ が得られる。

Ⅲ　解答　円 C_0：$x^2+(y-1)^2=1$

(1)　円 C_0 の中心は $(0,\ 1)$，半径は 1 である。また，点 $\mathrm{P}(X,\ Y)$ $(X>0)$ を中心とする円 C の半径は Y であり，円 C と円 C_0 は外接することより，2 点 $(X,\ Y)$，$(0,\ 1)$ 間の距離は $Y+1$ と等しいので

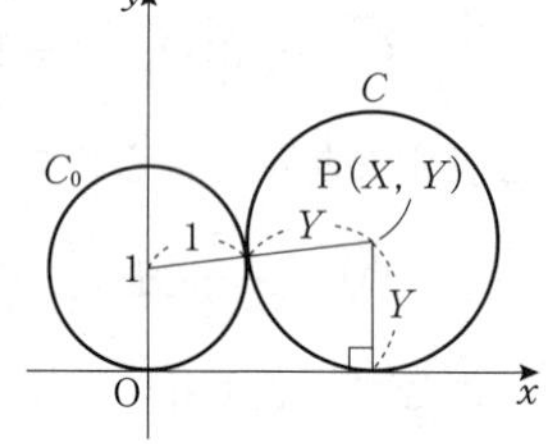

$$\sqrt{(X-0)^2+(Y-1)^2}=1+Y\quad(Y>0)$$

両辺 (>0) を 2 乗して

$$X^2+(Y-1)^2=(1+Y)^2$$

$$X^2+Y^2-2Y+1=1+2Y+Y^2$$

$$Y=\frac{1}{4}X^2\quad\cdots\cdots①\quad\cdots\cdots(\text{答})$$

(2)　円 C_1 の中心 P_1 の x 座標は a_1 (>0) であり，円 C_1 は，x 軸と y 軸の両方に接しているので，円 C_1 の中心は $(a_1,\ a_1)$，半径は a_1 であり，円 C_1 は円 C_0 と外接するので，①に

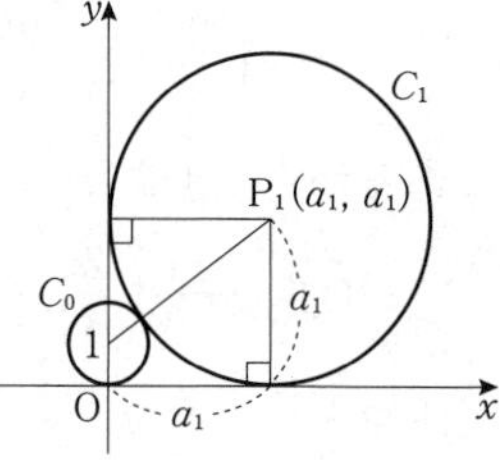

$X=a_1$，$Y=a_1$ を代入して

$$a_1=\frac{1}{4}a_1{}^2 \qquad 4a_1=a_1{}^2$$

$$a_1(a_1-4)=0$$

$a_1>0$ より

$$a_1=4 \quad \cdots\cdots(\text{答})$$

(3)　まず，円 C_n の中心 P_n について，P_n の x 座標は a_n であり，円 C_n は x 軸に接し，円 C_0 と外接するので，①に $X=a_n$ を代入すると

$$Y=\frac{1}{4}a_n{}^2$$

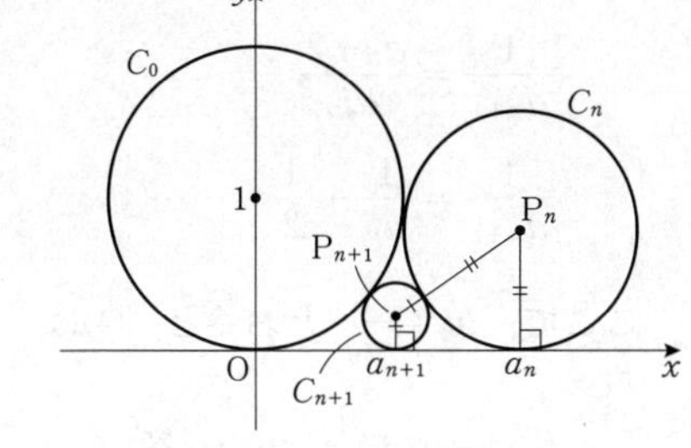

これより，P_n の座標は

$\left(a_n,\ \frac{1}{4}a_n{}^2\right)$ となる。

また，円 C_{n+1} の中心 P_{n+1} についても同様に考えると，P_{n+1} の座標は $\left(a_{n+1},\ \frac{1}{4}a_{n+1}{}^2\right)$ となる。さらに，円 C_n と円 C_{n+1} は外接するので，(1)と同様に考えると，円 C_n と円 C_{n+1} の半径が，それぞれ，$\frac{1}{4}a_n{}^2$，$\frac{1}{4}a_{n+1}{}^2$ であることから

$$\sqrt{(a_n-a_{n+1})^2+\left(\frac{1}{4}a_n{}^2-\frac{1}{4}a_{n+1}{}^2\right)^2}=\frac{1}{4}a_n{}^2+\frac{1}{4}a_{n+1}{}^2$$

$$(a_n>0,\ a_{n+1}>0)$$

両辺（>0）を 2 乗して

$$(a_n-a_{n+1})^2+\left(\frac{1}{4}a_n{}^2-\frac{1}{4}a_{n+1}{}^2\right)^2=\left(\frac{1}{4}a_n{}^2+\frac{1}{4}a_{n+1}{}^2\right)^2$$

$$(a_n-a_{n+1})^2+\frac{1}{16}a_n{}^4-\frac{1}{8}a_n{}^2a_{n+1}{}^2+\frac{1}{16}a_{n+1}{}^4$$

$$=\frac{1}{16}a_n{}^4+\frac{1}{8}a_n{}^2a_{n+1}{}^2+\frac{1}{16}a_{n+1}{}^4$$

$$(a_n-a_{n+1})^2=\frac{1}{4}a_n{}^2a_{n+1}{}^2 \quad \cdots\cdots②$$

ここで，$a_n>a_{n+1}>0$ より，$a_n-a_{n+1}>0$ であるから，②は

$$a_n-a_{n+1}=\frac{1}{2}a_na_{n+1}$$

$$2a_n-2a_{n+1}=a_na_{n+1}$$

$$(a_n+2)a_{n+1}=2a_n$$

$$a_{n+1}=\frac{2a_n}{a_n+2}\quad (a_n+2\neq 0)\quad \cdots\cdots③\quad \cdots\cdots(答)$$

(4)　$a_n\neq 0$ より，③の両辺の逆数をとると

$$\frac{1}{a_{n+1}}=\frac{a_n+2}{2a_n}$$

$$\frac{1}{a_{n+1}}=\frac{1}{a_n}+\frac{1}{2}\quad \cdots\cdots④$$

ここで，$b_n=\dfrac{1}{a_n}$ とおくと，④は

$$b_{n+1}=b_n+\frac{1}{2}\quad \cdots\cdots(答)$$

(5)　(4)より，数列 $\{b_n\}$ は初項 $b_1=\dfrac{1}{a_1}=\dfrac{1}{4}$，公差 $\dfrac{1}{2}$ の等差数列であるから

$$b_n=\frac{1}{4}+(n-1)\cdot\frac{1}{2}$$

$$\frac{1}{a_n}=\frac{2n-1}{4}$$

$$a_n=\frac{4}{2n-1}\quad \cdots\cdots(答)$$

解説

《2円が外接する条件，分数型漸化式》

(1)　円 C と円 C_0 が外接する条件を考える。

(2)　$X=a_1$，$Y=a_1$ を(1)の結果に代入する。

(3)　(1)を利用して，円 C_0，C_n，C_{n+1} の各々の条件から，a_{n+1} と a_n の関係式を導く。

(4)・(5)　分数型漸化式は両辺の逆数をとり，$b_n=\dfrac{1}{a_n}$ とおく。

講評

例年，大問３題であり，標準的な問題が多い。試験時間は 75 分であるが，計算量がやや多いので，日頃からケアレスミスに気をつけて，標準レベルの問題を速く確実に解けるようにしておくとよい。

Ⅰは剰余の定理と因数定理，定積分，三角関数，データの分析の問題。空所補充形式で誘導も親切であるが，計算量がやや多い。

Ⅱはベクトルの問題。(1)・(2)はなんとか得点したい。(3)・(4)は空間認知力が問われる問題であった。

Ⅲは図形と方程式，数列の問題。具体的に図を描いてみるとわかりやすい。

一の現代文は、正倉院事務所所長を務めた筆者による文で、特に宝物の模造について書かれた部分である。内容そのものは読みやすく標準的だが本文が長いので、それぞれの設問が本文のどの箇所と対応しているかを丁寧に押さえていきたい。㈠の空所補充は、副詞が出題された。受験に向けて評論文を読解する際には、意味を理解しきれていない語句が出てきたらそのつど押さえておく姿勢が肝要である。㈡・㈢・㈣については、選択肢で用いられている語句はほぼ全て本文中で使用されており、語句同士の因果関係、時間関係などを丁寧に確認する必要がある。㈤の内容真偽は、本文を通読しつつ該当箇所を確認していきたい。㈥は「模造品の製作過程が持つ意義」をまとめる問題。「模造品の製作過程を通じて得られる」「重要な知見」（後ろから三段落目）をより具体的に述べている部分を見つけ出し、制限字数内にまとめなければならないため、記述力が求められる。

二の古文『御伽百物語』は、珍しい出題である。ただし本文はやや平易で、物語としては読みやすい。㈡は和歌の問題。今回出題された「本歌取り」「掛詞」「倒置法」「序詞」はもちろん、「枕詞」「縁語」などについても知識を蓄えておきたい。また、この和歌の問題にも文法で見分けることができる選択肢が含まれており、㈤の文法問題とともに確実に得点できるよう練習を重ねておきたい。㈢・㈣は読解の問題だが、間違いである選択肢も本文の語句を用いて作られているので、丁寧に因果関係、主語述語の関係などを押さえていく必要がある。㈥の内容真偽は対応箇所を押さえることができれば正解しやすい。㈦の記述問題は、鶯囀司が蜂に対して行った内容を押さえなおし、制限字数内にまとめる必要がある。過去問等を活用し、記述解答をうまくまとめる練習を重ねてほしい。

㈥　1、猿畠山で鶯囀司が思い起こしたのは「秋たつと」の歌。「すむ身こそ」は蜂どもが吟詠していた歌で、誤り。
2、傍線bを含む文に「鶯囀司も……この蜂をひとつ打ち落とし、戻子の袋に入れ……」とあるので一致。
3、傍線ウの二行前からの部分に「この虫をとぶらひけるを聞くに、……聞き居たるに」とあるので一致。
4、最後から八行目と照合すると、「蜂たちに分け与えた」に該当する箇所はないので誤り。
5、最終段落と照合する。老人が述べたのは〈蜂を袋から放したお礼〉である。
6、最終段落と照合する。鶯囀司が「良い仙人のもとで修行した」という内容は本文中にない。

㈦　鶯囀司が蜂に対して行った内容を整理する。
①桐の林に向けて、蜂が群がって飛んでいくのを見かける。
②蜂たちが「すむ身こそ……」の歌を吟詠しているのを聞く。
③のぞき見て、扇を広げて杖の先にくくりつけ、蜂を一匹打ち落とし、袋の中に入れる。
④桐の葉につく露が好物かと考え、袋のそばに置いておく。
⑤人間が理解できないような、蜂の会話を聞く。
⑥不思議に思い、夜が明けたので、袋の口をほどいて蜂を放してやる。
これらのうち、「君がなさけ」に続く「ふたび上清の天にのぼりし礼」にあたるのは⑥。よってここを制限字数内にまとめる。

講評

二〇二四年度は現代文一題・古文一題の計二題であった。現代文は本文がやや短くなったが問題の総数は変わらず、全体的な難易度は例年通りである。

いが、どちらも「秋」の歌である。2は「秋が過ぎ去った」「掛詞」が誤り。「飽き」が詠みこまれるなら恋の要素が他の部分にも必要。4は「衣の裾」とする根拠がない。歌に衣服や物を詠みこむ場合は、その歌または前後の文でその物が描写されていることが多い。また、「冬の訪れ」も誤り。5は「序詞」「秋の終わりと旅立ち」が不適。序詞をつくる比喩の「の」は〝……のように〟と訳すが、〝山すそのような風〟と訳すと意味が通じない。

㈢　傍線イにある「かかる」は〝このような〟と訳す。鶯囀司は「すむ身こそ……」の歌を吟詠する猿畠山の蜂を見て、京極太政大臣宗輔が飼っていた、命令を理解して人を刺した蜂の話を思い出している。1・2・3・5は猿畠山の話と太政大臣の話を混同しており、2「和歌を詠ませた（詠んだ）」、3「一寸ほどの人の姿」、5「群れ飛んでいた」は猿畠山の蜂、1「名前が付けられている」は太政大臣の蜂である。よって4が正解である。

㈣　「死籍」は知識としてなくても、選択肢から「死者の名前を記した名簿」であることは類推できる。「除して」はその名簿から除くこと。その結果、死ぬことがなくなるために〝命を失う心配がない身ではないか。何を嘆くことがあろうか（、いやない）〟と続くのである。1は「分けてもらっているのだから」、2は「もう少しで……はず」「恐れることなどない」、3は「助命を嘆願」、4は「何に憤慨しているのか」がそれぞれ本文中になく、5が正解である。

㈤　「なん（なむ）」の識別問題。主に以下の場合が考えられる。
①文末が連体形で、係り結びの形になっている→係助詞
②「死なむ」「去なむ」「往なむ」→ナ変活用語尾＋推量の助動詞（「しなむ」などひらがな表記の際は注意）
③「なむ」の直前の語が未然形→願望（あつらえ）の終助詞
④「なむ」の直前の語が連用形（形容詞なら「〜かり」「〜しかり」）→完了の助動詞＋推量（意志）の助動詞
本文中の傍線部「なん」は接続している「給ひ」が連用形なので、右の④の完了の助動詞＋推量の助動詞と判断できる。選択肢のうち3・4は係り結びの文末になっているので係助詞。1は「なん」に続く「ど」に着目する。これは「なんど」で一語の副助詞で、「など」と同じ意味。2は「なら」が未然形なので願望の終助詞。よって答えは5。

心配がない身ではないか。何を嘆くことがあろうか（、いやない）。天や自然の理法はたびたび移り変わるものだ」と慰める。また増翁という蜂がいた。彼が言うには、「このごろ、私は白箸翁と賭け事をして、琅玕紙十幅を勝ち得た。あなたがこの苦難から逃れ出なさるならば、礼星子の辞（＝厄払いの祭文）を作って（その紙に）書いてくださるがよい」など、どれもみな人間の世界で理解できないことである。一晩中語り明かして（蜂たちは）帰っていった。

鶯囀司は、不思議に思い、夜が明けたので、袋の口をほどいて（蜂を）放してやった。自分もその洞穴を出て、極楽寺の切り通しから小坪に（向かおう）と心に決めて出たところに、ふと人と行き合った。その身長は三尺くらい（約九〇センチメートル）であって、黄色の衣服を着て空から降りてきて、「私は（仙人の住む）三清の使者であり、上仙の伯という官職に就いている者である。名は民の黒人という者である。昨夜あなたの前にやってきて集まった人々は、みな『本朝遯史』などに言い伝えた日本の仙人たちである。苦難に遭ったのは、あの『遊仙窟』の読みを伝えた賀茂の翁である。今回あなたの情けによって、再び上清の天に上った礼のために、私を（ここに）下して感謝させておられる。あなたもまた学業を修めているので、その身のまま仙骨（＝仙人の骨相）を得て、近いうちにきっと天に上るだろう」と言うかと見えたのが、たちまち消えて行方はわからなかったということだ。

解説

㈠　a、「をり」は、漢字では「折」と表記し、〝季節・時間・機会〟といった意味になる。また、傍線部は「日暮れ……飛び交ふは」に続いており、蜂がこのような時間、場所を飛んでいることに驚いているので、正解は2。

b、「あやしく」は形容詞「あやし」の連用形。〝神秘的だ・不思議だ・身分が低い〟の意であるので、正解は4。

㈡　まず和歌のポイントを確認する。①「秋たつ」は「立秋」という語があるように「秋になる」の意。②「れ」は知覚動詞である「知る」に接続しているので自発。③「けり」は和歌なので詠嘆。④全体としては三句切れで、倒置法が用いられている。なお、句切れの部分には口語訳で「。」を付けることができるので、見つける指針にしてほしい。よって正解は3。1は助動詞の解釈および「本歌取り」が誤り。「本歌取り」は本歌から主題を変えなければならなの）蜜を吸うとかいうらしいの（＝蜂）もいるとは聞くが、それでも昼にのみ出るらしいのに」と、しばらくぼんやり見入って（音を）聞いていると、蜂たちの声は人がものを言っているようにひたすら吟詠するようである。何を言うのかと聞くと、

　山中に響きとおる声で鳴く蜂（または、月のように清らかな蜂）となった我が身に道はないのだろう。谷の入り口に
　出入りする雲を（道を授けてくれる）主と見るだろうか、いや、見はしない。

と歌うようである。「本当にあの京極太政大臣宗輔と申し上げた人が、蜂をたくさん飼いなさって、何丸角丸などと名を付けてお呼びになり、（帝の）お召しに従って御前に参上したときに、『何丸、あの男を刺してこい』と（太政大臣が）おっしゃったところ、いつもそのお言葉に（蜂が）従ったとか、『十訓抄』というものに記されていたのも、本当にこのような蜂だったのだなあ」と、（蜂の様子を鶯囀司が）ちょっとのぞき見なさると、その背丈はやっと一寸をこえるくらいの生身の人であって、しかも翼がある。鶯囀司も「不思議に珍しい虫の様子だなあ」と思い、扇を広げて杖の先にくくりつけ、この蜂をひとつ打ち落とし、戻子（＝麻糸で織った目の粗い布）の袋に入れ、鉢の子（＝托鉢用の鉢）の上に据え置いた。「桐の木に群れながら飛び回っていたのは、もしかして（桐の葉においた）露を好むのだろうか」と、桐の葉を夜露がついたまま折って、その（袋の）そばに置いてぼんやりと見て座っていたところ、しばらくしてこの虫は（袋の）端に寄って、少し嘆く声を出す。

　すぐに人の形である蜂たちが数十匹飛んできて、この袋のあたりにそれぞれ集まり、その様子は慰めているようである。あとからどんどん続いて（洞穴に入ってくる）その種類はたくさんで、あるものはとても小さな牛車に乗り、あるものは手車に乗って入ってきた。この（袋の中の）虫を訪問した声を聞くと、細く小さな声である。鶯囀司は寝ているふりをして聞いていたところ、主人と見える者で名を伏見の翁といった蜂が、この捕らわれた蜂に向かって言うことには、「私は、あなたのこの不幸のために、筮（＝占いで用いる細い棒）をとって占ってさしあげよう。あなたはぜひとも無有（＝形をもたないもの）をお考えなさい。あなたはもはや死籍（＝死者の名前を記した名簿）からは名前が消されていて命を失う

出典　青木鷺水『御伽百物語』

解答

㈠　a―2　b―4

㈡　3

㈢　4

㈣　5

㈤　5

㈥　2・3

㈦　不思議に思った鷺囀司が、夜が明けて蜂を袋から逃がしたこと。（三十字以内）

全訳

この洞穴のあたりはみな大きな桐の木が生い茂った野原で、（桐の木々の）枝は老い梢は垂れて地をはたくかと見えるほどであるのだが、「秋が来た」と目には見えないが、風の訪れを桐の葉が落ちることで（感じとり）、（鷺囀司には）そのときにふさわしい情趣も身に染みて自然と思い知られたので、あの西行の

秋になったと人は告げないけれど、自然に思い知られたことだなあ。奥深い山のふもとの風の様子によって。

など（を思い出して）物思いに耽りながら一日を過ごして、その夜は洞穴の中にうずくまって座ってきっと明かしなさろうとすると、十四夜の月（の光）が、木の間からかすかに差し込みはじめ、虫の声が近くに遠くに響き合って、松のしらべ（＝松の梢に吹く風による音）に対応している。「まるで（俗世の煩わしさから離れた）塵外の楽しみ、（理想郷とされる）無何有の里、（俗世から離れた）朱陳の民とでも言おうか」などと（鷺囀司が）思いつつ座っておられるちょうどそのとき、奇妙な蜂たちでたくさんどこからともなく群がってきて、この桐の林に飛翔して鳴くの（＝蜂の群れ）がいる。「これはどうしたことだ。こんな時間に、日が暮れて雲もしずまる山の中に蜂がこのように飛び交うとは。あるいは（花じものを違う場所に保管、宝物データの蓄積〉の三つにまとめられている。5の「古色着けの加工を行わずに再現した宝物」とは第二十段落にあるように「正倉院宝物の再現模造」であり、それらを「別の場所で保管するなどの取り組みを行う」については第二十一段落で述べられているので、これが正解。1は「原物の……状態のまま再現」、3は「『ものづくり』の価値を知ったり」が不適。2・4は「再現模造の対象」について述べた第十八段落の内容となっており、2は「想像に頼る……場合でも」、4は「歴史資料としての……高めることができる」がそれぞれ誤り。

㈤　2は第六段落、3は第十段落に同様の内容がある。1は第四段落と対照する。本文にあるように俵屋宗達がオリジナル、尾形光琳や酒井抱一はその写しを描いたが、選択肢では成立順が前後している。4は第十一段落と対応するが、「奈良博覧会社」が「今日の第三セクターの設置を促した」という内容は本文にない。5は「工芸作家が宝物を直に調査することなく」の部分が、第十六段落「製作する工芸作家が直に宝物を調査して」と矛盾する。6は「作られた宝物の多くは精巧ではなかった」が誤り。第二十四段落で宝物は「精巧な出来栄え」と述べられている。

㈥　まず、筆者が第二十二段落で「複製には結果と過程のそれぞれに価値がある」と述べている部分に着目する。その上で押さえておきたいポイントは次のとおり。

①第二十三段落「古代の技術を再現するうえでの重要な知見は、この模造品の製作過程を通じて得られることが多く」

②第二十四段落「模造に際しては、細部に固執することよりも、おおらかで力強い『天平の気分』とでもいうべき趣きを再現することを優先する」「そのため……筆あるいはタガネの勢いをそぐことなく、再現することをめざす」

③第二十五段落「このことは宋代の蘇軾が唱えた『写意』に近い」「『写意』とは、……筆法を会得し、オリジナルの精神や魅力の本質を表現することである」

このうち重複している部分や具体例を省き、制限字数内で解答を作成する。

いう譲歩の構文である。5「軽々に」は〝軽い気持ちで〟の意であり、これが正解。1「内々に」は〝表立てずに〟、2「銘々に」は〝それぞれに〟、3「散々に」は〝ばらばらに〟、4「千々に」は〝さまざまに〟の意。

b、本文は「再現模造」という造語を考案した過程についての箇所である。ここで筆者は「『再現』を『再元』に換えて『再元模造』という語も考えてみたが、（　b　）混沌とする」と述べている。違う語も検討したが、結果としてより一層わかりにくくなり採用しなかったということなので、4「いよいよ」が正解である。

㈡　傍線A「オリジナルではないものにも価値が認められており」については、第一～四段落でさまざまな例が挙げられている。1は第四段落に同様の記述があり、これが正解。

2、「『こと・おこない』を守り伝える」ことと「御神宝を作り替える」ことを本文では比較していない。

3、「別の場所に移築あるいは復元して公開」（第二段落）の例である標本展示を「本来あった場所で復元」としている点が誤り。

4、信仰の拠りどころを「台座の蓮弁の一部に価値が認められることで」としている部分が本文と合致しない。

5、金閣寺や京都御所について人々の関心が高い理由を「歴史的な価値が増したため」とは本文に書いていない。

㈢　傍線B「現在の再現模造」について述べられているのは第八段落。第九～十四段落は明治期、第十六段落は大正期以降の模造品や模造事業についての記述である。よって正解は2。「再現模造」が筆者の造語でこの選択肢は一見誤りのように思われるが、第一段落で筆者は自身が「正倉院宝物を守り伝える組織の一員」であると述べているので問題ない。1の前半部は第十三段落で述べられているが、「宝庫に返納された」のは宝物。また、このときの「模造品」が「再現模造」として新たに位置づけられたわけではない。3は「『再現模造』が……いたっている」、4は「多くの〝ひと〟の力量を集めることで」がそれぞれ不適。5は「関東大震災からの復興」と「復元模造」という語に因果関係はない。

㈣　傍線C「模造事業の『結果』が果たす役割」は第十九～二十一段落で〈①宝物に代えて展示〉〈②宝物の復元〉〈③同

国語

出典　西川明彦『正倉院のしごと――宝物を守り伝える舞台裏』〈第五章　宝物をつくる――模造〉（中公新書）

解答

㈠　a―5　b―4　㈡　1

㈢　2

㈣　5

㈤　2・3

㈥　オリジナルの精神や魅力の本質といった、古代の技術を再現する重要な知見を得ること。（四十字以内）

要旨

正倉院事務所の模造事業は昭和四十七年（一九七二）に始まり、対象となった宝物について、分析装置や光学機器を駆使して調査を実施し、材料・構造・技法にわたり、宝物が製作された当初の姿を再現することに努めている。この「再現模造」の目的は、〈宝物を保存継承するため宝物に代えて展示等に用いること〉〈破損した宝物を可能な限り奈良時代の姿に復元すること〉〈もう一つ同じものを作り別の場所で保管する、あるいは詳細なデータを取っておくこと〉だが、その製作過程で〈オリジナルの精神や魅力の本質など、古代の技術を再現する重要な知見を得ること〉にも価値がある。

解説

㈠　**a**、本文は「〔　a　〕模造と同列で語ることはできないにしても、……価値は少なからず見出すことができる」と

2023年度

問題と解答

■学部個別日程（社会学部）

問題編

▶試験科目・配点

教　科	科　　目	配　点
外国語	コミュニケーション英語Ⅰ・Ⅱ・Ⅲ，英語表現Ⅰ・Ⅱ	200 点
選　択	日本史B，世界史B，政治・経済，「数学Ⅰ・Ⅱ・A・B」から1科目選択	150 点
国　語	国語総合，現代文B，古典B	150 点

▶備　考

「数学B」は「数列」および「ベクトル」から出題する。

英語

(100分)

〔Ⅰ〕 次の文章を読んで設問に答えなさい。[＊印のついた語句は注を参照しなさい。](80点)

We know that we are heading toward a future in which the climate will be different. This will affect insects both directly and indirectly.

One challenge is that climate changes disturb the finely tuned synchronizations* between different species. We see a shift in the timing of many processes, such as the return of migratory birds and foliation*, or spring blossoming*. The challenge is that different events do not necessarily shift in sync. If insect-eating birds produce their young too late or too early in relation to the period when there are the most insects, there may be too little food for the chicks* in the nest. This can happen if some events are triggered by length of day (which is not affected by global warming) while others are triggered by mean(a) temperature (which is [affected by global warming]*), for instance. In the same way, plants that are reliant on particular insects for pollination* may suffer (W) poor seed production if they flower at a point when these insects are no longer swarming*.

The spring can be particularly (あ), especially a "false spring" (い) arrives (う)(え)(お). When that happens, overwintering* adult insects are tempted(b) by the warmth to go out in search of food. When the frost returns, the insects will struggle to cope with the cold and with finding enough food because they have poor cold tolerance(ア) and few food reserves.

We see that many insects try to change (X) response to changes in the climate. Sometimes their entire distribution is shifted, but we often see that the species fail to keep up and the distribution shrinks (c) instead. In the case of dragonflies* and butterflies, it has been proven that many species have become less widespread and are shifting northward. Color charts of the different insect species show that many butterflies and dragonflies, especially those with dark coloring, have vanished from southern Europe and sought refuge (d) in the northeast, where the climate is cooler. Scenarios produced for bumblebees* indicate that we may risk losing between a tenth and — in a worst-case scenario — half of our sixty-nine European varieties by 2100 owing to climate change.

In the north, climate change is increasing the distribution of leaf-eating caterpillars*. This exacerbates (e) the effects on the birch* forests, which are being chewed bare. Over the course of a decade, outbreaks of autumnal moths* and their relatives have caused considerable (f) damage to the birch forests of Finnmark in northern Norway. The outbreaks have ripple effects* on the entire system: food conditions, vegetation, and animal life are all changed.

Along with researchers in Tromsø and at the Norwegian University of Life Sciences outside Oslo, I have looked at how the autumnal moths' depredations* affect a different group of insects: the beetles* that break down the dead birches, thereby ensuring that the nutrients* are recycled. Our results show that the attack of the autumnal moths creates so many dead birch trees in such a short space of time that the wood-living beetles are simply unable to keep pace (イ). They cannot respond to the increase in available food with an equivalent increase in the number of individuals. We do not know what effect this may have (Y) the long term, and this illustrates a key point: we have no idea what sort of consequences continued temperature increases will have for the ecosystem in the north, but it is obvious that there will be dramatic (g) changes.

Since one of my research fields is insects in large, ancient, hollow oak trees, I have been wondering how climate change will affect the beetles that inhabit them. A couple of years ago, my research group and some Swedish scientists compared a large data set that covered beetle communities associated with oak trees across the whole of southern Sweden and southern Norway. The oaks stood in places with differing climates, so that the range they spanned in terms of temperature and precipitation* was roughly equivalent to the changes <u>foreseen</u>(h) in climate scenarios. We looked at differences in the beetle communities in order to gain knowledge about how a warmer, wetter, and wilder climate might affect these different insect communities in the future.

In our study, we found that warmer climates were good for the most specialized and peculiar species. Unfortunately, though, these unique species reacted badly to increased precipitation. This means that climate change is (Z) going to improve conditions for these particular insects. However, the more common species showed few reactions to climate differences.

This <u>confirms</u>(i) a pattern that is common in our times, not just in relation to climate change but quite generally: locally unique, specially adapted species are the ones that suffer, whereas common species do fine. This means that <u>many rare and unique species will go into decline, whereas relatively few species that are already common will become more common</u>. This is known as *ecological homogenization*: the same species are found everywhere, and nature becomes more similar across different geographies.

(From *Extraordinary Insects*, by Anne Sverdrup-Thygeson, 2019)

［注］ synchronizations［sync］ 同時性、同期

foliation 発葉、葉を出すこと

blossoming (blossom 開花する)

chicks　ひな鳥

[affected by global warming]（出題者による加筆）

pollination　授粉

swarming（swarm　群をなして動く）

overwintering（overwinter　越冬する）

dragonflies（虫）トンボ

bumblebees（虫）マルハナバチ

caterpillars（虫）イモ虫、毛虫

birch（植物）カバ

autumnal moths（虫）アキナミシャク（蛾(が)の一種）

ripple effects　波状効果

depredations　喰い荒らした跡

beetles（虫）カブトムシ

nutrients　栄養分

precipitation　降水量

I－A　空所(W)～(Z)に入るもっとも適切なものを次の１～４の中からそれぞれ一つ選び、その番号を解答欄に記入しなさい。

(W)　1　at　　2　from　　3　of　　4　over

(X)　1　by　　2　for　　3　in　　4　with

(Y)　1　at　　2　by　　3　over　　4　with

(Z)　1　always　　2　hardly

　　3　often　　4　probably

I－B　下線部(a)～(i)の意味・内容にもっとも近いものを次の１～４の中からそれぞれ一つ選び、その番号を解答欄に記入しなさい。

(a)　mean

　1　average　　2　even　　3　high　　4　low

(b)　tempted

　1　attracted　　2　disturbed　　3　forced　　4　inhibited

(c) shrinks

1 recovers　　2 reduces　　3 remains　　4 responds

(d) refuge

1 family　　2 freedom　　3 peace　　4 sanctuary

(e) exacerbates

1 curbs　　2 improves　　3 intensifies　　4 secures

(f) considerable

1 deliberate　　2 lasting　　3 substantial　　4 visible

(g) dramatic

1 exciting　　2 moderate　　3 playful　　4 significant

(h) foreseen

1 accelerated　　2 accomplished

3 anticipated　　4 overlooked

(i) confirms

1 abandons　　2 alters　　3 repeats　　4 supports

I－C　波線部 (ア) と (イ) の意味・内容をもっとも的確に示すものを次の１～４の中からそれぞれ一つ選び、その番号を解答欄に記入しなさい。

(ア) they have poor cold tolerance

1 they are insensitive to the cold

2 they are vulnerable to the cold

3 they can easily adjust to a temperature change

4 they can survive in freezing weather

(イ) are simply unable to keep pace

1 can hardly survive now that winter starts earlier

2 can simply eat the dead birch trees faster than before

3 cannot eat the birch trees as fast as the trees are killed

4 cannot eat the moths fast enough to save the birch trees

I－D　二重下線部の空所(あ)～(お)に次の１～７から選んだ語を入れて文を完成させ

たとき、(あ)と(い)と(え)に入る語の番号を解答欄に記入しなさい。同じ語を二度使ってはいけません。選択肢の中には使われないものが二つ含まれています。

The spring can be particularly (あ), especially a "false spring" (い) arrives (う)(え)(お).

1 challenging　2 early　3 far　4 such

5 that　6 too　7 when

I－E　本文の意味・内容に合致するものを次の1～8の中から三つ選び、その番号を解答欄に記入しなさい。

1 Because global warming causes many birds, plants, and trees to thrive later in spring, birds hardly have any trouble feeding.

2 If the weather gets warmer earlier in the year, overwintering insects sleep longer and starve.

3 According to the passage, many dragonflies and butterflies with lighter coloring have moved south to seek more vegetation in a warmer climate.

4 If climate change goes on at the present rate, we might lose over thirty European varieties of bumblebees by 2100.

5 Autumnal moths and their relatives have damaged the ecosystem of the forests in northern Norway.

6 When the author worked with Swedish scientists, they investigated beetle communities in oak trees in a wide variety of climates.

7 As the researchers had assumed before their research, all varieties of beetles showed similar reactions to climate change: they liked a warmer and wetter climate.

8 Because of climate change, it is only locally specific insects that are likely to be able to adapt and survive in the future.

I－F　本文中の太い下線部を日本語に訳しなさい。

many rare and unique species will go into decline, whereas relatively few species that are already common will become more common

〔Ⅱ〕 次の文章を読んで設問に答えなさい。[＊印のついた語句は注を参照しなさい。](70点)

When we attached tiny, backpack-like* tracking devices to five Australian magpies* for a pilot study, we didn't expect to discover an entirely new social behaviour rarely seen in birds. Our goal was to learn more about the movement and social dynamics of these highly intelligent birds, and to test these new, durable* and reusable devices. Instead, the birds outsmarted* us. As our new research paper explains, the magpies began showing evidence of cooperative "rescue" behaviour to help each other remove the tracker. While we're familiar with magpies being intelligent and social creatures, this was the first instance we knew of that showed this type of seemingly(a) altruistic* behaviour: helping another member of the group without getting an immediate, tangible* reward.

As academic scientists, we're accustomed to experiments going awry(b) in one way or another. Expired* substances, failing equipment, contaminated* samples, an unplanned power outage* — these can all set back months (or even years) of carefully planned research. For those of us who study animals, and especially behaviour, unpredictability is part of the job description(ア). This is the reason we often require pilot(c) studies. Our pilot study was one of the first of its kind — most trackers are too big to fit on medium to small birds, and those that do tend to have very limited capacity for data storage or battery life. They also tend to be single-use only. A novel aspect of our research was the design of the harness that held the tracker. We devised a method that didn't require birds to be caught again to download precious(d) data or reuse the small devices.

We trained a group of local magpies to come to an outdoor, ground feeding "station" that could either wirelessly charge the battery of the tracker, download data, or release the tracker and harness by using a magnet. The harness was tough, (X) only one weak point where the magnet could function. To remove the harness, one needed that magnet, or some really good scissors. We were excited by the design, as it opened up many possibilities for efficiency and enabled a lot of data to be collected.

We (あ) to see (い) the new (う)(え)(お) as planned, and discover what kind of data we could gather. How far did magpies go? Did they have patterns or schedules throughout the day in terms of movement, and socialising? How did age, sex or dominance rank affect their activities? All this could be uncovered (e) using the tiny trackers — weighing less than one gram — we successfully fitted five of the magpies with. All we had to do was wait, and watch, and then lure the birds back* to the station to gather the valuable data.

Many animals that live in societies cooperate with one another to ensure (f) the health, safety and survival of the group. In fact, cognitive ability and social cooperation has been found to correlate (g). Animals living in larger groups tend to have an increased capacity for problem solving* (中略). Australian magpies are no exception (イ). As a generalist species* that excels in problem solving, it has adapted well to the extreme changes to their habitat (h) from humans.

Australian magpies generally live in social groups of between two and 12 individuals, cooperatively occupying and defending their territory through song choruses and aggressive behaviours. These birds also breed cooperatively, with older siblings* helping to raise young. During our pilot study, we found out how quickly magpies team up to solve a group problem. Within ten minutes of fitting the final tracker, we witnessed an adult female without a tracker working with her bill* to try and remove the harness off of a younger bird. Within hours, most of the other trackers had been removed. By day 3, even the dominant (i) male of the group had its tracker successfully dismantled*.

We don't know if it was the same individual helping the others or if they shared duties, but we had never read about any other bird cooperating in this way to remove tracking devices. The birds needed to problem solve, possibly testing at pulling and snipping* at different sections of the harness with their bill. They also needed to willingly help other individuals, and accept help. The only (Y) similar example of this type of behaviour we could find in the literature was that of Seychelles warblers* helping release others in their social group from sticky Pisonia* seed clusters. This is a very rare behaviour termed "rescuing".

So far, most bird species that have been tracked haven't necessarily been very social or considered to be cognitive problem solvers (中略). We never considered the magpies may perceive the tracker as some kind of parasite that requires removal. Tracking magpies is crucial for conservation efforts, as these birds are vulnerable to the increasing frequency and intensity of heatwaves under climate change. In a study published this week, Perth* researchers showed the survival rate of magpie chicks in heatwaves can be as low as 10%. Importantly, they also found that higher temperatures resulted (Z) lower cognitive performance for tasks such as foraging*. This might mean cooperative behaviours become even more important in a continuously warming climate.

Just like magpies, we scientists are always learning to problem solve. Now we need to go back to the drawing board to find ways of collecting more vital(j) behavioural data to help magpies survive in a changing world.

(By Dominique Potvin, writing for *The Conversation*, February 21, 2022)

[注] backpack-like リュックサックのような

Australian magpies (鳥) カササギフエガラス

durable　丈夫な

outsmarted　(outsmart　上手をいく)

altruistic　利他的な

tangible　明白な、具体的な

Expired　有効期限を過ぎた

contaminated　(contaminate　汚染する)

power outage　停電

lure the birds back　鳥を呼び戻す

problem solving　(problem solve　問題を解決しようとする)

generalist species　ジェネラリスト種(広い範囲に対応できる種)

siblings　兄弟姉妹

bill　(鳥の) くちばし

dismantled　(dismantle　取り除く)

snipping　(snip　ちょきんと切る)

Seychelles warblers　(鳥) セイシェルウグイス

Pisonia　(植物) ウドノキ

Perth　(オーストラリアの) パース市

foraging　(forage　食糧を探す)

Ⅱ－A　空所(X)～(Z)に入るもっとも適切なものを次の1～4の中からそれぞれ一つ選び、その番号を解答欄に記入しなさい。

(X)　1 by　2 for　3 in　4 with

(Y)　1 another　2 any　3 other　4 so

(Z)　1 at　2 by　3 from　4 in

Ⅱ－B　下線部(a)～(j)の意味・内容にもっとも近いものを次の1～4の中からそれぞれ一つ選び、その番号を解答欄に記入しなさい。

(a) seemingly

1 apparently　2 effectively　3 remarkably　4 temporarily

(b) going awry

1 carried on　2 carried out　3 going well　4 going wrong

(c) pilot

1 biological　2 comparative

3 preliminary　4 sustained

(d) precious

1 available　2 basic　3 precise　4 valuable

(e) uncovered

1 removed　2 retained　3 revealed　4 rewarded

(f) ensure

1 endanger　2 improve　3 secure　4 welcome

(g) correlate

1 compete　2 confuse　3 contradict　4 correspond

(h) habitat

1 behaviours　2 difficulties

3 numbers　4 surroundings

(i) dominant

1 hostile　2 leading　3 oldest　4 smelly

(j) vital

1 crucial　2 crude　3 cruel　4 cruising

Ⅱ－C　波線部 (ア) と (イ) の意味・内容をもっとも的確に示すものを次の１～４の中からそれぞれ一つ選び、その番号を解答欄に記入しなさい。

(ア) unpredictability is part of the job description

1 only unpredictable researchers are hired

2 only unusual animals are studied

3 we have to be ready for the unexpected

4 we have to start projects without working hypotheses

(イ) are no exception

1 are able to exclude other animals

2 are distinct from other animals

3　have superior abilities to other animals

4　have the same tendency as other animals

Ⅱ－D　二重下線部の空所(あ)～(お)に次の１～７から選んだ語を入れて文を完成させたとき、(あ)と(い)と(お)に入る語の番号を解答欄に記入しなさい。同じ語を二度使ってはいけません。選択肢の中には使われないものが二つ含まれています。

We (あ) to see (い) the new (う) (え) (お) as planned

1　design	2　if	3　not	4　wanted
5　what	6　work	7　would	

Ⅱ－E　本文の意味・内容に合致するものを次の１～８の中から三つ選び、その番号を解答欄に記入しなさい。

1　The scientists had expected to discover that the magpies could make intelligent use of the tracking devices, as they developed their social dynamics.

2　The researchers' pilot study produced the unexpected result that magpies cooperated with each other to remove the harnesses.

3　Scientists often have to cope with various problems that delay even carefully prepared research projects.

4　For the study, the researchers used ordinary trackers, which were disposable and had been tested previously on medium and small birds.

5　Their study is innovative since the scientists designed a new kind of harness for the trackers and set up a feeding station which could charge the battery and collect data.

6　The scientists noted that the dominant male magpie was the first to have his harness removed.

7　The researchers found the case of the magpies helping each other to remove the tracking devices unique; this was the first recorded example of the "rescuing" behavior.

8 Now that Australian magpies are evolving to cope with heatwaves, their need for cooperative behaviour will probably diminish.

〔Ⅲ〕 次の会話を読んで設問に答えなさい。(50点)

(*Kaname visits Stevie to help plan for an important party.*)

Stevie: Kaname! It's great to see you, please come in. Thanks for coming over to help me decorate for the party.

Kaname: Hi Stevie! ____(a)____

Stevie: My mom is turning 50 today and I want to make sure she feels properly celebrated for her birthday.

Kaname: Your mom is amazing! I hope to be half as cool as her when I turn 50.

Stevie: Only time will tell.

Kaname: ____(b)____

Stevie: But not a lot of time today before the party starts.

Kaname: Right, what time does it start again?

Stevie: 7 pm and it's 3 now. So, we only have four hours to get everything set up.

Kaname: It's true that isn't a lot of time. ____(c)____

Stevie: You are a genius when it comes to decorating, so I know I can trust you with that. The biggest challenge now is the food. [昨日から料理をしているけど、パーティーに間に合わないのではないかと心配です。]

Kaname: It smells amazing! ____(d)____

Stevie: Well, let me see. So far, I have made some mini pizzas, curry bread, several different kinds of sushi, tacos, steamed vegetables, a green salad, a pasta salad, and a fruit salad.

Kaname: You have prepared a feast! There is enough food here to feed a small town. What could you possibly have left to make?

Stevie: I know, I tried to make all of my mom's favorite foods. But I still need to make the most important thing, the cake. Except, I can't decide between carrot cake or cheesecake. ＿＿＿(e)＿＿＿

Kaname: That is a tough decision. But hey, you still have four hours. I think that's enough time to make two cakes.

Stevie: Maybe you are right! My mom does always say "there's no harm in trying."

Kaname: ＿＿＿(f)＿＿＿

Stevie: Oh, feel free to try anything. I'd love to know what you think before I serve it to the other guests.

Kaname: Really? Can I try the curry bread? My mouth is watering just looking at it.

Stevie: Of course.

(*Kaname picks up a curry bread and takes a bite.*)

Stevie: Well, what do you think?

Kaname: As expected, this is delicious. ＿＿＿(g)＿＿＿

Stevie: Actually, I didn't use one.

Kaname: Not at all?

Stevie: Well, I read a lot of recipe books and get ideas from them. But I find it difficult to follow the recipes because it seems like I never have all the necessary ingredients. So, I usually end up just improvising.

Kaname: Improvising?

Stevie: You know, just making it up as I go along. So, I guess you could say I made up my own recipe, but I didn't write it down and I probably couldn't make it again.

Kaname: Wow! You have a lot of guts. Even when I try to follow recipes, I often can't get it to come out right.

Stevie: ＿＿＿(h)＿＿＿ But I guess it's worth it for the satisfaction that comes out of being creative.

Kaname: Speaking of being creative, we both have a lot to do and not a lot of time to do it, so we better get back to work.

Ⅲ－A　空所 (a)〜(h) に入るもっとも適切なものを次の１〜10の中からそれぞれ一つ選び、その番号を解答欄に記入しなさい。同じ選択肢を二度使ってはいけません。選択肢の中には使われないものが二つ含まれています。

1　All of the flavors come together perfectly.

2　All this talk about food is making me hungry.

3　But I am confident we can manage.

4　I fail sometimes too.

5　I guess we have a few decades to find out.

6　I've already been to get a cake from the supermarket.

7　No problem, it is my pleasure.

8　She loves them both.

9　What did you make?

10　You must teach me the recipe.

Ⅲ－B　本文中の［　　　］内の日本語を英語で表現しなさい。

昨日から料理をしているけど、パーティーに間に合わないのではないかと心配です。

日本史

（75分）

〔Ⅰ〕　次の（1）～（5）の古代・中世の文化に関する文章を読んで、空欄（　ア　）～（　シ　）に入る適切な語を、［語群］から選んで、その番号を解答欄Ⅰ－Bに記入せよ。また【設問a】～【設問l】の解答を解答欄Ⅰ－Aに全て漢字で記せ。なお、同一記号の空欄には同一の語句が入る。（60点）

（1）　日本の天台宗は、中国の智者大師智顗（ちしゃだいしちぎ）を高祖とし、東大寺で受戒した後（下線部a）に比叡山にこもって天台学を志した伝教大師最澄に始まる。最澄は入唐して天台仏教のほか、菩薩戒、密教、牛頭（ごず）禅を学んだ。門下の僧たちの中からも入唐して、天台学の他に密教を学び、帰朝後に天台宗の中で密教を発展させる人物も現れた。その後、10世紀に活躍する座主（　ア　）は、堂舎の再建拡張、経済基盤の確立、綱紀の粛正などをすすめて比叡山を中興した。なお、鎌倉新仏教の祖師たち、法然・親鸞・栄西・（　イ　）・日蓮などが、比叡山で学んだ経験があることは、特筆すべきことであろう。そして江戸時代には徳川家康の信頼を得て幕政にも参画した天海は、信長に焼き討ちされた延暦寺の復興に尽力し、関東では上野に（　ウ　）を建立した。

【設問a】下線部aに関連して、最澄はそれまでの東大寺戒壇院における受戒制度に対して、比叡山における独自の戒壇の創設を目指すが、南都の諸宗から反対を受ける。しかし、この戒壇は最澄の死後7日目に公認された。その戒壇の名称を記せ。

（2）　阿弥陀如来への信仰はすでに奈良時代には行われていたが、それが摂関時代になると浄土教として流行してきた。浄土教は、来世において極楽浄土に往生することを願う教えである。空也は阿弥陀仏の名号を唱えて諸国を行脚し、天慶元年（938）に京に入り人々を教化した。空也は天禄3年（972）に京都東山の西光寺（後の六波羅蜜寺）（下線部b）で入滅した。空也とほぼ同時代に源信（恵心僧都）は、極楽へ生まれるための方法を記した『（　c　）』を著した。

この書物は、わが国で広く受け入れられただけでなく、中国の天台山国清寺にも送られ絶賛された。浄土教は平安後期から末期にかけて、末世的な社会様相も手伝って広まった。その結果、めでたく往生を遂げたと信じられる人々の伝記を集めた慶滋保胤の『(　d　)』をはじめ、『(　エ　)』『続本朝往生伝』などの往生伝がつくられた。

【設問b】下線部bの六波羅蜜寺には、鎌倉時代に造られた空也が念仏を唱えるさまを表した彫刻が伝わっている。この像の作者の名を記せ。

【設問c】空欄（　c　）に入る適切な語句を記せ。

【設問d】空欄（　d　）に入る適切な語句を記せ。

（3）　法然は、美作の人で押領使漆間時国を父とし、13歳のとき比叡山に登り天台の教学を学んだが、承安5年（1175）43歳のとき善導（ぜんどう）著『観無量寿経疏（かんむりょうじゅきょうしょ）』散善義（さんぜんぎ）の「一心専念弥陀名号」の文により、もっぱら阿弥陀仏の誓いを信じ、念仏を唱えれば、死後は平等に極楽浄土に往生できるという（　オ　）の教えに帰した。その後比叡山を下り、京都の東山吉水においてあらゆる階層の人々に浄土念仏の教えを説いて、のちの浄土宗の開祖と仰がれた。その教えは、摂関家の九条兼実eをはじめとする公家のほか、武士や庶民にまで広まったが、一方で旧仏教側からの非難が高まり、75歳の法然は土佐に流され、弟子7人も各地に流された。法然は同年の12月に許されて摂津の勝尾寺に滞在し、建暦元年（1211）東山大谷に帰り、翌年1月に弟子の源智（げんち）に『一枚起請文』を与え、2日後に80歳で示寂した。

親鸞fは、皇太后宮大進日野有範（ありのり）の子で、9歳で比叡山に登った。29歳の時、後に塔頭の池坊から華道家元が登場することとなる（　カ　）に参籠して夢想を得る。この体験により、吉水に法然をたずね、弟子となった。法然が流罪になったときに親鸞も弟子の一人として越後に流された。その後に常陸に移って、師の教えを一歩進めた、煩悩の深い人間こそが、阿弥陀仏の救いの対象であるという教えを説いた。その教えは農民や地方武士の間にひろまり、やがて浄土真宗（一向宗）と呼ばれる教団が形成されていった。弟子の唯円は、親鸞の教えが間違って解釈されることを嘆いて書物を著す。その一節によく知られる一文として、「(　キ　）なをもちて往生をとぐ、いはんや

（　ク　）をや。しかるを、世のひとつねにいはく、（　ク　）なを往生す、いかにいはんや（　キ　）をやと。(以下略)」がある。

【設問ｅ】下線部ｅの九条兼実の要請により、法然が建久9年（1198）に著した書物の名称を記せ。

【設問ｆ】下線部ｆの親鸞の主著で、他力信心による往生と、その信心は如来から与えられるものとする説がみられる書物の名を記せ。

（4）親鸞没後、その廟所は子孫によって護持され、覚如（g）によって本願寺と称されるようになった。その後、中興とされる蓮如が出て浄土真宗はおおいに信仰圏が拡大した。最初は近江を中心に布教したため、延暦寺の反発を招いたが、文明3年（1471）に越前（　ケ　）御坊に拠点を移し、その教義を平易な文章で書いた（　ｈ　）を用いて説き、講を組織して惣村に広めていった。このような精力的な布教活動によって、本願寺の勢力は、近畿・東海・北陸地方などに広まり、地域ごとに強く結束し、強大なものとなった。そのため、農村の支配を強めつつあった大名権力と門徒集団が衝突し、各地で一向一揆がおこった。その代表的なものが加賀の一向一揆（i）である。

【設問ｇ】下線部ｇの覚如の伝記絵巻で、彼の死去した1351年の制作となり、生活および芸能・風俗資料として南北朝時代を知ることができる作品の名を記せ。

【設問ｈ】空欄（　ｈ　）に入る適切な語句を記せ。

【設問ｉ】下線部ｉの加賀の一向一揆において、長享2年（1488）に加賀の門徒が国人と手を結んで守護を倒すにいたる。このとき自害に追い込まれた守護の人物名を記せ。

（5）日蓮（j）は安房国で生まれ、その後比叡山に学び、法華経を中心とする信仰を確立し、（　ｋ　）を一心に唱えれば救われると説いた。各地に天災地変、社会不安が続出すると、正しい信仰が確立していないからと考え、念仏の停止と法華信仰の確立を訴えて鎌倉で激しい布教活動を行い、「念仏無間、禅天魔、真言亡国、律国賊」と他宗に攻撃を加えた。このため他宗の反感を買い、幕府からも迫害を受け、二度の流罪（伊豆、佐渡）に処せられたが、日蓮宗は関東の武士層や商工業者を中心に広まっていった。

日蓮宗の展開で、南北朝期以降は（　コ　）をはじめとする僧が京都へ進出し、新興の商人との結びつきを深めた。15世紀後半には（　サ　）が迫害に屈せず京都の町衆のあいだに教えを広めた。日蓮宗の門徒は、一向一揆に対抗して武装するようになり（　l　）を結成する。しかし、延暦寺や諸大名の反発を買い、天文５年（1536）の乱で大きな打撃を受け、宗勢は一時衰えた。それにもかかわらず、その後も日蓮の教えは受け継がれ、熱心な信仰者として、近世初頭では後藤一族や本阿弥光悦が、近代の文学では『滝口入道』を著した（　シ　）や宮沢賢治がいたことも知られている。

【設問ｊ】下線部ｊの日蓮が1260年に、前執権北条時頼に提出した建白書で、天変地異の続発は、法華経の正法に背くからで、念仏の邪法を禁じないと自国の反乱と他国からの侵略があると予言し、伊豆流罪の一因となった書物の名称を記せ。

【設問ｋ】空欄（　ｋ　）に入る適切な語句を記せ。

【設問ｌ】空欄（　ｌ　）に入る適切な語句を記せ。

［語群］

1．凡　下	2．上　人	3．善　人
4．他　力	5．絶対他力	6．自　力
7．悪　党	8．悪　人	9．聖
10．栄華物語	11．拾遺往生伝	12．三教指帰
13．無　住	14．無　著	15．忍　性
16．日　像	17．日　召	18．日　親
19．智　真	20．慈　円	21．空　海
22．円　仁	23．円　珍	24．良　源
25．道　元	26．重　源	27．西　行
28．貞　慶	29．叡　尊	30．三宅雪嶺
31．志賀重昂	32．杉浦重剛	33．高山樗牛
34．観想念仏	35．専修念仏	36．仏　性
37．寛永寺	38．善光寺	39．護国寺
40．増上寺	41．法隆寺	42．四天王寺

43. 平等院　　44. 六角堂　　45. 山　科
46. 吉　崎　　47. 富田林　　48. 今　井

〔Ⅱ〕 次の（1）～（3）の文章や資料を読み、【設問ア】～【設問ツ】に答えよ。（45点）

（1） 1787年（天明7）に江戸・大坂をはじめとする全国30余りの主要都市で、米価高騰により生活が苦しくなった民衆を中心に激しい打ちこわしがおこった。将軍お膝元の江戸の打ちこわしが幕府の権威を著しく失墜させると、老中に（　ア　）が就任し、幕政の改革を断行した。この人物は（　イ　）の孫に当たり、（　ウ　）藩主として藩政を立て直したことから、諸大名の期待を集めた。（　ア　）の改革を風刺した「（　ウ　）の清きに魚のすみかねてもとの濁りの（　エ　）こひしき」の歌も遺されている。

一連の改革は幕政を立て直す一方で民衆の反発を招いた。また朝廷問題も発生した。（　ア　）は、幕府が政治を行う正統性の根拠を天皇からの委任に求める大政委任論の立場を表明し、朝廷との関係と幕府の安定を図った。しかし朝廷が当時の天皇の実父閑院宮典仁親王に（　オ　）の尊号を送りたいと幕府に同意を求めたのに対して、（　ア　）は拒絶し、これに関わった公家を処罰した。この事件の対処をめぐる将軍との対立もあって、老中在職6年余りで退陣に追い込まれた。

【設問ア】空欄（　ア　）に当てはまる人物名を解答欄Ⅱ－Aに漢字で記せ。

【設問イ】空欄（　イ　）に当てはまる人物名として正しいものを下記から1つ選び、その番号を解答欄Ⅱ－Bに記入せよ。

1．徳川吉宗　2．徳川家治　3．徳川家斉　4．徳川家重

【設問ウ】空欄（　ウ　）に当てはまる藩名として正しいものを下記から1つ選び、その番号を解答欄Ⅱ－Bに記入せよ。

1．弘　前　2．会　津　3．白　河　4．米　沢

【設問エ】空欄（　エ　）には空欄（　ア　）の人物の前に老中を務めていた人物の名字が入る。その名字を解答欄Ⅱ－Aに漢字で記せ。

【設問オ】空欄（　オ　）に当てはまる語句を解答欄Ⅱ－Aに漢字４字で記せ。

（２）開港問題をめぐって、幕府政治のあり方にも変化が起きた。ペリー来航当時の老中（　カ　）は、それまでの方針を変えて事態を朝廷に報告し、諸大名や幕臣にも意見を求めたが、これは朝廷を現実の政治の場に登場させてその権威を高め、諸大名には幕政に発言する機会を与えることになった。また幕府は有能な人材を取り立てるとともに、国防を強化するため江戸湾に（　キ　）を築き、大船建造の禁止を解除した。

アメリカから通商条約の締結を迫られていたころ、幕府の内部では病弱で子のない13代将軍徳川家定の後継問題が大きな争点となり、徳川将軍家の一門である一橋家の徳川慶喜を推す<u>一橋派</u>(ク)と、御三家のうち紀伊藩主の徳川慶福を推す南紀派が対立した。このとき南紀派の井伊直弼は、大老に就任して一橋派を押し切り、慶福を将軍の跡継ぎに決定した。

【設問カ】空欄（　カ　）に当てはまる人物名として正しいものを下記から１つ選び、その番号を解答欄Ⅱ－Bに記入せよ。

１．阿部正弘　　２．水野忠邦　　３．堀田正睦　　４．徳川斉昭

【設問キ】空欄（　キ　）に当てはまる語句を解答欄Ⅱ－Aに漢字で記せ。

【設問ク】下線部クに関して、この一派ではない人物名を下記から１つ選び、その番号を解答欄Ⅱ－Bに記入せよ。

１．伊達宗城　　２．島津斉彬　　３．松平慶永　　４．徳川家慶

（３）攘夷運動がつまずくと、薩摩藩と長州藩は次第に倒幕へと傾いた。1866年（慶応２）初め、長州藩の桂小五郎（木戸孝允）らと薩摩藩の西郷隆盛らは、土佐藩出身の（　ケ　）と中岡慎太郎の仲介で、相互援助の密約（薩長連合）を結び、反幕府の態度を固めた。この情勢を見抜けなかった幕府は、この年再び長州征討（第２次）を試みた。しかし、薩摩藩は従わず、幕府は将軍徳川家茂の急死を理由に停戦し、幕府の権威は失われた。

こうした中、薩長両藩は武力による倒幕を目指し、1867年（慶応３）10月、<u>朝廷内の倒幕派</u>(コ)と結び討幕の密勅を手に入れた。しかし15代将軍徳川慶喜は、山内豊信のすすめにより、政権を朝廷に返す策を受け入れ、先に（　サ　）の上表を朝廷に提出していた。政権は返上しても諸侯会議で徳川氏が大名と

して存続し、国政の上で実質的な影響力を維持しようとするねらいがあった。

（　サ　）の上表で機先を制された倒幕派は、12月、クーデターを決行し、以下の王政復古の大号令を発して新政府の樹立を宣言した。

徳川内府、従前御委任ノ大政返上、将軍職辞退ノ両条、今般断然聞シメサレ候、抑癸丑(シ)以来未曽有ノ国難、先帝(ス)頻年宸襟ヲ悩マセラレ候御次第、衆庶ノ知ル所ニ候、之ニ依リ、叡慮ヲ決セラレ、王政復古、国威挽回ノ御基立テサセラレ候間、自今摂関、幕府等廃絶、即今先ズ仮ニ（　セ　）、議定、参与ノ三職ヲ置カレ、万機行ハセラルベク、諸事（　ソ　）創業ノ始メニ原ヅキ、縉紳、武弁、堂上、地下ノ別ナク、至当ノ公議ヲ竭シ、天下ト休戚ヲ同ジク遊バサルベキ叡念ニ付キ、各勉励、旧来驕惰ノ汚習ヲ洗ヒ、尽忠報国ノ誠ヲ以テ、奉公致スベク候事、……

新政府の課題は、国内を統一し、その基礎を固めることであった。しかし旧幕府側の抵抗は強く、1868年（明治元）１月の鳥羽・伏見の戦いから、約１年半にわたる戊辰戦争が始まった。新政府は徳川慶喜を朝廷の敵とみなし、同年４月に江戸城を戦うことなく明け渡させると、会津藩や、東北諸藩の連合（奥羽越列藩同盟）による抵抗を打ち破り、さらに函館の五稜郭に立てこもった旧幕府海軍などを降伏させ、1869年（明治２）５月、この内戦は終結した。

この間、1868年（明治元）３月、新政府は以下の五箇条の御誓文(タ・チ)を公布した。これは公議輿論の尊重と開国和親を基本方針とすることを、天皇が神々に誓ったものである。

一、広ク（　ツ　）ヲ興シ万機公論ニ決スベシ

一、上下心ヲ一ニシテ盛ニ経綸ヲ行フベシ

一、官武一途庶民ニ至ル迄各其志ヲ遂ゲ人心ヲシテ倦マザラシメン事ヲ要ス

一、旧来ノ陋習ヲ破リ天地ノ公道ニ基クベシ

一、智識ヲ世界ニ求メ大ニ皇基ヲ振起スベシ

【設問ケ】空欄（ ケ ）に当てはまる人物名を解答欄Ⅱ－Aに漢字で記せ。

【設問コ】下線部コに関して、その中心となった人物名として正しいものを下記から１つ選び、その番号を解答欄Ⅱ－Bに記入せよ。

1．広沢真臣　2．岩倉具視　3．相良総三　4．西園寺公望

【設問サ】空欄（ サ ）に当てはまる語句を解答欄Ⅱ－Aに漢字で記せ。

【設問シ】下線部シに相当する年として正しいものを下記から１つ選び、その番号を解答欄Ⅱ－Bに記入せよ。

1．1852年（嘉永５）　2．1853年（嘉永６）
3．1854年（安政元）　4．1855年（安政２）

【設問ス】下線部スに関して、この天皇名を解答欄Ⅱ－Aに漢字で記せ。

【設問セ】空欄（ セ ）に当てはまる語句を解答欄Ⅱ－Aに漢字で記せ。

【設問ソ】空欄（ ソ ）に当てはまる語句として正しいものを下記から１つ選び、その番号を解答欄Ⅱ－Bに記入せよ。

1．神 武　2．桓 武　3．天 照　4．推 古

【設問タ】下線部タに関して、この原案を作成した人物名として正しいものを下記から１つ選び、その番号を解答欄Ⅱ－Bに記入せよ。

1．副島種臣　2．大村益次郎　3．佐々木高行　4．由利公正

【設問チ】五箇条の御誓文が出された後の主要な政治上の出来事について、年代の古いものから順に正しく並べているものを下記から１つ選び、その番号を解答欄Ⅱ－Bに記入せよ。

1．廃藩置県→版籍奉還→民撰議院設立の建白書の提出→政体書の発布
2．版籍奉還→政体書の発布→民撰議院設立の建白書の提出→廃藩置県
3．政体書の発布→版籍奉還→廃藩置県→民撰議院設立の建白書の提出
4．民撰議院設立の建白書の提出→政体書の発布→版籍奉還→廃藩置県

【設問ツ】空欄（ ツ ）に当てはまる語句を解答欄Ⅱ－Aに漢字で記せ。

〔Ⅲ〕 次の（1）（2）の文章を読み、下の【設問ア】～【設問ツ】に答えよ。

（45点）

（1） 1862年（文久2）、幕府は欧州に留学生15名を派遣した。その主要なねらいは、欧米列強の外圧に対抗しうる近代的な海軍の建設のために、留学団受入国への軍艦の発注ならびに先進的な軍艦建造技術を伝習することなどにあった。そこで、留学生の大半は、海軍士官や職方によって構成された。ハーグに居住した留学生のうち、赤松則良は、造船学や製図を学んだ。帰国後、生涯を造船技術の研究に費やし、1876（明治9）年には、横須賀造船所（ア）の所長に就任した。また、（　イ　）は、蒸気機関学、軍艦運用技術などの習得に努めたほか、電信技術や化学と理学などの自然科学を学んだ。幕府が発注した軍艦（ウ）の建造を見学するために、赤松らと共にドルトレヒトの造船所に通ったりもした。さらに、イギリスにも滞在して、製鉄所や鉱山を見学した。このような彼の経験は、後に、八幡製鉄所の設立につながる。日清戦争による賠償金（エ）の一部を使用して建設され、鉄鋼の国産化を目的に1897（明治30）年に着工、1901（明治34）年に操業を開始したこの製鉄所は、重工業部門の発展に重要な役割を果たしたが、その技術は（　オ　）に依存した。一方、この留学生団の中には、2名の医学生のほか、（　カ　）の洋学者（キ）も2名、含まれていた。外交や貿易に関する西洋諸国との対外交渉のためにも、また、国内の政務や機関などの改革のためにも、欧州の人文社会科学を幅広く身につける必要があると認識していた彼らは、ライデン大学でフィッセリングに師事し、法学や経済学（ク）などを学んだ。幕府による留学生の派遣に対抗して、長州藩や薩摩藩（ケ）をはじめとする雄藩も、留学生を外国に派遣した。

【設問ア】下線部アは、幕府によって設立された洋式工場を起源に持つ。明治維新後、新政府は、幕府や諸藩の洋式工場を引き継いで官営工場の模範とした。明治初期の官営事業のうち、幕府から引き継いだものを次のうちから1つ選び、その番号を解答欄Ⅲ－Bに記入せよ。

1．富岡製糸場　　2．深川セメント製造所

3．新町紡績所　　4．東京砲兵工廠

【設問イ】空欄（　イ　）に入る人物は、帰国後、海軍副総裁を務め、五稜郭に

立てこもって新政府軍と交戦した。この人物名を解答欄Ⅲ－Aに漢字４字で記せ。

【設問ウ】下線部ウの修造を目的として幕末に設立された長崎造船所は、官営事業払下げによって、1887（明治20）年に民間に払い下げられた。長崎造船所の払い下げ先を次のうちから１つ選び、その番号を解答欄Ⅲ－Bに記入せよ。

1．三　井　　2．住　友　　3．三　菱　　4．古　河

【設問エ】下線部エに関連して、1897（明治30）年に制定された貨幣法に基づき、この賠償金の一部を準備金として確立された通貨制度の名称を解答欄Ⅲ－Aに漢字４字で記せ。

【設問オ】空欄（　オ　）に入る国を次のうちから１つ選び、その番号を解答欄Ⅲ－Bに記入せよ。

1．アメリカ合衆国　　2．イギリス

3．オランダ　　4．ドイツ

【設問カ】空欄（　カ　）は、黒船来航をきっかけに、外交・軍事上の文書や詔書の翻訳、外交交渉事務や西洋事情に関する調査、ならびに外国語学習、翻訳者・通訳者の養成を目的に1856年（安政３）に設立された徳川政権直轄の洋学研究教育機関である。この設立時の機関名を解答欄Ⅲ－Aに漢字４字で記せ。

【設問キ】下線部キに関連して、明六社のメンバーであった啓蒙思想家で、1882（明治15）年に明治天皇が軍人に下した勅諭を起草した人物名を解答欄Ⅲ－Aに漢字で記せ。

【設問ク】下線部クに関連して、1878（明治11）年に来日、東京大学で政治学、哲学や経済学（理財学）などを講義したのに加えて、伝統的な日本美術の復興を主張し東京美術学校を設立した人物を次のうちから１つ選び、その番号を解答欄Ⅲ－Bに記入せよ。

1．フォンタネージ　　2．フェノロサ

3．カッテンディーケ　　4．キヨソネ

【設問ケ】下線部ケに関連して、藩命により留学生を引率してヨーロッパを視察し、大阪経済の発展に努めるほか、開拓使官有物払下げ事件の中心人物とし

て非難された人物を次のうちから1つ選び、その番号を解答欄Ⅲ－Bに記入せよ。

1．五代友厚　　2．渋沢栄一　　3．井上馨　　4．寺島宗則

（2）敗戦直後の日本経済は、生産力の荒廃の一方、復員や引き上げによる人口増加で食料など生活物資の不足は深刻であった。都市の住民は、たけのこ生活を余儀なくされ、生活物資を（　コ　）に求めた。こうした供給不足と通貨の増発によってインフレーションが急速に進む一方、これを抑制することは困難であった。1949年2月1日、ロイヤル陸軍長官(サ)とともに、大統領の特命公使としてジョセフ・ドッジが来日した。前年12月にアメリカ本国では、日本経済の自立を目的とする（　シ　）が決議され、GHQを通じて日本に指示されたが、ドッジの使命は、この指示内容を実行に移すことであった。そこで、（　ス　）、復興金融金庫(セ)新規貸出と復金債の発行の停止を含む諸政策をすすめた。また、財政学者カール・シャウプを団長とする使節団が来日し、（　ソ　）中心主義の徹底をはじめとする税制改革を勧告し、これらの政策を税制面から補足した。池田勇人(タ)は、大蔵大臣としてドッジとの交渉および政策の実施にあたった。以上のような一連の施策を通じてインフレーションは終息する。しかし、デフレ政策と増税が生産の停滞と大量の失業者を生みだすとともに中小企業の経営を圧迫した。インフレーションの激化による膨大な赤字と労働問題を背景として、国鉄(チ)は、1949年に日本専売公社とともに公社化(ツ)されたが、それにともない大量の人員整理も行われた。

【設問コ】空欄（　コ　）には、敗戦後、全国の都市の焼け跡などに自然発生的に形成され、生活必需品を販売したり簡単な飲食をさせたりした露店の集団の呼称が入る。その呼称を解答欄Ⅲ－Aに漢字2字で記せ。

【設問サ】下線部サの人物は、1948年1月、民主化から経済的自立化への対日占領政策の転換を表明した。その後、第二次世界大戦後の民主化政策を見直して改革に逆行しようとする政策路線は、1950年代前半に本格化し、「逆コース」と呼ばれた。これに関連して、占領管理法令の一つであった団体等規正令に代わるものとして、国内の治安維持を図る目的で1952年7月21日に制定された法律の名称を解答欄Ⅲ－Aに漢字7字で記せ。

【設問シ】空欄（　シ　）に入る用語を解答欄Ⅲ－Aに漢字で記せ。

【設問ス】空欄（　ス　）に入る、ドッジの政策として適切なものを次のうちから1つ選び、その番号を解答欄Ⅲ－Bに記入せよ。

1．支払猶予令による債務支払の猶予

2．1ドル＝308円の単一為替レートの設定

3．超均衡予算の実現

4．富裕者への財産税の賦課

【設問セ】下線部セに関連して、復興金融金庫の融資許認可をめぐって昭和電工事件が発生し、内閣は総辞職に追い込まれた。この内閣に関する説明として適切なものを次のうちから1つ選び、その番号を解答欄Ⅲ－Bに記入せよ。

1．国家公務員のストライキを禁止するポツダム政令を公布した。

2．日本社会党委員長を首班とする三党連立内閣であった。

3．民法を改正して均分相続制を定めた。

4．労働基準法を制定した。

【設問ソ】空欄（　ソ　）に入る用語を解答欄Ⅲ－Aに漢字3字で記せ。

【設問タ】下線部タに関連して、池田内閣ですすめられた中国との準政府間貿易を何と呼ぶか。解答欄Ⅲ－Aに記せ。

【設問チ】下線部チに関連して、東海道新幹線が開通した年の出来事として正しいものを次のうちから1つ選び、その番号を解答欄Ⅲ－Bに記入せよ。

1．日本列島改造論の提唱　　　2．日本の経済協力開発機構への加盟

3．日本万国博覧会の開催　　　4．いざなぎ景気の到来

【設問ツ】下線部ツに関連して、1952年に発足した日本電信電話公社を含めた三公社は、後に民営化された。その民営化を断行した内閣の首相を次のうちから1つ選び、その番号を解答欄Ⅲ－Bに記入せよ。

1．鈴木善幸　　2．竹下登　　3．中曽根康弘　4．小泉純一郎

世界史

（75分）

〔Ⅰ〕　次の文章を読み，設問1～3に答えなさい。　(50点)

紀元前6世紀末に，イタリア半島中部のラティウム地方に定住していたラテン人のうち，都市国家ローマは，先住民族のエトルリア人の王を退けて，共和政に移行した。ローマ人は，紀元前272年にイタリア半島を統一したが，この頃の東地中海地域はヘレニズム時代にあたり，(A)ギリシア文化がオリエント各地に広がって現地の文化と融合したり，従来とは異なる思想が現れたりした。ローマは，（　**a**　）との3度にわたるポエニ戦争によって西地中海地域へと覇権を広げ，紀元前2世紀後半には東地中海地域のギリシアおよび小アジアを勢力下におさめ，地中海全域を制覇した。

ローマ共和政における実質的な支配権を握っていたのは貴族の会議である元老院であったが，貴族と平民との身分闘争は絶えず，紀元前287年の（　**b**　）法によってようやく貴族と平民の政治的権利が同等となった。しかし，ローマの支配者階級は，属州統治や徴税請負で富を築く一方，中小農民は長期にわたる征服戦争に出征したために農地が荒廃し，没落した。その結果，(B)貧富の格差が拡大し，共和政の基盤を揺るがす原因となった。紀元前1世紀のローマは内乱の時代となり，それに勝利したカエサルは非常時に任命されるはずの（　**c**　）を連続して務めた。しかし，彼が暗殺されると，政治は再び混乱した。そして，カエサルの養子オクタウィアヌスが，紀元前31年に（　**d**　）の海戦で，プトレマイオス朝エジプトの女王クレオパトラと結んだアントニウスを破り，地中海全域を平定した。その過程で，(ア)多くの戦争捕虜が奴隷としてローマに流入した。

紀元前27年に，オクタウィアヌスは，元老院から尊厳者（アウグストゥス）の称号を与えられ，共和政の制度を尊重して（　**e**　）を自称した。しかし，ほとんどの国政上の権限は彼によって掌握されたので，ここから実質的なローマ帝政が始まる。帝政の最初の200年間は，「ローマの平和（パクス＝ロマーナ）」と呼ばれる繁栄と平和の時代であり，とりわけ五賢帝のひとり（　f　）帝時代に帝国の領土は最大となり$_{(C)}$文化的にも多産な時代であった。ローマの繁栄によって，$_{(イ)}$学問や農業だけではなく，商業も活性化し，中国・東南アジア・インドから（　g　）貿易によって香辛料や絹がもたらされた。こうした活発な交流に伴って，ローマの文化は地中海世界に広がり，$_{(ウ)}$ローマ市民権を持つ者も増えていった。しかし，繁栄を極めたローマ帝国も，2世紀末以降は経済不振や内乱，異民族の侵入などが相次ぎ，分裂の危機に瀕するようになった。1世紀に$_{(D)}$パレスティナ（パレスチナ）地方で誕生し，帝国内部で広まっていたキリスト教もローマ帝国は利用したが，（　h　）年にテオドシウス帝が亡くなると帝国の東西分裂は決定的になった。

東西分裂後，$_{(E)}$476年に西ローマ帝国は滅亡したが，東ローマ（ビザンツ）帝国はキリスト教とギリシア古典文化を融合した独自の文化的世界を作った。商業と貨幣経済の発達した帝国の首都コンスタンティノープルは，当時の世界最大の貿易都市として栄え，6世紀の$_{(エ)}$ユスティニアヌス帝の時代にビザンツ帝国は，地中海全域を支配下においた。しかし，ユスティニアヌス帝の死後，ビザンツ帝国の領土は，イタリア半島が（　i　）王国やフランク王国に，シリア・エジプトは7世紀にはアラブ人ムスリムによって奪われた。バルカン半島や北方でもスラブ人が勢力を拡大した。$_{(オ)}$11世紀後半には小アジアにもムスリムが進出し，最後はオスマン帝国の（　j　）によってビザンツ帝国は1453年に滅ぼされた。

設問1　文中の（　a　）～（　j　）に入る最も適切な語を以下の語群から選び，番号を解答欄Ⅰ－Aに記入しなさい。

【語群】

1．アクティウム　　2．アングロ＝サクソン
3．アントニヌス＝ピウス　　4．ヴァンダル　　5．塩金
6．カルタゴ　　7．季節風（モンスーン）
8．コロナトゥス　　9．サラミス　　10．執政官（コンスル）
11．十二表　　12．シラクサ　　13．スレイマン1世

14. セリム1世　15. 専制君主
16. 第一人者（プリンケプス）　17. ダマスクス
18. 朝貢　19. 独裁官（ディクタトル）
20. トラキア　21. トラヤヌス　22. ネルウァ
23. ネロ　24. ハドリアヌス　25. バヤジット1世
26. ファーティマ　27. ブルグンド　28. 北海
29. ホルテンシウス　30. マッシリア　31. マラトン
32. メフメト2世　33. ランゴバルド
34. リキニウス・セクスティウス　35. レパント
36. 313　37. 330　38. 392
39. 395

設問2　文中の波線部(A)〜(E)に関連する次の記述(a)(b)について，(a)(b)ともに正しい場合は数字**1**を，(a)のみ正しい場合は数字**2**，(b)のみ正しい場合は数字**3**，(a)(b)ともに正しくない場合は数字**4**を，解答欄Ⅰ－Bに記入しなさい。

(A)

(a)　ヘレニズム時代には，コイネーと呼ばれるギリシア語が共通語となった。

(b)　ヘレニズム時代には，精神的快楽を求めるストア派が盛んであった。

(B)

(a)　貧富の格差が広がるなか，閥族派のマリウスと平民派のスラの対立が激化した。

(b)　護民官をあいついで務めたグラックス兄弟は，有力者の占有する土地を再分配して，中小農民の再建をこころみた。

(C)

(a)　ローマ帝国時代の土木技術を代表するものにコロッセウムやパルテノン神殿のような大建築が挙げられる。

(b)　ラテン文学黄金期のウェルギリウスによる代表作は，『転身譜（変身物語）』である。

(D)

(a)　イスラエルの建国を機に起こったパレスティナ戦争によって，多くのパレスティナ難民が生じた。

(b)　冷戦後，パレスティナ解放機構のラビン議長と，イスラエルのアラファト首相の間で，パレスティナ暫定自治協定（オスロ合意）が結ばれた。

(E)

(a)　西ローマ帝国を滅ぼしたオドアケルが，イタリア半島に東ゴート王国を建てた。

(b)　ビザンツ帝国でギリシア正教が発展した。

設問3　文中の下線部(ア)～(オ)について，以下の問いに対する答えを，解答欄Ⅰ－Cに記入しなさい。

(ア)　紀元前1世紀前半に，イタリアで剣闘士（剣奴）による大規模な奴隷反乱が引き起こされた。その反乱を率いた人物の名前を答えなさい。

(イ)　紀元1世紀に百科事典的な『博物誌』を著した自然科学者の名前を答えなさい。

(ウ)　212年にローマ帝国の全自由民にローマ市民権を与えた皇帝の名前を答えなさい。

(エ)　ユスティニアヌス帝が中国からとりいれた技術は，のちのビザンツ帝国の主要産業の基盤となった。その技術とは何か。最後に「技術」をつけ漢字で答えなさい。

(オ)　セルジューク朝に圧迫されたビザンツ皇帝による救援の要請を受けて，聖地回復のための聖戦を提唱したローマ教皇の名前を答えなさい。

〔Ⅱ〕 次の文章を読み，設問1～9に答えなさい。(50点)

1682年に皇帝に即位したピョートル1世（大帝）はロシアの近代化をめざして西欧諸国に使節団を送り，自身もその一員として各国の造船技術，軍事技術などを視察し，積極的に西欧の技術を採り入れた。対外政策の領域では，黒竜江方面への進出によって清朝との紛争が増加したことから，（　**a**　）治世下の清とネルチンスク条約を結んで両国の国境を画定した。さらに不凍港の獲得を目指してオスマン帝国と戦った結果，（　**b**　）の周辺地域を一時的に支配した。北欧では，国王（　**c**　）のもとで三十年戦争に参戦したスウェーデンがバルト海の覇権を獲得し，バルト帝国と呼ばれる軍事大国に発展していた。これに対してピョートル1世は，(ア)バルト海の覇権の獲得を試みてポーランド，デンマークとともにスウェーデンと戦った。この戦争では当初はスウェーデンが優勢だったが，最終的にはロシアがスウェーデンを破り，バルト海の覇権を獲得した。ピョートル1世は新たに獲得したバルト海沿岸に首都サンクト＝ペテルブルクを建設し，西欧とのつながりを強めた。さらに(1)探検家ベーリングに，アジアとアメリカ大陸間の探検を命じた。

1762年に皇帝に即位したドイツ出身のエカチェリーナ2世も同様に，(2)内政改革とともに対外進出を試みた。フランスの思想家と文通していたことでも知られており，彼女が推進した学芸保護や法治主義，社会福祉などの政策は，これらの知識人から学んだ(3)啓蒙思想を基礎としていた。しかし，1789年の革命でフランスの絶対王政が倒れると，専制の護持へと政策を転換させていった。対外政策の領域ではオスマン帝国との戦争を経て，(イ)15世紀の後半からオスマン帝国の宗主権のもとに置かれていたクリミア半島と黒海北岸を獲得し，オスマン領内の正教徒の保護権を得た。他方でポーランドでは，（　**d**　）朝断絶後に貴族を主体とする選挙王制が始まると，国内の貴族と外国勢力による選挙干渉，ロシアへの進出の失敗，財政破綻などによって次第に国力を低下させていった。18世紀後半には貴族の内紛が起こり，政治が混乱するなかで，プロイセンはオーストリア，ロシアにポーランド分割を提案し，最終的にポーランド王国は消滅した。

19世紀初頭にフランスでナポレオンを皇帝とする第一帝政が形成されると，ヨーロッパの多くの国がフランスの支配下に入った。ナポレオンは(ウ)大陸諸国にイギリスとの通商を禁じ，フランスの産業のために市場を確保しようとした。しかし，ロシアはこれを無視して，イギリスへの穀物輸出を再開した。これに対してナポレオン軍はロシア遠征を試みるものの撃退され，その後の1813年の（　**e**　）の戦いでも敗退した。1814年にはフランス革命とナポレオン戦争から生じた混乱を収拾することを目的としてウィーン会議が開かれ，ヨーロッパの新たな国際秩序となるウィーン体制が形成された。このなかでロシア皇帝の提案により，(4)ウィーン体制を支える同盟関係が構築されることとなった。

他方で19世紀前半のオスマン帝国では諸民族が自立の動きを強めており，(エ)ヨーロッパ諸国はこれに介入してバルカン半島に勢力を拡大しようとした。ロシアもまた，ボスフォラス・ダーダネルス両海峡の自由航行権の獲得を試みたが，これはイギリスの介入によって失敗に終わる。その後，(5)オスマン帝国がイェルサレムの管理権を正教徒からカトリック教徒に移したことから，正教徒の保護者を自認する（　**f**　）はオスマン帝国と開戦し，クリミア戦争が勃発する。これに対して自国の権益の喪失を恐れたイギリスとフランスはオスマン帝国側で参戦し，クリミア半島のセヴァストーポリ要塞をめぐる激しい攻防の末，最終的にはロシアの劣勢のなかで（　**g**　）が締結されることとなった。これによりロシアは(6)黒海の中立化の承認と，ボスフォラス・ダーダネルス両海峡の自由航行権の喪失の再確認を強いられた。

クリミア戦争によって，ウィーン体制は最終的に崩壊した。敗戦したロシア国内ではさまざまな制度の改革の必要性が認識されるようになり，「大改革」と呼ばれる時代が始まることとなる。こうした状況のなかで，(オ)農村共同体（ミール）を基盤として政治改革を実現するために農村に入り，農民を啓蒙しようとする知識人が現れたが，この運動は農民の理解を得ることができず，政府によって鎮圧された。ロシア政府はその後も他の列強と競い合いながらオスマン帝国への介入を続け，それと同時に(7)イランや中央アジアにも進出を試みた。

設問1　空欄（　**a**　）～（　**g**　）に入る最も適切な語句を次の選択肢1～4のうちから一つ選び，解答欄Ⅱ－Aに記入しなさい。

(a)　1．乾隆帝　2．康熙帝　3．洪武帝　4．雍正帝

(b)　1．アゾフ海　2．アラル海　3．エーゲ海　4．カスピ海

(c)　1．カール４世　2．カール12世
3．グスタフ＝アドルフ　4．リューリク

(d)　1．ヴァロワ　2．カペー
3．パフレヴィー　4．ヤギェウォ（ヤゲウォ）

(e)　1．ヴァルミー　2．タンネンベルク
3．ライプツィヒ　4．ワーテルロー

(f)　1．アレクサンドル１世　2．アレクサンドル２世
3．ニコライ１世　4．ニコライ２世

(g)　1．サン＝ステファノ条約　2．パリ条約
3．ベルリン条約　4．ロンドン条約

設問２　波線部(1)に関連して，18世紀後半から19世紀半ばのロシアと東アジアの関わりに関する文Ｘ・Ｙと，それに該当する語句ア〜エの組み合わせとして正しいものを次の選択肢１〜４から一つ選び，解答欄Ⅱ－Ｂに記入しなさい。

Ｘ　ロシア人に保護された大黒屋高太夫らをともなって日本に送られ，日本との通商を開こうとした使節。

Ｙ　ロシアが清朝と結んだ条約で，これによってロシアは沿海州（ウスリー川以東）を獲得し，ウラジヴォストク港を開いた。

ア．マカートニー　イ．ラクスマン　ウ．天津条約　エ．北京条約

1．Ｘ－ア　Ｙ－ウ　2．Ｘ－ア　Ｙ－エ
3．Ｘ－イ　Ｙ－ウ　4．Ｘ－イ　Ｙ－エ

設問３　波線部(2)に関連して，ロシアの内政および対外進出について述べた次の文のなかから正しいものを次の選択肢１〜４のうちから一つ選び，解答欄

Ⅱ－Bに記入しなさい。

1．19世紀にコサック隊長のイェルマークはコーカサス遠征を行い，ロシアの領土を拡大した。

2．農奴解放を求めるステンカ＝ラージンの反乱がおこったが，エカチェリーナ2世によって鎮圧された。

3．ウィーン体制下で青年士官が自由主義的改革を求めて蜂起した。

4．19世紀後半には農奴に身分的自由を認め，無償で土地を配分する農奴解放令が皇帝によって発布された。

設問4　波線部(3)の18世紀フランスの啓蒙思想に関する著作と著者名，思想の組み合わせとして正しいものを次の選択肢1～6のうちから一つ選び，解答欄Ⅱ－Bに記入しなさい。

1．『社会契約論』　　2．『哲学書簡』

a．ルソー　　b．ヴォルテール

ア）イギリスの制度や文化を賛美して，フランスの制度や社会の後進性を批判した。

イ）人間の平等に基づく人民主権論を主張して，フランス革命に大きな影響を与えた。

1．1－a－ア　　2．1－a－イ　　3．2－a－イ

4．1－b－ア　　5．1－b－イ　　6．2－b－イ

設問5　波線部(4)に関連して，ウィーン体制の成立後の状況について述べた以下の三つの文のうち，正しい文はいくつあるか。正しい文の数を解答欄Ⅱ－Bに数字**1**～**3**で答えなさい。なお，正しい文がない場合は**4**を記入しなさい。

1．ウィーン体制を維持するために1815年に四国同盟が成立し，イギリス，オーストリア，プロイセン，ロシアが加わった。後にフランスも加盟し，

五国同盟に発展した。

2．ロシア皇帝の提案により，キリスト教の友愛精神を基調とする君主間の同盟である神聖同盟が成立し，プロイセンやイギリスの君主もこの同盟に参加した。

3．スペインやフランスではブルボン朝が復活し，ロシア皇帝はスウェーデン国王を兼ねた。さらにスイスの永世中立が認められた。

設問6　波線部(5)に関して，19世紀のオスマン帝国に関連する事項について述べた次の文①～③について，古いものから年代順に正しく配列したものを次の選択肢１～６のうちから一つ選び，解答欄Ⅱ－Ｂに記入しなさい。

①　大宰相ミドハト＝パシャが起草した憲法が制定された。

②　エジプトのムハンマド＝アリーはシリアの領有をめぐってオスマン帝国と戦った。

③　ギリシアはオスマン帝国からの独立を目指して戦い，独立を認められた。

１．①—②—③　　２．①—③—②　　３．②—①—③
４．②—③—①　　５．③—①—②　　６．③—②—①

設問7　波線部(6)に関連して，18世紀から19世紀のロシアの対外関係に関する文Ｘ・Ｙについて，それぞれの正誤の組み合わせとして正しいものを次の選択肢１～４のなかから一つ選び，解答欄Ⅱ－Ｂに記入しなさい。

Ｘ　アメリカ独立戦争が勃発すると，エカチェリーナ２世の提唱で中立国が武装中立同盟を結び，間接的に植民地を援護した。

Ｙ　1877年に起こったロシア＝トルコ戦争の結果，ルーマニアとブルガリア，モンテネグロが独立し，セルビアは自治国となった。

１．Ｘ：正　Ｙ：正　　２．Ｘ：正　Ｙ：誤
３．Ｘ：誤　Ｙ：正　　４．Ｘ：誤　Ｙ：誤

設問8　波線部(7)について，19世紀のアジアに関する次の文のなかで**誤っている**ものを次の選択肢１～４から一つ選び，解答欄Ⅱ－Ｂに記入しなさい。

1．２度の戦争によって，イギリスはロシアとの対抗のために英領インドからアフガニスタン王国への進出を試みた。

2．カージャール朝はロシアとトルコマンチャーイ条約を結び，国境を画定した。

3．ロシアはカザン＝ハン国，ブハラ＝ハン国を保護国としたのち，コーカンド＝ハン国を併合した。

4．ロシアは新疆に出兵してイリ地方を占領したが，イリ条約によってその大半を清朝に返還した。

設問9　下線部(ア)～(オ)について，次の問いに対する答えを解答欄Ⅱ－Ｃにそれぞれ記入しなさい。

ア　下線部(ア)の戦争の名称を漢字４文字で書きなさい。

イ　下線部(イ)のように，18～19世紀にロシアが黒海の制海権獲得と地中海への進出をはかった政策を何というか。漢字４文字で書きなさい。

ウ　下線部(ウ)を命じたナポレオンの勅令を何というか。漢字５文字で書きなさい。

エ　下線部(エ)のような，オスマン帝国への影響力拡大や領土分割をめぐるヨーロッパ諸国間の対立を，ヨーロッパ諸国は何と呼んだか。漢字４文字で書きなさい。

オ　下線部(オ)の知識人は何と呼ばれたか。カタカナ６文字で書きなさい。

〔Ⅲ〕　以下の文章を読んで，設問1～4に答えなさい。　(50点)

蔣介石は1887年，浙江省奉化県に生まれた。彼は1907年に(1)日本へ留学し，日本陸軍の砲兵連隊に勤務した。日本滞在中，彼は知人の誘いを受けて(2)革命団体に入会したとされる（この団体は後に中国国民党に発展する）。

1911年10月10日，湖北省の（　**a**　）で革命派の影響を受けた新軍が武装蜂起すると，蔣介石はすぐに帰国した。しかし，(ア)1913年夏に革命派による武装蜂起（第二革命）が袁世凱によって鎮圧されると，日本への亡命を余儀なくされた。このような政治的混迷が続く当時の中国では，知識人が国外由来の思想の紹介や伝統文化に対する批判などを行った。こうした(3)思想潮流は新文化運動と称される。

1916年に袁世凱が病死した後の中国では，有力な軍人指導者いわゆる（　**b**　）が各地に割拠し，北京政府の実権を争奪する不安定な政治状況が続いていた。こうした情勢のもと，孫文は広東省広州に拠点となる政権を築こうと画策していた。

孫文の動向に大きな影響を及ぼしたのは，ロシア革命によって(4)誕生したばかりのソヴィエト政権の対中政策である。(イ)1919年に，ソヴィエト政権は，(5)帝政ロシアが中国で獲得した利権の放棄を宣言すると，中国民衆や知識人はこれを歓迎した。そして，1921年に（　**c**　）を指導者とする中国共産党が設立された。1923年に，孫文は上海を訪問していたソヴィエト連邦政府の代理人ヨッフェと会談し，ソ連の援助をうける見返りに，共産党との連携強化を了解した。かくして，1924年に中国国民党の改組が行われ，「連ソ・［　A　］・［　B　］」のスローガンのもとで，中国共産党員が個人資格で中国国民党に入党することが許可された。これを第一次国共合作という。蔣介石は，このとき広州の郊外に創設された黄埔軍官学校の校長となり，将兵の育成に着手した。

1925年3月，孫文は訪問先の北京で病死するが，同年に上海の日系紡績工場での労働争議をきっかけとして（　**d**　）が発生し，列強に対する反帝国主義闘争へと発展した。こうしたなか，同年7月に中国国民党が広州に国民政府を樹立すると，蔣介石は政敵を退けて孫文の後継者としての地位を確立した後，1926年に国民革命軍を北京に向けて派遣した。この中国統一のための軍事行動は［　C　］と称される。蔣介石は自身が育成した近代的な軍隊と中国共産党員が指導する農民運動の助けを借りて，各地で（　b　）を破った。しかし，蔣介石は中国共産党が農民や労働者に対して影響力を拡大することを恐れたため，1927年4月に共産党関係者を弾圧した。これを（　e　）という。蔣介石が南京に国民政府を成立させた一方，(ウ)中国共産党は農村での根拠地確保を重視するようになった。

この後，［ C ］は日本の田中義一内閣が行った（　f　）により一時的な中断を迫られたものの，1928年6月には国民革命軍が北京に入城した。その後，父親の後を継いで中国東北地方を支配していた（　g　）が国民政府に従ったことで［ C ］は終了した。この後，蔣介石は国内で行政改革を推し進めるとともに，(エ)通貨改革を行った。

設問1　（　a　）～（　g　）の空欄に入る最も適切な語を下の語群から選び，解答欄Ⅲ－Aに番号で答えなさい。

【語群】

1．アロー号事件	2．延安	3．関東軍
4．九・三〇事件	5．軍閥	6．五・一五事件
7．江華島事件	8．洪秀全	9．五・三〇運動
10．米騒動	11．左宗棠	12．三・一独立運動
13．山東出兵	14．シベリア出兵	15．常勝軍
16．上海クーデタ	17．周恩来	18．泉州
19．曾国藩（曽国藩）	20．台湾出兵	21．張学良
22．張作霖	23．陳独秀	24．天安門事件
25．東学（党）	26．武昌	27．北京
28．毛沢東	29．李登輝	

設問2　波線部(1)～(5)に関する以下の問いに答えなさい。

(1)　20世紀初頭，ベトナムでは独立を目指して，日本へ留学生を送って新しい学問を学ばせようとする運動がおこった。独立に向けたこの運動の指導者の名前を解答欄Ⅲ－C(1)に記入しなさい。

(2)　これは1905年に東京で組織された革命団体である。その団体名を漢字5文字で解答欄Ⅲ－C(2)に記入しなさい。

(3)　これと関連して，『狂人日記』や『阿Q正伝』など中国社会を批判する文学作品を生み出した人物の名前を解答欄Ⅲ－C(3)に漢字で記入しなさい。

(4)　ソヴィエト連邦では，革命直後には戦時共産主義を実施したが，社会が混乱したために農民に余剰農産物の自由販売を認め，中小企業の私的経営を許すようになった。この政策の名称を漢字5文字で解答欄Ⅲ－C(4)に記入しなさい。

(5)　1727年に清朝の皇帝が国境線画定のためにロシアと結んだ条約名を解答欄Ⅲ－C(5)に記入しなさい。

設問3　空欄［　A　］～［　C　］に関する以下の問いに答えなさい。

(A)　空欄［　A　］には「共産党をうけいれる」ことを意味する言葉が入る。この言葉を漢字2文字で解答欄Ⅲ－C(A)に記入しなさい。

(B)　空欄［　B　］には「労働者と農民を助ける」ことを意味する言葉が入る。この言葉を漢字4文字で解答欄Ⅲ－C(B)に記入しなさい。

(C)　空欄［　C　］に入る軍事行動を何と呼ぶか。漢字2文字で解答欄Ⅲ－C(C)に記入しなさい。

設問4　下線部(ア)～(エ)に関連して，以下の問いに答えなさい。

(ア)　革命による皇帝退位後の武装蜂起に関する次の記述(a)(b)について，(a)(b)ともに正しい場合は数字**1**を，(a)のみ正しい場合は数字**2**を，(b)のみ正しい場合は数字**3**を，(a)(b)とも間違っている場合は数字**4**を選び，解答欄Ⅲ－B(ア)に番号を記入しなさい。

(a)　革命派による武装蜂起を鎮圧した後，袁世凱は西太后とともに中央集権的な政治改革を実施した。

(b)　十月革命（十一月革命）の後に成立したケレンスキーを首相とする臨時政府は，レーニンを指導者とするボリシェヴィキに打倒された。

(イ) 1919年におこった出来事を説明している次の記述(a)(b)について，(a)(b)ともに正しい場合は数字**1**，(a)のみ正しい場合は数字**2**，(b)のみ正しい場合は数字**3**，(a)(b)ともに正しくない場合は数字**4**を，解答欄Ⅲ－B(イ)に記入しなさい。

(a) 第一次世界大戦の戦後処理を話し合うためパリ講和会議が開催された。

(b) 第一次世界大戦の敗戦国であるドイツでは社会民主党のエーベルトが大統領に選ばれた。

(ウ) 1937年12月までの中国共産党の動向について，始まった順序の正しいものを１つ選び，解答欄Ⅲ－B(ウ)に番号を記入しなさい。

a．八・一宣言

b．西安事件

c．中華ソヴィエト共和国臨時政府の成立

1．a→b→c　　2．a→c→b　　3．b→a→c

4．b→c→a　　5．c→a→b　　6．c→b→a

(エ) 通貨改革に関する次の記述(a)(b)について，(a)(b)ともに正しい場合は数字**1**，(a)のみ正しい場合は数字**2**，(b)のみ正しい場合は数字**3**，(a)(b)ともに正しくない場合は数字**4**を，解答欄Ⅲ－B(エ)に記入しなさい。

(a) 蔣介石は，イギリス・アメリカの支援を受けずに，法幣という統一通貨を導入した。

(b) 第一次世界大戦後のドイツではレンテンマルクを発行して，インフレーションを克服した。

政治・経済

（75分）

〔Ⅰ〕　次の文章を読み、下の設問（設問1～設問5）に答えよ。　(50点)

日本国憲法第92条は、「地方公共団体の組織及び運営に関する事項は、（　ア　）に基いて、法律でこれを定める」と規定している。（　ア　）には、ⓐ住民自治と団体自治のふたつの原理があるとされている。

地方公共団体の首長は、住民の（　イ　）選挙によって選ばれるため、議会が議決した条例や（　ウ　）について異議がある場合には、再議に付すよう求めることができる。これらふたつの事項については、再議の結果、議会での賛成が（　エ　）以上でなければ議決は確定しない。

ⓑ地方分権改革によって、地方公共団体が行う事務のあり方が改められ、機関委任事務の制度が廃止されるとともに、その他の事務である固有事務および団体委任事務についても整理がなされ、現在は、（　オ　）と法定受託事務とに区分されている。

地方公共団体がその事務を適切に執行するためには、財政の自律性が重要である。ⓒ地方公共団体の財源には、地方公共団体が自ら徴収する地方税がある。これに加えて、本来は地方税に属すべき財源であるが、国税として徴収された石油ガス税などの一定割合を地方公共団体に与える（　カ　）、地方公共団体間の税収の不均衡を調整し、すべての地方公共団体の事務が一定の水準を維持できるようにするため、所得税、法人税、ⓓ消費税などの一定の割合を都道府県等に交付する（　キ　）があり、これらの財源の使途は指定されていない。このほかに、特定の事務や事業の実施のために、国が使途を指定して支給する国庫支出金や、地方公共団体が財政上の必要を満たすために発行する地方債がある。

【設問1】文中の（　ア　）～（　キ　）に入る最も適切な語句を、解答欄Ⅰ－

甲のア～キに記入せよ。

【設問2】下線部ⓐに関連して、次の語句のそれぞれについて、**住民自治の原理に関連するものには数字の1**を、**団体自治の原理に関連するものには数字の2**を、**どちらにも関連しないものには数字の3**を、解答欄Ⅰ－乙のａ～ｆに記入せよ。

ａ．監査請求　ｂ．国地方紛争処理委員会

ｃ．都道府県労働委員会　ｄ．条例制定権

ｅ．特別法に関する住民投票　ｆ．三位一体改革

【設問3】下線部ⓑに関連して、次の1～3の記述について、**正しいものの番号をすべて選んで**、その番号を、解答欄Ⅰ－甲に記入せよ。

1．機関委任事務は、本来は国が行うべきとされていたものであるから、国が強く関わる必要のある一部の事務については、地方公共団体に実施させることはやめ、国が直接行うように改められた。

2．法定受託事務を地方公共団体に委任するには、法令の定めが必要である。

3．団体委任事務は、本来は国の事務である事務を地方公共団体に委任していたものであるから、すべて法定受託事務に移し替えられた。

【設問4】下線部ⓒに関連して、次のｇ～ｊの記述について、**正しいものには数字の1**を、**正しくないものには数字の2**を、解答欄Ⅰ－乙のｇ～ｊに記入せよ。

ｇ．国庫支出金は、地方公共団体において必要な事務や事業にかかる費用をすべてまかなうことができる額を、国費から支出するものである。

ｈ．地方債は、事務や事業を行うために発行するものであり、かつ、負債であるから、地方公共団体は、すでに発行した地方債の返済のために地方債

を発行することは許されない。

i．地方公共団体は、地方債を発行する場合には、国の許可を得なければならない。

j．地方公共団体は、法律に定められていない独自の税を新たに課すためには、条例で定める必要はあるが、国や都道府県知事との間で手続をとる必要はない。

【設問５】下線部ⓓに関連して、次の文章の（　ク　）に入る最も適切な語句を、解答欄Ⅰ－甲のクに記入せよ。

例えば、小売業者が消費税相当額として消費者から受け取った額は、仕入れ先から転嫁された消費税相当額の支払いに充てられるとともに、その小売業者自らの販売額と仕入額の差額に消費税率を掛けた金額を消費税として納税することとされている。このため、小売業者が消費税相当額として受け取った額は、本来は、その小売業者の手元には残らないはずである。しかし、売上高が小さい小売業者の中には、特例措置を受けることによって納税額が小さくなるものがある。これらのものについては、消費税相当額として受け取った額の一部が手元に残ることとなる。その手元に残った額は、（　ク　）とよばれる。

〔Ⅱ〕 次の文章を読み、下の設問（設問1～設問8）に答えよ。　(50点)

資本主義経済は、資本家による生産手段の（　A　）、利潤を追求した生産、市場における競争を特徴とする。市場における競争の利点を『諸国民の富』において示したのは（　B　）であるが、それ以前にフランスの思想家ケネーが、「なすがままにさせよ」を意味するフランス語である「（　ア　）」の標語のもとに、（　C　）の立場から（　D　）を批判していた。

（　B　）以後、古典派経済学においては1798年に『（　E　）』を著したⓐマルサスや1817年に『（　F　）』を著したⓑリカードなどが登場したが、資本主義経済下における恐慌の頻発、格差の拡大や窮乏化などの問題が激化することによって、資本主義経済の次の社会が実現するとの考え方が現れた。資本主義経済において、労働者は、自らが生産した価値のうち生存に必要な分だけの賃金（生存水準賃金）を受け取るが、それ以上の価値を生産している。その生存水準賃金を上回る部分は、「（　イ　）価値」として資本家が手に入れることになる。マルクスは、このような労働者に対する資本家の優位などを示した『（　ウ　）』の第1巻を1867年に刊行したが、その後亡くなり、第2巻、第3巻は彼の盟友である（　G　）が後を引き継いで完成させた。彼らが示した社会主義のあり方は、ⓒ空想的社会主義に対して（　エ　）社会主義と言われる。

一方で、1870年代には、メンガーやジェヴォンズが提示したのとほぼ同時期に、（　H　）も1874年に『純粋経済学要論』において（　I　）を提示した。これは、生産物（財）の価値は消費者が追加的に1単位を消費するときに得られる満足度によって決まるとするものであり、古典派経済学以来の伝統でありマルクスも重視した（　J　）を否定した。

その後、1917年のⓓロシア革命を経て、社会主義思想を基礎としたソビエト社会主義共和国連邦（以下、ソ連という）が誕生した。資本主義経済において生産手段が資本家によって（　A　）されているのに対して、社会主義国家となったソ連では生産手段の（　K　）が目指された。たとえば、ソ連では、スターリンの指導の下で、農場を国家が貸与し、生産手段を協同組合が所有する集団農場である（　オ　）が成立した。また、中華人民共和国では農場の集団所有と行政などを合体させた（　カ　）が形成された。しかし、（　カ　）は1985年までに消滅し、（　カ　）のもとにあった農村の企業（社隊企業）も解体された。そして、村の共同経営や個人経営の形態をとる、非国有セクターの「（　キ　）企業」と呼ばれる企業が登場した。

【設問１】文中の（　ア　）～（　キ　）に入る最も適切な語句・書名を、解答欄Ⅱ－甲のア～キに記入せよ。ただし、ア・オはカタカナで、イ・ウ・エ・カ・キは漢字で記入せよ。

【設問２】文中の（　Ａ　）・（　Ｋ　）に入る最も適切な語句を、次の語群から１つ選び、その番号を、解答欄Ⅱ－乙のＡ・Ｋに記入せよ。

［語群］

１．搾取　　２．消費　　３．有機的構成
４．私的所有　　５．社会的所有　　６．縮小再生産

【設問３】文中の（　Ｂ　）・（　Ｇ　）・（　Ｈ　）に入る最も適切な人名を、次の語群から１つ選び、その番号を、解答欄Ⅱ－乙のＢ・Ｇ・Ｈに記入せよ。

［語群］

１．セー　　２．アダム＝スミス　　３．マーシャル
４．エンゲルス　　５．ピグー　　６．ワルラス
７．シュンペーター　　８．ケインズ　　９．ピケティ

【設問４】文中の（　Ｃ　）・（　Ｄ　）・（　Ｉ　）・（　Ｊ　）に入る最も適切な語句を、次の語群から１つ選び、その番号を、解答欄Ⅱ－乙のＣ・Ｄ・Ｉ・Ｊに記入せよ。

［語群］

1．独占資本主義　2．重商主義　3．重農主義
4．マネタリズム　5．労働価値説　6．限界効用学説
7．歴史学派　8．シカゴ学派　9．新保守主義

【設問5】文中の（　Ｅ　）・（　Ｆ　）に入る最も適切な書名を、次の語群から1つ選び、その番号を、解答欄Ⅱ－乙のＥ・Ｆに記入せよ。

［語群］

1．道徳感情論　2．厚生経済学
3．経済学および課税の原理　4．人口論
5．経済発展の理論　6．雇用・利子および貨幣の一般理論

【設問6】下線部ⓐとⓑに関する記述として最も適切なものを、次の1～4のうちから1つ選び、その番号を、解答欄Ⅱ－乙に記入せよ。

1．マルサスは、食料は算術級数的にしか増加しないが人口は幾何級数的に増加するため、必然的に人口が過剰となり、それが貧困の原因であると主張した。
2．マルサスは、有効需要の大きさが生産を規定するとし、不況期には政府が公共事業などを行うことによって有効需要を作り出し、不況や失業を解消するべきであると主張した。
3．リカードは、労働所得の伸びよりも資本収益率が高いため、資本家と労働者との間の格差が拡大すると主張した。
4．リカードは、企業家によるイノベーションを通じた創造的破壊が経済発展の原動力であると主張した。

【設問7】下線部ⓒに関連して、空想的社会主義者の人名として**適当でないもの**を、次の1～4のうちから1つ選び、その番号を、解答欄Ⅱ－乙に記入せよ。

1．オーウェン　　2．サン＝シモン

3．フリードマン　　4．フーリエ

【設問8】下線部ⓓに関連して、ロシア革命の指導者で『帝国主義論』を著した人名を、解答欄Ⅱ－甲に記入せよ。

〔Ⅲ〕次の文章を読み、下の設問（設問1～設問9）に答えよ。（50点）

貿易によって、国内で消費される商品をすべて自国で生産する必要はなくなり、各国は適性をいかした生産活動に特化することができる。各国間で生産活動を分担することは、（　ア　）とよばれる。

国内における分業が、国内の生産力を拡大させる大きな要因であるように、（　ア　）は世界全体により多くの富をもたらす。（　ア　）による利益は、それぞれの国において相対的に生産費が低くなる産業に特化することで生まれるため、たとえ、すべての産業において最も高い生産技術を保有する国があったとしても、他国との貿易はその国にとっても利益となる。この考えは、（　イ　）説とよばれる。

（　イ　）説の考え方が広まると、国際的な取引に対する国家的な干渉をできるかぎり排除し、自由な競争に基づく貿易ができることを望ましいとするⓐ自由貿易論が主張されるようになった。第二次世界大戦後は、自由貿易の推進を行う枠組みとして、関税および貿易に関する一般協定（ＧＡＴＴ）が結ばれる一方、ⓑ地域的な経済統合の動きも盛んとなった。とくに西欧では1952年に、ⓒ旧西ドイツ、フランスなど6カ国を原加盟国として欧州（　ウ　）共同体が発足した。さらにこれら6カ国は（　Ａ　）条約に基づいて、ⓓ欧州経済共同体および欧州原子力共同体を設立した。経済統合が本格化したのは、1967年、これら3つの組織をもとに、欧州共同体（ＥＣ）が発足してからである。その後、ＥＣは1968年に、域内で貿易を自由化する一方で、域外に対しては共通関税等を設定する（　エ　）を完成させた。

1970年代に入ると、ＥＣの求心力は弱まり、統合の歩みはしばらく足踏みした。しかし、1980年代後半以降、その動きは再び加速した。1987年には（　Ｂ　）が発効し、ＥＣは1992年末までにはヒト・モノ・カネ・サービスの自由な移動を実現することになった。1993年には（　Ｃ　）条約、正式には欧州連合条約が発効し、ＥＣを母体として、ⓔ欧州連合（ＥＵ）が発足した。

（　Ｃ　）条約の下で、ＥＵは、経済面では（　オ　）同盟の推進を最大の柱としたほか、共通外交・安全保障政策の追求など政治統合を含む、より包括的な統合に向かって進むことになった。1997年には、多数決制を採用するなど政治統合を強化する具体的な成果を盛り込んだ（　Ｄ　）条約が調印された。2001年には、ＥＵの東方拡大に備えて、（　Ｅ　）条約が調印された。さらに、2004年には、ＥＵ憲法が採択されたが発効には至らず、それに代わる（　Ｆ　）条約が2007年に署名され、ＥＵ大統領（欧州理事会常任議長）等が新設されるなど、制度改革が行われた。（　Ｆ　）条約は2009年に発効した。このように、ＥＵの政治統合は深まっていった。

他方、欧州通貨危機の影響などで通貨統合の前途が危ぶまれたこともあったが、1999年には一定の基準を満たしたＥＵ諸国の間で共通通貨ユーロが導入された。ⓕ2022年時点で、ユーロは法定通貨として19カ国で流通している。ユーロ圏では、インフレーションの抑制を最大の目的とする（　Ｇ　）のもとで、金融政策は一元化されている。

ＥＵは加盟国を着実に増やし、ＧＤＰ規模ではアメリカをしのぐほどまでに拡大した。しかし、ⓖ2009年に表面化したギリシャ危機では、ユーロ圏内の国家財政破綻問題が欧州経済全体をおびやかす事態にもなった。このため、恒久的な危機対応基金として、（　Ｈ　）が2012年に創設された。（　Ｈ　）は、俗に欧州版ＩＭＦともよばれる。ただし、ユーロ圏では、各国の金融政策は（　Ｇ　）によって一元化されている反面、財政政策は統一されていないという課題が残されている。

【設問１】文中の（　ア　）～（　オ　）に入る最も適切な語句を、解答欄Ⅲ－甲のア～オに記入せよ。

【設問2】文中の（　A　）〜（　H　）に入る最も適切な語句を、次の語群から1つ選び、その番号を、解答欄Ⅲ－乙のA〜Hに記入せよ。

[語群]

1. フィレンツェ	2. ミラノ	3. ローマ
4. シェンゲン協定	5. パリ協定	6. 単一欧州議定書
7. マーストリヒト	8. ベルリン	9. アムステルダム
10. ニース	11. フランクフルト	12. ブリュッセル
13. ロンドン	14. マドリッド	15. リスボン
16. ＥＣＥ	17. ＥＣＪ	18. ＥＣＢ
19. ＥＳＭ	20. ＥＭＳ	21. ＥＲＭ

【設問3】下線部ⓐに関連して、次の文章の（　カ　）・（　キ　）に入る最も適切な語句を、解答欄Ⅲ－甲のカ・キに記入せよ。

自由貿易論に対し、19世紀ドイツの経済学者で歴史学派の創始者としても知られる（　カ　）は、関税や輸入制限によって、外国との競争から国内の発展の緒についたばかりの産業を守ることが必要であると主張した。これを、（　キ　）論とよぶ。

【設問4】下線部ⓑに関連して、次の文章の（　Ｉ　）に入る最も適切な数字を、下の1〜4のうちから1つ選び、その番号を、解答欄Ⅲ－乙のＩに記入せよ。

ＧＡＴＴ第（　Ｉ　）条に基づいて域内で自由化をはかることは、ある一定の要件を満たすことを条件に、最恵国待遇原則の例外として認められている。ただし、ＷＴＯ体制が形骸化しないように、ＧＡＴＴ第（　Ｉ　）条の適正な運用が求められる。

1. 8　　2. 11　　3. 12　　4. 24

【設問5】下線部ⓒに関連して、旧西ドイツ、フランス以外の原加盟国の組み合わせとして適切なものを、次の1～4のうちから1つ選び、その番号を、解答欄Ⅲ－乙に記入せよ。

1．スイス、ベルギー、オランダ、ルクセンブルク
2．イギリス、ベルギー、オランダ、ルクセンブルク
3．スペイン、ベルギー、オランダ、ルクセンブルク
4．イタリア、ベルギー、オランダ、ルクセンブルク

【設問6】下線部ⓓに関連して、欧州経済共同体に対抗するかたちで1960年に発足した組織の名称を、解答欄Ⅲ－甲に漢字で記入せよ。

【設問7】下線部ⓔに関連して、現在、欧州連合（ＥＵ）に**加盟していない**国を次の1～4のうちから1つ選び、その番号を、解答欄Ⅲ－乙に記入せよ。

1．マルタ　　2．キプロス　　3．イギリス　　4．ルーマニア

【設問8】下線部ⓕに関連して、ユーロを**導入していない**国の組み合わせとして、適切なものを次の1～4のうちから1つ選び、その番号を、解答欄Ⅲ－乙に記入せよ。

1．スウェーデン、デンマーク、フィンランド
2．エストニア、ラトビア、リトアニア
3．チェコ、ポーランド、ハンガリー
4．クロアチア、フランス、ブルガリア

【設問9】下線部ⓖに関連する記述として、次の1～3のうちから適切なものを1つ選び、その番号を、解答欄Ⅲ－乙に記入せよ。ただし、選択肢1～3の中に、解答として**適切なものがない**場合は、選択肢4を選び、その番号を、

解答欄Ⅲ－乙に記入せよ。

1．ギリシャの財政赤字がＧＤＰ比で、ＥＵの財政基準７％を大きく上回ることが発覚したことが発端となって生じた。

2．ギリシャ国債が暴落し、ユーロ高を招いた。

3．国際通貨基金は、危機に直面するギリシャに対して、融資を行わなかった。

4．上記の選択肢の１～３の中に、解答として適切なものはない。

数学

（75 分）

〔Ⅰ〕次の［　　］に適する数または式を，解答用紙の同じ記号の付いた［　　］の中に記入せよ。

(1) 袋の中に，1, 2, 3 の数字が 1 つずつ書かれた 3 枚のカードと，4 の数字が 1 つ書かれた 2 枚のカード，つまり合計 5 枚のカードがある。この袋から無作為にカードを 1 枚取り出し，カードの数字を記録して袋に戻す。n を 3 以上の整数とし，この試行を n 回くり返す。このとき，記録された数字を小さくない順に $X_1, X_2, X_3, \cdots, X_n$，つまり $X_1 \geqq X_2 \geqq X_3 \geqq \cdots \geqq X_n$ とする。$X_1 = 1$ となる確率は［ア］，$X_1 = 4$ となる確率は［イ］である。$X_n = 2$ となる確率は［ウ］であり，$X_2 = 4$ となる確率は［エ］である。$n = 5$ のとき $X_2 = 4$ かつ $X_5 = 2$ となる確率は［オ］となる。

(2) 実数 x に対して定義された関数 $f(x) = x^3 - 9x^2 + 24x - 2$ は，$x =$［カ］のとき，極小値［キ］をとる。座標平面上において曲線 $C_1 : y = f(x)$ を原点 $\mathrm{O}(0, 0)$ に関して対称移動して得られる曲線を C_2 とすると，C_2 を表す方程式は $y =$［ク］である。2 つの曲線 C_1, C_2 および 2 つの直線 $x = 0$, $x = 4$ で囲まれた部分の面積は［ケ］である。a を実数とするとき，直線 $y = ax - 2$ と曲線 C_1 との共有点の個数がちょうど 3 つとなるような a のとりうる値の範囲は［コ］である。

〔 II 〕 n を自然数とする。数列 $\{a_n\}$ を, $a_1 = 0$, $a_2 = 2$ および関係式 $a_{n+2} = \dfrac{n}{a_{n+1}} + a_n$ $(n = 1, 2, 3, \cdots)$ で定める。また, 数列 $\{b_n\}$ を $b_n = a_{n+1}a_n$ $(n = 1, 2, 3, \cdots)$ で定める。

(1) b_{n+1} を b_n を用いて表せ。

(2) 数列 $\{b_n\}$ の第 n 項 b_n を n を用いて表せ。

(3) n を 2 以上の整数とする。$a_n > 0$ が成り立つことを示せ。また $\dfrac{a_{n+2}}{a_n}$ を n を用いて表せ。

(4) 数列 $\{a_n\}$ の第 n 項 a_n を n を用いて表せ。

〔 III 〕 平面上において, 3 つの内角が鋭角である $\triangle$ABC を考える。内角の 1 つである $\angle$ABC に対する外角の二等分線を ℓ, 内角の 1 つである $\angle$BCA に対する外角の二等分線を m とし, 2 つの直線 ℓ, m の交点を X とする。線分 AB, AC の長さをそれぞれ s, t とする。

(1) 直線 m が直線 AB に平行ではなく, かつ, 直線 ℓ が直線 AC に平行であるとき, $\triangle$ABC が二等辺三角形となることを示せ。

(2) 直線 m が直線 AB に平行ではなく, 直線 ℓ が直線 AC に平行であり, かつ, $s < t$ とする。直線 m と直線 AB の交点を Y とおく。線分 BX と線分 AY の長さをそれぞれ s, t のうち必要なものを用いて表せ。また $\overrightarrow{\mathrm{AX}}$ を s, t, および $\overrightarrow{\mathrm{AB}}$, $\overrightarrow{\mathrm{AC}}$ を用いて表せ。

(3) (2) のとき, 直線 AX と直線 BC の交点を Z とする。2 つの線分の長さの比 BZ : CZ を求めよ。

(4) 直線 ℓ が直線 AC に平行ではなく, 直線 m が直線 AB に平行ではないとする。直線 AX は, 内角の 1 つである $\angle$CAB の二等分線となることを示せ。

3　岩瀬権守は若君に気づいて、自分の子になりたいと思ってくれないならば、自分の信心は浅いものだとつぶやいた。
4　岩瀬権守は若君を抱く乳母に心ひかれて、この子を自分の子として引き取れば、いくらかは想ってくれるかと尋ねた。
5　岩瀬権守は若君に目をとめて、この子を自分の子にするためにはどのような手段を用いてもかまわないと言い出した。

㈤　傍線＝＝＝「し」と文法的意味・用法が同じものを、次のうちから一つ選び、その番号を記せ。
1　月夜よし夜よしと人に告げやらば来てふに似たり待たずしもあらず
2　恋しとは誰が名づけけむ言ならむ死ぬとぞただにいふべかりける
3　桜花咲きにけらしなあしひきの山のかひより見ゆる白雲
4　玉くしげあけば君が名たちぬべみ夜深く来しを人見けむかも
5　秋の菊にほふ限りはかざしてむ花よりさきと知らぬわが身を

㈥　本文の内容に合致するものを、次のうちから二つ選び、その番号を記せ。
1　乳母は山彦に応えてもらおうと思って、若君の名前を呼んだ。
2　乳母は池の主の大蛇に会いたい一心で、必死に念仏を唱えた。
3　白い鼬の鳴き声で注意を引かれた乳母は、鼬の後を追った。
4　若君を抱いた乳母は碓氷峠を目指して、急いで山を下った。
5　日光山の姥御前は乳母の身を案じて、訪ねてくるのを心待ちにしていた。
6　岩瀬権守は熊野に参詣に行った帰り道で、乳母と若君に出会った。

㈦　傍線――――について、どのような状況を受けて「あさましの御事」と言っているのか、具体的に説明せよ（句読点とも三十字以内）。

（以上・六十点）

(二) 傍線──ア「乳母、命をしむにこそおそろしからめ、思ひ定めし道なれば」の解釈として適当なものを、次のうちから一つ選び、その番号を記せ。

1 若君の命を犠牲にすることをそらおそろしく感じ、乳母は闘うことを決意したので
2 命を捨てがたく思うから怖さを感じるのだろうが、乳母はもとより決心していたので
3 命を自分のものだと思えば怖さを感じたかもしれないが、乳母は仏の道を志していたので
4 若君のために命を捨てないのは身の程知らずだと感じたので、乳母は仕事をまっとうする決心をして
5 自分の使命を忘れると成仏できなくなるという不安があったため、乳母の信仰心はいっそう堅固になって

(三) 傍線──イ「その人のことならば、昨日より父母来たりてなげくほどにこの堤に投げ上げておきたり」の説明として適当なものを、次のうちから一つ選び、その番号を記せ。

1 身投げしようとする乳母に驚いた大蛇が、父母の悲嘆を説いて、前日も身投げした人の命を救ったと乳母を諭した。
2 困り果てた乳母を見つけた父母が、大蛇に頼んで乳母のもとに姿を現し、池の堤で若君と再会できるよう導いた。
3 乳母の身投げを止めた大蛇は、乳母が会いたがっている若君と父母を、昨日のうちに池の堤に投げ上げたと教えた。
4 生前と同じ姿で現れた父母が、地上に戻した若君は乳母が命をかけて守るようにという、大蛇のお告げを乳母に伝えた。
5 嘆き悲しむ乳母を見かねた大蛇が、父母の懇願を聞き入れ、すでに若君を池の中から地上に戻したことを乳母に教えた。

(四) 傍線──ウ「これを我が子と思はんにはいかがはいとほしからましとのたまひて」の説明として適当なものを、次のうちから一つ選び、その番号を記せ。

1 岩瀬権守は若君を気に入って、この子を自分の子と思うようなことができれば、どれほどかわいいことだろうと言った。
2 岩瀬権守は乳母に抱かれた若君を見て、この子を自分の子だと知らないままならば、どれほど辛かっただろうと語った。

かれて足たゆみければ、碓氷峠に休みゐたり。かかるところに、奥州岩瀬権守と申せし人、四方に四万の蔵を建て何事も乏しからぬが、子のなきことをかなしみて熊野へ年詣をし給ふが、下向し給ふとて、この若君を見給ひて、うつくしの御事や、ウこれを我が子と思はんにはいかがはいとほしからましとのたまひて通り給へば、乳母何と思ひけん、いかに旅人聞こしめせ、この若君は父母もなし、みなしごにておはします。ほしくは参らせんと申しければ、権守おほきに喜び、乳母もろともに輿に乗せ、陸奥へぞ下り給ふ。

（『堀江物語』）

注　ないり　　地獄。奈落。

　五障三従の身　　女人。

　納受を垂れ　　神仏が祈りを聞き入れて。

設　問

㈠　傍線―――a・bの意味として適当なものを、次のうちからそれぞれ一つ選び、その番号を記せ。

a　声をはかりに

1　声を押し殺して
2　声をたよりに
3　声をふりしぼって
4　声を加減して
5　声を合わせて

b　いとけなき

1　愛らしい
2　せつない
3　いじらしい
4　他愛ない
5　おさない

とには極楽教主弥陀如来、たとへないりの底にしづむといふとも、ただいまの念仏の功力により、若君もろともに九品の蓮台に迎へとり給へと回向して、池水に飛び入らんとしけるに、にはかに池水変じ、雲ひき渡し、目もくれ心も消え、世間暗闇となるところに、丈五十丈ばかりなる大蛇、角七、まなこ四あるが日月のごとくにして、舌は紅にことならず。この大蛇申すやう、昔よりこの池にのぞむ者、ふたたび帰ることなし。ことに汝、五障三従の身として、これまで来たること不思議なり。近う寄れ、ゑじきにせんと怒りをなす。乳母、命をしむにこそおそろしからめ、思ひ定めし道なれば、近う寄りちとも騒がず申すやう、いまだいとけなき若君のこの池にしづみ給ふと聞きしより、いまだ変はらぬ姿、今一度見参らせんとこれまで参りたり。ただ、我が命をめし、若君のいらせ給ふところへやり給へと、涙にむせびければ、大蛇申すやう、汝、なげく心ふびんなり。その人のことならば、昨日より父母来たりてなげくほどにこの堤に投げ上げておきたりとて、かき消すやうに失せにけり。

さて、風もやみ、世間も静かになりければ、うれしくて池のおもてを礼拝し、あなたこなたをたづねけるに、薄雪の上に小さき足あとあり。胸うち騒ぎうれしくて、これをしるべにたづね行けば、また雪に降りうづもりてあとなし。いかがはすべきとさけびければ、白き鼬来たり。乳母を見て、二声鳴きて失せにけり。不思議に思ひ、鼬のあとを失はじとたづね行けば、いたはしや、若君、雪に降りうづもれてかなしき姿にてぞおはしけり。

乳母、あまりのうれしさに夢とばかり思ひて抱きあげ奉れば、はやかはりはて給ひにけり。あまりのかなしさに、せめてのことにや懐に入れ奉り、御胸をかきなでて、閻魔、帝釈、ただいまの池の主もあはれみ、納受を垂れ給ひて、今一度御目をあけさせ給へと、天にあふぎ地にふしかなしむこと限りなし。されば、諸天もあはれみ給ひけるにや、暫くありて御身少しあたたかになり、御目を見あけ給へば、乳母、夢の心地して、あさましの御事や。かやうに果報なく渡らせ給ふにより、我さへ憂き目を見ることのあさましさよと申しければ、何の御心もなく、乳母に抱きつき給へばいまひとしほの思ひなり。

かくて、憂かりし山を分け出で、とやせんかくやせんと案じけるが、日光山の姥御前をたづね参らせんと思ひけるが、身もつ

6　厳しい自然の中に身を置くことを修行とする禅の思想の影響によって、壮大なスケールでの空間演出や抽象化された自然表現が拒まれるようになった。

7　中秋の名月を鑑賞するための適地を選び、池や蹲の配置にも月との位置関係が考えられて作られた桂離宮は、楽園思想がエンターテイメントなものとして表現された一例である。

8　苔や苔むした岩で悠久の時間を強調したり、一年の時間変化をサクラ、モミジで表現するなど、日本の庭の特徴の一つには、時間のデザインとも呼ぶべき手法がある。

㈥　傍線――について、筆者は「にわ」として問うことで、「自然と人間の関係の在り方」をどのようにしたいと考えているか、説明せよ（句読点とも四十字以内）。

（以上・九十点）

二　次の文章を読んで、後の設問に答えよ。

乳母はわずかな手がかりをもとに、父母を謀殺され行方不明となった若君を探していた。

峰より谷にくだり、谷より峰へのぼり、若君や御入り候ふ、若君や御渡り候ふと、声をはかりにたづねつつ[a]、とある峰より谷を見るに、おびたたしき池あり。これぞ聞きおよぶ、ないりの池なるらんと思ひ、うれしくてやうやうとくだり、山彦もこたふるばかり、若君はいづくに渡らせ給ふぞや、六条の乳母こそたづね参りて候へと呼ばはりけれども、その行方も知らざりける。

今はこれまでなり、この池水に身を投げて、来世にてたづね参らせんと思ひ、念仏十遍ばかりとなへ、南無十方三世諸仏、こ

問 傍線〰〰〰「その石のこはんにしたがひてたつべきなり」の解釈として適当なものを、次の1～5から一つ選び、その番号を記せ。

1 その石を作庭家が望むように配置して、石組みをつくらなくてはならない。

2 その石が依頼人の求める通り配置できるように、石組みをつくった方がよい。

3 その石自体が望むように配置して、石組みをつくらなくてはならない。

4 持ち主に何とかお願いしてその石を入手し、石組みをつくった方がよい。

5 偶然にまかせてその石を選んで、石組みをつくりたい。

㈤ 本文の内容に合致するものを、次のうちから三つ選び、その番号を記せ。

1 人がはじめに自然の中に聖性を感じる場所を選び、その場に印だけをつけるという行為をとったのは、自らを俗塵から清めた上で、自然と対話する装置を組み立てようとしたからであった。

2 日本と西欧世界では環境へのかかわり方が大きく異なっており、自然であることを文化の到達点であるとみなす日本人独特の思想についてオギュスタン・ベルクも言及している。

3 道教の神仙説や仏教の浄土思想が混交し折衷して生まれた庭では、楽園思想が具象化されたが、日本人が好んできたのは見立てという手法で表現された庭の方であった。

4 マヤの遺跡も浄瑠璃寺の庭園も、同じく太陽の軌道との関係から空間が構成されているということに対して、筆者は疑義を呈している。

5 宇治平等院の鳳凰堂は、天体の軌道のある特殊な時間との関係を持つ敷地が選択された場であり、そこでは自己内部への視点によって凝縮された造形のすばらしさを見てとることができる。

5　場が主であって、人間はそこへのかかわり方を示すだけであるという考えのもと、最小限の造形にとどめられてきた里地・里山は、江戸時代の都市社会では、人間と自然が親しい関係にある新しい形の暮らしを示した娯楽の場として捉えられた。

(三)　傍線――B「自然と対極の場である都市もまた自然と大きくかかわってきた」の説明として適当なものを、次のうちから一つ選び、その番号を記せ。

1　地形との関係が自然に立脚したものとなった一乗谷のような庭園都市ができるとともに、暮らしの中でも風水の思想が取り入れられ、鶴・亀といった吉兆に関する形象が用いられるなど、都市そのものが生命として息づく場となった。

2　百万人を超す人口の江戸で、屋外における具体的自然の造景である縮景式の庭を大名たちが持つようになったことによって、人工的環境である都市は生命のシステムと連動した構造を有するようになった。

3　自然のエネルギーが集まる場所としての山や、集まったエネルギーを滞留させないための川を人工的に作りだして、平安京を築いたり、また、貴族たちが洗練された和歌を競ったりするなど、都市生活において豊かな自然表現がされた。

4　背山臨水の思想を受け入れ、自然との直接的対話の場として人工的につくられた江戸の町は、都市全体が一つの庭となり都市計画の手引となるとともに、直接自然に触れ豊かな時間を生きる江戸の暮らしもまた次の時代の手引となった。

5　世界最大級の都市である江戸の町は、緑あふれるガーデン・シティで、都市と農村がエコロジー循環の中にあったと捉えられており、また、桜の花見が大衆化したように、都市の生活文化においても自然志向が強かった。

(四)　傍線――C「作庭記の「乞んに随ひて」」について、日本最古の作庭書である『作庭記』の中の次の文を読み、後の問に答えよ。

石をたてんには、まづ主石の角あるを一つたておほせて、次々の石をば、その石のこはんにしたがひてたつべきなり。

今こそこれまでにも増して自然と人間の関係の場への問いが必要な時代である。生きて変化し続ける自然との関係の在り方。かかわる側の、これも変化し続ける人間のかかわり方の在り方。ある限られた空間の「庭」を超えて、自然と人間の関係の在り方を「にわ」として問いたい。宇宙史的時間軸の中において、日常の生活空間の時間において。

（「人間と自然の関係の文化「庭」の今」）

設問

㈠ 空欄〔　〕に入る語句として適当なものを、次のうちから一つ選び、その番号を記せ。

1 広大無辺　2 花鳥風月　3 風光明媚　4 錦繡綾羅　5 泰然自若

㈡ 傍線――A「過去の都市生活者がそそいだ里地・里山への視線」の説明として適当なものを、次のうちから一つ選び、その番号を記せ。

1 西欧世界よりも厳しい自然と折り合いをつけるため、神々を崇めながら、自然を使い尽くすことなく手を加えてきた里地・里山は、鎌倉時代の都市生活者にとって隠者が住む理想化された場所として捉えられた。

2 細やかな地形と気象条件を読みとりながら暮らしを営むことが求められ、川の流域ごとに微妙に異なる農村景観を生み出してきた里地・里山は、江戸時代において庶民の都市生活の場として捉えられるようになった。

3 自然のリズムと人々の暮らしのリズムとが一体化し、祭りや季節ごとの風俗習慣が重んじられ、人が立ち入ることの難しい場となった里地・里山は、都市で生活する武家や庶民にとって和歌の中で詠まれた世界として捉えられた。

4 治水や灌漑の技術が発達し自然を管理できるようになる中で、自然に従いながら地形を最低限改変させて作られてきた里地・里山は、平安時代の貴族たちにとって都市社会の日常から逃れられる場として捉えられた。

木と水と石などの生きた構成物によって、その場における理想とされる自然が組み立てられる。持ち込まれる庭の構成要素としての石や木や水は、庭の一材料、一断片でありながらも、生きているので、マクロな生命システムと同じ生命システムを自らの中に持っている。一本の木であっても一輪の花であっても、一個の石であってもその中に宇宙と同じ生命のシステムが含まれる。庭の来訪者は表現された自然の一断片、その組み合わせの空間を通じて、自然を文化として熟成してきた様々な物語と出会い、さらにはその背景にある自然のシステムと出会う。自然の一員である自らと出会う。作庭者は、かかわろうとする場が、生き物として変化する自然であることに畏れ、敬いを持ったかかわり方が求められていることに気づく。C作庭記の「乞んに随ひて」がすでに答えとして出されていたことに気づかされる。

しかし今日、都市はあまりにも人工的に改変されてしまっており、それぞれの場での自然の気脈が見えず、マクロな自然とのつながり方が見えてこない。たった一つの小さな場であっても、マクロな自然との連動性が持たれていなければ、その空間は生きた空間としての力を持たない。地球的規模での自然環境のダメージが、人間そのものの存在を危うくしてきている今日、自然の気脈としてのミクロな自然、マクロな自然と人がつながることを取り戻したい。しかし人間は自然そのものではない。自然とは何か。人間とは何か。人間存在は、生命の一員である存在であることと、生命からあまりにもかけ離れてしまった存在であることの二面性を持つ。人間の活動によってここまで存在基盤としての自然を損なってしまった今日、その境界をどのように生きるかが今まさに突き付けられているのである。

生態系では緑色植物が生産者であり、その他の生き物は消費者である。日本はその生産者としての森林が今日でも国土の六十六パーセントを占める。さらに農耕地が二十三パーセント。まさに国土がガーデン・アイランドであるという素晴らしい資産を持っているといえる。その中での、人間存在の二面性の境界の在り方を求めたい。自然を司る神との対話のかたちの場、里地・里山における暮らしと文化のかたちの場、都市における自然のかたちの場のすべてを、「にわ」と呼び、今の在り方を問いたい。

さらに楽園は、その後の洗練された自然志向として、万葉集や和歌や漢詩などの歌に詠まれた自然風景の再現や、〔　　〕な場所の自然風景の再現、日本国内ばかりではなく中国をも含む「名所」を要約した再現が「見立て」という手法で表現されたエンターテイメントなものになっていく。

宇宙的時間との呼応が洗練されたエンターテイメントなものになる一例で、日本人が好んできたのは月との位置関係である。中秋の名月にその姿をうまくキャッチできる敷地の選択である。京都の東山に月を愛でるために選ばれた慈照寺銀閣は後世の改修で月の光との関係の銀沙灘（ぎんしゃだん）、向月台と呼ばれる興味深い抽象的な庭の造景がなされている。桂離宮は月の桂と呼ばれ、中秋の名月を鑑賞するための適地が選ばれ、月見のための茶屋が庭の中に点在し、庭に月を映すための池の配置や、蹲（つくばい）の配置にまで及ぶ。

洗練された自然の表現には、時間とともに変化することを自然の特質として、人の世のはかなさと重ねあわされて歌や絵画に表現されるものが多くある。生き物を表現の主な構成要素とする日本の庭では、この時間とともに変化することを実際のデザインとして強調して見せる手法も大きな特徴の一つである。私は「時間のデザイン」と呼んでいる。一年の時間変化である春・夏・秋・冬をサクラ、モミジなどの植物で強調する。また悠久の時間は苔や苔むした岩で強調され、生態的変化の時間のデザインということができる。一日の時間変化をデザインとした「汐入の庭」と呼ばれるものもある。

我々が一般的に論じる庭は、自然を生活空間のそばに再現させる表現空間である。その表現が他の芸術文化と大きく異なるのは、その表現の場である実体空間が生き物であることである。個々の形態も、組み合わされた全体空間も、生き物であるため変化し続ける。他の芸術表現と根本的に異なるのは、その表現される場には、ミクロな環境としての自然の地形、起伏、水分条件、土壌がすでにそこにある。その場はマクロな自然環境としての、それぞれの地域のもっと広域の生態的環境に、さらには地球という惑星に、さらには宇宙にまでつながった場である。そこへ、日本人が原始アニミズム的意味を強く感じる自然の断片である築とその周りの空間全体も自然のシステムと呼応することによって、その効果をより強調できる。多くは周りの自然の地形の起伏からくるエネルギーの流れとの関係であるが、さらにもっとマクロな自然との呼応として、多くの古代文明にもみられる、天体の軌道のある特殊な時間との関係を持つ敷地配置がなされたものがある。それが明快に表れたものに、浄瑠璃寺の観音堂と庭園、宇治の平等院の鳳凰堂と庭園などがある。春分、秋分の日は太陽が真東から昇り真西に沈むある特別な宇宙時間であり、太陽の軌道との関係から選択される敷地の、建築配置を含めた全体の空間構成は、自然のシステムを受け取る、宇宙とつながる構造となっている。イギリスのストーンヘンジやマヤの遺跡チチェン・イッツァなど多くの古代文明には、この、春分、秋分や、夏至、冬至の日の太陽との軌道の関係から、宇宙的自然エネルギーを受け取るための空間構成や空間造形が見られる。

楽園思想の実現に適した敷地の選択が行われ、そこにさらなる楽園思想の造景が加わることにより、壮大なスケールでの空間演出が成立する。たとえば安芸の宮島の厳島神社がある。平清盛の時代は、海上の大鳥居をくぐり、厳島神社を参拝することが作法とされていた。

また多治見の永保寺は土岐川の川筋が狭まり、岩盤の間を美しく蛇行する脇に、夢窓国師により開山された禅宗の修行の場である。本殿の観音堂脇にも上部から自然の水が流れ落ちる巨大な巌崖があり、それが庭の主景になっている。聖性をもつ厳しい姿の自然の中に身を置くことが修行であり、修行のための施設と場の関係が庭となっている。

都市の中で、自然の再構築が都市文化としての庭として発展し展開していく過程で、磯崎新が『磯崎新と藤森照信の「にわ」建築談義』の「世界観模型としての庭」の中で指摘しているのであるが、楽園思想の再現が、直接的天体の軌道や、マクロな環境とのかかわりを持とうとする視点から、禅がもたらした自己内部への視点により、ある限られた区画の中での楽園の構築に向かうという転換が起こるとの解説も一つの視点への気づきを示してくれる。枯山水の庭である。そこに展開する凝縮した造形のすばらしさ、抽象化された自然表現について論ずるのはまたの場にしたい。

日本人の都市の生活文化における自然表現の豊かさも見過ごせない。ハルオ・シラネによると、平安時代の貴族たちのコミュニケーションの重要な手段であった和歌により、洗練された自然表現が競われた。和歌に詠まれた自然が、屏風絵、襖絵、絵巻、名所絵などの主題となる。また、漢詩を通して日本にもたらされた、何かを象徴するのに、自然の形象を用いることも多く行われる。鶴・亀や、川や滝を遡る鯉が成功や吉兆あるいは護符的意味を持つとされ、庭の表現にも影響を与えるようになる。

庶民たちが都市の中で直接自然に触れることのできる娯楽の場も様々に生まれてくる。八代将軍吉宗の花見政策により桜の花見が大衆化し、上野に加え、飛鳥山、御殿山、隅田川が桜の花見の名所となった。また大名や商人たちのような庭を持てない庶民たちを対象とした、木戸銭を払って野の花を楽しむことのできる庭「向島百花園」が喜ばれた。園芸ブームにより、染井や入谷には品種改良が盛んに行われた朝顔市が立ち、賑わった。歌川広重の「道灌山虫聞（どうかんやまちゅうもん）の図」には月を愛で、杯を傾けながら虫の音を聞く人々が描かれている。都市の中で庶民たちも自然を楽しむ豊かな時間を随所で得ることのできた暮らしであった。

このように都市においても、その暮らしの文化全体が自然志向の大変強いものであった。一六八八（貞享五）年には貝原益軒により『日本歳時記』が著された。植物、天文、地理などの情報や、年中行事、食べ物、衣服など様々な日常生活と季節とのつながりが示されている。季節の移り変りとともに豊かな時間を生きるための手引書となっていく。

こうした都市の中での生活文化における自然志向の一つとして、生の自然を扱った室内の生け花があり、盆景があり、屋外における具体的自然の造景としての庭がある。

日本人独特の原始アニミズム的思考を背景に、中国、朝鮮半島から楽園思想としての道教の神仙説、仏教の須弥山説や浄土思想が伝わり、それぞれが巧みに混交し折衷し、共存し、建築とその周りの空間全体が自然のシステムと呼応する楽園思想の場となる。その一部が今日「庭」と呼ばれるものであり、そこにさらなる具象としての楽園が描かれた。

楽園思想が描かれるためには、都市全体が周りの広域な自然のリズムと連動しているばかりでなく、その一角に建造される建自然の地形には起伏があり変化に富みエネルギーの流れがある。自然の気象と地形の微妙な変化を常に読み取らねばならなかった里地・里山で培われた感性は、都市計画においても反映されていく。大陸から伝わった風水は、エネルギーがよどむことなく集約し、滞留することなく拡散する適所を読み解いて繁栄につなげる思想で、都市計画から住居、墓地にまで及ぶこの吉凶判断の体系を、日本は無理なく受け入れていく。風水の表現の一つに背山臨水という言葉がある。山を背にして水に臨む。平安京はまさにこうした山を背にした自然のエネルギーが集まる場所であり、集まったエネルギーを滞留させないための川が流れている土地であった。都市そのものが生命として息づくことのできる場であった。多くの場所に湧き水があり、一二〇〇年の歴史の時を超えて今も多くの社寺仏閣に名園が存在し続けるのも、都市全体が生き物として呼吸しているからであろう。都市という人工物が、周りの自然とつながり、人工的環境である都市も生命のシステムと連動した構造になっていた。

江戸の町は百万人を超す人口を有する世界最大級の都市であった。武家地が六割を占め大名はそれぞれの屋敷に縮景式の庭を持ち、そこは山や谷川の流れる緑あふれる場であった。江戸の町が欧米諸国に開国された当時、欧米人が目にした江戸の町は、緑あふれるガーデン・シティであった。エドワード・S・モースは「日本ではすべての廃棄物が都市から運び出され、農地に肥料として利用されていることによる」(「日本その日その日」)と都市と農村がエコロジー循環の中にあることを述べている。

小さな地方都市であるが、地形との関係が、自然に立脚したものとなっている例の一つとして福井の一乗谷の朝倉遺跡を取り上げたい。南北約一・七キロの谷筋の、南と北のそれぞれ谷が狭まったところに、上城戸(かみきど)、下城戸(しもきど)と呼ばれる土塁と石垣、堀による外部からの侵入を防ぐ防御施設が作られ、一つの谷が自然の城塞都市のようになっている。戦乱の世に防砦に適した自然地形の選択が行われ、そこにさらなる地形の読み込みが行われ、最小限の防御のため施設が作られた結果の都市の形である。庭園史的にはいくつかの館跡の庭園遺構が傑出したデザインとして扱われ、その他の都市遺構も次々と発掘が進むが、この谷に築かれた都市全体が一つの庭、庭園都市という言い方ができると思う。

住みついた人々は、何代にもわたりその地から恵みを得つづけることができるように、その地の自然を使い尽くすことなく利用し続けるための知恵を育んでゆく。そのために、細やかな地形と気象条件の読みとりがいやおうなく強いられ、その暮らしの営みの景が流域ごとに微妙に異なる日本の農村景観が生み出されてきたのである。治水事業や耕作地の開発では、その地の自然に従いながらの最低限の地形の改変であった。棚田の景はその代表的なものである。また稲作における種籾まき、田植え、草取り、刈り取りという一連の作業は、自然が持つリズムと人々の暮らしのリズムとを一体化することであった。その知恵が、祭りや季節ごとの風俗習慣となり、厳しい自然と折り合いをつけながら生きる人々の暮らしの姿となってきた。

ここでもう一つハルオ・シラネにより示された重要な視点がある。都市生活者にとって里山がどのようなものであったのか、である。平安時代、民話では里山の生活が人間と自然が親しい関係にある場所として描かれる。また、貴族たちにとって里山は都市社会の日常から逃れることのできる場所と考えられ、「山遊び」「野遊び」の場となり、和歌に詠われた。さらに和歌の題にもとづいた春の桜、秋の月、冬の雪などを楽しむ季節の娯楽の多くは、江戸時代には、武家や庶民にも受け継がれ大衆化していった。また鎌倉時代、中国から伝わった禅の影響を受けた水墨画には山に住む隠者が描かれ、山里が理想化された場所とされたのである。

今日の里山は使われ方や姿が大きく変化してしまった。明るい雑木林は人の立ち入れない鬱蒼とした林に変わり、農業生産の場、暮らしの場として存在した里地・里山景観の維持が大変難しくなってきている。自然との共生が模索される今日、A過去の都市生活者がそそいだ里地・里山への視線はわたしたち都市に住む者に大きな示唆を与える。次の時代の人間の豊かさを実現するための新しい形の暮らしと自然の関係の姿として生まれてくるものがあるはずだと思う。

自然との直接的対話の場、里地・里山における人間と自然の関係の暮らしと文化としての場を見てきたが、B自然と対極の場である都市もまた自然と大きくかかわってきた。

国語

（七五分）

一　次の作庭家・岡田憲久の文章を読んで、後の設問に答えよ。

人ははじめに自然の中の聖性を感じる場所を選び、背後にいる神と対話するための場であることを示すため、その場に印だけをつけた。次に自然界と人の居住する地域の境に、自然と対話する装置や、場を人の力で組み立てた。聖性を認める自然との直接的対話を始まりとして、オギュスタン・ベルクの指摘にもあるようにその後自然であることを文化の到達点とみなす日本人独特の思想が育まれてゆく。自然は俗塵から人を清めるとの考えも生まれ、野生の自然の中に入っていく行為が修験道や隠棲者の思想を生むに至る。

ここで西欧世界と大きく違うのは、その場の形状に加工の手をできるだけ加えず、場を示すための最小限の造形だけにとどめられていることである。場が主であって、人間はそこへのかかわり方を示すだけであるという、環境へのかかわり方であった。

平安時代も後期になると、治水や灌漑の技術が発達して人間がある程度自然を管理できるようになる。畏怖された神は、恵みを得るための土地を守る鎮守の神や農耕の神となり、こうした神々を崇めながら、人間が自然に手を加えて作られてきたのが「里地・里山」と呼ばれる農山村である。

日本の稲作農業にとっては、西欧世界の小麦農業よりもはるかに多くの豊かな水が必要であり、氾濫の危険のより少ない山裾の少し開けた谷あいや盆地が耕作地として選択され、人々はそこに住み込んできた。狭い谷の一本の水系だけを頼りにその地に

解答編

英語

I **解答**　A．(W)－2　(X)－3　(Y)－3　(Z)－2

B．(a)－1　(b)－1　(c)－2　(d)－4　(e)－3　(f)－3　(g)－4　(h)－3　(i)－4

C．(ア)－2　(イ)－3

D．(あ)－1　(い)－5　(え)－6

E．4・5・6

F．全訳下線部参照。

◆全　訳◆

≪気候変動が昆虫や生態系に与える影響≫

私たちは，気候が変化する未来に向かっていることを知っている。このことは昆虫にも直接的，そして間接的に影響を与えるだろう。

一つの難題は，気候の変化が，異なる種の間におけるぴったり合った同時性を乱すことである。渡り鳥が戻ってくる時期，発葉の時期，春の開花時期など，多くの過程のタイミングがずれることがわかっている。異なる事象が必ずしも同じタイミングで変化するわけではないことが難題なのだ。もし，昆虫を食べる鳥が，昆虫が最も多くいる時期に対して卵を産む時期が遅すぎたり早すぎたりすると，巣の中のひな鳥の餌が少なくなりすぎることがあるかもしれない。これが起こるのは，例えば，ある現象が（温暖化の影響を受けない）日照時間の長さによって引き起こされる場合もあれば，ある現象が（温暖化の影響を受ける）平均気温によって引き起こされる場合もある。同様に，授粉を特定の昆虫に頼っている植物が，その昆虫が群れをなして動かなくなる時期に開花すると，種子の生産が悪くなるような被害を受けることがあるかもしれない。

とりわけ春は，早すぎる「偽りの春」と呼ばれるほど，厳しい状況になることがある。それが訪れると，越冬しようとしていた成虫は暖かさに誘われて餌を探しに外に出てしまう。再び霜が降りると，昆虫は寒さに弱く，餌の蓄えも少ないため，寒さへの対処や十分な餌の確保に苦労することになるのだ。

このように，多くの昆虫が気候の変化に応じて変わろうとしていることがわかる。時に分布全体が移動することもあるが，種が追いつかず，かえって分布が縮小することもよくある。トンボやチョウの場合，多くの種の分布が小さくなり，北上していることが証明されている。昆虫の種類別の色見本を見ると，多くのチョウやトンボの中で特に色の濃いものは，南ヨーロッパから姿を消し，気候の涼しい北東部に避難していることがわかる。マルハナバチを例にとると，2100 年までにヨーロッパに生息する 69 種のうち，10 分の 1 から――最悪の場合は――半分が，気候変動のために失われる可能性がある。

北部では，気候変動により葉を食べるイモ虫の分布が拡大している。このため，カバの森が喰い荒らされ，その影響はさらに深刻化している。10 年以上にわたって，アキナミシャクとその近縁種の発生が，ノルウェーの北部にあるフィンマルクのカバの森にかなり大きな被害を与えてきた。この大発生が生態系全体に波及効果をもたらした。食糧事情，植生，動物の生態など，すべてが変わった。

私は，トロムソやオスロ郊外のノルウェー生命科学大学の研究者とともに，アキナミシャクが喰い荒らした跡が，別の昆虫グループ，例えば枯れたカバを分解して栄養を再利用するカブトムシにどのような影響を与えるかを調べてきた。その結果，アキナミシャクの攻撃は短期間に多くのカバの枯死を引き起こすので，木に生息するカブトムシはそれにただただついていけなくなることが判明した。つまり，餌の増加に見合った個体数の増加ができていないということである。このことが長期的にどのような影響を及ぼすかはわからないが，以下の重要なポイントを示している。つまり，気温の上昇が続くと，北半球の生態系にどのような影響が出るかはわからないが，劇的な変化が起きることは明らかだということである。

私の研究分野のひとつは古くて空洞のあるオークの大木に生息する昆虫類なので，気候変動がそこに生息するカブトムシにどのような影響を与えるかを考えてきた。数年前，私の研究グループとスウェーデンの科学者たちは，スウェーデン南部とノルウェー南部の全域に生えるオークの木と関係しているカブトムシの群れを対象とした大規模なデータを比較したことがある。オークの木は気候が異なる場所に立っているので，気温や降水量の観点から，それらが広がる範囲は，気候シナリオで予測される気候変化とほぼ同じになった。私たちはカブトムシの群れの違いを調べ，気候が温暖化・湿潤化・荒涼化した場合，将来これらの様々な昆虫の群れにどのような影響を与えるかについて知識を得た。

私たちの研究の中で，温暖な気候は最も特殊で特異な種にとって好都合であることがわかった。しかし，残念ながら，これらの特異な種は降水量の増加に対して悪い反応を示した。つまり，気候変動がこれらの特異な昆虫の環境を改善することは難しいということだ。しかし，より一般的な種は気候の違いに対してほとんど反応を示さなかった。

これは気候変動に限らずかなり一般的なことで，現代によく見られるパターンを裏付けている。つまり，その土地固有の，特別に適応した種が被害を受け，一方で一般的な種はうまくいくということである。つまり，多くの希少種や固有種が減少する一方で，すでによく見かける比較的少数の種が，ますますありふれたものになっていくだろう。これは生態系の均質化と呼ばれるもので，同じ種がどこでも見られるようになり，異なる地域間で自然がより似てくるのである。

◀解　説▶

A．(W)空所の直前に suffer があるので，正解は2となる。suffer from ～は「害を被る，～（苦痛・害など）を受ける」という意味。直後の poor はここでは「悪い，乏しい」という意味で，poor seed production は直訳すると「乏しい種の生産」だが，ここでは「種の生産が乏しくなる，悪くなる」ということを表している。

(X)空所の直後に response とあるので，正解は3となる。in response to ～は「～に応じて，～に応えて」という意味。

(Y)空所の直後に the long term があるので，正解は3になる。over the long term は「長期的に見て」という意味。over の代わりに in を使うこともできる。

(Z)空所の直前の文より，最も特殊で特異な種にとっては温暖な気候が好都合であると考えられていたが，これらの種は降水量の増加に対して悪い反応を示したと書かれている。つまり，「悪い反応」が具体化された文が次にくると考えることができるので，正解は2となる。hardly は「ほとんど〜ない」という意味。

B．(a)直後に名詞 temperature があることから，下線部は形容詞だと考える。mean は形容詞で「平均の」という意味で文意が通る。よって1が正解。2は「〜でさえ」，3は「高い」，4は「低い」という意味。

(b)tempted は be 動詞とともに用いて「誘惑される」という意味。よって最も近いのは，1．「魅了される」である。2は「乱される」，3は「強制される」，4は「抑制される」という意味。

(c)shrinks は「縮小する，減少する」という意味なので，2が正解。1は「回復する」，3は「〜のままでいる，残っている」，4は「反応する」という意味。

(d)refuge は「逃げ場，避難所」という意味なので，4が正解。1は「家族」，2は「自由」，3は「平和」という意味。

(e)直前の文で，北部では気候変動により，葉を食べるイモ虫の分布が拡大していると書かれているので，これによりカバの森への影響は悪いものになると推測できる。よって3．「増大する」が正解。exacerbate は「悪化させる」という意味。1は「抑える」，2は「改善する」，4は「確保する」という意味。

(f)considerable は「かなりの，相当の」という意味なので，3が正解。1は「故意の」，2は「長続きする」，4は「目に見える」という意味。

(g)dramatic は「劇的な」という意味なので，正解は4．「重大な」である。1は「わくわくさせる」，2は「適度な」，3は「遊びが好きな」という意味。

(h)foreseen は「予見される」という意味なので，3が正解。1は「加速される」，2は「達成される」，4は「見落とされる」という意味。

(i)confirms は「裏付ける，立証する」という意味なので，4が正解。1は「見捨てる」，2は「変える」，3は「繰り返す」という意味。

C．(ア)波線部は直訳すると「それらは寒さへの耐性が乏しい（悪い）」で，つまり「それらは寒さへの耐性があまりない」ということ。正解は2．「寒さに弱い」である。be vulnerable to 〜 は「〜に弱い，〜にかかりやすい」という意味。1は「それらは寒さに鈍感である」，3は「それらは気温の変化に簡単に適応できる」，4は「それらは凍えるような気候で生存できる」という意味。

(イ)波線部は「ただただついていけない」という意味。keep pace の後ろには with が省略されており，keep pace with ～ で「～に遅れずについていく」の意味で，ここでは with の後に省略されている内容を考える。直前の文より，樹木に生息するカブトムシは，アキナミシャクの攻撃がカバの枯死を引き起こす速さについていけないということがわかるので，正解は 3．「カバの木が枯れるほど速くその木を食べることができない」である。1は「今や冬が始まるのが早いので，ほとんど生き残ることができない」，2は「以前より早く枯れたカバの木を食べることができるだけである」，4は「カバの木を救うほど速く蛾を食べることができない」という意味。

D．解答へのプロセスは以下の通り。

①空所（　あ　）の直前に副詞 particularly「とりわけ，特に」があるので，形容詞が入ると考えて challenging を入れる。challenging の意味は「やりがいのある，意欲をそそる」だが，ここでは婉曲的に「難しい，厳しい」という意味を表している。

②空所（　い　）の直後に動詞 arrives があり三人称単数形になっていることから，a “false spring” を先行詞とする関係代名詞が入ると考えて，that を入れる。

③残った選択肢より，too early「あまりに早く」と並べ，この前に副詞 far を置く。よって（　う　）（　え　）（　お　）には far too early が入る。ここでは far は程度を表す「はるかに，ずっと」という意味。

E．それぞれの選択肢の意味と正誤の根拠は以下の通り。

1．「温暖化により，多くの鳥や草木の春の成長時期が遅くなるため，鳥は餌に困ることはほとんどない」

→第2段第4文（If insect-eating birds …）で，昆虫の個体数が最も多い時期より，昆虫を食べる鳥類の産卵が早かったり遅かったりすると，ひな鳥の餌に困るということが書かれているので，誤りである。

2．「暖かくなるのが早ければ，越冬する昆虫の睡眠時間が長くなり，飢餓状態になる」

→第3段第1・2文（The spring can … search of food.）より，春の訪れが早まり暖かくなると，越冬しようとしていた（冬眠していた）昆虫は餌を求めて外に出ることがわかるので，睡眠時間は短くなる。よって誤りである。

3．「本文によると，多くの色の薄いトンボやチョウは，温暖な気候で育つ，より多くの植物を求めて南下したという」

→第4段第3文（In the case …）より，トンボやチョウは北上していることが証明されているので，その時点で誤りである。

4．「現在の速さで気候変動が進むと，2100年までにヨーロッパの30種類以上のマルハナバチが失われるかもしれない」

→第4段最終文（Scenarios produced for …）に，マルハナバチに関して2100年までにヨーロッパに生息する69種のうち，最悪の場合は半分が気候変動のために失われる可能性があると書かれているので，正解となる。

5．「アキナミシャクとその近縁種は，ノルウェー北部の森林の生態系を破壊している」

→第5段第3文（Over the course …）にアキナミシャクとその近縁種に関して，10年以上にわたって，アキナミシャクとその近縁種の発生がノルウェー北部のカバの森に大きな被害を与えてきたことが書かれているので，正解である。

6．「筆者がスウェーデンの科学者と共同研究を行った際，様々な気候下のオークの木に生息するカブトムシの群れを調査した」

→第7段第2文（A couple of …）に，筆者たちがスウェーデン南部とノルウェー南部の全域に生えるオークの木に生息するカブトムシの群れを対象とした大規模なデータを比較したと書かれているので，正解である。oak trees across the whole of southern Sweden and southern Norway が oak trees in a wide variety of climates に，compared a large data が investigated に言い換えられている。スウェーデン南部とノルウェー南部の気候は次の文の The oaks stood in places with differing climates より，気候は異なっているという前提で考えてよいだろう。

7．「研究者たちが調査前に想定していたとおり，どの種類のカブトムシも気候変動に対して似たような反応を示し，より温暖で湿潤な気候を好んだ」

→第8段第1・2文（In our study, …），同段最終文（However, …）において，温暖で湿潤な気候がカブトムシにどのような影響を与えるのかについて書かれている。その結果，最も特殊で特異な種にとっては，温暖な気候が好都合で降水量の増加はよくないが，一般的な種は気候変動に対してほとんど反応を示さなかったことがわかる。よって，すべての種類のカブトムシが似た反応を示していないことがわかるので，誤りである。

8.「気候変動のために，今後適応して生き残ることができるのは，その土地固有の昆虫だけである可能性が高い」

→最終段第 1 文（This confirms a…）に，気候変動による被害を受けるのはその土地固有の，特別に適応することができた種であり，うまく生き残れるのは一般的な種であると書かれているので，誤りである。

F．文全体の主語は many rare and unique species で，動詞は go である。go into (a) decline は「減少する」という意味。whereas は接続詞で「一方で」という意味で，希少種や固有種と一般的な種を対比させる働きをしている。whereas 以下の主語は few species で，動詞は become である。that are already common は few species を先行詞とする関係詞節である。

II　解答

A．(X)— 4　(Y)— 3　(Z)— 4

B．(a)— 1　(b)— 4　(c)— 3　(d)— 4　(e)— 3　(f)— 3　(g)— 4　(h)— 4　(i)— 2　(j)— 1

C．(ア)— 3　(イ)— 4

D．(あ)— 4　(い)— 2　(お)— 6

E．2・3・5

◆全　訳◆

≪カササギフエガラスの利他的行動≫

カササギフエガラス 5 羽にリュックサックのような小さな追跡装置を取り付けて予備調査を行ったとき，鳥類ではほとんど見られないまったく新しい社会行動が発見できるとは思ってもみなかった。私たちの目的は，この非常に賢い鳥の動きと社会力学について学ぶことと，丈夫で再利用可能なこの新しい装置を検証することだったのだ。それどころか，鳥たちは私たちの上手をいったのだ。私たちの新しい研究論文が示しているように，カササギフエガラスはお互いに助け合いながら追跡装置を取り外す「救助」行動を見せ始めたのだ。カササギフエガラスが知的で社会的な生き物であることはよく知られているが，このような一見利他的な行動（すぐに目に見える報酬を得ずにグループの他のメンバーを助ける行動）を示した例は，私たちが知る限り初めてであった。

教育機関所属の科学者である私たちは，実験がどんな方法を使ってもうまくいかない場合があることに慣れている。有効期限の過ぎた物質，機器の故障，汚染されたサンプル，予定外の停電など，これらはすべて，数カ月（あるいは数年）かけて慎重に計画された研究を後退させる可能性があるのだ。動物，特に行動学を研究する私たちにとって，予測ができないことはこの仕事を表す一部分なのだ。このような理由から，私たちはしばしば予備調査をする必要がある。私たちの予備調査はその種の調査では初となるもので，ほとんどの追跡装置は中型から小型の鳥に装着するには大きすぎるし，装着できたとしてもデータの保存容量やバッテリーの寿命が非常に限られていることが多い。また，1回限りの使用になりがちである。私たちの研究の新しい側面は，追跡装置を装着するベルトのデザインだ。貴重なデータをダウンロードしたり，その小さな装置を再利用するために，鳥を再び捕獲する必要がない方法を考案したのである。

私たちは地元のカササギフエガラスの群れを訓練し，屋外の地上給餌「拠点」に来させ，無線で追跡装置のバッテリーを充電したり，データをダウンロードしたり，磁石を使って追跡装置とベルトを外すことができるようにした。ベルトは丈夫で，磁石が反応して外せるのは1カ所だけだった。ベルトを外すには，その磁石か，よく切れるハサミが必要だった。このデザインは，効率化への可能性を広げ，多くのデータを収集することができるため，私たちはとても期待をしていた。

私たちは，この新しい設計が計画通りに機能するかどうか，そしてどのようなデータを収集できるかを確認したいと考えた。カササギフエガラスはどこまで遠くに飛ぶのか？　カササギフエガラスは移動や他の鳥と交わる観点から，1日のパターンやスケジュールがあるのだろうか？　年齢や性別，支配ランクは彼らの活動にどう影響しているのか？　5羽のカササギフエガラスに装着した1グラムにも満たない小さな追跡装置を使えば，こうしたことがすべてわかるのだ。あとはその貴重なデータを収集するために，待ち続け，見守り，そしてその鳥を拠点に呼び戻すだけなのだ。

群集で生活する多くの動物は，集団の健康や安全，生存を確保するために互いに協力し合っている。実際，認知能力と社会的協調性には相関関係があることがわかっている。大きな集団で生活する動物は，問題解決能力が高まる傾向にある（中略)。オーストラリアのカササギフエガラスも例外ではない。問題解決に優れた，広い範囲に対応できる種として，カササギフエガラスは人間が引き起こす生息地の極端な変化にもうまく適応してきたのだ。

オーストラリアのカササギフエガラスは通常2羽から12羽の社会集団で生活し，合唱したり，攻撃的な行動を行うことによって協力しながら縄張りを占拠し守っている。この鳥はまた，年上の兄弟姉妹が子育てを手伝うなど，協力しながら繁殖する。今回の予備調査では，カササギフエガラスが集団の問題を解決するために，いかに素早くチームを組むのかがわかった。最後の追跡装置を装着して10分も経たないうちに，追跡装置を装着していない雌の成鳥がくちばしを使って幼鳥のベルトを外そうとするのを目撃した。数時間のうちに，他の追跡装置はほとんど取り外された。3日目には，群れの支配者である雄の追跡装置も見事に取り外されたのだ。

同じ個体が他の個体に協力しているのか，それとも任務を分担しているのかはわからないが，他の鳥がこのように協力して追跡装置を取り外すという話は読んだことがなかった。鳥たちは，ベルトの様々な部分をくちばしで引っ張ったり，ちょきんと切ったりすることを試しながら，問題を解決する必要があった。また，他の個体を進んで助け，そして助けを受け入れる必要があった。この種の行動で文献上見られる唯一の類似した例は，セイシェルウグイスが粘着性のあるウドノキの種子群から，自分たちが属する社会的集団内にいる他の仲間を逃がすのを手伝ったことだ。これは「救助」と呼ばれる非常に珍しい行動である。

これまで，追跡調査を行ったほとんどの鳥類は，必ずしも社会性が高いわけではなく，認知的問題解決能力があると考えられてきたわけでもない（中略)。私たちは，カササギフエガラスが追跡装置を，駆除が必要な寄生虫の一種として認識するかもしれない可能性についてはまったく考えていなかった。カササギフエガラスの追跡は，これらの鳥が気候変動下で頻度と強度が増す熱波に脆弱な鳥であることから，保護活動においてきわめて重要である。今週発表されたパース市の研究者によると，熱波の中でのカササギフエガラスの雛の生存率は10％にまで下がる可能性があるということだ。重要なのは，カササギフエガラスは採餌などの作業において，気温が高いほど認知能力が低くなることもわかったのである。このことは，温暖化が進む気候下において，協力的な行動がさらに重要になることを意味しているのかもしれない。

カササギフエガラスのように，私たち科学者も常に問題解決のために学んでいる。今，私たちは初心に返って，変化する世界でカササギフエガラスが生き残るのに役立つ不可欠な行動データをもっと集める方法を考えなければならない。

◀解　説▶

A．(X)空所の直後に「磁石が機能してベルトを外せるのは1カ所だけ」という内容の関係副詞節があることから，これは The harness の説明だと判断できるので，正解は4である。ここでの with は「～を持っている」という意味。つまり「磁石が機能してベルトを外せる箇所を1カ所しか持っていないベルト」ということ。

(Y)空所の直前に only があることから，3が正解となる。the only other ～は「唯一の～」という意味で，他にはないことを強調する言い方である。

(Z)空所の前後の「気温が高いこと」と「認知能力が低くなること」は，前者が原因で後者が結果と考えると文意が通るので，正解は4になる。*A* result in *B* は「*A* が原因で *B* という結果になる」，*A* result from *B* は「*B* が原因で *A* という結果になる」という意味。

B．(a)seemingly は「見た所では，一見」という意味なので，1が正解。2は「効果的に」，3は「著しく」，4は「一時的に」という意味。

(b)直後に有効期限の過ぎた物質，機器の故障，汚染されたサンプル，予定外の停電などが具体例として挙げられているので，going awry は否定的な意味だと推測できる。よって正解は4になる。go awry は「予定通りにいかない」という意味。1は「～し続ける」，2は「実行する」，3は「うまくいく」という意味。

(c)pilot は形容詞で「予備的な，試験的な」という意味なので，最も近いのは3である。pilot study で「予備調査」という意味。1は「生物学の」，2は「比較による」，4は「維持された」という意味。

(d)precious は「貴重な」という意味なので，4が正解。1は「利用できる」，2は「基本的な」，3は「正確な」という意味。

(e)uncovered は「明らかにされた，暴露された」という意味なので，3

が正解。1は「取り除かれた」，2は「保持された」，4は「報酬を与えられた」という意味。

(f)ensure は直後に「集団の健康や安全，生存」と書かれているので，ここでは「確保する」という意味。正解は3となる。1は「危険にさらす」，2は「改善する」，4は「歓迎する」という意味。

(g)correlate は「相関関係がある」という意味なので，4.「合致する，釣り合う」が最も近い。1は「競争する」，2は「混乱させる」，3は「矛盾する」という意味。

(h)habitat は「生息地」という意味なので，4が最も近い。1は「行動」，2は「困難」，3は「数字」という意味。

(i)dominant は「支配的な，有力な」という意味なので，2が正解。1は「～に敵意を持っている」，3は「最年長の」，4は「不快なにおいがする」という意味。

(j)vital は「不可欠な」という意味なので，1が正解。2は「粗い」，3は「残酷な」，4は「船旅」という意味。

C．(ア)波線部は「予測できないことはこの仕事を表す一部分である」という意味。つまり動物の行動を研究する人にとって，その行動を読めないことが多く，それに備えておかなければならないということ。よって正解は3.「私たちは予期できないことに準備しておかなければならない」である。1は「行動の読めない研究者だけが雇われている」，2は「異常な動物だけが研究対象である」，4は「私たちは仮説を立てずにプロジェクトを始動させなければならない」という意味。

(イ)波線部は「例外ではない」という意味。直前の文の「大きな集団で生活する動物は，問題解決能力が高まる傾向にある」という内容を受けているので，オーストラリアのカササギフエガラスも問題解決能力が高い，すなわち同じ傾向にあると考えることができる。よって4.「他の動物と同じ傾向にある」が正解。1は「他の動物を排除することができる」，2は「他の動物とは異なる」，3は「他の動物より優れた能力をもっている」という意味。

D．ポイントは以下の通り。

①文全体の主語は We，空所（　あ　）が動詞になる。直後に to があることから wanted を入れる。

②空所（　い　）の直前にseeがあるので，ifを入れる。このifはseeの目的語になっていることから，名詞節を導くので「～かどうか」という意味。see if～「～かどうか確かめる」

③空所（　う　）の直前に形容詞newがあることから，名詞designを入れると文意が通る。

④if節の中の主語がthe new design，空所（　え　）（　お　）に動詞が入ると考えて，would workを入れると文意が通る。

E．それぞれの選択肢の意味と正誤の根拠は以下の通り。

1．「科学者は，カササギフエガラスが社会力学を身につけることで，追跡装置を賢く利用できることを発見しようと思っていた」

→第1段第1・2文（When we attached … and reusable devices.）より，科学者がカササギフエガラスに小さな追跡装置を取り付けて予備調査を行った目的は，この鳥の動きと社会力学（状況に応じて，社会と個人とのつりあいを求めて働く力）について学ぶこと，丈夫で再利用可能なこの新しい装置を検証することだとわかるので，誤りである。

2．「研究者が行った予備調査により，カササギフエガラス同士が協力してベルトを外すという予想外の結果が得られた」

→第1段第4・5文（As our new … immediate, tangible reward.）に，お互いに助け合いながら追跡装置を取り外すというカササギフエガラスの行動を観察し，このような利他的行動を示した例は初めてだと書かれているので，正解である。

3．「科学者は様々な問題にしばしば直面し，慎重に準備した研究プロジェクトも遅れてしまうことがある」

→第2段第1・2文（As academic scientists, … carefully planned research.）に有効期限の過ぎた物質，機器の故障，汚染されたサンプル，予定外の停電などによって，慎重に計画された研究を遅らせる可能性があると書かれているので，正解である。

4．「調査のために，研究者は使い捨てで，以前には中・小型の鳥類で実験されていた普通の追跡装置を使用した」

→第2段第5・6文（Our pilot study … be single-use only.）において使い捨ての追跡装置について言及されているが，これらは中・小型の鳥には大きすぎるものであるうえに今回の調査でそのような装置を研究者が用いたとは書かれていないので，誤りである。

5.「科学者は追跡装置用のベルトを新たに設計し，充電とデータ収集が可能な給餌拠点を設置したので，彼らの研究は革新的である」

→第2段第7・8文（A novel aspect … the small devices.），第3段に合致するので正解である。A novel aspect of our research が Their study is innovative に言い換えられている。

6.「科学者たちは，支配的な雄のカササギフエガラスが最初にベルトを取り外されたことに注目した」

→第6段第4文（Within ten minutes …）より，最初にベルトを外されたのは支配的な雄ではなく幼鳥だとわかるので，誤りである。

7.「研究者は，カササギフエガラスが互いに助け合って追跡装置を取り外したことは特有のものだと考え，その『救助』行動の最初の記録例となった」

→選択肢の found は find O C という形をとっており，O が the case of the magpies helping each other to remove the tracking devices で，C が unique である。第7段第4文（The only（　Y　）…）に救助行動に類似した例が先行研究にあることが書かれており，「最初の記録例」ではないことがわかるので誤りである。

8.「オーストラリアのカササギフエガラスは熱波に対応できるように進化しているため，協力行動の必要性はおそらく減少していくだろう」

→第8段第4文（In a study …）・同段第6文（This might mean …）より，熱波によるカササギフエガラスの雛の生存率は10%にまで下がる可能性があることが指摘されていることから，熱波に対応できるように進化しているとはいえない。さらに温暖化が進む気候下において，協力的な行動がさらに重要になると述べられていることから，誤りである。

III 解答

A. (a)―7　(b)―5　(c)―3　(d)―9　(e)―8　(f)―2　(g)―10　(h)―4

B.〈解答例1〉I've been cooking since yesterday, but I'm afraid I won't be able to make it in time for the party.

〈解答例2〉I've been preparing dishes for the party since yesterday, but I'm worried that I won't be able to finish everything before the guests arrive.

◆全　訳◆

≪誕生日パーティーの準備≫

（カナメがスティービーを訪ね，大事なパーティーの手伝いをしている。）

スティービー：カナメ！　会えてうれしいよ，どうぞ入って。パーティーの飾り付けを手伝いに来てくれてありがとう。

カナメ　　　：こんにちは，スティービー！　いえいえ，どういたしまして。

スティービー：僕の母が今日50歳になるから，誕生日をきちんと祝ってもらえていると，母には確実に感じてほしいんだ。

カナメ　　　：あなたのお母さんは素敵だよね！　私も50歳になったら，彼女の半分くらいはかっこよくなりたいなあ。

スティービー：時間が経てばわかるよね。

カナメ　　　：それがわかるにはまだ何十年もあるよ。

スティービー：でも，今日のパーティーが始まるまではあまり時間がないよ。

カナメ　　　：そうだね。何時から始まるのかをもう一度教えてくれる？

スティービー：夜の7時で，今は昼の3時。だから，全部準備をするのにあと4時間しかないんだ。

カナメ　　　：確かに時間はあまりないけど，なんとかなるよ。

スティービー：君は飾り付けの天才だから，安心して任せられるよ。今一番の問題は料理なんだよ。昨日から料理をしているけど，パーティーに間に合わないのではないかと心配してるんだ。

カナメ　　　：すごくいい匂いだね！　何を作ったの？

スティービー：ええっと，ちょっと待ってね。今のところできているのは，ミニピザ，カレーパン，数種類のお寿司，タコス，蒸し野菜，グリーンサラダ，パスタサラダ，フルーツサラダだよ。

カナメ　　　：すごいご馳走だね！　小さな町ひとつ分くらいの人が食べられそうなぐらいあるね。あと何を作ればいいというんだい？

スティービー：そうなんだよ，母の好きなものを全部作ろうとしたんだ。でもまだ一番大事なケーキを作らないといけないんだ。でも，キャロットケーキかチーズケーキかどちらにしようか決められないんだ。彼女はどちらも好きなんだよ。

カナメ　　：それは決めるのが難しいね。でもね，まだ4時間あるでしょ。ケーキを2つ作るには十分な時間だと思うんだけど。

スティービー：そうかもしれないね！　僕の母はいつも「やってみて損はない」と言っているよ。

カナメ　　：食べ物の話ばかりしていると，お腹が空いてくるよ。

スティービー：あ，何でも食べてみて。他のお客さんに出す前に，君の感想を知りたいよ。

カナメ　　：いいの？　カレーパンを食べてもいい？　見ているだけでよだれが出てきそうだよ。

スティービー：もちろんだよ。

(カナメはカレーパンを手に取り，一口食べる。)

スティービー：で，どうかな？

カナメ　　：やっぱり，おいしいよ。レシピを教えて。

スティービー：実はレシピは使ってないんだ。

カナメ　　：全然？

スティービー：実は，レシピ本をたくさん読んで，アイディアをもらったんだ。でも，必要な材料が全部そろうことがないから，レシピ通りに作るのは難しいよね。だから，いつも即興で作っているんだ。

カナメ　　：即興で？

スティービー：そうだよ，作りながら考えているんだ。だから，自分なりのレシピがあると言ってもいいんだけど，書き留めてなかったから，おそらく二度と作れないと思うよ。

カナメ　　：すごいね！　とても勇気がいることだね。私はレシピ通りに作ろうとしても，うまくいかないことが多いんだ。

スティービー：僕も時々失敗するよ。でも，創造力から生まれるやりがいがあるからこそ，失敗する価値はあると思うんだ。

カナメ　　：創造力という話になると，私たち2人ともやることが多くて時間が足りないから，そろそろ準備に戻ろうか。

◀解　説▶

A．(a)直前でスティービーが「パーティーの飾り付けを手伝いに来てくれてありがとう」と言っているので，これに対する適切な返答は，7．「いえいえ，どういたしまして」である。No problem. はここでは「とんでもない」という意味を表し，You're welcome. とほぼ同義である。

(b)空所の直前でスティービーが「時間が経てばわかるよね」と言っており，自分の母親の半分くらいかっこよくなったかどうかは時間が経たないとわからないという意味である。それに対する発言としてふさわしいのは，5．「それがわかるにはまだ何十年もあるよ」である。

(c)空所の直後でスティービーが「君は飾り付けの天才だから，安心して任せられるよ」と言っていることから，カナメはあまり時間がないが準備を間に合わせることができるということを言ったと考える。よって，3．「でもなんとかなるよ」が正解である。manage は「なんとかできる」という意味の自動詞。

(d)空所の直後でスティービーが料理をいくつか挙げているので，「何を作ったの」とカナメが尋ねると文意が通る。正解は 9 である。

(e)空所の直後でカナメが「それは決めるのが難しいね」と言っていることから，スティービーが母のためにどんなケーキを作るのかを決めかねている理由が入ると考えられるので，8．「彼女はどちらも好きなんだよ」が正解となる。

(f)空所の直後でスティービーが「あ，何でも食べてみて」と言っていることから，2．「食べ物の話ばかりしていると，お腹が空いてくるよ」が入る。

(g)空所の直後の「実はレシピは使ってないんだ」というスティービーの発言は，レシピを教えてほしいと言われたことに対するものだと考えることができるので，10．「レシピを教えてよ」が正解となる。

(h)空所の直前で，カナメが「私はレシピ通りに作ろうとしても，うまくいかないことが多いんだ」と言っており，これに同調する選択肢としてふさわしいのは 4．「僕も時々失敗するよ」であり，直後の But 以下の内容とうまくつながる。

B．「昨日から料理をしている」は since を用いて現在完了の継続用法で表す。完了ではなく継続の意味をはっきりと表すために，現在完了進行形を用いるのが望ましい。また「パーティーの準備のために」を補って have been cooking for the party とすると意味が明確になる。「〜に間に合う」は make it in time for 〜や,「客が到着する前にすべて（の準備）が終わらない」と読みかえて, won't be able to finish everything before the guests arrive と書くこともできる。

❖講　評

2023年度も2022年度と同様に，長文読解総合問題2題，会話文読解問題1題の構成で，試験時間は100分。下線部和訳と和文英訳以外はすべて記号選択式であった。**Ⅰ**と**Ⅱ**は英文が長く，問題量も多いので，解答するにはかなり時間がかかる。正確さに加え，日ごろから色々な英文を読み，多くの問題を制限時間内で解き，即断即決する習慣を身につける必要がある。

Ⅰは「気候変動が昆虫や生態系に与える影響」について論じた英文である。第2・3段では，一般論として気候変動が昆虫の繁殖時期や越冬などに影響を与えるのかが論じられており，第4段からはヨーロッパに生息するトンボやチョウ，カブトムシの分布に気候変動がもたらす影響について述べられている。やや難解な箇所があるものの，研究者の実験結果を丁寧に読み，論旨を見失わないようにしたい。設問は例年通り，すべて標準的なもので，文章の大意を見失うことなく，文構造が複雑な箇所で立ち止まらずに1問1問に丁寧に解答していけば，十分に対応可能なものであった。

Ⅱは「カササギフエガラスの利他的行動」について論じた英文である。カササギフエガラスに取り付けるための追跡装置とそれを装着するベルトについて書かれている第1〜3段を踏まえた上で，第6段でカササギフエガラスが見せた利他的行動を慎重に読み解きたい。設問はほぼ標準レベルであった。同意表現問題や空所補充問題において，一部難解なもの，ややこしいものがあったが，文脈から推測すれば選択肢を絞ることができるので落ち着いて解答したい。

Ⅲは,「誕生日パーティーの準備」について友達同士が会話をしている。前半はパーティーの準備が間に合うかどうかで不安になっているスティービーを友達のカナメが励まし，後半はカナメがスティービーから料理のアドバイスをもらっている内容となっている。聞き慣れないイディオムや会話表現はほとんど使われておらず，また，空所補充問題は比較的平易でぜひ満点を目指して欲しいところである。和文英訳問題については現在完了進行形を用いて「昨日から料理をしている」を表し，「間に合う」をイディオムで表現するか，言い換えて簡単な英語で表現するかが問われている。いずれも難しい要求ではないので，確実に得点したい。

2023年度の読解問題の英文は，原文をほぼそのまま用いているために[注]が多いが，その[注]を利用しながら読み進めていけば，決して難しいものではなかったと考えられる。抽象度もそれほど高くない。

形式・分量・難易度を考慮すると，100分という試験時間ではやや足りないと思われる。過去問演習をする中で，例えばⅠ・Ⅱは各35分，Ⅲは25分，見直し5分といった時間配分を決めて解いていく必要があり，同時に正確かつ迅速に読み解けるように語彙力・文構造解析力・内容理解力をバランスよく磨いていこう。

日本史

I

解答　【設問a】大乗戒壇　【設問b】康勝
【設問c】往生要集　【設問d】日本往生極楽記
【設問e】選択本願念仏集　【設問f】教行信証　【設問g】慕帰絵詞
【設問h】御文　【設問i】富樫政親　【設問j】立正安国論
【設問k】題目〔南無妙法蓮華経〕【設問l】法華一揆
ア―24　イ―25　ウ―37　エ―11　オ―35　カ―44　キ―3　ク―8
ケ―46　コ―16　サ―18　シ―33

◀解　説▶

≪古代～中世の仏教史≫

【設問a】最澄は東大寺戒壇を中心とした既存の授戒（受戒）制度の変革を目指し，比叡山に独自の戒壇である大乗戒壇の創設を目指したが，死後に勅許が下り，公認された。2022年度入試では最澄の名前が問われ，最澄関連の連続出題となった。

【設問b】六波羅蜜寺の空也上人像は鎌倉時代の仏師である康勝の作である。康勝は運慶の第四子。鹿角の杖をつき鉦を抱いた空也が念仏を唱えると，それが口元から6体の阿弥陀仏になって現れるという様子が表現されている。

【設問c】10世紀には浄土教の教えが流行し，天台宗の僧である源信により，厭離穢土・欣求浄土の教えを記した『往生要集』が著された。

【設問d】浄土教の流行とともに往生伝の編纂がさかんになり，源信とも交流のあった慶滋保胤は，めでたく阿弥陀浄土への往生をとげたとされる聖徳太子ら四十数人の伝記を『日本往生極楽記』としてまとめた。この後には大江匡房による『続本朝往生伝』，三善為康による空欄エ『拾遺往生伝』などが著された。

【設問e】法然が九条兼実の要請により書き上げた浄土宗の教えが『選択本願念仏集』であり，念仏だけが極楽往生の根本であると説く。この教説は貞慶や明恵ら旧仏教に属する僧からは厳しい批判を招いた。

【設問f】親鸞が長い関東在住時代からまとめ，帰京後にも補訂しつつ完成させたとされる主著が『教行信証』である。阿弥陀如来の救済力（他力）を信じ，これに自己を委ねきる絶対他力を重視する考えに達した。

【設問 g】やや難。親鸞の曽孫にあたる覚如の伝記を記した絵巻が『慕帰絵詞』で，南北朝時代にあたる 1351 年の成立である。建物の内部や調度品などの細部の描写にすぐれ，歴史資料としても価値が高い。

【設問 h】蓮如は 1471 年に越前・加賀の国境に坊舎を構えたが，これが空欄ケの吉崎御坊（吉崎道場）で，一向宗の北陸進出に一定の役割を果たした。蓮如は各地に講を組織し，平易な文字で念仏をすすめる御文を送って教勢を拡大した。

【設問 l】15 世紀の京都では，日親の布教により下京の商工業者の間で法華宗に帰依する門徒が増加した。彼らは一向一揆に対抗して法華一揆を形成したが，延暦寺や諸大名らとも対立して天文法華の乱となり，宗勢は一時衰えた。

ア．やや難。天台宗で「10 世紀に活躍する座主」とあるので，語群にある円仁や円珍ら 9 世紀の人物とは時代が異なる。良源を選ぼう。彼は天台宗中興の祖とされ，源信の師にあたる人物である。

イ．「鎌倉新仏教の祖師」で，「比叡山で学んだ」人物で，文中に紹介のある法然ら 4 人以外，というヒントなので，曹洞宗の禅を伝えた道元を選ぼう。

ウ．天台僧天海は徳川家光の命により京都の比叡山にならって，江戸の上野に東叡山寛永寺を建立し開山した。寛永寺は増上寺とともに歴代将軍の菩提寺となった。

オ．念仏を唱えれば極楽往生できるとあるので，法然の主要な教えである専修念仏を選択しよう。

カ．やや難。親鸞は，のちに「池坊から華道家元が登場することとなる」場所に百日間参籠して法然に師事するべく夢のお告げを得たとされるが，それは，現在の京都市中京区にある頂法寺，通称六角堂である。建物が六角形なので六角堂と呼ばれる。

キ・ク．親鸞の弟子である唯円が，「親鸞の教えが間違って解釈されることを嘆いて」著した書物が『歎異抄』である。その一節には「善人なをもちて往生をとぐ，いはんや悪人をや」とする悪人正機説が紹介されている。

ケ．吉崎は現在の福井県（旧越前国）あわら市にあり，現在の石川県（旧加賀国）と境を接している。蓮如は1471年にここに移り75年には退去するが，しばらく寺内町として発展した。

コ．日蓮の遺命を受けて，日蓮宗の僧である日像が13世紀末より京都への布教にのりだし，14世紀には京都の町衆の間に信者を獲得した。

サ．15世紀に京都で信者を拡大した日蓮宗の僧が日親で，著書に『立正治国論』がある。足利義教の弾圧と拷問を受け，煮え湯をたぎらせた鍋をかぶらされたので，「鍋かむり上人」の名がある。

シ．『滝口入道』は高山樗牛が帝国大学に在学中，懸賞に応募して当選した小説で，読売新聞に掲載された。雑誌『太陽』が創刊されると，彼は編集に携わった。思想的にはニーチェへと傾倒したのちに，晩年には日蓮に心酔した。

Ⅱ 解答

【設問ア】松平定信　【設問イ】1　【設問ウ】3
【設問エ】田沼　【設問オ】太上天皇　【設問カ】1
【設問キ】台場　【設問ク】4　【設問ケ】坂本龍馬　【設問コ】2
【設問サ】大政奉還　【設問シ】2　【設問ス】孝明天皇
【設問セ】総裁　【設問ソ】1　【設問タ】4　【設問チ】3
【設問ツ】会議

◀解　説▶

≪寛政の改革と幕末・維新期の政治≫

【設問ア】天明の飢饉が広がる中，10代将軍徳川家治が死去し田沼意次も老中を罷免された。第11代の新将軍として一橋家から徳川家斉が迎えられ，白河藩主であった松平定信が老中に就任し，幕政改革を開始した。

【設問イ】松平定信は御三卿のひとつ田安家の出身で，父は国学者でもあった田安宗武，そして祖父は8代将軍徳川吉宗であった。

【設問ウ】松平定信は田安家の出であったが，16歳のとき東北の白河藩松平家に養子に出され，白河藩主となった。

【設問エ】政治を風刺する狂歌で，白河藩出身の松平定信による改革が潔癖すぎて，濁りがあった先代の田沼政治が恋しい，というもの。

【設問オ】朝廷は光格天皇の実父閑院宮典仁親王に「太上天皇」の尊号を宣下したいとして幕府に同意を求めたが，松平定信はこれを拒否し，再度朝廷が求めた際に武家伝奏らを処罰したため，朝幕間にしこりを残す結果となった。これを尊号一件という。この事件をめぐる将軍徳川家斉との対立もあって，定信は老中を辞任した。

【設問カ】ペリー来航当時は福山藩の藩主阿部正弘が老中首座であった。

【設問キ】ペリー来航を機に，防衛力強化をはかって江戸湾の品川沖に築かれた砲台が台場である。

【設問ク】一橋派と南紀派は14代将軍の擁立をめぐって対立した大名グループなので，12代将軍でペリー来航直後に没した徳川家慶は両派に入らない。

【設問ケ】1866年1月，京都の薩摩藩邸に長州藩の桂小五郎（木戸孝允），薩摩藩の西郷隆盛が会し，土佐藩出身の坂本龍馬らの仲介によって薩長連合の密約が成立し，薩長両藩は反幕府の態度を固めた。

【設問サ】1867年10月に発せられた討幕の密勅に先んじて徳川慶喜が朝廷に上表したのは大政奉還である。この上表で機先を制せられた倒幕派は，同年12月，王政復古のクーデターを決行することになる。

【設問シ】「癸丑」とは，ペリーが初めて来航した年である1853年を指す。

【設問ス】「先帝」は先代の天皇，すなわち，1866年末に没した孝明天皇を指す。史料の時点は1867年末ですでに明治天皇の時代である。

【設問ソ】王政復古とは天皇政治の復活であるから，初代の神武天皇による創業の原点に立ち返る政治を呼びかけている。

【設問タ】五箇条の御誓文は，越前藩士の由利公正が原案を，土佐藩士の福岡孝弟が修正案を提出し，最後に長州藩の木戸孝允が完成させた。

【設問チ】政体書の発布が1868年，版籍奉還が1869年，廃藩置県が1871年，そして民撰議院設立の建白書の提出が1874年という順であり，3が正解となる。

III　解答

【設問ア】4　【設問イ】榎本武揚　【設問ウ】3
【設問エ】金本位制　【設問オ】4
【設問カ】蕃書調所　【設問キ】西周　【設問ク】2　【設問ケ】1
【設問コ】闇市　【設問サ】破壊活動防止法　【設問シ】経済安定九原則
【設問ス】3　【設問セ】1　【設問ソ】直接税〔所得税〕
【設問タ】LT貿易　【設問チ】2　【設問ツ】3

◀解　説▶

≪幕末・明治期の歴史と戦後の経済史≫

【設問ア】やや難。4の東京砲兵工廠は，陸海軍の兵器を製造した軍事工場であるが，かつて江戸幕府の兵器工場であった関口大砲製作所を受け継いだものである。

【設問イ】江戸城の開城後，海軍副総裁として開陽丸で箱館に入港し，新政府軍に抵抗したが降伏に至った人物は，榎本武揚である。のちに明治政府の要人としても活躍した。

【設問ウ】長崎造船所は幕末に江戸幕府の長崎製鉄所として発足したが，やがて経営は明治政府に引き継がれ，1887年には三菱に払い下げられた。以後，国内最大の民間造船所として発展した。

【設問エ】日本は1897年に貨幣法を制定し，日清戦争の賠償金を準備金として金本位制を実施した。これにより通貨価値が安定し，欧米の金本位制国との貿易（とくに輸入）が増進した。

【設問カ】江戸幕府の洋学研究教育機関として1856年に設立されたものが蕃書調所である。1855年，天文方の蛮書和解御用を独立させて洋学所としたが，翌年これを蕃書調所と改称し，以後も組織の拡充に伴い改称され1862年には洋書調所，1863年に開成所となった。

【設問キ】明六社のメンバーで，1882年に出された軍人勅諭の起草者とあるので，西周を答えよう。洋学者として国際法の紹介や，「哲学」など西洋思想の翻訳に貢献した。

【設問ク】アメリカの哲学者で美学者でもあるフェノロサは，来日後，橋本雅邦や狩野芳崖ら日本画家を見いだし，岡倉天心とともに東京美術学校の設立に貢献した。また法隆寺夢殿の秘仏を開扉させ，近代美術の視点から再評価を加えた人物でもある。

【設問サ】サンフランシスコ平和条約が発効し，1952年4月に日本は主権を回復したが，政府は占領下で実施されていた団体等規正令に代わる治安法規の必要性を考慮し，暴力的な破壊活動を防止するため，破壊活動防止法を制定した。

【設問シ】1948年末，アメリカは日本経済の自立を促すための経済安定九原則を決議し，GHQを通じて九原則を日本政府に指示した。予算均衡，徴税強化，貸出制限，物価統制など，基本的にはインフレを収束させる緊縮政策を指示したもので，このあとのドッジ＝ラインで具体化した。

【設問ス】ドッジの政策の骨子は赤字を許さない超均衡予算を組むことにあったので，3が正解。

1．不適。支払猶予令は旧憲法下で関東大震災時と金融恐慌時に発令されたものでドッジ＝ラインとは関連しない。

2．不適。1ドル＝308円ではなく360円である。

4．不適。新税制はドッジ＝ラインの後のシャウプ勧告により実施された。間接税をなるべく整理して直接税，とりわけ所得税を税体系の中心に据え，その累進税制が実施された。

【設問セ】難問。昭和電工事件で総辞職した内閣とは芦田均内閣を指す。組閣された期間は1948年3月～同10月なので，1が正解。1は政令201号のことで，芦田均内閣時の1948年7月に公布された。2は片山哲内閣で，期間は1947年5月～48年3月。3の改正民法の公布は1947年12月，4の労働基準法の公布は1947年4月である。

【設問ソ】シャウプ勧告では，直接税のほうが間接税よりも国民が税負担を意識し，税の使途に関心を持ち納税意識が高まるとして重視した。さらに直接税の中でも最も適した税として所得税を挙げ，税体系の中心に据えた。

【設問タ】池田内閣は，国交のない中国との間で準政府間貿易をすすめた。日中間の協定調印者である廖承志・高碕達之助のイニシャルをとってLT貿易と呼ばれる。

【設問チ】東海道新幹線は，1964年10月10日より開催されたオリンピック東京大会開幕直前の10月1日に開通した。経済協力開発機構（OECD）加盟は同年4月のことである。日本列島改造論は1972年，日本万国博覧会は1970年，いざなぎ景気の始まりは1966年（あるいは1965年）。

【設問ツ】日本電信電話公社（現NTT各社），日本専売公社（現JT），日本国有鉄道（現JR各社）の三公社は，行財政改革を推進する中曽根康弘内閣時に民営化された（前2者は1985年，後者は1987年）。

❖講　評

Ⅰ　古代～中世の仏教に関する問題。天台宗の成立とその後，阿弥陀信仰の系譜上にある空也・法然・親鸞・一遍，蓮如と一向一揆，日蓮宗と法華一揆という古代～中世の仏教史が系統的に出題されている。空所アの良源，空所カの六角堂はやや難。【設問g】『慕帰絵詞』は書き取りも含めやや難。仏教に関する基本的な問いが多いので，確実に得点を積み重ねたい。

Ⅱ　寛政の改革と幕末・維新期の政治史。⑴寛政の改革，⑵開国と将軍継嗣問題，⑶王政復古のクーデターと明治政府の成立という3つの内容を問う。史料は『王政復古の大号令』，『五箇条の御誓文』の2つで，どちらも入試で頻出する史料。難易度は標準的で，史料文の空欄を答えられれば学習がすすんでいる証となる。【設問チ】は政治上の出来事4つを正しく配列する問題であり，クリアしたい。

Ⅲ　⑴幕末～明治期，⑵第二次大戦後の2期に分け，おもに経済史を問う問題。難易度はほぼ教科書標準である。【設問ア】は江戸幕府から引き継いだ官営事業を選択するが，やや難。【設問セ】は芦田均内閣は導けても，関連する出来事の適切な項目を選ぶのは難しい。この2問以外は着実に得点に結びつけたい。

世界史

I 解答

設問1．a－6　b－29　c－19　d－1　e－16
f－21　g－7　h－39　i－33　j－32

設問2．(A)－2　(B)－3　(C)－4　(D)－2　(E)－3

設問3．(ア)スパルタクス　(イ)プリニウス　(ウ)カラカラ帝　(エ)養蚕技術　(オ)ウルバヌス2世

◀解　説▶

≪ローマ建国～ビザンツ帝国の滅亡≫

設問1．b．ホルテンシウスは独裁官。ホルテンシウス法により，平民会決議が元老院の承認なしに国法となることが定められた。

e．プリンケプスは「市民のなかの第一人者」の意味。プリンケプスによる統治をプリンキパトゥス（元首政）と呼ぶ。

f．トラヤヌスは初の属州（スペイン）出身の皇帝。ダキア（現在のルーマニア）を属州とし，帝国の領土は最大となった。

i．ランゴバルド人が北イタリアに建国したことから，ロンバルディアの地名が生まれた。

設問2．(A)(a)正文。

(b)誤文。ストア派ではなくエピクロス派の説明。ストア派は禁欲主義である。

(B)(a)誤文。マリウスとスラの所属している派閥が逆である。

(b)正文。

(C)(a)誤文。パルテノン神殿は古代ギリシアの建築物。

(b)誤文。ウェルギリウスの代表作は『アエネイス』である。『転身譜』はかなり細かい知識であるが，オウィディウスの作品である。

(D)(a)正文。

(b)誤文。ラビンとアラファトの説明が逆になっている。

設問3．(ア)スパルタクスはトラキア出身の剣闘士。前73年から反乱を指導したが，前71年にクラッススとポンペイウスにより鎮圧された。

(イ)プリニウスは79年のウェスウィウス火山噴火の際に，艦隊司令官とし

て救助活動にあたったが，火山ガスの犠牲となった。

(ウ)カラカラ帝はアントニヌス勅令で，全自由民にローマ市民権を与えた。カラカラ帝は愛称で，本名はマルクス＝アウレリウス＝アントニヌスである。

(エ)ユスティニアヌス帝は密輸によって蚕卵を手に入れたとされる。

(オ)ウルバヌス2世は1095年のクレルモン宗教会議で聖地奪還を提唱した。

II 解答

設問1．a－2　b－1　c－3　d－4　e－3　f－3　g－2

設問2．4　設問3．3　設問4．2　設問5．1　設問6．6
設問7．2　設問8．3

設問9．ア．北方戦争　イ．南下政策　ウ．大陸封鎖令　エ．東方問題
オ．ナロードニキ

◀解　説▶

≪17世紀後半～19世紀後半のロシア帝国史≫

設問1．b．アゾフ海は黒海北東部の内海で，海峡によって黒海と結ばれており，西にクリミア半島がある。

f．ニコライ1世は，二月革命の影響を受けた1848年のオーストリア・ポーランドの革命運動を鎮圧し，「ヨーロッパの憲兵」と言われた。

設問2．X．ラクスマンはエカチェリーナ2世が派遣した使節。1792年，根室に来航した。

Y．北京条約（1860年）は，アロー戦争でイギリス・フランスとの講和を仲介したロシアが，その報酬を要求して清朝と結んだ条約である。

設問3．1．誤文。イェルマークが活躍したのはイヴァン4世時代の16世紀。シベリアに進出して，シビル＝ハン国の首都を攻略した。

2．誤文。ステンカ＝ラージンはプガチョフの誤り。

4．誤文。アレクサンドル2世の農奴解放令は1861年。農奴は人格的には解放されたが，分与地の取得は有償であった。

設問5．2．誤文。ロシア皇帝アレクサンドル1世が提案した神聖同盟には，イギリス・オスマン帝国・ローマ教皇は参加していない。

3．誤文。ロシア皇帝が国王を兼ねたのはポーランドである。

設問7．X．正文。

Y．誤文。サン＝ステファノ条約では，ルーマニア・セルビア・モンテネグロの独立，ロシアの保護下でのブルガリアの自治国化が認められた。

設問8．3．誤文。カザン＝ハン国ではなくヒヴァ＝ハン国。

設問9．ア．北方戦争（1700～21年）の時期，西ヨーロッパではスペイン継承戦争（1701～13年）が起きている。

ウ．1806年のベルリン勅令と，これをさらに強化した1807年のミラノ勅令を併せて大陸封鎖令と呼んでいる。

オ．「ヴ＝ナロード（人民の中へ）」をスローガンとしたことから，ナロードニキと呼ばれた。

III　解答

設問1．a－26　b－5　c－23　d－9　e－16　f－13　g－21

設問2．(1)ファン＝ボイ＝チャウ　(2)中国同盟会　(3)魯迅　(4)新経済政策　(5)キャフタ条約

設問3．(A)容共　(B)扶助工農　(C)北伐

設問4．(ア)－4　(イ)－1　(ウ)－5　(エ)－3

◀解　説▶

≪蔣介石の生涯≫

設問1．c．陳独秀は上海で『新青年』を発刊し，新文化運動を指導した人物で，北京大学教授も務めた。五・四運動後はマルクス主義に関心を持ち，1921年に上海で中国共産党を組織し，初代委員長に就任した。

d．五・三〇運動のきっかけとなるストライキが起きたのは，日本資本が中国内に設立した，日華紡と呼ばれた紡績会社。

e．上海クーデタは四・一二事件とも呼ばれる。その背景には，共産党の勢力拡大を警戒する浙江財閥の存在があった。

f．山東出兵は3度にわたって行われ，第2次山東出兵では，日本軍と北伐軍が衝突する済南事件が起きている。

g．張学良は奉天軍閥張作霖の長男。父親が日本の関東軍に爆殺された後，中国東北地方の実権を握った。

設問2．(1)ファン＝ボイ＝チャウは日本に留学生を送り込む東遊（ドンズー）運動を展開したが，日仏協約に基づき日本政府はベトナム人留学生の国外追放に踏み切り，運動は失敗に終わった。

⑶魯迅の『狂人日記』は，口語による白話運動を実践した最初の文学作品である。漢字が正確に書けるようにしておきたい。

⑷新経済政策は New Economic Policy の略称としてネップと呼ばれる。

⑸キャフタ条約が結ばれた時の皇帝は雍正帝。康熙帝時代の 1689 年に結ばれたネルチンスク条約に次ぐ，ロシアと清の国境協定で，キャフタでの交易についても規定された。

設問 4．㈠⒜誤文。第二革命が起きた 1913 年の時点で，西太后はすでに亡くなっている。

⒝誤文。十月革命（十一月革命）ではなく二月革命（三月革命）。

㈢八・一宣言（1935 年）は長征途上での事件なので，ｃの中華ソヴィエト共和国臨時政府の成立（1931 年）後と判断でき，ｃ→ａの順となる。西安事件（1936 年）は八・一宣言に心を動かされた張学良が起こした事件であるからａ→ｂの順となり，ｃ→ａ→ｂが正解となる。

㈣⒜誤文。蔣介石はイギリス・アメリカの支援を得て，幣制改革を進めた。

⒝正文。

❖講　評

Ⅰは都市国家ローマの建国からビザンツ帝国滅亡までの歴史で，ヘレニズム時代や冷戦後のパレスティナについても問われている。設問１と設問３は教科書レベルの標準的問題であり，設問２の正誤問題も正誤判断のしやすいものばかりなので，ここは確実に得点しておきたい。

Ⅱはピョートル１世からアレクサンドル２世の時代までのロシア帝国史。北方戦争，ポーランド分割，ナポレオン戦争，ウィーン体制，クリミア戦争など，外交史を中心に問われている。おおむね教科書レベルの標準的問題であるが，「２つの短文」や「３つの短文」の正誤，「２つの短文と複数の語句の組み合わせ」を問う問題など，多彩な出題形式である。

Ⅲは蔣介石の生涯をテーマに，中国同盟会の結成から日中戦争勃発までの中国史に関する知識を問う問題。ベトナム，ソ連，第一次世界大戦後のドイツに関する知識も問われている。おおむね教科書レベルの標準的問題であり，ここは確実に得点しておきたい。

2023 年度は 2022 年度と比べて解答個数が若干減少した。また，配列問題が 6 問から 2 問に減少，第二次世界大戦後からの出題も少なく，やや易化した。ただし，「2 つの短文」や「3 つの短文」の正誤判定など得点しにくい形式の問題も出されており，過去問などで出題形式に慣れておく必要がある。

政治・経済

I　解答

【設問1】ア．地方自治の本旨　イ．直接　ウ．予算
エ．出席議員の３分の２　オ．自治事務
カ．地方譲与税　キ．地方交付税
【設問2】ａ－１　ｂ－２　ｃ－３　ｄ－２　ｅ－１　ｆ－２
【設問3】１，２
【設問4】ｇ－２　ｈ－２　ｉ－２　ｊ－２
【設問5】益税

◀解　説▶

≪地方公共団体≫

【設問1】オ．自治事務は，法定受託事務と並んで地方分権一括法の制定によっておかれた。

【設問2】ａの監査請求は地方自治法第 12 条の直接請求制度であり，ｅの特別法に関する住民投票は日本国憲法第 95 条に規定されており，それぞれ住民自治の原理と深く関わりがある。ｂの国地方係争処理委員会は，地方が国の是正要求，関与などで不服がある場合に中立の立場で解決する機関，ｄの条例制定権は憲法第 94 条で定められており，ｆの三位一体改革は財政と地方分権に関わるものであり，団体自治の原理と深く関わっている。ｃの都道府県労働委員会は，労使間の紛争を使用者，労働者，公益団体の三者で調整する機関で，住民自治，団体自治いずれにも当たらない。

【設問3】１．正文。国民年金事務がその具体例の一つである。
２．正文。
３．誤文。団体委任事務は法定受託事務ではなく自治事務に移し替えられた。

【設問4】ｇ．誤文。国庫支出金には３種の区分があり，そのうち国が全額支出するのは国庫委託金のみである。国庫補助金と国庫負担金は，一定割合にとどまる。
ｈ．誤文。国債を償還する際に借換債を発行することが認められており，地方債も同様である。

i．誤文。地方債は2006年より許可制から国との事前協議制になった。

j．誤文。地方公共団体が独自の税を新たに課す際は，事前に総務大臣との協議と同意が必要である。

【設問5】益税が正解。益税は中小企業への特例措置によって生じている。

Ⅱ　解答

【設問1】ア．レッセ＝フェール　イ．剰余
ウ．資本論　エ．科学的　オ．コルホーズ
カ．人民公社　キ．郷鎮

【設問2】A－4　K－5　【設問3】B－2　G－4　H－6

【設問4】C－3　D－2　I－6　J－5　【設問5】E－4　F－3

【設問6】1　【設問7】3　【設問8】レーニン

◀解　説▶

≪資本主義と社会主義≫

【設問2】資本主義経済は生産手段の私的所有を原則とし，社会主義国家は生産手段の社会的所有を目指した。

【設問4】C・D．ケネーは重農主義の立場から重商主義を批判した。

I・J．空所Iは空所Hのワルラスらが提示したことなので限界効用学説が入る。この考え方は空所Jの労働価値説を否定するものであった。

【設問6】2．誤文。有効需要を主張したのはケインズである。

3．誤文。労働所得の伸びより資本収益率が高くなり，格差が拡大すると主張したのはピケティである。

4．誤文。イノベーションと創造的破壊を主張したのはシュンペーターである。

【設問7】3．フリードマンが不適。マネタリズムのリーダーであり，活躍した時代も他の空想的社会主義者と異なっている。

Ⅲ　解答

【設問1】ア．国際分業　イ．比較生産費
ウ．石炭鉄鋼　エ．関税同盟　オ．経済通貨

【設問2】A－3　B－6　C－7　D－9　E－10　F－15　G－18　H－19

【設問3】カ．リスト　キ．保護貿易　【設問4】4　【設問5】4

【設問6】欧州自由貿易連合　【設問7】3　【設問8】3　【設問9】4

◀解　説▶

≪自由貿易の推進とEU≫

【設問1】ウ．1950年のシューマンプランを受けて，パリ条約を調印。1952年に欧州石炭鉄鋼共同体（ECSC）が発足。その後，1957年のローマ条約により，欧州経済共同体（EEC）と欧州原子力共同体（EURATOM）が発足。

【設問2】C．マーストリヒト条約の発効によって，欧州連合（EU）は発足した。その後，経済統合から通貨や外交，市民権など新たな分野に進化していくことになる。

H．2009年のギリシャで財政赤字において虚偽の報告をしていた問題をきっかけに，ポルトガルやスペインなどにも金融不安が波及した。このように財政危機に陥ったユーロ導入国を支援するために，2012年に欧州安定メカニズム（ESM）が導入された。

【設問4】地域貿易協定の取り決めがなされると，2国間や多国間交渉で決められた自由化の条件とGATT加盟国のうち協定に未加盟の国との間では待遇が異なることになる。その場合，最恵国待遇には反するが自由化を全面的に禁止をせず，厳しい制限を付した上で例外を設けた。

【設問5】4が正答。ECSC（欧州石炭鉄鋼共同体）の原加盟国の6カ国は覚えておこう。

【設問6】欧州自由貿易連合が正答。イギリスがEEC（欧州経済共同体）に対抗して組織した。

【設問7】イギリスは2020年1月にEUを離脱した。

【設問9】1．誤文。EUの財政基準において，財政赤字の対GDP比は3％以内である。

2．誤文。ギリシャ危機によってユーロは下落した。

3．誤文。IMF（国際通貨基金）はギリシャに対して融資を行った。

❖講　評

Ⅰ　地方公共団体について出題された。【設問3】の機関委任事務や法定受託事務，【設問4】の国庫支出金や地方債に関する問題は，それぞれの規定や違いについて正確に理解しているかどうかが問われる。発展的な内容も出題されているため，資料集を通して知識を増やしておく必要がある。

Ⅱ　資本主義と社会主義について，標準的な難易度の問題を中心に出題された。【設問 6】では，誤文ではあるがピケティの文章が出されており，時事的な内容の理解も必要な問題であった。

Ⅲ　自由貿易の推進と EU について出題された。EU の歴史と現状について，詳細な知識を問うものが多かった。【設問 3】の保護貿易を主張したリストについての問題は，教科書の基礎的な理解があれば正答できる問題である。【設問 5】の ECSC の原加盟国や，【設問 8】のユーロを導入していない国を問う問題，【設問 9】のギリシャ金融危機に関する問題も出されており，国際社会の動きについて深い理解が求められる問題が散見された。資料集をよく読み，理解を深めておく必要がある。

数学

I

解答 (1)ア．$\left(\frac{1}{5}\right)^n$　イ．$1-\left(\frac{3}{5}\right)^n$　ウ．$\left(\frac{4}{5}\right)^n-\left(\frac{3}{5}\right)^n$

エ．$1-\left(1+\frac{2}{3}n\right)\left(\frac{3}{5}\right)^n$　オ．$\frac{24}{125}$

(2)カ．4　キ．14　ク．$x^3+9x^2+24x+2$　ケ．400

コ．$\frac{15}{4}<a<24$，$24<a$

◀解　説▶

≪最大値・最小値の確率，反復試行の確率，極値，対称移動，面積，関数の接線の傾き≫

(1)　$X_1=1$ となるには，n 回中 n 回とも 1 が出ればよいので，求める確率は

$$\left(\frac{1}{5}\right)^n \quad \to ア$$

また，$X_1=4$ となる事象の余事象は，n 回とも 1，2，3 のいずれかが出る場合で，その確率は $\left(\frac{3}{5}\right)^n$ であるから，求める確率は

$$1-\left(\frac{3}{5}\right)^n \quad \to イ$$

また，$X_n=2$ となる事象は，n 回中 2，3，4 のいずれかが出る事象から，すべて 3，4 のどちらかが出る事象を除いたものと考えられるので，求める確率は

$$\left(\frac{4}{5}\right)^n-\left(\frac{3}{5}\right)^n \quad \to ウ$$

また，$X_2=4$ のとき，$X_1=4$ であるから，n 回中 4 が少なくとも 2 回出ればよい。ここで

(i)n 回中 4 が 1 回も出ない確率は　$\left(\frac{3}{5}\right)^n$

(ii)n 回中 4 が 1 回だけ出る確率は　${}_n\mathrm{C}_1\left(\frac{2}{5}\right)\left(\frac{3}{5}\right)^{n-1}=n\cdot\frac{2}{5}\left(\frac{3}{5}\right)^{n-1}$

であるから，求める確率は，余事象を用いて

$$1-\left\{\left(\frac{3}{5}\right)^n+n\cdot\frac{2}{5}\left(\frac{3}{5}\right)^{n-1}\right\}=1-\left(\frac{3}{5}\right)^n-n\cdot\frac{2}{5}\cdot\frac{5}{3}\left(\frac{3}{5}\right)^n$$

$$=1-\left(1+\frac{2}{3}n\right)\left(\frac{3}{5}\right)^n \quad \to エ$$

また，$n=5$ のとき，$X_2=4$ かつ $X_5=2$ となるのは

［1］ 5回中，4が2回，2が3回出るとき，その確率は

$${}_5C_2\left(\frac{2}{5}\right)^2\left(\frac{1}{5}\right)^3=\frac{8}{5^4}$$

［2］ 5回中，4が2回，2が2回，3が1回出るとき，その確率は

$$\frac{5!}{2!2!1!}\left(\frac{2}{5}\right)^2\left(\frac{1}{5}\right)^2\left(\frac{1}{5}\right)=\frac{24}{5^4}$$

［3］ 5回中，4が2回，2が1回，3が2回出るとき，その確率は

$$\frac{5!}{2!1!2!}\left(\frac{2}{5}\right)^2\left(\frac{1}{5}\right)\left(\frac{1}{5}\right)^2=\frac{24}{5^4}$$

［4］ 5回中，4が3回，2が2回出るとき，その確率は

$${}_5C_3\left(\frac{2}{5}\right)^3\left(\frac{1}{5}\right)^2=\frac{16}{5^4}$$

［5］ 5回中，4が3回，2が1回，3が1回出るとき，その確率は

$$\frac{5!}{3!1!1!}\left(\frac{2}{5}\right)^3\left(\frac{1}{5}\right)\left(\frac{1}{5}\right)=\frac{32}{5^4}$$

［6］ 5回中，4が4回，2が1回出るとき，その確率は

$${}_5C_4\left(\frac{2}{5}\right)^4\left(\frac{1}{5}\right)=\frac{16}{5^4}$$

であり，［1］～［6］は互いに排反であるから，求める確率は

$$\frac{8}{5^4}+\frac{24}{5^4}+\frac{24}{5^4}+\frac{16}{5^4}+\frac{32}{5^4}+\frac{16}{5^4}=\frac{120}{5^4}=\frac{24}{125} \quad \to オ$$

(2) $f(x)=x^3-9x^2+24x-2$ より

$$f'(x)=3x^2-18x+24$$

$f'(x)=0$ のとき

$$3x^2-18x+24=0$$

$$x^2-6x+8=0$$

$$(x-2)(x-4)=0$$

$\therefore\quad x=2,\ 4$

であるから，$f(x)$ の増減表は右のようになる。よって，$x=4$ のとき，$f(x)$ は

x	$\cdots$	2	$\cdots$	4	$\cdots$
$f'(x)$	$+$	0	$-$	0	$+$
$f(x)$	↗	極大	↘	極小	↗

$$\text{極小値}\ f(4)=4^3-9\cdot4^2+24\cdot4-2$$
$$=14$$

をとる。→カ，キ

また

$$\text{曲線}\ C_1：y=x^3-9x^2+24x-2\quad\cdots\cdots①$$

を原点に関して対称移動して得られる曲線 C_2 を表す方程式は，①の x に $-x$，y に $-y$ を代入すると

$$-y=(-x)^3-9(-x)^2+24(-x)-2$$
$$y=x^3+9x^2+24x+2\quad\text{→ク}$$

このとき，曲線 C_1，C_2 および直線 $x=0$，$x=4$ で囲まれた部分の面積 S は右図の網かけ部分となるので

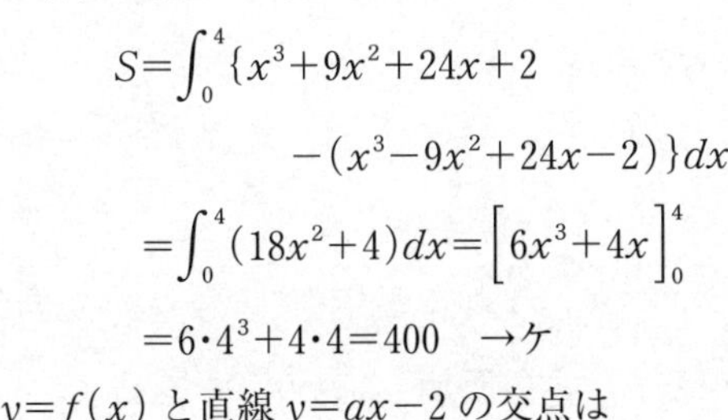

$$S=\int_0^4\{x^3+9x^2+24x+2-(x^3-9x^2+24x-2)\}dx$$
$$=\int_0^4(18x^2+4)dx=\Big[6x^3+4x\Big]_0^4$$
$$=6\cdot4^3+4\cdot4=400\quad\text{→ケ}$$

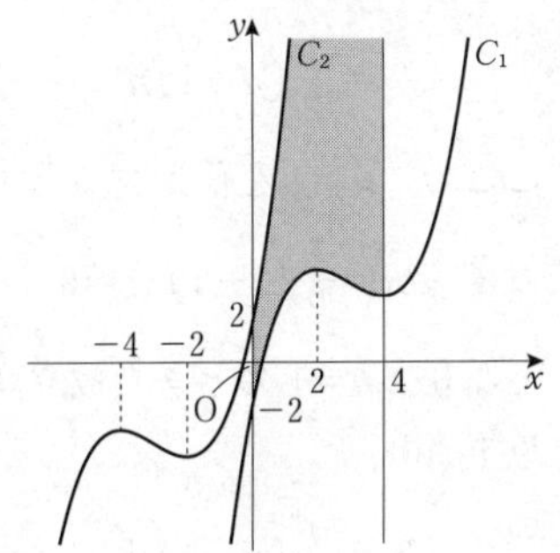

$y=f(x)$ と直線 $y=ax-2$ の交点は

$$x^3-9x^2+24x-2=ax-2$$
$$x(x^2-9x+24-a)=0$$

となる。これが異なる 3 つの実数解をもてばよく，それは

$$x^2-9x+24-a=0$$

が 0 以外の異なる実数解をもつことである。判別式を D として

$$D=81-4(24-a)>0,\ 24-a\neq0$$
$$a>\frac{15}{4},\ a\neq24$$

よって

$$\frac{15}{4}<a<24,\ 24<a\quad\text{→コ}$$

II 解答

$$a_1=0,\ a_2=2,\ a_{n+2}=\frac{n}{a_{n+1}}+a_n \quad (n=1,\ 2,\ \cdots) \quad \cdots\cdots ①$$

(1)　$b_n=a_{n+1}a_n$ より

$$b_{n+1}=a_{n+2}a_{n+1}$$

これより，①の両辺に a_{n+1} をかけると

$$a_{n+2}a_{n+1}=n+a_{n+1}a_n$$

$$a_{n+2}a_{n+1}=a_{n+1}a_n+n$$

よって

$$b_{n+1}=b_n+n \quad \cdots\cdots(答)$$

(2)　まず，$b_1=a_2a_1=2\cdot0=0$ である。このとき，(1)より，$n\geqq2$ のとき

$$b_n=b_1+\sum_{k=1}^{n-1}k=0+\frac{1}{2}(n-1)\{(n-1)+1\}$$

$$=\frac{1}{2}(n-1)n$$

ここで，$n=1$ を代入すると

$$b_1=\frac{1}{2}(1-1)\cdot1=0$$

となり，$n=1$ のときも成立。

以上より

$$b_n=\frac{1}{2}(n-1)n \quad (n=1,\ 2,\ \cdots) \quad \cdots\cdots(答)$$

(3)　$b_n=a_{n+1}a_n$ を(2)の結果に代入すると

$$a_{n+1}a_n=\frac{1}{2}(n-1)n \quad \cdots\cdots ②$$

ここで，$n\geqq2$ のとき，$a_n>0$ であることを数学的帰納法を用いて示す。

［I］$n=2$ のとき　　$a_2=2>0$

であるから，$n=2$ のときは成立。

［II］$n=k$ $(k\geqq2)$ のとき成り立つと仮定すると

$$a_k>0$$

また，②より

$$a_{k+1}a_k=\frac{1}{2}(k-1)k$$

$$a_{k+1}=\frac{(k-1)k}{2a_k}>0 \quad (a_k>0,\ k\geqq 2)$$

よって，$n=k+1$ のときも成立する。

以上［Ⅰ］，［Ⅱ］より，$n\geqq 2$ のとき，$a_n>0$ であることが示された。

（証明終）

$$\frac{a_{n+2}}{a_n}=\frac{n}{a_{n+1}a_n}+1 \quad (①より)$$

$$=\frac{n}{\frac{1}{2}(n-1)n}+1 \quad (②より)$$

$$=\frac{2}{n-1}+1=\frac{n+1}{n-1} \quad (n\geqq 2) \quad \cdots\cdots(答)$$

(4)　(3)より

$$\frac{a_{n+2}}{a_n}=\frac{n+1}{n-1}$$

$$\frac{a_{n+2}}{n+1}=\frac{a_n}{n-1} \quad (n\geqq 2)$$

ここで $C_n=\dfrac{a_n}{n-1}$ とおくと

$$C_{n+2}=C_n \quad (n\geqq 2) \quad \cdots\cdots③$$

これは数列 $\{C_n\}$ が 1 つおきの定数列となることを示しており

n が偶数のとき

$$C_n=C_2=\frac{a_2}{2-1}=2 \qquad \therefore \quad a_n=2(n-1)$$

n が奇数のとき

$$C_n=C_3=\frac{a_3}{3-1}=\frac{a_3}{2}=\frac{1}{2}\left(\frac{1}{a_2}+a_1\right)=\frac{1}{4}$$

$$\therefore \quad a_n=\frac{1}{4}(n-1)$$

これは $a_1=0$ も表している。よって

$$a_n=\begin{cases} 2(n-1) & (n\text{ が偶数}) \\ \dfrac{1}{4}(n-1) & (n\text{ が奇数}) \end{cases} \quad \cdots\cdots(答)$$

◀解　説▶

≪漸化式と数学的帰納法≫

(1)　b_{n+1} と b_n の関係式（漸化式）をつくればよい。

(2)　階差型の漸化式を解けばよい。

(3)　前半は数学的帰納法，後半は(2)を利用する。

(4)　(3)の結果を変形して解けばよい。

III　解答

(1)　下図において，いずれも，AB の延長上に点 Y をとると，AC // l より

$\angle$ACB＝$\angle$CBX　（錯角）

$\angle$BAC＝$\angle$XBY　（同位角）

で，$\angle$CBX＝$\angle$XBY より

$\angle$ACB＝$\angle$BAC

よって，△ABC は BA＝BC の二等辺三角形である。　　（証明終）

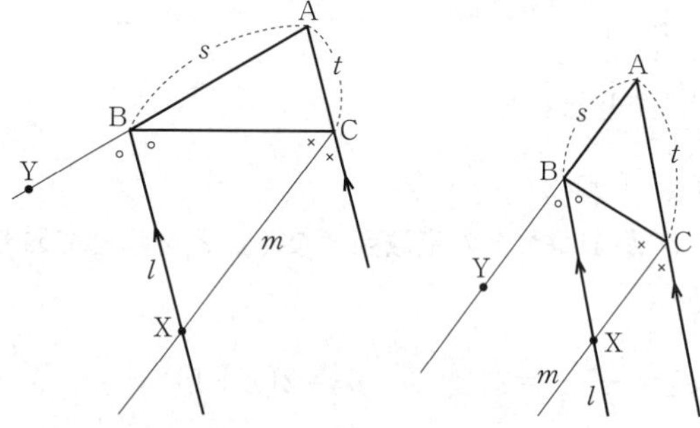

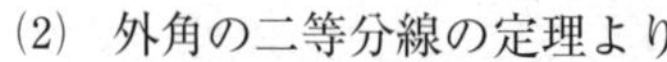

(2)　外角の二等分線の定理より

AY：YB＝CA：CB

AY：AY－s＝t：s

tAY－st＝sAY

∴　AY＝$\dfrac{st}{t-s}$　……(答)

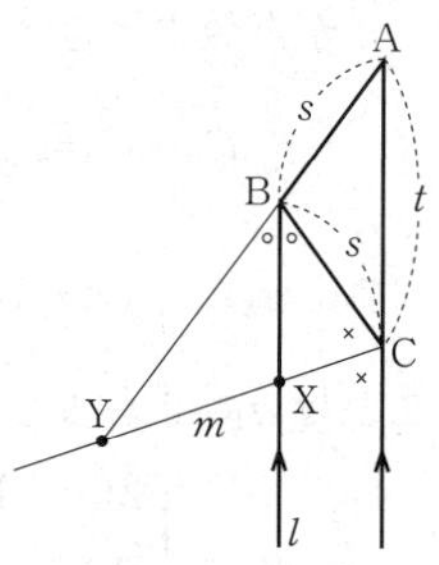

また，BX // AC より，△AYC∽△BYX で

BX：AC＝BY：AY

BX：t＝$\dfrac{st}{t-s}-s$：$\dfrac{st}{t-s}$

$$\mathrm{BX} : t = s^2 : st$$

$$\mathrm{BX} : t = s : t$$

$$\therefore \quad \mathrm{BX} = s \quad \cdots\cdots(答)$$

これより，$\overrightarrow{\mathrm{BX}} = \dfrac{s}{t}\overrightarrow{\mathrm{AC}}$ と表されるので

$$\overrightarrow{\mathrm{AX}} = \overrightarrow{\mathrm{AB}} + \overrightarrow{\mathrm{BX}} = \overrightarrow{\mathrm{AB}} + \frac{s}{t}\overrightarrow{\mathrm{AC}} \quad \cdots\cdots(答)$$

(3)　$$\overrightarrow{\mathrm{AX}} = \frac{1}{t}(t\overrightarrow{\mathrm{AB}} + s\overrightarrow{\mathrm{AC}}) = \frac{s+t}{t} \cdot \frac{t\overrightarrow{\mathrm{AB}} + s\overrightarrow{\mathrm{AC}}}{s+t}$$

$\dfrac{t\overrightarrow{\mathrm{AB}} + s\overrightarrow{\mathrm{AC}}}{s+t}$ は線分 BC を $s : t$ に内分する点を表すので

$$\overrightarrow{\mathrm{AZ}} = \frac{t\overrightarrow{\mathrm{AB}} + s\overrightarrow{\mathrm{AC}}}{s+t}$$

$$\therefore \quad \mathrm{BZ} : \mathrm{CZ} = s : t \quad \cdots\cdots(答)$$

(4)　点 X から辺 BC および直線 AB，AC に下ろした垂線の足をそれぞれ，D，E，F とすると，BX は ∠DBE の二等分線であるから

XE＝XD　……①

また，CX は ∠DCF の二等分線であるから

XD＝XF　……②

①，②より，XE＝XF がいえたので，直線 AX は ∠CAB の二等分線となることが示された。

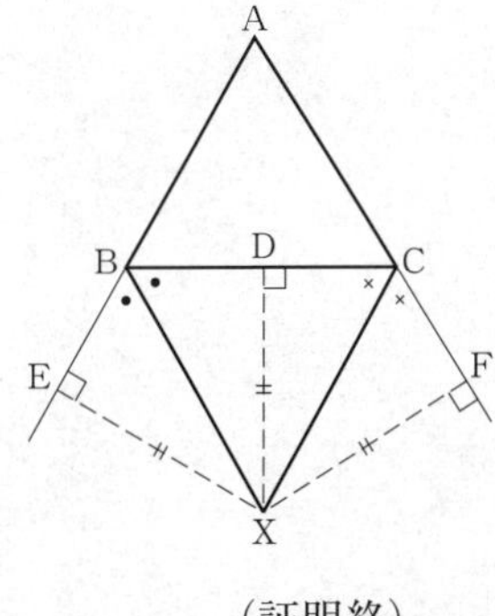

(証明終)

◀解　説▶

≪内角・外角の二等分線，ベクトルの分解，分点の位置ベクトルと共線条件≫

(1)　外角の二等分線の性質と平行条件を利用する。

(2)　△BXC が二等辺三角形であることと平行条件から，BX，AY が得られる。$\overrightarrow{\mathrm{AX}}$ はベクトルの分解を利用する。

(3)　共線条件と分点の位置ベクトルを用いる。

(4)　内角の二等分線の性質を利用する。本問の点 X を傍心という。

❖講　評

例年，大問3題であり，標準的な問題が多い。試験時間は75分であるが，計算量がやや多いので，日頃からケアレスミスに気をつけて，標準レベルの問題を速く確実に解けるようにしておくとよい。

Ⅰは確率，微分法，積分法の問題。空所補充形式で誘導も親切であるが，計算量がやや多い。

Ⅱは数列の問題。(1)〜(3)はなんとか得点したい。(4)は類似問題を経験していないと厳しい問題である。

Ⅲは平面図形，ベクトルの問題。基本的な平面図形とベクトルの内容であるが，論証力も必要とされる標準問題である。

二の古文『堀江物語』は、かなり珍しい出題である。ただし本文はやや平易で、物語としては読みやすい。㈠―bの古文単語「いとけなき」と㈤の古典文法の問題は比較的易しいので、間違えないようにしたい。一方、㈠―aの古文単語「声をはかりに」は一般的に問われる語ではないので、文脈もあわせて正解を導きたい。㈡～㈣は読解の問題だが、助詞、助動詞、古文単語の知識で選択肢を絞ることができる。ここで主語など文脈の読み違いがあれば修正していきたい。㈥の内容真偽は対応箇所を丁寧に押さえれば正解しやすい。㈦の記述問題は、「あさまし」のここでの意味を判別した上で制限字数内にまとめる必要がある。過去問等を活用し、記述解答をうまくまとめる練習を重ねてほしい。

開けて乳母を見た、つまり生き返ったことを受けての「あさまし」であるので、ここは〈おどろき〉の要素が強い。あとはこれをまとめればよいが、注釈に「納受を垂れ」の意味が「神仏が祈りを聞き入れて」とあるのも上手に利用したい。

❖講　評

二〇二一・二〇二二年度は現代文二題、古文一題の計三題の出題だったが、二〇二三年度は現代文一題、古文一題の計二題となった。現代文本文が長くなりやや難化している。一方、古文は全体的に例年よりやや易化した。よって、総合的な難易度は例年通りである。記述問題に時間がかかるので、時間配分には気をつけたい。

一の現代文は、自然と人間の関係を軸にして論が展開されている。前半では、里地・里山や都市文化における自然と人間の関係を歴史的に整理している。後半は変化し続けるマクロな自然と人間の関係が希薄になっていることを指摘した上で、ミクロな自然である「庭」を超えて、それらのつながりを取り戻したいと述べている。内容としては標準的だが本文が長いので、それぞれの設問が本文のどの箇所と対応しているかを丁寧に押さえていきたい。㈠の空所補充は、四字熟語が出題された。「風光明媚な（場所）」という定型表現を知っていれば解きやすかったが、「広大無辺」「錦繡（きんしゅう）綾羅（りょうら）」のような見慣れないものに惑わされないようにしたい。類題の選択肢で未知の語句と出合った場合には、そのつどしっかり覚えていきたい。㈡と㈢は、選択肢で用いられている語句はほぼすべて本文中で使用されており、語句同士の因果関係、時間関係などを丁寧に確認する必要がある。㈣は一見古文の問題のように見えて面食らうが、論理構造でも解答を導き出すことが可能である。㈤の内容真偽は、本文を通読しつつ該当箇所を確認していきたい。㈥については「自然と人間の関係の在り方」について筆者が主張している部分から答えを作成することになるが、抜き出す候補が多く、制限字数内にまとめなければならないため、かなりの記述力が求められる。内容が重複する箇所を、重ねて抜き出さないようにしたい。

本文中の二重傍線「し」は接続している「聞き」が連用形なので、過去の助動詞「き」の連体形と判断できる。選択肢のうち4は「し」がカ変動詞「来」に接続している。過去の助動詞「き」は例外的にカ変動詞「来」には未然形に接続し、「こし」と読む形になるのでこれが正解。
1、「し」を省いても「待たずもあらず」で意味が変わらないので副助詞。
2、「と」に続いているので終止形。「恋し」で形容詞。
3、「けらし」は過去の助動詞「けり」の連体形「ける」と推定の助動詞「らし」がつづまった形。
5、動詞「かざす」の連用形。

(六)
1、第一段落と対応。「山彦もこたふるばかり」とは、〝やまびこ（＝こだま）が応えるほどに〟という意味で、乳母が大声で若君を探している描写である。よって「山彦に応えてもらおう」が誤り。
2、第二段落と対応。乳母は必死に念仏を唱えたが、それは〈若君と一緒に成仏したい〉という願いからである。
3、第三段落に該当する描写がある。
4、「碓氷峠を目指して」が誤り。最終段落にあるとおり、碓氷峠で休んだのは体も足も疲れたからであり、偶然である。
5、「日光山の姥御前」は最終段落の一行目に登場するが、乳母の到着を心待ちにしていたような描写はないので誤り。
6、最終段落と一致する。
よって正解は3と6である。

(七)
「あさまし」は基本的に〝おどろきあきれる〟と訳すが、用いられる状況によって〈おどろき〉と〈あきれる〉の比重が変わる。第三段落末尾で乳母は探していた若君をとうとう見つけたが、第四段落冒頭にあるように若君は「はやかはりはて給ひにけり」とあるように亡くなっていた。それを乳母が悲しんだところ、若君の身が温かくなり、目をる。

㈡　ポイントとなるのは、「こそ〜め（「む」の已然形）、……」の部分。係助詞「こそ」を使った係り結びの形で文が続くときは、逆接となる。1は「感じ、」、4は「感じたので、」、5は「あったため、」となっているので2と3に絞ることができる。なお、〝〜ため、〜ので〟と訳すのは〈已然形＋「ば」〉〈連体形＋「に」〉である。「命をしむ」は漢字を当てると「命惜しむ」となり、「思い定む」は〝決心する〟の意なので、正解は2である。

㈢　傍線イの前には「大蛇申すやう、汝、なげく心ふびんなり」とある。また、傍線イの直後「とて」は〝〜と言って、〜と思って〟の意で発言の後につくことが多いので、傍線イも含めて大蛇から乳母への発言であることがわかる。また、「ふびんなり」は〝不都合だ、気の毒だ、かわいい〟などの意味を持つ語であり、ここでは〝気の毒だ〟と訳すのがよい。1は「父母の悲嘆を説いて」が誤り。また、「乳母を諭した」と読み取れる部分はない。2・4は主語を父母としている点が誤り。3は「若君と父母」の部分が誤り。リード文にあるように、父母はすでに謀殺されている。よって正解は5である。

㈣　傍線ウにある「まし」は反実仮想〝もし〜ならば……だろうに〟で用いられることが多い。その場合、上に仮定を示す部分が必要である。今回は「ん」（助動詞「む」）が仮定の意味で用いられている。5にはこの仮定の部分がないので不適。2・3は「これを我が子と思はん」を「知らない」「思ってくれない」と訳している部分が誤り。「ない」と訳す打消表現は見当たらない。また、「いとほしから」は形容詞「いとほし」の未然形であり、訳は〝気の毒だ、かわいい、いやだ〟となる。4にはこれに該当する部分が見当たらない。よって、これらすべてを満たす1が正解。

㈤　「し」の識別問題。以下の場合が考えられる。

①活用語の連用形に接続→過去の助動詞「き」連体形

②「し」を省いても意味が通る→強意を表す副助詞「し」

③動詞、形容詞、助動詞等の一部

乳母は、あまりのうれしさに夢かとばかり思って（若君を）抱き上げ申し上げたところ、（若君は）早くも変わりはてた姿で（亡くなって）いらっしゃったのだった。（乳母は）あまりの悲しさに、せめてものことであろうか（手を若君の）懐に入れ申し上げて、胸をかきなでて、「閻魔（＝閻魔大王）、帝釈（＝帝釈天）、ただいまの池の主もあわれみ、神仏よ（私の）祈りを聞き入れて、もう一度（若君の）お目を開けさせてください」と、天を仰ぎ地に伏せて悲しむことに限りがなかった。そうであるので、天の神々もあわれみなさったのだろうか、しばらくして（若君の）お体が少し温かくなり、お目を開けなさるので、乳母は、夢のような心地がして、「おどろくことだ。このように幸運がなくていらっしゃることで、私までもつらい目を見ることのおどろきよ」と申し上げたところ、（若君は）無邪気に、乳母に抱きつきなさるのでまた（喜びも）ひとしおであった。

こうして、つらかった山を分け出で、どうしようかこうしようかと考えたのだが、日光山の姥御前を尋ね申し上げようと思ったけれど、体も疲れて足もくたびれたので、碓氷峠で休んで座っていた。そうしているところに、奥州岩瀬権守と申し上げた人が、四方に四万の蔵を建てて何も不自由がない人なのだが、子供がいないことを悲しんで熊野へ年ごとのお参りをなさっているのだが、国へ帰りなさるというときに、この若君をご覧になって、「かわいらしいことだ、この子（＝若君）を我が子だと思ったならばどれほど愛しいだろうか」とおっしゃって通りなさるので、乳母は何と思ったのだろうか、「さあ旅人（＝権守）よ、お聞きになってください、この若君は父母もおらず、孤児でいらっしゃいます。もしほしいというのなら差し上げましょう」と申し上げたところ、権守は大いに喜び、乳母も一緒に車に乗せ、陸奥国へと下りなさる。

◀解　説▶

㈠　a、「はかり」は、漢字では「計り」「量り」と表記し、〝限度、際限、限り〟の意となる。よって正解は3である。前後の文脈からも、乳母が全力で若君を探している様子が読み取れる。

b、「いとけなき」は形容詞「いとけなし」の連体形。〝幼い、あどけない、子供っぽい〟の意なので、正解は5であの池であるのだろう」と思って、嬉しくてかろうじて下り、やまびこも応えるほどに、「若君はどちらにいらっしゃるのか、六条の乳母が訪ねて参っています」と（若君を）呼ぶけれども、その行方もわからなかった。

（乳母は）「もはやこれまでだ、この池の水に身を投げて、来世でお尋ね申し上げよう」と思い、念仏を十度ほど唱え、「南無十方三世諸仏、とりわけ極楽教主阿弥陀如来よ、たとえ奈落の底へ沈むといっても、ただ今の念仏の功徳によって、若君とともに九品の蓮台（＝極楽浄土に往生するとき、連れていってくれる蓮の台）に迎えとってください」と回向（＝死者の成仏を願って仏事供養をすること）して、池の水に飛び入ろうとしたときに、にわかに池の水の様子が変わり、雲がたちこめ、目もかすんで意識も消え、周囲が暗闇になるところに、長さ五十丈（＝約一五〇メートル）ほどの大蛇が（現れ）、角が七本、四つある目は日や月のように輝き、舌は紅と異なることはない（＝真っ赤である）。この大蛇が言うことには、「昔からこの池に直面する者は、再び帰ることはない。特にお前は、女人であって、ここまで来たことが不思議である。近くに寄れ、（私の）えさにしよう」と怒りをあらわにしている。乳母は、命を惜しむ心には恐ろしいものの、心を定めた道であるので、（大蛇に）近く寄って少しも騒がずに申し上げることには、「まだ幼い若君がこの池に沈みなさったと聞いたときから、そのいまだ変わらない（若君の）姿を、もう一度拝見したいと（思って）ここまで参った。ただ、私の命を召し上がり、若君がいらっしゃるところへお送りください」と、涙にむせんだので、大蛇が言うことには、「お前が、嘆く心はかわいそうだ。その人（＝若君）のことならば、昨日から（亡くなった）父母がやって来て嘆くのでこの堤に投げ上げておいたぞ」と言って、かき消すようにいなくなってしまった。

さて、風もやみ、あたり一面も静かになったので、（乳母は）嬉しくて池の水面を礼拝し、あちこちを尋ねたところ、薄雪の上に小さな足あとがある。（乳母は）胸がうち騒ぎ嬉しくて、これをたよりに尋ねていくと、また降った雪に埋もれて跡がない。「どうしたらいいのか」と叫んだところ、白いイタチが来た。乳母を見て、二度鳴いて去っていった。（乳母は）不思議に思い、イタチのあとを見失わないようにとついて行くと、気の毒にも、若君が、降った雪に埋もれてかわいそうな姿でいらっしゃった。

求められている」

②第二十四段落「自然の気脈としてのミクロな自然、マクロな自然と人がつながることを取り戻したい」

③最終段落「人間存在の二面性（生命の一員である存在であることと、生命からかけ離れた存在であること）の境界の在り方を求めたい」

④最終段落「今こそこれまでにも増して（生きて変化し続ける）自然と（変化し続ける）人間の関係の場への問いが必要な時代である」

このうち重複しているものを省き、制限字数内で解答を作成する。

二

出典　『堀江物語』

解答

㈠　a—3　b—5

㈡　2

㈢　5

㈣　1

㈤　4

㈥　3・6

㈦　乳母の祈りを神仏が聞き入れ、若君が見つかり生き返った状況。（三十字以内）

◆全　訳◆

（乳母は）峰から谷に下り、谷から峰へ上り、「若君は（こちらへ）入っておられませんか、若君はいらっしゃいませんか」と、ありったけの声で尋ねながら、ある峰から谷を見ると、とても大きな池がある。「これが聞き及んでいた、地獄かかわろうとする場が、生き物として変化する自然であることに畏れ、敬いを持ったかかわり方が求められていることに気づく」であり、接続詞もなく文末も〈気づく〉で揃っていることから、この二文が近い内容の繰り返しであることを押さえたい。自然を畏れ敬う態度が読み取れるのは、3「その石自体が望むように配置して」である。なお、『作庭記』の引用部分を直訳すると〝もし石を立てるのならば、まず主な石で角がある石を一つ立て終えて、次々の石を、その石が求めるようなことに従って立てるのがよいのである〟となるので、こちらからも正解を導くことは可能。

㈤　2は第一・二段落、7は第二十・二十一段落、8は第二十二段落に同様の内容がある。

1、第一段落と対照する。人が「自らを俗塵から……組み立てようとした」ことは「自然の中に聖性を感じる場所を選」んだことの理由ではなく、時間的にも逆である。

3、「楽園思想」と「見立てという手法」を対立させているのが不適。筆者は第二十段落で、楽園思想が「見立て」になっていく経緯を述べている。

4、第十六段落と対応するが、「筆者は疑義を呈している」の部分が本文にない。

5、宇治平等院の鳳凰堂については第十六段落で述べられているが、選択肢後半の「自己内部への……すばらしさ」は、第十九段落の枯山水の庭についての説明である。

6、「壮大なスケールでの……拒まれる」が誤り。禅の影響について、第十八段落には「巨大な巌崖」、第十九段落には「抽象化された自然表現」とある。

㈥　まず、「庭」と「にわ」の違いを押さえる。傍線に「ある限られた空間の『庭』」とあり、「にわ」はこれとは別の意味で用いられている。四つ前の文に「……の場のすべてを、『にわ』と呼び」とあるように、「にわ」は広域の、マクロな自然を指す。ここを捉えた上で、押さえておきたいポイントは、次のとおりである。

①第二十三段落「かかわろうとする場が、生き物として変化する自然であることに畏れ、敬いを持ったかかわり方が

然の眺めが清らかで美しいことやそのさま〟、4「錦繍綾羅（きんしゅうりょうら）」は〝刺繍を施した美しい衣服〟、5「泰然自若」は〝落ち着いていて、どんなことにも動じないさま〟の意。本文では「和歌や漢詩などの歌に詠まれた自然風景の再現」と「〔　〕な場所の自然風景の再現」、「中国をも含む『名所』を要約した再現」が並列で示され、「『見立て』という手法で表現されたエンターテイメントなものになっていく」と述べられている。再現される風景を説明する語として適当なのは3である。意味の近い2「花鳥風月」は名詞的で、「花鳥風月な」という用法はない。

(二) 各選択肢のうち、前半部の「里地・里山」の説明は本文第三・四段落で、後半部の「視線」の説明は第五段落で述べられている。その両方を満たしているのは4である。

1、「西欧世界よりも厳しい自然」の部分について、本文では日本と西欧の自然の厳しさが比較されておらず不適。

2、「江戸時代において庶民の都市生活の場」の部分が本文中にない。

3、「祭りや季節ごとの風俗習慣が重んじられ、人が立ち入ることの難しい場となった」の部分が本文中にない。

5、「人間と自然が親しい関係にある新しい形の暮らしを示した娯楽の場」の部分が不適。「人間と自然が親しい関係」と捉えられるのは平安時代の民話の中であり（第五段落）、また「新しい形の暮らし」とは述べられていない。

(三) 傍線B「自然と対極の場である都市もまた自然と大きくかかわってきた」については、第八〜十二段落でさまざまな例が示され、第十三段落で「このように都市においても、その暮らしの文化全体が自然志向の大変強いものであった」とまとめられている。これに合致するのは5である。例の部分も第九・十二段落で述べられている。1は「鶴・亀といった吉兆に関する形象」と「風水の思想」、3は「平安京」と「川を人工的に作りだして」、4は「江戸」と「背山臨水の思想」の関わりが、それぞれ本文中に書かれていない。2は江戸について「人工的環境である都市は生命のシステムと連動した構造を有するようになった」とするが、これは平安京についての説明（第八段落）であるので不適。

(四) 傍線Cを含む一文は、「作庭記の『乞んに随ひて』……に気づかされる」である。この直前の一文は「作庭者は、か

国語

一

出典　岡田憲久「人間と自然の関係の文化『庭』の今」（酒井邦嘉監修・日本科学協会編『科学と芸術――自然と人間の調和』中央公論新社）

解答

㈠　3
㈡　4
㈢　5
㈣　3
㈤　2・7・8
㈥　互いに変化し続けるマクロな自然と人間の関係を捉えなおし、連動性を取り戻したい。（四十字以内）

◆要　旨◆

日本において、自然との直接的対話の場である里地・里山は、人間が神々を崇めながら、自然に手を加えて作られた。一方、自然と対極の場である都市においても、文化全体が自然志向の大変強いものであった。その都市の中で、自然の再構築として発展したのが「庭」である。そこにはミクロな自然環境があり、それがマクロな自然環境としての生態的環境、地球、宇宙へとつながっている。現在、人工的に改変された都市では人と自然の連動性が見えなくなっているが、限られた空間の「庭」を超えて、変わりゆくマクロな自然と人間の関係の在り方を問い直したい。

▲解　説▼

㈠　1「広大無辺」は〝限りなく広々としているさま〟、2「花鳥風月」は〝自然の美しい景色〟、3「風光明媚」は〝自

2022年度

問題と解答

■学部個別日程（社会学部）

問題編

▶試験科目・配点

教 科	科 目	配 点
外国語	コミュニケーション英語Ⅰ・Ⅱ・Ⅲ，英語表現Ⅰ・Ⅱ	200 点
選 択	日本史Ｂ，世界史Ｂ，政治・経済，「数学Ⅰ・Ⅱ・Ａ・Ｂ」から１科目選択	150 点
国 語	国語総合，現代文Ｂ，古典Ｂ	150 点

▶備 考

「数学Ｂ」は「数列」および「ベクトル」から出題する。

英語

（100分）

〔Ⅰ〕 次の文章を読んで設問に答えなさい。[＊印のついた語句は注を参照しなさい。]（75点）

One of the most famous stories about smell is that told by Marcel Proust in the opening pages of his sprawling series of novels, *À la recherche du temps perdu**. The narrator describes how, as a grown man, his mother makes him some tea; child-like, he takes a small piece of madeleine cake* and soaks it in a teaspoon of the hot beverage. As he places the soggy* cake in his mouth he is suddenly overwhelmed(a) by a sense of the extraordinary, an exquisite feeling of happiness, the source of (W) he cannot immediately identify. Then he remembers — when he was a boy, his Aunt Léonie would give him madeleine dunked* in tea; this in turn unlocks a whole series of complex and precise memories of his childhood.（中略）

The evidence that odors truly hold the key to complete recall(ア) is quite flimsy* — the smell scientist Avery Gilbert has called it "a literary conceit." But, as many authors before Proust had noticed, and as scientific research has shown, smells can indeed release memories in a very powerful way. For example, there (あ) good evidence (い) richer memories (う) evoked when adults are presented with childhood-related odors (え)(お) childhood-related images. The key aspect of memory that seems to be unlocked by smell — including in Proust's fictional example — is not simply a memory of a particular fact or a particular event, but of things or emotions that were experienced in a particular place and at a particular time.（中略）

The underlying basis of these kinds of effects is（ X ）in most animals, smells are used to immediately label experiences, so smell memories are often linked to places — to where a particular event occurred. In the mammalian* hippocampus* there are "place cells" that are active when the animal is in a particular location and these provide a key to memory retrieval(b) (the discovery of these cells was rewarded by the Nobel Prize in 2014). These cells are not simply a kind of GPS — they also integrate other sensory modalities*, such as smell. Researchers have even created an olfactory* virtual reality system for mice, revealing that place cells respond to an odor-guided virtual exploration of the world much as they do to a visual representation.

The way mouse odor memories are encoded* depends on whether they are associated with(c) a particular place, or with a particular moment in time. These separate "when" and "where" aspects of our smell-associated memories project to a brain structure called the anterior olfactory nucleus*, which also receives input from the olfactory bulb* and contains the "what" aspect of sensory memory. This may explain why memories that are activated by smells can seem so vivid — in our minds we travel back to a particular place, often at a particular moment.（中略）

There is growing interest in the significance(d) of the link between spatial memory and olfaction*. A recent study of humans found that greater ability to identify odors was associated with better spatial memory, with frontal areas of the brain, which are involved in both olfactory processing and spatial learning, playing a particularly significant role. Patients with damage to these regions were less effective in identifying odors and in a spatial learning task, supporting the idea that olfactory identification and spatial memory may have common neural* bases. Proust may have exaggerated the power of smell to evoke memories,（ Y ）his suggestion that odors, time, and place are somehow connected in our memory was correct.

These complex links between place, memory, and smell may be explained by an idea first put forward(e) in 2012, by Lucia Jacobs of the University of California. She suggested that in all animals a primary function of olfaction is navigation. Jacob's starting point was our difficulty in understanding why the size of the olfactory bulb in vertebrates* does not always scale with the rest of the brain; associated structures, such as the hippocampus, also show this effect. The explanation may lie in ecology: a study of 146 species of terrestrial* carnivorous* mammals revealed that the relative size of the olfactory bulb is positively correlated with the species' home range size — the larger the area the animal normally covers (Z) searching for food, the larger its olfactory bulb compared to the rest of its brain. Jacobs argued that the brain anatomy of different species with different foraging(f) strategies also supported her hypothesis, and other researchers have adopted her framework in an attempt to understand the evolution of the vertebrate brain. The underlying explanation may be that the size of the olfactory bulb is directly related to the number of olfactory neurons*, which in turn will relate to the ecology of the animal and the distance at which it detects(g) odors.

Whatever the truth of Jacobs's hypothesis(イ), olfaction is involved in animal navigation on both local and global scales. Pigeons can return to their loft even if they were released hundreds of kilometers away, and although the stars, visual landmarks, and even the earth's magnetic field have been implicated* in this ability, the sense of smell plays a fundamental(h) role, in particular when the bird is only a few dozen kilometers from home. Scientists in Italy showed that pigeons with a damaged olfactory system were much less likely to return to the loft than those that were intact(i), while researchers in Germany mapped out the distribution of various odors around their laboratory in Würzburg, showing that what they called the olfactory landscape contained sufficient variation to account for (j) the birds' homing ability.（中略）

Humans clearly use other sensory modalities for most navigation, but when we return somewhere — home, or a place we have not visited for some time (ウ) — the smell is both evocative* and comforting. For many animals, smells and the memories they are entangled with are a key part of their ability to identify particular locations.

(From *Smell*, by Matthew Cobb, 2020)

［注］ *À la recherche du temps perdu*　［フランス語］『失われた時を求めて』（マルセル・プルーストの小説）

madeleine cake　マドレーヌ

soggy　ふやけた

dunked　（dunk　浸す）

flimsy　論拠が薄い

mammalian　哺乳動物の

hippocampus　海馬（記憶に関わる脳の部位）

sensory modalities　感覚様相、感覚の種類

olfactory　嗅覚の

encoded　（encode　脳が受容可能な形にする）

anterior olfactory nucleus　前嗅核

olfactory bulb　嗅球（嗅覚に関わる脳の部位）

olfaction　嗅覚

neural　神経の

vertebrates　脊椎動物

terrestrial　陸上の

carnivorous　肉食性の

neurons　ニューロン、神経単位

implicated　（implicate　～が原因であることを示す）

evocative　記憶などを呼び起こす

I－A 空所(W)～(Z)に入るもっとも適切なものを次の1～4の中からそれぞれ一つ選び、その番号を解答欄に記入しなさい。

	1	2	3	4
(W)	that	when	which	whom
(X)	that	when	which	whom
(Y)	and	but	so	then
(Z)	at	for	in	to

I－B 下線部(a)～(j)の意味・内容にもっとも近いものを次の1～4の中からそれぞれ一つ選び、その番号を解答欄に記入しなさい。

(a) overwhelmed
1 compromised 2 distracted
3 starved 4 stunned

(b) retrieval
1 recall 2 relief 3 reversal 4 revision

(c) associated with
1 connected to 2 deceived by
3 separated from 4 socialized among

(d) significance
1 difference 2 importance 3 similarity 4 singularity

(e) put forward
1 drawn 2 exaggerated
3 extended 4 proposed

(f) foraging
1 breeding 2 flying 3 hunting 4 nesting

(g) detects
1 affects 2 collects 3 issues 4 perceives

(h) fundamental
1 crucial 2 monetary
3 pleasurable 4 psychological

(i) intact

1 assembled　2 blinded　3 contacted　4 unharmed

(j) account for

1 explain　2 express　3 research　4 update

I－C 波線部 (ア)～(ウ) の意味・内容をもっとも的確に示すものを次の1～4の中からそれぞれ一つ選び、その番号を解答欄に記入しなさい。

(ア) hold the key to complete recall

1 allow people to remember events perfectly

2 are required for memories to be stored

3 cause memories to be locked away

4 unlock people's hidden creativity

(イ) Whatever the truth of Jacobs's hypothesis

1 Given that Jacobs's assumption is correct

2 Putting in doubt the truth of Jacobs's theory

3 The validity of Jacobs's idea aside

4 Though Jacobs's theory is incomprehensible

(ウ) a place we have not visited for some time

1 a place to which we've never been

2 a place we hope someday to visit

3 a place we've not been to for years

4 a place we've not visited at length

I－D 二重下線部の空所(あ)～(お)に次の1～8の中から選んだ語を入れて文を完成させたとき、(い)と(う)と(え)に入る語の番号を解答欄に記入しなさい。同じ語を二度使ってはいけません。選択肢の中には使われないものが三つ含まれています。

For example, there (あ) good evidence (い) richer memories (う) evoked when adults are presented with childhood-related odors (え)(お) childhood-related images.

1　are	2　have	3　in	4　is
5　than	6　that	7　what	8　with

Ⅰ－E　本文の意味・内容に合致するものを次の１～８の中から三つ選び、その番号を解答欄に記入しなさい。

1　In *À la recherche du temps perdu*, the narrator is overjoyed when he dips his cake in his tea, but neglects to say so because it's considered childish.

2　In an academic paper, Marcel Proust offered scientific proof that smell can evoke even irrelevant memories.

3　"Place cells" are not only associated with a particular location, but are also involved with multiple senses.

4　According to a recent study, people with highly sensitive olfactory perception also exhibit better spatial memory.

5　After studying species of terrestrial carnivorous mammals, Lucia Jacobs argued that the size of the olfactory bulb was always proportional to the size of the brain.

6　Scientists who study evolution disagree with Jacobs because examining the anatomy of certain other vertebrates yields contradictory data.

7　Pigeons' navigating skills are fundamentally based on olfactory systems, especially when the birds are close to home.

8　Researchers in Germany mapped out odorless locations in an attempt to examine the homing abilities of wounded birds.

〔Ⅱ〕　次の文章を読んで設問に答えなさい。[＊印のついた語句は注を参照しなさい。](75点)

When I traveled in Europe, specifically England, Germany, France and the Netherlands, I noticed an intense difference in the way dogs were treated and integrated into society compared to the United States. Quite simply, dogs were everywhere: restaurants and buses and performance venues(a) and countless other places.

This is obviously not the case in the United States, and it got me wondering why European dogs and American dogs behave so differently. In Europe dogs tend to be welcome in most public spaces and they are calm, relaxed and quiet there. In the United States, however, pet dogs aren't welcome in most public spaces, and often struggle in the public places where they are allowed. Dogs are dogs no matter where they are (あ), and the differences (い) behavior often come down (う) an individual dog's temperament as (え) as socialization and training received (お) a puppy.

But dog behavior isn't all about the dogs. A lot of it has to do with us. (ア)As big as the differences might be between the behavior of American dogs and European dogs, there are even bigger differences in how Americans relate to dogs we encounter in public. Our behavior has a lot to do with why our dogs might have more behavioral challenges(b), and the good news is there's something we can do about it.

One small thing that we can do that will have a big impact on our dogs is to admire them from a distance instead of getting in their face(c).
(中略)

Your dog might like you and your family, might even like your friends, but that doesn't mean he or she wants every stranger to run up and give a hug.

It's easy to see why people are drawn to cute dogs, but one of the most important things American dog guardians can do is be advocates (d) for their dogs, telling strangers "no" when they ask to pet their dog and being thoughtful about busy public places.

(　Y　) people think about boundaries and dog training, they generally assume we're talking about the dog — but most of the time, the main problem is people.

To set up our dogs to succeed, we need to not put them in uncomfortable situations, whether out in the world or at home with guests and family. Zazie Todd, a professional dog trainer and author of the forthcoming (e) book "Wag: The Science of Making Your Dog Happy," said that "people tend to assume that dogs are sociable and friendly, and don't necessarily consider if a dog wants affection from them at a particular moment in time. This is especially an issue with children."

Children are particularly susceptible to being bitten by dogs, but not just by strange dogs. Many children are bitten by dogs that they know and that are in the home. This has less to do with the dog and more to do with the child. (イ) Educating family and friends of all ages about when it is and isn't OK to engage your dog makes sure everyone stays and feels safe, including your dog.

Dr. Todd said, "It's important to know that if a dog is resting (sitting or lying down), a child should not approach them as this is a common scenario (f) for young children to be bitten; instead we should teach them to call the dog to them, and supervise (g) carefully while they pat the dog."

The way we teach our dogs has a substantial impact on their quality of life and adaptability to new situations. Unfortunately, dog training in the United States is not a regulated industry. Anyone can call themselves dog trainers and start charging people without any qualifications or breadth of experience, using any methodology they choose, regardless of if it's based in science or not.

Dog training takes time, and dogs learn best when we use positive
(h)
reward-based training methods that gently help and encourage dogs by rewarding good behavior. "Studies have found that using aversive* methods — like leash jerks* or electronic collars — has risks for dogs, including the risk of fear, anxiety, and aggression," Dr. Todd said. "Positive reinforcement avoids those risks and it works really well."
(ウ)

People desperate for a quick fix to behavioral issues with their dogs are particularly susceptible to empty promises from unqualified trainers, or
(i)
trainers who use pain and coercion-based* methods.

"Unfortunately, we know that many dog owners use a mix of methods, and dog training is not regulated, so it's important for dog owners to learn more about how to train dogs," Dr. Todd said.

For example, shock collars, sometimes called e-collars or electronic collars, are banned in the United Kingdom, but they are legal in the United States. If you are hiring a dog trainer, be sure to ask questions not only about the trainer's experience but also his or her qualifications and approach to training.

Do not be afraid to ask (Z) trainers use only positive reinforcement-based training methods. You want to find a trainer who rewards dogs with treats and toys as they learn and avoids punishing behaviors or using pain-based techniques (such as prong collars*, shock collars or physical intimidation).
(j)

Similarly, you want to avoid any trainer who talks about "dominance," "alpha" or "pack" training because we now know that dogs are not actually small wolves. This kind of aggressive training will only exacerbate* any behavioral challenges you see.

No matter where we live, we can all be a little more thoughtful about how we engage with the pups* we encounter. Ask before greeting and just generally give them space instead of assuming that all dogs want to or will be comfortable interacting with strangers.

If you have a dog, you can help your pup out by being its advocate and reminding people you encounter that your dog isn't a walking stuffed animal.(エ)

(By Sassafras Lowrey, writing for *The New York Times*, March 20, 2020)

［注］ aversive 嫌悪感を催させる
leash jerks （犬などをつなぐ）ひもを強く引くこと
coercion-based 強制することを原則とした
prong collars 尖ったものが付いた訓練用の首輪
exacerbate 悪化させる
pups 子犬

Ⅱ－A 空所(Y)と(Z)に入るもっとも適切なものを次の1～4の中からそれぞれ一つ選び、その番号を解答欄に記入しなさい。

(Y) 1 Although 2 Because 3 Unless 4 When

(Z) 1 for 2 if 3 of 4 with

Ⅱ－B 下線部(a)～(j)の意味・内容にもっとも近いものを次の1～4の中からそれぞれ一つ選び、その番号を解答欄に記入しなさい。

(a) venues
1 locations 2 parks 3 streets 4 vehicles

(b) challenges
1 contests 2 fights 3 problems 4 victories

(c) getting in their face
1 ignoring them 2 invading their space
3 patting them down 4 talking to them arrogantly

(d) advocates
1 counsellors 2 instructors
3 spokespersons 4 trainers

(e) forthcoming

1 best-selling　　2 honest

3 readily available　　4 soon-to-be-published

(f) scenario

1 accident　　2 sense　　3 situation　　4 view

(g) supervise

1 protect　　2 record　　3 shine　　4 watch

(h) takes time

1 depends on chance　　2 is based on a schedule

3 is often delayed　　4 requires patience

(i) susceptible to

1 doubtful about　　2 encouraged by

3 scared of　　4 vulnerable to

(j) intimidation

1 exercises　　2 interruptions

3 services　　4 threats

Ⅱ－C　波線部(ア)～(エ)の意味・内容をもっとも的確に示すものを次の１～４の中からそれぞれ一つ選び、その番号を解答欄に記入しなさい。

(ア) As big as the differences might be

1 As no one might know how big the differences are

2 Because the difference might be big

3 Despite there being no differences

4 However big the difference might be

(イ) This has less to do with the dog and more to do with the child.

1 The dog is less excusable than the child.

2 The dog is less than kind to the child.

3 The dog is more friendly than the child.

4 The problem is usually the child, not the dog.

(ウ) works really well

1 generates considerable income

2 involves many workers

3 is very effective

4 requires much effort

(エ) isn't a walking stuffed animal

1 can be purchased in any pet shop

2 is playful enough to be treated as a toy

3 isn't always as predictable as they might expect

4 prefers to sit when around children

II－D 二重下線部の空所(あ)～(お)に次の1～7の中から選んだ語を入れて文を完成させたとき、(い)と(え)と(お)に入る語の番号を解答欄に記入しなさい。同じ語を二度使ってはいけません。選択肢の中には使われないものが二つ含まれています。

Dogs are dogs no matter where they are (あ), and the differences (い) behavior often come down (う) an individual dog's temperament as (え) as socialization and training received (お) a puppy.

1 as	2 born	3 in	4 longer
5 soon	6 to	7 well	

II－E 本文の意味・内容に合致するものを次の1～8の中から三つ選び、その番号を解答欄に記入しなさい。

1 If we want to change dogs' behavior, we have to begin with changing our own behavior toward them.

2 People tend not to like seeing dogs in public spaces in many European countries.

3 Children are often bitten by dogs familiar to them, if they recklessly approach the animals.

4 In order to show that you love humans more than animals, punish dogs severely when they bite children.

5 Punishment-based training methods should usually be avoided but can be recommended in specific circumstances.

6 You should not trust a dog trainer's advice until you ensure he or she is well-qualified, experienced, and uses proper methods.

7 It is pointless to train human children how to interact with dogs because each dog behaves differently depending on its upbringing.

8 Dogs are so sociable and friendly that they crave affection, even from strangers.

Ⅱ－F 本文中の太い下線部を日本語に訳しなさい。(This は「このようなこと」と訳しなさい。)

This is obviously not the case in the United States, and it got me wondering why European dogs and American dogs behave so differently.

〔Ⅲ〕 次の会話を読んで設問に答えなさい。(50点)

(*Naomi sees her friend Ted in a café and sits down with him.*)

Naomi: What's wrong, Ted? ＿＿＿(a)＿＿＿

Ted: Oh… hey. No, nothing like that. I was just lost in thought.

Naomi: What are you thinking about?

Ted: Did you see on the news? Some guy won 200 million dollars in the lottery.

Naomi: Oh, yeah, I think I saw that. That's a lot of money.

Ted: Can you imagine winning that much money suddenly? I've just been dreaming about it.

Naomi: ＿＿＿(b)＿＿＿ Have you been thinking about what you would buy? Or maybe you were just thinking about what you would eat every day….

Ted: Oh no… I hadn't gotten that far yet. I was just thinking about my life. I enjoy university, but if I had that much money, I would never need to work. So, should I drop out of university too?

Naomi: Well, what would you do instead?

Ted: I guess I would travel. ＿＿＿(c)＿＿＿ I could eat pizza in Italy, and then go to Japan for a nice sushi dinner.

Naomi: See, you were thinking about food!

Ted: I just mean life would be like a dream! You could do anything and not have to worry about when you'll get paid next. I'd quit my part-time job immediately.

Naomi: Okay, so… Italy for lunch, then Japan for dinner… you've made it through one day. Then what are you going to do? How long do you think you could keep traveling like that?

Ted: What? ＿＿＿(d)＿＿＿

Naomi: Well, sure, I'd have some fun. But eventually you would get tired of it. How old are you now, 20? So, you travel for a few months, and then what would you do for the rest of your life?

Ted: Yeah, I know you're right… but I was just fantasizing and not thinking about it realistically. Let me dream a little. These days I've been so busy with my classes. ______(e)______

Naomi: Isn't that what you want to do?

Ted: Yeah, but it's because I need to earn money. I feel like most decisions in my life now are based on money. So, if I win 200 million dollars, all I want to do is escape from that.

Naomi: I understand that feeling, but I think you would still need something to do. ______(f)______ Traveling and eating isn't enough unless you somehow turn it into a career.

Ted: Of course, we need a purpose, but honestly the word "career" gives me anxiety. People also ask, "what do you do for a living?" That means how you earn money to live. It's all about money.

Naomi: ______(g)______ What do you do to occupy your time?

Ted: See, that sounds so much better. That makes me think about a hobby or the pursuit of knowledge or something like that. That doesn't make me think about money.

Naomi: Right, so if you win 200 million dollars, you won't need a career. But I guarantee that you will need an occupation. [お金を稼ぐことを考え始める前に、何を夢見ていたか覚えている？]

Ted: You mean when I was a kid? I wanted to be a professional baseball player.

Naomi: So maybe you could try that.

Ted: I'm not good enough, but it would be so much fun to just play every day and try to get better.

Naomi: So that could be your occupation.

Ted: Now, all I need to do is win the lottery.

Naomi: ______(h)______ I think you can still find a satisfying "occupation" without winning the lottery.

Ⅲ－A 空所 (a)～(h) に入るもっとも適切なものを次の1～10の中からそれぞれ一つ選び、その番号を解答欄に記入しなさい。同じ選択肢を二度使ってはいけません。選択肢の中には使われないものが二つ含まれています。

1 He must have worked hard to save that much money.

2 How did you choose your career?

3 I could go anywhere in the world for as long as I like.

4 I have to finish my computer science degree so that I can get a job somewhere.

5 In the meantime, you should finish your studies.

6 Okay, so how about the word "occupation"?

7 People need a purpose in life.

8 Yeah, that much money would completely change your life.

9 You look like you've seen a ghost.

10 You wouldn't do the same thing?

Ⅲ－B 本文中の［ ］内の日本語を英語で表現しなさい。

お金を稼ぐことを考え始める前に、何を夢見ていたか覚えている？

日本史

（75分）

〔Ⅰ〕　次の（1）～（4）の文章を読んで、空欄（　ア　）～（　シ　）に入る適切な語句を［語群］から選んで、その番号を解答欄Ⅰ－Bに記入せよ。また【設問a】～【設問l】の解答を解答欄Ⅰ－Aに記せ。なお、同一記号の空欄には同一の語句が入る。（60点）

（1）　桓武天皇は中国の政治・文化に関心が高く、延暦23年（804）に遣唐使(a)を派遣した。（　ア　）天皇も中国文化に深く関心を示し、平安宮の殿舎に唐風の名称を付け、唐風の儀礼を受け入れて宮廷の儀礼を整えた。その後遣唐使は、（　イ　）5年（838）に派遣され、これが入唐した最後の使節になった。またこの遣唐使の帰国に際しては、日本から乗ってきた船が脆弱であるとして、在唐の新羅人60人を雇い、船9隻を仕立て帰国した。雇った新羅人は日唐間の海路を熟知し、新羅商人は頻繁に往来していたと考えられている。このような新羅商人のなかで名が知られ、政界の重要人物でもあった（　ウ　）は、朝鮮半島南西部の莞島を拠点に唐・日本・新羅を舞台とする私貿易をおこなっていた。この本人が来日した明証はないが、大宰府および筑前国の官人と密接な関係を持ち、筑前国守を経験した（　エ　）は取引相手として知られている。

日本との交易に関しては渤海も重要である。渤海は7～10世紀に中国の東満州・沿海州に栄えたツングース系の靺鞨族と高句麗遺民の国で、最初は唐・新羅との対立関係から727年に日本に使節を派遣(b)した。その後919年まで34回来日した。

このように日本・渤海・新羅・唐の貿易交流圏が形成されていたことが知られており、日本の対外関係は外交から経済へと変化した。その中で、凡そ60年ぶりの寛平6年（894）に遣唐使の計画(c)が立てられたが、貿易の状況や唐の衰退といった理由から派遣は停止された。

【設問ａ】下線部ａの遣唐使の中に、後の日本仏教に重大な影響を与えた僧が含まれていた。彼は入唐還学生として、唐で法華経の教学を主として学び、帰朝後は桓武天皇の命により高雄山寺で灌頂も行っている。またこの僧は、南都諸宗の論難に対して、大乗戒壇の創立の根拠を示す書を著している。この僧の人物名を漢字で記せ。

【設問ｂ】下線部ｂに関連して、わが国では渤海の使節を迎えもてなすための施設がいくつかつくられた。その中で９世紀に越前国に設けられた施設はなんというか。その名称を漢字で記せ。

【設問ｃ】下線部ｃに関連して、渤海使をもてなす役職も経験した人物が、この際の遣唐大使に任じられている。この人物名を漢字で記せ。

(２)　９世紀末の遣唐使停止以来、公私にわたる海外交通を禁止しようとした日本政府の方針にもかかわらず、宋・高麗との通商は盛んとなっていった。平清盛の父忠盛は、鳥羽上皇領の肥前国（　オ　）荘を管理し、宋船との自由貿易を行っていた。清盛は宋の商船を北九州から瀬戸内海へ、さらに別荘の近隣の港(d)まで招き入れることに成功し、到着した宋人を（　ｅ　）上皇と共に引見している。清盛は積極的に日宋貿易を推進(f)し、その利益は権力基盤の一つとなった。

【設問ｄ】下線部ｄの港は、清盛以前より利用され、清盛は拡張工事をおこなった。この港の名称を漢字で記せ。

【設問ｅ】（　ｅ　）上皇は、清盛と組んで政治を行った時期もあった。また貴族の中には、宋人を引見した行為を批判するものもいた。（　ｅ　）に入る人物名を漢字で記せ。

【設問ｆ】下線部ｆに関連して、日宋貿易の代表的な輸入品は宋銭であるが、このほか典籍や陶磁器などがある。このような中国から舶載された物品の総称をなんというか。漢字で記せ。

(３)　モンゴルが女真族の王朝（　カ　）を滅ぼして北中国を支配下においたのは1234年のことである。（　キ　）は、中国を支配するために都を大都に移し、国号を元と定めると、高麗を全面的に服属させ、日本に対してたびたび朝貢を強要した。しかし鎌倉幕府によって拒否されたため侵攻を決意した。文永11年（1274）10月、元は服属させた高麗の軍勢もあわせて対馬に上陸し守護代を討ち取り、壱岐を攻略した。ついで肥前の沿海部を襲った。元側は博多湾岸に上陸を開始し、みなれない武器や集団戦法で日本軍を苦しめたが、内部対立や嵐のために退却した。

この事件の国内への影響は大きく、幕府は軍事的のみならず内政的にも様々な対策を行った。そこに南宋を滅ぼした元がふたたび日本の征服をめざし攻め込んできた。この度は前回よりも規模が大きく、モンゴル人・高麗人・華北人などからなる軍（g）4万と、主に南宋の降兵からなる軍（h）10万から構成されていた。弘安4年（1281）6月はじめ、前者の軍は博多湾に入ったが、石築地などの完成もあって日本側の抵抗は意外に手ごわく、後者の軍の到着を待った。この時も7月末に天候が荒れ、元軍は大打撃を受け退却した。元は第3次日本征討を計画したが、実行できずに1294年に（　キ　）が死去して立ち消えとなった。この事件は当時「異国合戦」「（　ｉ　）襲来」などと呼ばれていた。

【設問ｇ】下線部ｇの軍はなんと呼ばれているか。その名称を漢字で記せ。

【設問ｈ】下線部ｈの軍はなんと呼ばれているか。その名称を漢字で記せ。

【設問ｉ】（　ｉ　）に入る最も適した語句を、漢字で記せ。

（4）　中国では1368年に漢民族の王朝である明が建国される。この間も商船による日本と大陸や朝鮮半島の交流が続いた。明が建国したころ、沖縄島内では3つの勢力が分立していた。今帰仁城を拠点とする（　ク　）、島尻大里城を拠点とする（　ケ　）、浦添城（のちの首里城）を拠点とする（　コ　）が割拠して互いに覇を競っていた。その後三山の対立は終止符が打たれ、1429年に統一されて琉球王国が生まれた（j）。15世紀後半には王統の異なる王朝が開かれ、明の海禁政策によって中国人の貿易活動がおとろえていたこともあり、中国・日本・朝鮮・東南アジアとの活発な外交・貿易を推進した。

北方に目を転じると、すでに14世紀には畿内と津軽の港（k）とを結ぶ交易が盛んにおこなわれていた。やがて、蝦夷ケ島と呼ばれた北海道の道南地域に和人が移り住むようになり、各地の海岸や港に（　サ　）を中心にした居住地をつくった。彼らは先住民のアイヌを圧迫したため、1457年にアイヌは蜂起(l)した。この事件は、和人の武将（　シ　）によって鎮圧された。

【設問ｊ】下線部ｊに関連し、この統一の樹立者は、その父を初代の琉球王とし、自分は二代目の王となった。この人物の名を漢字で記せ。

【設問ｋ】下線部ｋの港は、日本海の波濤をさける良港で、蝦夷地と日本海海運の結節港として栄えた。この港の名称を漢字で記せ。

【設問ｌ】下線部ｌの蜂起は、和人の蝦夷ヶ島における勢力拡大に対する最初の戦争である。前年にアイヌの刀の切れ味をめぐってアイヌ青年が和人に殺されたのを機に、道南のアイヌを率いて蜂起した人物は誰か。その名を記せ。

［語群］

1．南　山	2．北　山	3．上　山
4．中　山	5．本　山	6．按　司
7．宮　古	8．八重山	9．那　覇
10．奄　美	11．文屋康秀	12．文室綿麻呂
13．文室宮田麻呂	14．朱元璋	15．朱舜水
16．忽必烈	17．成吉思	18．神　埼
19．鹿子木	20．阿氐河	21．安藤信正
22．安藤昌益	23．武田信広	24．武田信義
25．淳　和	26．嵯　峨	27．平　城
28．光　仁	29．張宝高	30．張学良
31．張景恵	32．上之国	33．石　塁
34．城	35．館	36．承　和
37．弘　仁	38．貞　観	39．宝　亀
40．金	41．遼	42．西　夏
43．魏		

〔Ⅱ〕　次の（1）と（2）の文章を読んで、以下の設問に答えよ。【設問ア】〜【設問ケ】は解答欄Ⅱ－Aに、【設問ａ】〜【設問ｉ】は解答欄Ⅱ－Bに解答を記入すること。（45点）

（1）　近世日本では、三都を中心とした全国市場が成立した。その前提となったもののひとつが交通網の整備である。特に、水上交通は一度に大量の物資を輸送するのに適しているため整備が必要とされた。

海上交通では、江戸で材木商などを営み、巨富を築いたといわれる（　ａ　）によって東北・北陸地方から日本海を通って下関を廻り、瀬戸内を経て大坂に達する西廻り航路（海運）と、東北から太平洋側を南下し、外海を迂回して江戸に達する東廻り航路（海運）が整備された。これによって西廻り航路（海運）の終着地となった大坂は、米市場(ア)が成立するなど、「天下の台所」として発展した。また、この大坂と膨大な人口を抱える一大消費地であった江戸を結ぶ南海路(イ)も物資輸送の重要なルートであった。

物資の輸送には河川も用いられた。京都の豪商で朱印船貿易にも参画した（　ウ　）は、保津川や富士川の整備を行ったほか、高瀬川を開削するなど河川工事の分野でも活躍した。

陸上交通の面では、五街道(エ)を中心に、脇街道も整備されることによって、全国的な街道網が整えられた。五街道には一里塚や宿駅(ｂ)が整備され、幕府の直轄下として（　オ　）がこれを管理した。これらの陸上交通網には軍事上の理由などから橋を架けられなかった川(ｃ)があるなど、大量の物資を運ぶには難があった。しかし、高価なものや短時間で送らなければならないもの、あるいは現金・為替の輸送手段として、また内陸部の輸送手段として利用された。この陸上輸送や情報の通信で活躍したのが飛脚(ｄ)であった。

【設問ａ】空欄（　ａ　）に入る人物名を選び、その番号を解答欄Ⅱ－Bに記入せよ。

1．伊能忠敬　　2．河村瑞賢
3．紀伊国屋文左衛門　　4．淀屋辰五郎

【設問ア】下線部アの米市場は、新地開発に伴って1697年に移転した地で発展し、幕府に公認されるようになった。この米市場が置かれた大坂の地名を解答欄

Ⅱ－Aに漢字2字で記せ。

【設問イ】下線部イの南海路で活躍した船で、主に酒荷を運び、船足が速く、近世後期に他の輸送船を圧倒した、小早（小型弁才船）を源流に持つ船の名前を解答欄Ⅱ－Aに漢字3字で記せ。

【設問ウ】空欄（　ウ　）に当てはまる人物名を解答欄Ⅱ－Aに漢字4字で記せ。

【設問エ】下線部エの五街道の基点となった江戸の橋の名前を解答欄Ⅱ－Aに漢字3字で記せ。

【設問b】下線部bの宿駅の宿泊施設で、大名・公家・幕府役人といった人々ではなく、主に一般庶民などを宿泊させた食事付きの旅宿を何というか。最も適切なものを選び、その番号を解答欄Ⅱ－Bに記入せよ。

1．本　陣　　2．脇本陣　　3．旅　籠　　4．木賃宿

【設問オ】空欄（　オ　）に当てはまる、五街道の宿駅の伝馬・旅宿・飛脚のほか、道中一切の事務を管掌した、1659年創設とされる幕府の役職名を、解答欄Ⅱ－Aに漢字4字で記せ。

【設問c】下線部cの河川のひとつで、渡船ではなく川越人足を雇って渡らなければならなかった、駿河国と遠江国の境となっている川はどれか。正しいものを選び、その番号を解答欄Ⅱ－Bに記入せよ。

1．木曽川　　2．大井川　　3．揖斐川　　4．天竜川

【設問d】下線部dの飛脚の中で、民間営業の飛脚で毎月3回大坂から出発し、6日で東海道を走った町飛脚のことを別名で何と呼ぶか。正しいものを選び、その番号を解答欄Ⅱ－Bに記入せよ。

1．継飛脚　　2．助郷役　　3．伝馬役　　4．定　六

（2）　近世日本の全国市場を支えたもののひとつに貨幣制度がある。江戸幕府のもとでは、金・銀・銭の三貨からなる貨幣制度が採られており、貨幣は三座と呼ばれる金座(e)・銀座・銭座によって鋳造された。三貨の中でも金貨(f)と銭貨(カ)は一定の純度と分量と形状を持ち、決まった額面が示される（　キ　）貨幣、銀貨は重さを計って価値を決めた秤量貨幣と基準が異なる上に、地域によって主に通用した貨幣が異なっていた(g)ため、三貨の間に交換の必要があった。

幕府が1700年に定めた公定相場によれば、交換比率は金1両＝銀（　h　）

匁＝銭（　ｉ　）貫文であったが、実際の交換比率は貨幣の純度や需給関係により変動した。このような貨幣制度の事情もあり、両替商が活躍することとなった。越後屋呉服店を開業した（　ク　）もそのひとりである。

この他に諸藩が発行した藩札や商人が発行する少額の私札なども存在し、近世の貨幣制度は複雑であった。このような貨幣制度は、1871年の（　ケ　）によって10進法の円・銭・厘を単位とするものに統一されることとなった。

【設問ｅ】下線部ｅの金座として小判・一分金の鋳造を行っていた人物を選び、その番号を解答欄Ⅱ－Ｂに記入せよ。

1．後藤庄三郎　　2．茶屋四郎次郎
3．鴻池善右衛門　　4．本阿弥光悦

【設問ｆ】下線部ｆの金貨は純度を変えながら度々改鋳された。1695年の改鋳によって発行された、従来の物より金の含有量を減らし、品位を落とした小判はどれか。正しいものを選び、その番号を解答欄Ⅱ－Ｂに記入せよ。

1．安政小判　2．正徳小判　3．元禄小判　4．天保小判

【設問カ】下線部カの銭貨として1636年に幕府の許可のもと鋳造が開始された貨幣の名前を、解答欄Ⅱ－Ａに漢字４字で記せ。

【設問キ】空欄（　キ　）に当てはまる言葉を、解答欄Ⅱ－Ａに漢字２字で記せ。

【設問ｇ】下線部ｇにあるように取引や決済で主に通用した貨幣は地域によって異なった。地域と主に通用した貨幣の組み合わせとして正しいものを選び、その番号を解答欄Ⅱ—Ｂに記入せよ。

1．関東－金貨　関西－銀貨　　2．関東－金貨　関西－金貨
3．関東－銀貨　関西－金貨　　4．関東－銀貨　関西－銀貨

【設問ｈ】空欄（　ｈ　）に入る数字を選び、その番号を解答欄Ⅱ—Ｂに記入せよ。

1．40　2．60　3．80　4．100

【設問ｉ】空欄（　ｉ　）に入る数字を選び、その番号を解答欄Ⅱ—Ｂに記入せよ。

1．4　2．40　3．400　4．4000

【設問ク】空欄（　ク　）には、伊勢松坂の出身で越後屋呉服店を開業した人物

の名前が入る。その人物の名前を、解答欄Ⅱ－Aに漢字4字で記せ。

【設問ケ】空欄（　ケ　）に入る法令の名前を、解答欄Ⅱ－Aに漢字4字で記せ。

〔Ⅲ〕　次の（1）と（2）の文章を読んで、【設問a】～【設問i】ならびに【設問ア】～【設問ケ】に答えよ。　(45点)

（1）以下の①～③の文章は奈倉哲三氏の著書『真宗信仰の思想史的研究─越後蒲原門徒の行動と足跡』(校倉書房）の一部である。

①　神仏の習合は同時に神仏の確執を内包する。近世末期までの全国各地の神仏習合の山々は、一般的には、寺院＝仏教の支配力のほうが強く、神社の側が圧迫されていたケース$_{a}$が多い。それが、幕末期の国学・神道の隆盛$_{b・c}$のなかで、確執・対立が表面化し、維新政府の樹立、（　d　）令の発令によって一気に神道優位へと転換し、そのもとで事実上の廃仏毀釈$_{ア}$が展開し、神道国教化$_{e}$がはかられていく。それまでの時期、近世期においても、各地で独自の確執・対立は展開していた。

②　廃仏毀釈に対して、民衆がどのような抵抗を示したのかという問題については、いわゆる「護法一揆」$_{f}$に関する研究のなかで論究されているほかは、ほとんど研究がなされていない状況である。しかも、いわゆる「護法一揆」には、一揆中の反廃仏行動を基本的な性格として評価すべきかどうか（「護法」的側面を第一義的なものとしてみなすべきかどうか）について議論が分かれているほど、反廃仏以外の要素が多くふくまれており、そのためもあって、これらの「護法一揆」の諸研究においても、廃仏毀釈に対する抵抗の信仰史上の意味を検討するというような課題は、ほとんど意識されてこなかった。

③　慶応四年（1868）三月から閏四月にかけて、新政府は五箇条の御誓文の発布と相前後し、神祇事務局の名において、（　d　）の諸令をつぎつぎと布告したが、その年の夏以来、長岡を中心とした下越地方で反政府諸藩同盟の激しい抵抗がつづいた越後$_{g}$では、これらの諸令の実際の布告は翌年の三月となった。現巻町大字赤鏥の明治二巳年（1869）の区有文書「御用留書」に辰（慶応四年）三月の神祇事務局布告（三月二八日令）＜権現・牛頭天王$_{h}$など仏語を以て

神号としている神社の調査・改め令、仏像を以て神体としている神社の改め令、本地仏・鰐口・梵鐘・仏具の神社地からの除去命令＞が記されたのち、水原に本府を置く越後府からの布告として、つぎのようにつづいている。

　但し、昨年中御布告に相成り候筈には候えども、騒擾中の儀につき、今般念のためなお又改めて相達し候事。

　巳三月　　　　越後府

そして、下越蒲原地方において越後府独自の最初の（　d　）令が下されるのが翌四月、弥彦神社の臨時大祓の執行としてである。(中略) この臨時大祓は、権判事坂田潔の参向にあわせて、一日身を潔めてその地から神社の方角に向かって拝礼するという形式、「一日潔斎遙拝」にいま一つの特徴がある。この形式は、近世民衆の信仰習俗(i)にはまったくみられなかったものである。

【設問 a】下線部 a に関して、神仏習合により、神社境内などに付設された寺院では神前読経が行なわれ、仏像が神体として祀られた。このような寺院を［　　］寺と呼ぶ。空欄に当てはまる漢字 2 字を解答欄Ⅲ－Aに記せ。

【設問 b】下線部 b・c に関して、幕末期の国学の思想はとくに中部地方や関東の武士や豪農・神職に広く浸透した。小説『夜明け前』には信濃国伊那郡の豪農に生まれた勤王家松尾多勢子が描かれている。この小説の作者は誰か。その人物名を解答欄Ⅲ－Aに漢字で記せ。

【設問 c】下線部 b・c に関して、儒教や仏教に影響されない古道、神意のままに行なう「惟神の道」を説く教えで、平田篤胤によって大成された神道説を何と呼ぶか。解答欄Ⅲ－Aに漢字で記せ。

【設問 d】空欄 d には慶応 4 年から明治元年にかけて太政官達、神祇事務局達などの一連の通達に基づいて新政府が行なおうとした施策が入る。それは何か。解答欄Ⅲ－Aに漢字 4 字で記せ。

【設問 e】下線部 e「神道国教化」推進を表明する詔書が明治 3 年 (1870)、天皇の名において神祇官から発布された。「惟神の道を宣揚すべし」という理念を打ち出したこの詔書は［　　］の詔と呼ばれる。空欄に当てはまる漢字 4 字を解答欄Ⅲ－Aに記せ。

【設問 f】下線部 f「護法一揆」の位置づけについては議論が分かれるが、廃仏への抵抗という側面から見れば、一種の「宗教一揆」と言える。1488年（長享2）に起った本願寺門徒による一揆は高尾城を攻め落として守護を敗死させ、以後約100年間、国人・坊主・農民の寄合による自治的支配を実現した。この一揆が起った国はどこか。旧国名を解答欄Ⅲ－Aに漢字で記せ。

【設問g】下線部gにある「反政府諸藩同盟」とは奥羽越列藩同盟のことである。越後平野を流れる阿賀野川河畔の津川はこの同盟の中心とみられた藩の西の表玄関であった。その藩名を解答欄Ⅲ－Aに漢字で記せ。

【設問h】下線部h「牛頭天王」は、1868年まで京都で祇園社と称した神社の祭神であった。京都市東山区にあるその神社の現在の名称を解答欄Ⅲ－Aに漢字で記せ。

【設問i】下線部iに関して、著者奈倉哲三氏は、「神祇信仰や一般的な民俗事象にはあまり関心を示さない」越後真宗門徒の集落にも、六十日に一度めぐってくる晩に寝てしまうと「体内の『三尸（さんし）の虫』が外に出て、天帝（もしくは、地獄の閻魔大王）に自己の罪過を告げに行くので、早死にさせられてしまう（もしくは、死後地獄に落ちてしまう）」と考える近世民衆の信仰習俗の痕跡が見られたことを記している。この習俗による「かのえさる」の夜の仲間の集まりを何と呼ぶか。解答欄Ⅲ－Aに漢字で記せ。

【設問ア】下線部ア「廃仏毀釈」の激しさを、後鳥羽上皇の配流の地であり、明治初頭に八十日余りに亘る人民自治を勝ち取った島の史書は次のように記している。「此の時に当り、僧侶中或いは仏体仏具をひそかに携帯して逃亡するものあり、或いは改心帰俗を請うものあり。ゆえに各村において之が取締をなさしめぬ。然るに、或方面において僧俗間に争端を生じ、憤激のあまり路傍の石仏を毀却し、勢いに乗じて寺院に闖（ちん）入して仏像を破壊したれば、各村たちまち之に響応してその寺院の仏像仏具をことごとく破壊焼棄し、各自私祭の仏像仏具を皆汚穢物として、之を所持するを恥じ、先を争うて之を海中に投ずるあり、河水に流すありて、終に一物をも存せず」（『□島誌』）。空欄に当てはまる語を下記の語群から選び、番号を解答欄Ⅲ－Bに記入せよ。

1．対　馬　　2．壱　岐　　3．隠　岐　　4．佐　渡

（2） 1933（昭和8）年6月10日の各新聞は、日本共産党元中央委員長・佐野学と同党元中央委員鍋山貞親の連名による転向の声明を報じた。ここでの「転向」とは国家権力が加える暴力・圧迫による社会主義・共産主義思想（イ・ウ・エ）の放棄のことである。この声明は共産党員に大きな影響を与えた。

中島岳志氏は大量の転向者が出る過程において一人の人物に注目している。「小林杜人。彼は獄中で転向し、釈放後、帝国更新会思想部のリーダーとして活躍した。彼は転向の促進活動の最前線に立ち、数多くの転向者を『保護』した。また、本の出版や編集、座談会などを積極的に行い、転向に関する啓蒙活動の第一人者として活躍した。小林は1902年、長野県の農村に生まれた。（中略）十五歳の時、ロシア革命がおこり大きな影響を受けた。ちょうどそのころ、被差別者と出会い、その解放運動に関与しはじめる（オ）。また同時に『青春の悩みが激しく』、救世軍（カ）長野小隊に入って伝道活動にも参加した。小林は書物を読みあさった。有島武郎（キ）、内村鑑三、（　ク　）、（　ケ　）、そして倉田百三……。彼は求道精神によって、自らの煩悶を乗り越えようとした」（『親鸞と日本主義』新潮選書）。中島氏はこの後、教誨師を介して真宗信仰が転向者の精神的支柱となっていった経緯を述べ、宗教とナショナリズムの関係について批判的な考察を加えている。

【設問イ】下線部イ・ウ・エに関して、1920（大正9）年に成立した日本社会主義同盟の発起人のうちの一人は、伊藤野枝らと『労働運動』を創刊して活発な評論活動を行ったが、関東大震災の時、憲兵大尉によって殺害されている。この人は誰か。次の語群から選び、番号を解答欄Ⅲ－Bに記入せよ。

1．荒畑寒村　　2．堺利彦　　3．大杉栄　　4．山川均

【設問ウ】下線部イ・ウ・エに関して、日本共産党はコミンテルン（第3インターナショナル）の日本支部として結成され、非合法のうちに活動を開始した。1926（大正15）年に杉山元治郎らによって結成された合法的な「無産政党」で、共産党との関係をめぐる内部対立から右派と中間派が脱退して分裂した政党がある。その名称を次の語群から選び、番号を解答欄Ⅲ－Bに記入せよ。

1．日本社会党　2．労働農民党　3．社会民主党　4．民主社会党

【設問エ】下線部イ・ウ・エに関して、日本共産党は、社会主義運動の当面の課

題は民主主義革命にあるとした。この立場は『日本資本主義発達史講座』において展開されたマルクス主義理論に表われているため、「講座派」と呼ばれる。それに対して同じくマルクス主義を奉じて、労働者・農民によるプロレタリア革命を目指そうとする人たちがいた。彼らは雑誌『労農』で理論を展開して講座派と論争したため「労農派」と呼ばれる。『労農』の創刊者の一人であり、『窮乏の農村』で昭和恐慌下の農村を描いた人は誰か。次の語群から選び、番号を解答欄Ⅲ－Bに記入せよ。

1．野呂栄太郎　2．服部之総　3．猪俣津南雄　4．河合栄治郎

【設問オ】下線部オに関して、1922（大正11）年3月、被差別民の差別解消を目指して自主的な活動団体が結成された。「人の世に熱あれ、人間に光あれ」と結ばれるその宣言文を起草した人は誰か。次の語群から選び、番号を解答欄Ⅲ－Bに記入せよ。

1．葉山嘉樹　2．鈴木三重吉　3．徳永直　4．西光万吉

【設問カ】下線部カ「救世軍」が取り組んだ廃娼運動では、同じキリスト教の婦人団体もその担い手となった。矢島楫子らが結成し、1893（明治26）年に全国的組織となったこの団体は何か。次の語群から選び、番号を解答欄Ⅲ－Bに記入せよ。

1．黎明会　2．矯風会　3．民友社　4．赤瀾会

【設問キ】下線部キ「有島武郎」が属し、人道主義や理想主義を追求することに特徴のある文学グループは何と呼ばれるか。次の語群から選び、番号を解答欄Ⅲ－Bに記入せよ。

1．新思潮派　2．新感覚派　3．白樺派　4．耽美派

【設問ク】空欄（　ク　）には『善の研究』の著者で、宗教経験の深みから東洋思想と西洋哲学を統一すべく思索した哲学者が入る。それは誰か。次の語群から選び、番号を解答欄Ⅲ－Bに記入せよ。

1．井上哲次郎　2．西田幾多郎　3．西　周　4．田辺元

【設問ケ】空欄（　ケ　）にはキリスト教社会主義者で労働運動を指導し、農民運動全国組織を創立した人物が入る。それは誰か。次の語群から選び、番号を解答欄Ⅲ－Bに記入せよ。

1．賀川豊彦　2．森戸辰男　3．元田永孚　4．甘粕正彦

世界史

(75分)

〔Ⅰ〕　次の文章を読み，設問1～3に答えなさい。　(50点)

ロンドンには古くからケルト人が住んでいたが，一般にロンドンの起源は1世紀[(a)]に大ブリテン島に進出したローマ人が建設した都市とされる。ローマ人は帝国の各地に都市を建設し，43年にロンディニウムと名づけられたロンドンもその1つであった。ほかにもローマ人が建設した都市でパリや（**あ**：1．ウィーン　2．ベルリン　3．モスクワ　4．ワルシャワ）など，のちに近代都市になったものも多い。五賢帝の時代にローマは最盛期に至り，その2人目の（　**ア**　）の時代にローマの版図は最大となった。いちどはケルト人に焼き討ちされたロンディニウムも復興し，ケルト人の来襲に備えて市街を囲む城壁も築かれた。

ゲルマン人の大移動が始まると，ローマ人はロンディニウムを放棄して大ブリテン島から撤退し，ケルト人がロンドンを取り戻した。しかし，ゲルマン人の一派である（**い**：1．アングロ＝サクソン　2．ヴァンダル　3．フランク　4．ランゴバルド）人が大ブリテン島南部に渡り，ケルト人を北部のスコットランドなどに放逐し，ローマ時代のロンドンの西に新しいロンドンを築き，大ブリテン島中部・南部に7つの王国をたてた。

ゲルマン人の一部は8世紀後半から，ヨーロッパ各地で海賊・略奪行為をおこない，851年にロンドンが襲われるなど，七王国もこのヴァイキングの侵入[(b)]に悩まされた。その1つウェセックス王国は，ローマ人が築いた城壁に守られたロンドンを再建して防衛拠点としてデーン人の襲撃を退けてイングランドを統一し，商業港ロンドンは首都ウィンチェスターをしのぐ国内最大の都市に成長した。しかし，その後もデーン人は繰り返しロンドンを包囲し，1016年にイングランドを征服した。デーン人の王の後継者が相次いで急死するとウェセックス王家が復活し，ロンドンの西郊にウェストミンスター寺院を建設した。

1066年，北フランスの貴族がロンドンを征服し，ウェストミンスター寺院でイングランド王に即位して（　**イ**　）朝を開き，ロンドンを首都とした。その子はウェストミンスター宮殿を建設し，ウェストミンスターは王権の伸張とともに政治の中心地となった。シティと呼ばれるロンドン市旧市街は商業都市として栄えた。11世紀以降，ヨーロッパでは遠隔地貿易が発達(c)した。ガン（ヘント）やブリュージュ（ブルッヘ）を中心とする（**う**：1．ザール　2．シャンパーニュ　3．フランドル　4．ロンバルディア）地方が毛織物の生産で繁栄し，ロンドンはその原料の羊毛の輸出港として，北海貿易の中心の1つとなった。

12世紀にフランスから入った（　**ウ**　）朝の初代の王は，大陸ではフランス王の封臣として広大な所領を有したが，その子はフランスの領地の大半を失って財政困難におちいり重税を課した。貴族は王に反抗し，1215年，マグナ＝カルタを認めさせ，そのなかで自治都市シティの自治的・経済的な特権も追認された。ロンドンの人口は14世紀初頭までに10万人に達した。ルネサンスも広まり，チョーサーは（**え**：1．『アーサー王物語』　2．『カンタベリ物語』　3．『ドン＝キホーテ』　4．『ユートピア』）を著した。

一方，農村では，経済的に困窮した領主が農民への束縛を強めようとし，これに抵抗する農民は，1381年にワット＝タイラーに率いられてロンドンを占拠し，国王に農奴制の廃止を要求した。タイラーがロンドン市長に斬殺されて反乱は鎮圧されたが，その後もロンドンでは不穏な事件が続いた。1414年には信仰をめぐる改革を求める人びとが反乱を計画して処刑され，1450年には政治腐敗を批判する民衆が蜂起し，1485年には原因不明の粟粒熱という伝染病が発生した。同じ年にバラ戦争をおさめて（**お**：1．ウィリアム1世　2．ジョージ1世　3．ヘンリ2世　4．ヘンリ7世）が新しい王朝を立てると，ロンドンは政治的な安定を取り戻した。しかし，粟粒熱は1551年まで5回流行し，多数の犠牲者を出した。

1534年に，国王が自らが国内の教会の首長であると宣言すると，ロンドン周辺でも修道院が廃止され，教会領が没収されてロンドン市街が拡大した。1559年には，カルヴァン主義に近い教義とカトリックの制度・儀式を折衷する国教会体制が確立したが，イングランドで（　**エ**　）と呼ばれたカルヴァン派はさらに徹底した宗教改革(d)を求めた。

国王は国内の教会の頂点にたったが，地方の統治を担った（　**オ**　）と呼ばれる地主階層の議会での協力が欠かせず，地主は農地を農民から取りあげて羊毛生産を拡大し，毛織物工業が国民産業となった。

これを背景に，イギリスは積極的に海外に進出した。イギリスは当初，東アジア貿易への参入をこころみたが，（**か**：1．アナーニ　2．アロー号　3．アンボイナ　4．ボストン茶会）事件を契機に断念し，インド経営に力をそそいだ。ロンドンには1571年に王立取引所，1600年に（　**カ**　）が設立され，外国からも移住者が集まり，人口は1530年の５万人から1605年には22万人以上に増え，市街は古代の城壁を越えて拡大した。貴族・大地主は徐々に社交生活のために１年の数ヵ月をロンドンで過ごすようになり，ロンドンには常設の劇場が建設され，王の庇護のもとシェークスピアが活躍した。帰納法を確立し，（　**キ**　）の基礎をつくったフランシス＝ベーコンも政治家として同じ王に重用されたが，この王は王権が人民に拘束されないと主張し，国民から批判された。

次の王は1629年から11年にわたって議会を招集せず，その後，議会を招集しても対立がつづき，1642年に王が中心的な５人の議員を逮捕しようとすると，ロンドン市民は議会を支持した。王はロンドンから逃亡し，ロンドンは議会派の拠点となった。クロムウェルは（**き**：1．重装歩兵　2．鉄騎隊　3．突撃隊　4．長弓兵）を中心に議会軍を再編成して内戦に勝利し，1649年にロンドンで王を処刑して共和政をうちたてた。

クロムウェルは1651年には重商主義的な航海法を定め，その結果として３度におよぶ（　**ク**　）がおこった。クロムウェルは特権商人の独占権を廃止し，貿易の拡大とともに市民層が海外産のタバコ・茶・砂糖・コーヒーなどを消費しはじめ，1652年にロンドンに最初のコーヒーハウスが登場した。クロムウェルの死後，先王の子が即位して議会と対立すると，議会は国王に対抗する立法府として機能を強め，哲学者ロックは不法な統治に対する人民の反抗の権利(e)を擁護した。クロムウェルを支持した（**く**：1．ハミルトン　2．プラトン　3．フルトン　4．ミルトン）は『失楽園』で絶対的な力に屈しない人間の偉大さを称えた。ロンドンは1665年にはペスト，翌年には大火に見舞われ，家屋の５/６以上が焼失した。しかし，木造建築を禁止して煉瓦と石で再建されて近世都市として生まれ変わり，1700年には人口50万人を数え，1707年にゲルマン人の流れを汲むイングランドとケルト人のスコットランドが合同すると大ブリテン王国の首都になった。

設問1　（　ア　）～（　ク　）に入る最も適切な語を解答欄Ⅰ－Ａに記入しなさい。

設問2　（　あ　）～（　く　）に入る最も適切な語句をそれぞれ１～４より１つ選び，番号を解答欄Ⅰ－Ｂに記入しなさい。

設問3　波線部(a)～(e)のそれぞれに関連する出来事Ａ・Ｂ・Ｃのおきた順番として最も適切なものを以下の１～６より一つ選び，番号を解答欄Ⅰ－Ｃに記入しなさい。

１　Ａ→Ｂ→Ｃ　　２　Ａ→Ｃ→Ｂ　　３　Ｂ→Ａ→Ｃ
４　Ｂ→Ｃ→Ａ　　５　Ｃ→Ａ→Ｂ　　６　Ｃ→Ｂ→Ａ

(a)　１世紀
Ａ　イエスの処刑
Ｂ　五賢帝時代の始まり
Ｃ　ネロ帝のキリスト教徒迫害

(b)　ヴァイキングの侵入
Ａ　ノヴゴロド王国の建国
Ｂ　東フランクのカロリング朝の断絶
Ｃ　両シチリア王国の建国

(c)　貿易が発達
Ａ　交易路を経由した「黒死病」と呼ばれるペストのヨーロッパ全域での大流行
Ｂ　ポルトガル人による西アフリカ沿岸部の探検
Ｃ　ヨーロッパへの製紙法の伝播

(d)　宗教改革
Ａ　シュマルカルデン同盟の成立
Ｂ　ドイツ農民戦争
Ｃ　ユグノー戦争

(e)　人民の反抗の権利

A　アメリカ独立戦争

B　ハイチ共和国の独立

C　フランス革命

〔Ⅱ〕　次の文章を読み，設問1～9に答えなさい。　　　　(50点)

清朝による中国支配は，18世紀にその全盛期を迎えた。しかし，18世紀末から19世紀末にかけて清朝の中国支配に動揺の兆しが見え始めた。

国内情勢に目を向ければ，人口増加や耕作地不足による内陸移民が活性化し，四川省や湖北省の山間部に居住する移住民の間に，世界の終末を唱える民間信仰が広まった。この結果，1796年から1804年にかけて（　**a**　）が発生した。長期に及ぶ反乱は，清朝の財政を圧迫した。

18世紀末ごろに中国は対外関係の変化にも直面した。イギリスは（　**b**　）を中国に派遣し，自由貿易や常駐使節の交換を求めたが，当時の皇帝（　**c**　）はその要求を拒否した。このころ，イギリスでは中国茶の輸入が急増するが，中国ではイギリスの綿製品は受け入れられず，イギリスからの銀流出が深刻化した。このため，イギリスは銀の流出を抑制するために，インド産アヘンを中国に，中国の茶をイギリスに，イギリスの綿製品をインドにそれぞれ運ぶ，いわゆる三角貿易を始めた。清朝の度重なる取締りにもかかわらず，アヘン吸引の習慣が社会に広がると，今度は中国から銀が流出した。1839年，清朝はアヘン厳禁を提唱していた［　A　］を広州に派遣し，外国商人からアヘンを没収し廃棄に踏み切った。これに反発したイギリスは，自由貿易の実現を口実にアヘン戦争を引き起こした。この結果，1842年には，（　**d**　）のイギリスへの割譲，①5都市の開港，賠償金支払いなどを含む南京条約が結ばれた。さらにその翌年には領事裁判権や関税率の固定なども取り決められた。なお，清朝は1844年にアメリカと（　**e**　）を，フランスと（　**f**　）をそれぞれ結び，イギリスと同様の権利を承認した。

しかし，対中貿易は予期した利益をイギリスにもたらさなかった。そのため，イギリスは，宣教師殺害事件をめぐって清朝と対立していたフランスを誘い，1856年に第2次アヘン戦争を引き起こした。この戦争の結果，清朝はイギリス・フランス，および交渉に加わったアメリカ・ロシアとの間で天津条約をむすんだが，条約批准のために北京に向かったイギリス・フランスの使節が現地部隊と衝突したことで再び戦端が開かれた。そしてロシアの調停を経た後，②1860年に北京条約が結ばれ，（　g　）南部のイギリスへの割譲をはじめとして各種取り決めが交わされた。

第2次アヘン戦争は③ロシアとの関係にも変化をもたらした。クリミア戦争以後，東方進出の機会をうかがっていたロシアは，第2次アヘン戦争に際して1858年に（　h　）を締結して（　i　）以北を，1860年には露清北京条約によって沿海州（ウスリー川以東）をそれぞれ領有した。そして，日本海・太平洋進出のためにウラジヴォストク港を整備した。

第2次アヘン戦争とほぼ同時期の中国では民衆反乱が多発した。そのもっとも大規模なものは太平天国の反乱である。広東省の客家出身の［　B　］は，キリスト教思想の影響を受け，イエスの弟を自称して（　j　）を結成した。儒教を攻撃し，偶像破壊を教条とするその思想は，広西省の客家や移住民から幅広い支持を得た。そして，1851年に広西省で挙兵すると，④1853年には南京を占領し，周辺地域で数々の政策を打ち出した。

しかし，太平天国は軍事作戦の失敗や内部対立によって衰退した。これに追い打ちをかけたのが，漢人官僚が郷里で組織した義勇軍（いわゆる郷勇）による抵抗であり，曽国藩（曾国藩）の（　k　）や李鴻章の（　l　）がその代表例である。こうした武装組織に加えて，外国人が組織した常勝軍も清軍の反撃に協力した結果，1864年に南京は陥落し，太平天国は滅亡した。また，同時期に中国各地で発生していた民衆反乱も1870年代には鎮圧された。

反乱鎮圧の後，北京の朝廷では幼少で即位した（　m　）の実母西太后が政務を取り仕切る一方，地方では太平天国鎮圧によって影響力を増した漢人官僚が各種近代化政策を推進し，中国国内は一時的な安定を取り戻した。

ただし，この後も⑤ロシアやフランスとの緊張関係は継続する。そして，⑥国内の政治改革の挫折や義和団事件の発生により，清朝は弱体化の一途をたどることになる。

設問1　空欄（ **a** ）～（ **m** ）に最も適切な語句を以下の語群から選択し，その番号を解答欄Ⅱ－Aに記入しなさい。

【語群】

1．アイグン条約	2．赤シャツ隊（千人隊）	
3．アミアン条約	4．威海衛	5．択捉島
6．鴨緑江	7．嘉隆帝	8．九龍半島
9．禁軍	10．グラッドストン	11．乾隆帝
12．紅衛兵	13．黄河	14．康熙帝
15．黄巾の乱	16．紅軍	17．光緒帝
18．黄巣の乱	19．興中会	20．黄埔条約
21．黒龍江（アムール川）	22．黒旗軍	23．山東半島
24．ジャワ島	25．湘軍	26．上帝会（拝上帝会）
27．辛丑和約（北京議定書）		28．赤軍
29．赤眉の乱	30．節度使	31．チャーチル
32．東学（党）	33．同治帝	34．パリ条約
35．白蓮教徒の乱	36．望厦条約	37．ポーツマス条約
38．香港島	39．マカオ	40．マカートニー
41．揚子江（長江）	42．雍正帝	43．ラクスマン
44．ラシュタット条約	45．遼東半島	46．ロンドン条約
47．淮軍		

設問2　空欄 [A] に当てはまる人名を解答欄Ⅱ－Bに漢字3文字で記入しなさい。

設問3　下線部①について，以下の(a)～(f)の都市のうち，南京条約で**開港されなかった**都市はいくつあるか，その数を数字1～6で解答欄Ⅱ－Cに記入しなさい。

(a)　広州　　(b)　汕頭（潮州）　　(c)　鎮江

(d)　南京　　(e)　寧波　　(f)　福州

設問 4　下線部②について，以下の(a)～(d)のうち，北京条約で取り決められた内容として正しいものはいくつあるか，その数を数字１～４で解答欄Ⅱ－Ｃに記入しなさい。

(a)　外国公使（外交使節）の北京常駐

(b)　キリスト教の内地布教権

(c)　外国人の内地旅行権

(d)　天津など11都市の開港

設問 5　下線部③について，19世紀のロシアで**発生していない**歴史的事件を２つ選び，その番号を解答欄Ⅱ－Ｃに記入しなさい（順不同）。

1．アレクサンドル２世による農奴解放令の制定

2．シベリア鉄道の建設開始

3．血の日曜日事件

4．プガチョフの農民反乱

設問 6　空欄 [　B　] に当てはまる人名を解答欄Ⅱ－Ｂに漢字３文字で記入しなさい。

設問 7　下線部④について，太平天国の思想やその施策に関する記述として**間違っている**ものを１つ選び，その番号を解答欄Ⅱ－Ｃに記入しなさい。

1．女性の足先をしばる纏足の風習を禁止した。

2．南京を燕京と改称して，太平天国の首都とした。

3．「滅満興漢」を掲げて清朝の打倒を目指した。

4．満洲人の風習である辮髪の廃止を提唱した。

設問 8　下線部⑤について，ロシアおよびフランスと清朝の関係について両方正しい場合は数字**1**，(a)のみ正しい場合は数字**2**，(b)のみ正しい場合は数字**3**，(a)(b)とも正しくない場合は数字**4**を，解答欄Ⅱ－Ｃに記入しなさい。

(a)　天津条約締結後，フランスは1887年にベトナムと保護国ビルマをあわ

せてフランス領インドシナ連邦を成立させた。

(b) ヤークーブ・ベグ（ベク）将軍が新疆に独立政権を樹立しようとすると，ロシアはこれに乗じて新疆のイリ地方を占領した。

設問9 下線部⑥に関連し，1950年代から1980年代の中国でも各種の政治運動や対外政策が試みられた。(a)~(d)を時系列に並べた場合，正しいものは1～6のうちどれか。正しいものを1つ選んで，その番号を解答欄Ⅱ－Cに記入しなさい。

(a) 大躍進政策（大躍進運動）

(b) 天安門事件（第二次天安門事件）

(c) ニクソン大統領の訪中

(d) プロレタリア文化大革命の発動

1．a→c→b→d　　2．a→d→c→b

3．c→b→a→d　　4．c→a→d→b

5．d→b→c→a　　6．d→a→b→c

〔Ⅲ〕 次の文章を読み，設問1～3に答えなさい。 (50点)

フランスは第一次世界大戦の戦勝国のなかでは最大の戦争被害を受けた。このため，ドイツに対して多額の賠償金を要求し，その支払いの遅れを口実に，1923年にはドイツの工業地帯（ **a** ）地方を占領したが，これは失敗に終わった。翌年，フランスでは保守派から左派へ政権が替わり，（ **a** ）地方から撤兵した。1925年の（ **b** ）によって，ドイツはフランスとベルギーに国境線の現状維持を約束し，翌年，ドイツの国際連盟(ア)への加盟が認められた。しかし，フランスは依然としてドイツを警戒しており，アメリカに同盟の結成を打診した。アメリカはそれにかえて防衛義務のない多国間条約を提案し，その結果，（ **c** ）が成立した。

この頃，フランス支配下のインドシナでは，外国で共産主義運動に参加していた［　あ　］が広州でベトナム青年革命同志会を結成し，民主的諸権利の要求を掲げて影響力を拡大した。これを母体として，1919年にモスクワで創設された（　d　）の指示のもと，1930年にインドシナ共産党が組織された。党は農村でソヴィエト政権を樹立し，土地分配などの急進的な政策を行ったが，弾圧により壊滅的な打撃を受けた。

(イ)世界恐慌による社会不安がフランスでも深刻になり，1932～33年の２年間に内閣が７回も交替するほどの不安定な政治が展開された。アメリカやイギリスの保護関税に対抗するために，フランスは自国の植民地を囲い込んで独自の（　e　）をつくりあげた。フランスでは1936年に，右派に対抗するために左派諸政党が結束し，社会党のブルムを首相とする［　い　］内閣が誕生したが，短期間しか続かなかった。

1939年９月１日にドイツ軍が（　f　）に侵攻すると，９月３日にフランスとイギリスはドイツに宣戦し，ここに第二次世界大戦が始まった。開戦後はドイツ軍が優勢に立ち，翌年６月にはパリが陥落してフランスは降伏した。この結果，フランスの西北部はドイツの占領下におかれ，南部はドイツに協力するペタン将軍が率いる［　う　］政府に統治されることとなった。フランスの降伏後，その支配下にあったインドシナ北部へは（　g　）が進駐した。

しかし，降伏を拒否した［　え　］将軍を中心とする抗戦派はロンドンに亡命して自由フランス政府を組織し，そこからフランス国民へ抵抗運動（レジスタンス）を呼びかけた。やがて1944年６月，アメリカ・イギリス両軍は北フランスの（　h　）への上陸作戦に成功し，８月にパリを解放した。翌年５月７日にドイツは無条件降伏した。

フランスは1946年に（　i　）を発足させたが，短命政権が続き，不安定な政治が続いた。戦後も植民地を手放そうとしなかったために，その独立を抑えるために多大な労力を費やすこととなった。インドシナでは1945年９月に［　あ　］を大統領とする（　j　）が成立したが，フランスはこれを力で抑えつけようとし，インドシナ戦争が始まった。1954年にフランスがディエンビエンフーで大敗した後，ジュネーヴ国際会議において休戦協定が締結され，北緯17度線を境にして北側に（　j　），南側に翌年には（　k　）を大統領とする（　l　）が成立し併存した。

インドシナと同様に，フランスは植民地［　お　］の独立という問題にも直面した。ここではフランス人入植者や現地軍部と，民族解放戦線との間で武装抗争が続いたが，1958年に駐留軍の反乱が勃発した危機を契機に，フランスでは［　え　］が政権を握った。彼は大統領の権限を大幅に強化した憲法を成立させて政治の安定に努め，1962年に［　お　］の独立を認めたほか，原子爆弾を開発させ，(ウ)アメリカから距離をおいた独自の外交を展開した。1968年には，大学の民主化などを要求する学生・労働者が中心となって大規模なゼネストが行われた。これは（　**m**　）と呼ばれ，同じ時期にアメリカ・西ドイツ・日本でも大規模な学生運動が展開された。

設問 1　文中［　あ　］～［　お　］に入る最も適切な語句を解答欄Ⅲ－Aに記入しなさい。

設問 2　文中の（　**a**　）～（　**m**　）に入る最も適切な語句を次の語群から一つずつ選び，番号を解答欄Ⅲ－Bに記入しなさい。かっこ内の同一記号は同一語句とする。

【語群】

1．アメリカ　　2．アルザス・ロレーヌ　　3．イギリス
4．ヴェルサイユ条約　　5．カレー　　6．カンボジア王国
7．九カ国条約　　8．五月危機（五月革命）
9．ゴ＝ディン＝ジエム　　10．コミンテルン　　11．コミンフォルム
12．コメコン　　13．ザール
14．サン＝ジェルマン条約　　15．四カ国条約
16．七月革命　　17．十月革命
18．スターリング＝ブロック　　19．スダン（セダン）
20．第五共和政　　21．第三共和政　　22．第二共和政
23．第四共和政　　24．チェコスロヴァキア　　25．中華民国
26．デンマーク　　27．ドル＝ブロック　　28．二月革命

29. 日本　　30. ノルマンディー　　31. バオダイ
32. パリ条約　　33. ファン＝ボイ＝チャウ
34. フィンランド　　35. 不戦条約　　36. フランス共産党
37. フランス連合　　38. フラン＝ブロック　　39. ベトナム共和国
40. ベトナム国　　41. ベトナム社会主義共和国
42. ベトナム民主共和国　　43. ポーランド　　44. ポル＝ポト
45. ラインラント　　46. ラオス人民民主共和国
47. ラテラノ条約　　48. ルール　　49. ロカルノ条約
50. ワーテルロー

設問 3　下線部(ア)～(ウ)に関する以下の説明について，(a)(b)ともに正しい場合は数字 **1**，(a)のみ正しい場合は数字 **2**，(b)のみ正しい場合は数字 **3**，(a)(b)ともに正しくない場合は数字 **4** を，解答欄Ⅲ－Ｃの(ア)～(ウ)に記入しなさい。

(ア)　国際連盟

(a)　ローズヴェルト大統領が設立を推進したが，アメリカは議会の反対により加盟しなかった。

(b)　発足当初の常任理事国は，イギリス・フランス・イタリア・ソ連・日本の５か国であった。

(イ)　世界恐慌

(a)　1929年10月，ニューヨークのウォール街で銀行が連鎖倒産したため，アメリカの株価は暴落した。

(b)　アメリカ経済が混乱に陥ったのに対して，ドイツ経済は好況に転じ，再軍備やナチ党の躍進につながった。

(ウ)　アメリカから距離をおいた独自の外交

(a)　アメリカに先駆けて，1964年には中華人民共和国を承認した。

(b)　1960年代後半，ソ連との関係改善を目指す東方外交を進めた。

政治・経済

（75分）

〔Ⅰ〕 次の文章を読み、下の設問（設問1～設問5）に答えよ。　（50点）

日本において、プライバシーの権利を初めて承認した判決といわれるのは、東京地方裁判所の1964年9月28日の判決である。この裁判では、作家・三島由紀夫による小説『（　ア　）』の刊行が、当該小説のモデルとされる、ある政治家のプライバシーの侵害に当たるか否かが問題となった。同判決は、プライバシーの権利を、「私生活をみだりに（　イ　）されない法的保障ないし権利」と定義し、「（　ウ　）の尊厳を保ち幸福の追求を保障するうえにおいて必要不可欠なものである」として、この権利が憲法によって基礎づけられていることを認めた。そして、この権利は「ⓐ人格権に包摂される」とし、言論、（　エ　）の自由がプライバシーの保障に優先するとする三島らの主張を正当ではないとした。また、作家・柳美里による小説『石に泳ぐ魚』の雑誌掲載が、当該小説のモデルとされる人物のプライバシーの侵害に当たるか否かが問題となった事件で、最高裁判所は、2002年9月24日、「本件小説の出版等により……重大で回復困難な損害を被らせるおそれがある」として、損害賠償に加えて、小説の出版の（　オ　）を認めた控訴審の判断に違法はないとの判決を下した。

1999年に、「犯罪捜査のための（　カ　）に関する法律」〔（　カ　）法〕がⓑ組織的な犯罪に対処するために制定された。他方、日本国憲法第21条2項は、「検閲は、これをしてはならない。（　キ　）は、これを侵してはならない」と規定している。そのため、（　カ　）法第1条は、「（　キ　）を不当に侵害することなく事案の真相の的確な解明に資するよう、……必要な事項を定めること」を（　カ　）法の目的として述べている。

ⓒ高度情報化社会が到来し、ⓓ情報が政府や企業によって多量に収集されるようになった現在、プライバシーの権利は、「私生活をみだりに（　イ　）されない権

利」であるとともに、「自己のプライバシー情報の取扱いについて自己決定する利益（自己情報（　ク　）権）」(大阪高等裁判所2006年11月30日判決）として、その保障の必要性が広く認識されるようになってきている。

【設問1】文中の（　ア　）～（　ク　）に入る最も適切な語句を、解答欄Ⅰ－甲のア～クに記入せよ。ただし、アは小説のタイトルである。また、ウ、エ、キは憲法上の語句である。

【設問2】下線部ⓐに関連して、次の文章の（　A　）～（　D　）に入る最も適切な語句や数字を、下の語群から1つ選び、その番号を、解答欄Ⅰ－乙のA～Dに記入せよ。

空港周辺住民が、人格権ないし（　A　）に基づき、航空機の騒音・振動等による被害の救済を求めた大阪国際空港公害訴訟の控訴審は、「個人の生命、身体、精神および生活に関する利益は、各人の人格に本質的なものであって、その総体を人格権ということができ、このような人格権は何人もみだりにこれを侵害することは許されず、その侵害に対してはこれを排除する権能が認められなければならない」とした。そして、この人格権を日本国憲法第（　B　）条及び第（　C　）条に基づく権利だとして、「大阪国際空港を毎日午後9時から翌日午前7時までの間、緊急やむをえない場合を除き、航空機の離着陸に使用させてはならない」と判断したが、（　A　）については判断しなかった。しかし、その上告審である最高裁判所は、1981年12月16日、控訴審の「大阪国際空港を……航空機の離着陸に使用させてはならない」との判断部分を破棄した。福井地方裁判所は、2014年5月21日、「大飯原発から250キロメートル圏内に居住する者……は、本件原発の（　D　）によって直接的にその人格権が侵害される具体的な危険があると認められるから、これらの原告の請求を認容すべきである」と判断した。

［語群］

1．事故	2．13	3．国家賠償請求権
4．23	5．19	6．運転
7．16	8．平和的生存権	9．環境権
10．25	11．廃炉	12．24

【設問3】下線部ⓑに関連して、次の文章の（　E　）～（　G　）に入る最も適切な語句を、下の語群から1つ選び、その番号を、解答欄Ⅰ－乙のE～Gに記入せよ。ただし、Gは憲法上の語句である。

1999年に制定された「組織的な犯罪の処罰及び犯罪収益の規制等に関する法律」〔組織犯罪処罰法〕が、2017年に改正された際、「テロリズム集団その他の組織的犯罪集団」の団体の活動として、一定の犯罪の遂行の（　E　）を2人以上で行い、そのうちの少なくとも1人が（　F　）をしたとき、（　E　）をした者全員が処罰される旨が規定された。この改正法は、プライバシーの権利を脅かすだけでなく、日本国憲法第31条の「何人も、法律の定める（　G　）によらなければ、その生命若しくは自由を奪はれ、又はその他の刑罰を科せられない」とする原則に反するおそれがあると懸念されている。

［語群］

1．共謀	2．手続	3．要件
4．計画	5．司法取引	6．実行
7．自白	8．準備行為	9．理由

【設問4】下線部ⓒに関連して、次の文章の（　H　）～（　J　）に入る最も適切な語句を、下の語群から1つ選び、その番号を、解答欄Ⅰ－乙のH～Jに記入せよ。

インターネットの発達により、一般の人々が情報を大量かつ迅速に送受信することができるようになった。これに伴い、プライバシーの侵害のおそれが強まっている。個人の過去の逮捕歴に関するウェブサイト上の記事の検索結果からの削除が請求された事件について、さいたま地方裁判所は、2015年12月22日、（　H　）を認めた。他方、デジタル化により情報の複製が容易になったことから、映像や楽曲等の違法な配信や利用等が多発している。そのため、2002年に（　I　）基本法が成立し、「（　I　）の創造、保護及び活用に関する施策」(同法第１条）の推進が図られている。また、「不正（　J　）行為の禁止等に関する法律」〔不正（　J　）禁止法〕が、1999年に制定された。

［語群］

1．アクセス	2．知る権利	3．特許
4．忘れられる権利	5．ダウンロード	6．知的財産
7．著作	8．反論権	9．コピー

【設問５】下線部ⓓに関連して、次の文章の（　K　）～（　M　）に入る最も適切な語句を、下の語群から１つ選び、その番号を、解答欄Ｉ－乙のK～Mに記入せよ。

1999年の住民基本台帳法改正により、住民基本台帳ネットワーク〔住基ネット〕が導入され、2002年から稼働した。住基ネットにおいては、全ての住民票に対して11桁から成る（　K　）が付され、氏名、性別、（　L　）、（　M　）の４情報と（　K　）、個人番号、および、これらの変更情報である本人確認情報を、国の機関および地方公共団体が共有する。大阪高等裁判所は、2006年11月30日、住基ネットの「運用に同意しない控訴人らに対して住基ネットの運用をすることは、……控訴人らのプライバシー権（自己情報（　ク　）権）を著しく侵害する」と判断した。しかし、最高裁判所は、2008年３月６日、住基ネットによって管理、利用等される上記の「４情報は、人が社会生活を営む上で一定の範囲の他者には当然開示されることが予定されている個人識別情報であり」、変更情報も含めて「個人の内面に関わるような秘匿性の高い情報とはいえない」等として、「自己のプライバシーに関わる情報の取扱いについて自己決定する権利ないし利益が違法に侵害されたとする被上告人らの主張」は認められないと判断した。

[語群]

1．社会保障・税番号	2．配偶者の有無	3．国籍
4．職業	5．マイナンバー	6．生年月日
7．住所	8．住民票コード	9．戸籍

〔Ⅱ〕 次の文章を読み、下の設問（設問1～設問10）に答えよ。　(50点)

一国の経済活動の状態は、(　A　)と(　B　)の二つの側面から把握することができる。(　A　)とは、一定期間に生み出された量を表す指標であり、国民経済全体の活動水準を表すⓐ国民所得などはその代表的な指標である。これに対して(　B　)とは、ある時点での経済的な蓄積の水準を表し、国富などがそれにあたる。これらの指標は、国連の定める統一基準によって計算され、(　C　)とよばれる一連の統計が作成されている。

一定期間での経済規模の拡大を経済成長といい、その伸び率を経済成長率という。ⓑ高い経済成長率を達成した、いわゆる経済先進国の諸国には、発展途上国の順調な経済成長を後押しするために、有償資金協力や技術協力といった(　D　)の供与が求められている。

経済成長率は、対前年増加率で測定され、金額での変化のみを測定した名目経済成長率と、ⓒ物価の変動分を調整したⓓ実質経済成長率がある。物価は、さまざまな財・サービスの価格を総合して計算される。代表的な物価統計としては、ⓔ消費者物価指数、企業物価指数がある。

現実の経済成長は、短期的な変動を繰り返しながら達成されるが、この経済活動の変動は、ⓕ景気変動または景気循環とよばれる。景気循環を観察する代表的な統計として、消費者物価指数、（　E　）、失業率などがある。ⓖ不況期には、失業や倒産が発生したりすることで国民福祉が負の影響をうけるため、国民福祉の安定をめざすⓗ政府による財政政策や金融政策が実施される。

ＧＤＰは一国の生産活動の水準を示す最も重要な指標であるが、その対象は、市場で取引される財・サービスに限られる。そのため、（　F　）など市場で取引されない財・サービスや、環境破壊などによる損失はＧＤＰには計上されない。このような問題に対応するため、ⓘ真の豊かさの指標を構築する取り組みが行われている。

【設問１】文中の（　A　）～（　F　）に入る最も適切な語句を、次の語群から１つ選び、その番号を、解答欄Ⅱ－乙のA～Fに記入せよ。

［語群］

1．サービス残業	2．国民負担率	3．鉱工業指数
4．ストック	5．天然資源	6．デフレーター
7．フロー	8．ファンダメンタルズ	9．ＯＤＡ
10．ＳＮＡ	11．ＮＰＯ	12．ＨＤＩ
13．ＮＮＷ	14．ＣＳＲ	15．社会資本
16．私的資本	17．マネーストック統計	18．無償ボランティア

【設問２】下線部ⓐに関連して、戦後の日本の国民所得を分配面から捉えたときに、一貫して最も大きな割合を占めるものを、次の１～４のうちから１つ選び、その番号を、解答欄Ⅱ－乙に記入せよ。

1．雇用者報酬　2．財産所得　3．企業所得　4．対外純資産

【設問３】下線部ⓑに関連して、1950年代中頃から1970年代初め頃までの日本の高度経済成長期に関する記述として、**適当でないもの**を、次の１～４のうち

から１つ選び、その番号を、解答欄Ⅱ－乙に記入せよ。

1．第一次産業の比重が高まる産業構造の高度化

2．設備投資による資本ストックの増大

3．輸出に有利な円安相場

4．海外技術の導入と改良

【設問４】下線部ⓒに関連して、次の文章の（　ア　）～（　オ　）に入る最も適切な語句を、解答欄Ⅱ－甲のア～オにカタカナで記入せよ。

財・サービスの価格の平均的な水準を物価という。好況期に起こりやすい物価の持続的な上昇をインフレーションという。通貨の発行や有効需要の増大によって超過需要が発生することによって生じるインフレーションを（　ア　）インフレといい、一方で供給側の生産コストの上昇が要因となって生じるインフレーションを（　イ　）インフレという。景気の停滞とインフレーションが同時に進行する現象は（　ウ　）現象といわれる。

一方で、物価の持続的な下落をデフレーションという。デフレーションによって企業の売り上げが減少し、それが所得の減少をまねいてさらに需要減少と物価下落におちいる悪循環は（　エ　）といわれる。

中央銀行が中長期的に望ましいと考える物価上昇率を設定し、金融政策の調整を行う考え方を（　オ　）とよぶ。

【設問５】下線部ⓓに関連して、次の文章の（　G　）に入る数字を、下の１～４のうちから１つ選び、その番号を、解答欄Ⅱ－乙のGに記入せよ。

ある年に40兆ドルであったある国の国民総所得が翌年には50兆ドルに増加したとし、その間の物価上昇率は３％であったとしよう。この場合、この国のその年から翌年にかけての国民総所得の実質上昇率は、（　G　）％である。

1．17　　2．22　　3．23　　4．28

【設問6】下線部ⓔに関連して、消費者物価指数のうち、特に価格変動が大きい生鮮食品の価格を除いたもので作成される物価指数を何とよぶか、次の1～4のうちから1つ選び、その番号を、解答欄Ⅱ－乙に記入せよ。

1．コア　　2．コアコア　　3．パーシェ　　4．ラスパイレス

【設問7】下線部ⓕに関連して、次の文章の（　カ　）と（　キ　）に入る最も適切な語句を、解答欄Ⅱ－甲のカとキに記入せよ。

景気は、画期的な技術革新をけん引役として拡大し、やがて縮小局面へと循環するという考え方に基づき、景気変動を約50年周期の長期波動としてとらえる考え方を、それを提唱した旧ソビエト連邦出身の経済学者の名をとって（　カ　）の波とよぶ。また、設備投資の変動に注目し、景気変動を約10年周期の中期波動としてとらえる考え方を、それを提唱したフランス出身の経済学者の名をとって（　キ　）の波とよぶ。

【設問8】下線部ⓖに関連して、世界大恐慌以来とされる不況の引き金となった、アメリカの大手証券会社リーマンブラザーズの倒産が起こった西暦年を、次の1～4から1つ選び、その番号を、解答欄Ⅱ－乙に記入せよ。

1．2002　　2．2004　　3．2006　　4．2008

【設問9】下線部ⓗに関連して、政府が財政政策や金融政策などいくつかの政策を同時に組み合わせて使って政策目標を達成しようとすることを何とよぶか、解答欄Ⅱ－甲にカタカナで記入せよ。

【設問10】下線部ⓘに関連して、次のaとbの指標について、**貨幣価値に換算さ**

れているものには数字の1を、貨幣価値に換算されていないものには数字の2を、解答欄Ⅱ－乙のａとｂに記入せよ。

ａ．国民総幸福（ＧＮＨ）　　　　ｂ．グリーンＧＤＰ

〔Ⅲ〕　次の文章を読み，下の設問（設問１～設問８）に答えよ。　　　　(50点)

第一次世界大戦以前の国際経済は（　ア　）という国際通貨体制に基礎をおく、自由貿易の経済体制であった。しかし、1930年代の世界的な不況のなかで（　ア　）は機能不全に陥った。イギリスやフランスなどの帝国主義国家は対外的に（　Ａ　）経済を形成し、その不況を克服しようとした。その結果、世界の貿易量は大幅に減少し、国際経済秩序は破綻し、それが第二次世界大戦の一因となったといわれる。

第二次世界大戦後、戦前の反省を踏まえて、新たな制度の下で国際経済秩序の再建がはかられることになった。その柱の一つが関税および貿易に関する一般協定（ＧＡＴＴ）である。1947年に調印されたＧＡＴＴは、貿易の拡大による世界経済の発展を目的とし、自由・ⓐ<u>無差別</u>・（　Ｂ　）主義の三原則をかかげてスタートした。自由貿易を促進するための制度であるＧＡＴＴは、関税等の撤廃を多国間で協議する場（ラウンド）を設定し、1960年代のケネディ・ラウンドや1970年代の（　Ｃ　）ラウンドにおいて一定の成果をあげてきた。

1980年代になると、世界経済のグローバル化が進展し、かつ、産業構造の変化にともなって、物品の取引とは異なる新しい分野の調整が必要となった。そのため、ⓑ<u>ウルグアイ・ラウンド</u>では、それ以前のラウンドに比べ、協議の対象が大幅に増えた。また、同ラウンドでの合意に基づいて、1995年、ＧＡＴＴを引き継ぐ常設の国際機関として（　イ　）が発足した。その（　イ　）では違反国に対する措置の決定に（　ウ　）方式を取り入れるなど、ＧＡＴＴに比べて紛争解決手続きが大幅に強化された。さらに、2001年、（　イ　）発足後はじめて、自由貿易を一層推進するための新たなラウンドとして（　Ｄ　）・ラウンドが開始された。しかし、分野によって各国が複雑に対立し、交渉は難航した。その結果、貿易自由化の流れは、地域貿易協定の締結や地域経済協力の枠組みの構築に急速に移っていった。

北米ではアメリカとカナダの自由貿易協定にメキシコが加わり、1994年、（　E　）がスタートした。ただし、この自由貿易協定に批判的なアメリカの（　エ　）大統領の主導のもと、上記３カ国で新たな協定が署名され、2020年に発効することになった。南米では1995年、４カ国からなる（　F　）が関税同盟として発足した。

一方、アジアでも、1992年のＡＳＥＡＮ首脳会議で（　G　）の創設が合意された。また、アメリカ、日本、オーストラリアなどの太平洋沿岸の国々は1989年の閣僚会議を契機にⓒアジア太平洋経済協力（ＡＰＥＣ）を結成した。

日本は21世紀に入ると、二国間を含む地域貿易協定を積極的に結ぶようになり、（　オ　）を皮切りに、メキシコやマレーシア等の国々とⓓ二国間の経済連携協定（ＥＰＡ）を次々に締結した。また、日本は、ⓔより広範囲にわたる国々が加わる地域貿易協定の成立にも貢献し、2020年には、ⓕＡＳＥＡＮ＋３（日中韓）にオーストラリアとニュージーランドが加わった経済連携協定に署名した。ただし、インドはその交渉に途中まで参加していたが、署名は見送った。地域貿易協定は域内の貿易の自由化を促進する面があるものの、域外に対して障壁を高めるような場合には貿易の自由化を阻害する。このため、（　イ　）体制が形骸化することのないように、ＧＡＴＴ第24条等の適正な運用が求められている。

【設問１】文中の（　ア　）～（　オ　）に入る最も適切な語句を、解答欄Ⅲ－甲のア～オに記入せよ。ただし、イはアルファベットで、エは人名を、オは国名を記入せよ。

【設問２】文中の（　A　）～（　G　）に入る最も適切な語句を、次の語群から１つ選び、その番号を、解答欄Ⅲ－乙のＡ～Ｇに記入せよ。

［語群］

１．ＡＵ　　２．自由主義　　３．シアトル

4．ドーハ	5．ＡＬＢＡ	6．ＮＡＦＴＡ
7．多極	8．大阪	9．ＵＳＭＣＡ
10．分権	11．ＥＡＳ	12．ＭＥＲＣＯＳＵＲ
13．計画	14．ドバイ	15．カンクン
16．社会主義	17．東京	18．ＦＴＡＡ
19．ＣＡＣＭ	20．二国	21．福岡
22．ＡＬＡＤＩ	23．多角	24．ＧＣＣ
25．ＡＦＴＡ	26．名古屋	27．ＡＳＥＭ
28．ブロック		

【設問３】下線部ⓐに関連して、次の文章の（　カ　）と（　キ　）に入る最も適切な語句を、解答欄Ⅲ－甲のカとキに記入せよ。

通商の取り決めにおいて、特定の国に有利な条件を与えた場合、その条件がすべてのＧＡＴＴ加盟国に適用される原則のことを（　カ　）という。また、輸入品にのみ不利な措置をとることを禁止し、輸入品を同じ種類の国内産の商品と同様に扱うべきだとする原則のことを（　キ　）という。

【設問４】下線部ⓑに関連して、次の１～４のうちからウルグアイ・ラウンド交渉の末に**成立した協定ではないもの**を１つ選び、その番号を、解答欄Ⅲ－乙に記入せよ。

1．知的所有権の貿易関連の側面に関する協定
2．貿易円滑化協定
3．サービスの貿易に関する一般協定
4．貿易に関連する投資措置に関する協定

【設問５】下線部ⓒに関連する記述として、次の１～４のうちから**適当でないもの**を１つ選び、その番号を、解答欄Ⅲ－乙に記入せよ。

1．ＡＰＥＣは、1989年、アメリカの提唱で設立された。

2．ＡＰＥＣ発足当初、中国は参加していなかった。

3．ＡＰＥＣでは、貿易・投資の自由化のみならず、経済・技術協力の推進も柱の一つとされた。

4．1994年、インドネシアで開催された会議で、ＡＰＥＣに参加する先進国メンバーは2010年、その他メンバーは2020年までに貿易・投資の自由化を行うとする「ボゴール宣言」が採択された。

【設問６】下線部ⓓに関連して、次の１～４のうちから日本が二国間の経済連携協定（ＥＰＡ）を**結んでいない国**を１つ選び、その番号を、解答欄Ⅲ－乙に記入せよ。

1．スイス　　2．韓国　　3．モンゴル　　4．ペルー

【設問７】下線部ⓔに関連して、次のａ～ｃの記述について、**正しいものには数字の１**を、**正しくないものには数字の２**を、解答欄Ⅲ－乙のａ～ｃに記入せよ。

ａ．環太平洋パートナーシップ（ＴＰＰ）協定は、2006年にオーストラリア、ニュージーランド、ブルネイ、チリの４カ国で発効した協定を原型としている。

ｂ．環太平洋パートナーシップ（ＴＰＰ）協定は、2016年、12カ国により署名された。しかし、その後、2017年にアメリカが離脱を表明した。

ｃ．2018年に11カ国が署名した環太平洋パートナーシップに関する包括的及び先進的な協定（ＴＰＰ11協定）では、ＩＳＤＳ条項すべてが環太平洋パートナーシップ（ＴＰＰ）協定からそのまま引き継がれた。

【設問８】下線部ⓕに関連して、この協定名を、解答欄Ⅲ－甲に記入せよ。

数学

（75 分）

〔Ｉ〕次の $\boxed{}$ に適する数または式を，解答用紙の同じ記号の付いた $\boxed{}$ の中に記入せよ。

(1) 1 から 10 までの番号をつけた 10 枚のカードから，同時に 3 枚を取り出すとき，その 3 つの番号の積が，偶数である確率は $\boxed{\text{ア}}$ であり，10 の倍数である確率は $\boxed{\text{イ}}$ である。次に，1 から 10 までの番号をつけた 10 枚のカードから，同時に n 枚を取り出すとき，その n 個の番号の和が 10 となる確率を p_n とおく。このとき，$p_2 = \boxed{\text{ウ}}$，$\displaystyle\sum_{k=1}^{10} p_k = \boxed{\text{エ}}$ である。

(2) 円に内接する四角形 ABCD は，辺の長さが $\mathrm{AB} = 4$，$\mathrm{BC} = 2$，$\mathrm{AD} = \sqrt{3}$ であり，頂点の角度は $\angle\mathrm{ABC} = 60^\circ$ である。このとき，対角線 AC の長さは $\boxed{\text{オ}}$ であり，辺 CD の長さは $\boxed{\text{カ}}$ である。また，四角形 ABCD の面積は $\boxed{\text{キ}}$ である。

(3) a，b は実数の定数であり，方程式 $x^3 + ax^2 + b = 0$ の虚数解の 1 つは $x = 2 + i$ であるとする。このとき，$a = \boxed{\text{ク}}$，$b = \boxed{\text{ケ}}$ である。また，この方程式の実数解は $x = \boxed{\text{コ}}$ である。

〔 II 〕 O を原点とする座標平面上に，2 点 A，B と点 C$(5, 12)$ をとり，$\vec{a} = \overrightarrow{\mathrm{OA}}$，$\vec{b} = \overrightarrow{\mathrm{OB}}$，$\vec{c} = \overrightarrow{\mathrm{OC}}$ とおく。ただし，A，B は，O を中心とする半径 r の円周上にあり，直線 OA と直線 OB は垂直であり，かつ $\vec{a}$，$\vec{b}$ は $3\vec{a} + 2\vec{b} = \vec{c}$ を満たすとする。$\angle \mathrm{ACB} = \theta$ とおく。このとき，次の問いに答えよ。

(1) r の値を求めよ。

(2) $\cos\theta$ の値と四角形 OACB の面積を求めよ。

(3) とりうるすべての A，B の座標を求めよ。

〔 III 〕 関数 $f(x) = -x^3 - x^2 + 8x + 12$ とおき，座標平面上の曲線 $y = f(x)$ を C とする。このとき，次の問いに答えよ。

(1) C と x 軸で囲まれた部分の面積を求めよ。

(2) 点 (x, y) が，不等式

$$|x + 4| + |y| \leqq 1$$

で表された領域 D 上の点全体を動くとき，$x^3 + x^2 - 8x + y$ の最大値と最小値を求めよ。

(3) p を実数とする。曲線 C に点 A$(3, p)$ から引いた接線の本数を求めよ。

ざとはぐらかした歌を返した。

(五) 傍線═══「ぬ」と文法的意味・用法が同じものを、次のうちから一つ選び、その番号を記せ。

1 年ふればよはひは老いぬしかはあれど花をし見れば物思ひもなし
2 恋しとは誰が名づけけんことならん死ぬとぞただに言ふべかりける
3 山深み春とも知らぬ松の戸にたえだえかかる雪の玉水
4 ほととぎす一声鳴きていぬる夜はいかでか人のいをやすく寝る
5 里は荒れて月やあらぬと恨みてもたれ浅茅生(あさぢふ)に衣打つらん

(六) 本文の内容に合致するものを、次のうちから二つ選び、その番号を記せ。

1 帝の評判は高く、姫君の女房たちもわざわざ見に行くほどであった。
2 入内の日にはじめて姫君を見た帝は、噂に違わぬ美しさであると思った。
3 帝は入内してくる姫君のことを待ち遠しく思っていた。
4 帝への返歌は意外にも当世風に書かれていて、帝には理解することができなかった。
5 帝が訪れた時、対の御方が奥に入ろうとするのを北の方は許さなかった。
6 帝が昼頃に訪ねると、華やかな装いの姫君がひときわ帝の目をひいた。

(七) 傍線───について、作者は何を「をかしき」と評したのか、説明せよ（句読点とも三十字以内）。

（以上・六十点）

5　姫君との不本意な結婚を強いられた帝が、すぐには儀式に行こうとしないほど立腹した様子を表している。

㈢　傍線――イ「さりとて、誰かは御手ばかりはあるべき」の解釈として適当なものを、次のうちから一つ選び、その番号を記せ。

1　晴れがましい宮中で帝への返歌を代筆するのがはばかられても、姫君の歌は誰よりも上手だから大丈夫だろう

2　たとえ歌を詠む技量に相当な自信を持っている人がいても、帝ほどすぐれた歌の詠み手は他に誰がいるだろうか

3　帝からあなたに贈られた歌に返歌をするのを遠慮する気持ちは分かるが、誰もあなたの代わりになる人はいないだろう

4　帝の目にふれる改まった手紙を書くことに気おくれするのは分かるが、あなたほどの筆跡の人は他に誰がいるだろうか

5　どれほど美しい文字で手紙をしたためることができる人であっても、帝の直筆の手紙に萎縮しない人は誰もいないだろう

㈣　傍線〰〰の二首の和歌の説明として適当なものを、次のうちから一つ選び、その番号を記せ。

1　暁の寂しげな鳥の声に自らの孤独な境遇をしみじみ思い知ったという帝の歌に対して、姫君側は帝の境遇に深く同情する歌を返した。

2　夜明けを告げる鳥の鳴き声をはじめて心から恨めしく思ったという帝の歌に対して、姫君側は帝の気持ちを受け入れる内容の歌を返した。

3　暁に最初に鳴いた鳥の声を聞いて離れ離れになることを惜しんだ帝の歌に対して、姫君側はまだそれほど深い仲ではないとそっけなく歌を返した。

4　夜明けに鳴く鳥のように飛んで姫君に会いに行きたいという帝の歌に対して、姫君側はそれならすぐに来てくださいと帝を慕う内容の歌を返した。

5　暁に鳥が鳴き始めたのにも気づかないほど恋い焦がれたという帝の歌に対して、姫君側は同じような言葉を繰り返してわ

見えず、つつましげなりつる人のありさまは、くらぶべうもなきに、なに人ならんと、いつしか御心も移りぬべくおぼさるる。しばしばかり語らひて、とく聞きあらはさまほしくおぼしめせば、その後は昼なども渡らせ給へば、御おぼえの、かひがひしく、思ふさまにと、親たちも喜びあひ給へるぞ、をかしき。

（『小夜衣』）

注　山里の姫君　対の御方は宮仕えする前、祖母の尼上とともに山里に住んでいた。

設　問

㈠　傍線――a・bの意味として適当なものを、次のうちからそれぞれ一つ選び、その番号を記せ。

a　おもだたし
1　趣がある
2　主流である
3　恥ずかしい
4　面目が立つ
5　落ち着きがある

b　いつしか
1　早くも
2　とうとう
3　いつになっても
4　しばらくして
5　少しずつ

㈡　傍線――ア「御いとま、許しがたげなり」の説明として適当なものを、次のうちから一つ選び、その番号を記せ。

1　退出した姫君のことを恋しく思っている帝が、少しの暇もないほど思い煩っている様子を表している。
2　宮中で熱心に政務にあたっている帝が、姫君からの迎えが来てもいっこうに応じない様子を表している。
3　夜をともに過ごして姫君を気に入った帝が、なかなか姫君の退出を認めようとしない様子を表している。
4　他の女性に心ひかれている帝が、姫君が退出の挨拶に来てもいいかげんな態度をとる様子を表している。

ん、と思ひゐへり。御いとま、許しがたげなり。

下り給へる名残、心にかかり給ふ。いつしか御文あり。紅葉襲の薄様に、

つらしともまだしらざりし鳥の音をこのあかつきぞならひそめぬる

御手のうつくしきこと、いふばかりなし。なべてならぬ袖口して取り入るる気色、おもだたし。母上添ひ給へれど、「この御返り事、申しにくく」など言ひゐへり。

かの山里の姫君は、対の御方と聞こえ給へり。「この御手こそ、あるべきことなれ」と、北の方、すすめ給へれば、かかる晴ればれしき御文などは書きもならはぬを、いかに申すべきにやと、つつましげにおぼしたれば、「さりとて、誰かは御手ばかりはあるべき」と、せちにすすめ給へば、わびしながら、

さぞなげにまだしらざりし鳥の音をならひそめぬるあかつきの空

とばかり書きて、うち置き給へるを、包みて参らせ給ひぬ。御使ひには、例のあることにて、なべてならぬ女房の装束に、小袿添へて、かづけ給へり。

上、この御返り事をご覧ずるに、墨つき、筆の流れ、文字のやう、目も及ばず、今めかしく書き流されたるに、かくまでとは思はざりつるに、思ひのほかの心地して、つつましげなりつる人の気色も御心にかかれば、昼つ方、入らせ給へり。

対の君は、かかる晴ればれしさを、つつましくて、ゐざり入り給ふを、北の方、「いかでかかくは」とのたまへば、心にもあらずさし出で給へる様体、まことに、うつくしともいふばかりなし。上は、人々のありさまご覧じまはすに、いづれもわろきことはなけれど、これは、いづれも、ことの外に見驚かるるに、いかなる人ならんと、ゆかしくおぼしめされて、しばしばかりうちまぼり給ひて、御帳の内に入り給ひぬ。

姫君は、紅葉襲の十重、紅のうちたる八重の唐衣、萩襲の小袿など、花やかなるあはひに着給へるは、さしも目驚くばかりは

いう言葉が生まれた。

6　人類登場以前の白亜紀における巨大隕石の襲来時を、はるかに超えるほどの高い絶滅率が、今後の地球で予測されている。

7　毎年のように歴史的災害を生み出す気候変動は、現在の地球環境の限界を象徴している。

8　ヨハン・ロックストローム博士は惑星の限界を予見し、人間が生き延びるための方法を提示した。

(二)　傍線――について「未来や自然の生態系との共生のデザイン」とはどのようなことか、説明せよ（句読点とも四十字以内）。

（以上・四十五点）

三　次の文章を読んで、後の設問に答えよ。

北の方は実子である姫君の入内に際し、継子である対の御方（対の君）を女房として付き添わせた。

その夜になりて、参り給へる儀式、おろかならんやは。上は、さしも名高く聞こえしかば、いかならんと、ゆかしくて、いそぎ入らせ給へり。女房のありさまなど、げに心を尽くし給へり、と見えたり。その中に、ことに上臈と見えて、ほど小さやかにて、扇さしかざしたる様体、夜目にもしるく、髪のかかりなども、目驚かれたり。いかなる人ならん、とおぼしめす。姫君のありさま、聞きつるほどはなけれども、これもあらまほしくご覧ずる。

帰り給ひて、御使ひあり。参上り（まうのぼ）給へるありさま、めでたし。上は、このほどの心もとなさ、など語らひ給ふほどに、ふけにしかばにや、長き秋の夜もほどなく明けぬる心地して、御兄人の弁の少将、侍従など、御迎へに参りて声づくるにも、いかなら自然界には優劣はなく、もちろん人間中心でもない。そこには生存戦略が異なる生物が多中心に存在しているだけだ。けれども人が自然に対して支配的な影響を及ぼすようになった現在、私たちはこの多中心を維持するために何を創造できるだろうか。私たちは、意識を個体から解き放ち、どこまで遠くの関係性を見通せるのか。繋がりを理解する広大な想像力は、避けられない本質的な知のテーマだ。何を作るのかを超えて、なぜ作るのかをあらためて捉えたい。エネルギーからモビリティー、居住空間や道具に至るまでのあらゆる創造を見直し、生態系に対して負担が少ないデザインに作り変え、ときには過去に戻って検証しなおすことも求められるだろう。

私たちは、創造によって失ってしまった自然との適応関係を、もう一度、創造できるのだろうか。この問いは、人の生息できる惑星環境が持続可能なのかという根源的な問いと表裏一体を成している。もはや創造の課題は人間中心のデザインではなく、未来や自然の生態系との共生のデザインに変わってしまったのだ。

（太刀川英輔「創造性の進化」『進化思考』）

設　問

㈠　本文の内容に合致するものを、次のうちから三つ選び、その番号を記せ。

1　進化論では、人間は自身と世界との関係を変える、創造という超能力を持っていると言われている。
2　人間は無数に存在する進化の危うい頂点の一つであり、無数の道具を発明しつづけ、地球史上で最強の種になった。
3　人の営みと自然とが無関係になったのは、テクノロジーの発展によるものだった。
4　人の活動を自然と切り離して見ることによって、文明の限界を予見できるようになった。
5　人間中心の世界が劇的に変わった結果、ローマクラブの「成長の限界」という宣言やアル・ゴア氏の「不都合な真実」と前と現在を比較すると、絶滅率は最低でも一〇〇倍高く、この数値は今後一〇〇〇倍以上にまで増大すると予測されている。現在を象徴するのは、未来の世代が今後も生存可能かどうかを予測できないほどの生態系サービスの喪失や汚染、さらには毎年のように歴史的災害を生み出している気候変動だ。

数百万年かけて生態系が保ってきたバランスを、わずか数十年のあいだに私たちは著しく崩してしまった。ストックホルム・レジリエンス・センターのヨハン・ロックストローム博士（現ポツダム気候影響研究所所長）らは、すでに私たちの住んでいる地球は、生物多様性の崩壊や窒素循環の観点において、この惑星の限界（プラネタリー・バウンダリー）をはるかに超えてしまったと二〇〇九年に警鐘を鳴らしている。もはや人間中心の世界は、この惑星にとって限界なのだ。こんな状況で、私たち人間は環境との適応を取り戻し、生き延びることができるのだろうか。まさにそれは、ぎりぎりのバランスで綱渡りのロープに立っている私たち全員に突きつけられた創造的試練とも言えるだろう。

かつてリチャード・ドーキンスは、個体が種全体を保存する本能（群淘汰）を否定し、個体の利己性が進化を生み出すと説いた。たしかに自問してみると、自分の欲は理解できても、人類や地球全体のことまで理解するのは難しい。しかし昨今の進化論では、余剰を生み出して与える生物の利他性に注目し、それが共生関係の進化を促したと考える説が主流になりつつある。私たちが本能的に利他性の発揮を諦める必要は何もない。むしろ人は社会的動物で、利他によって社会を築いてきたのだ。ただ、現在まで他者と認識していた範囲が、人間のみに限定されていただけなのだ。

そしてこのテーマは利己的な問題でもある。気候変動から私たちが生き延びる方法や、生態系の崩壊を和らげる方法は、これから巨大なマーケットとして現れてくるだろう。状況が逼迫しているからこそ、共生社会の創造を最優先で進める必要がある。七〇億の人や、無数の企業の利己性と利他性を繋げ、悪化した状況を好転させる方法を探らなければ、人は生き残ることすらままならない。どのように人間中心を脱することができるだろう。

二　次の文章を読んで、後の設問に答えよ。

人はすべての生物の支配者であると旧約聖書は言う。創造という超能力は、人が自然のなかの不自由を克服し、自身と世界との関係、つまり生態系を人のために変える行為そのものだった。私たちはそこに疑問を持たなかった。

あらためて生物の進化系統樹を眺めてみる。すると、その先端には人がいる。無数に存在する進化の危うい頂点の一つとして。人は数万年にわたって無数の道具を発明しつづけ、この一〇〇年単位で見ても劇的に不可能を可能にし、これまで認知できなかったことを理解できるようになった。今や人間は、地球のあらゆる場所と瞬時に繋がり、一瞬で都市を吹き飛ばし、生物のDNAを編集し、地球の温度を変えてしまうほどのエネルギーを持つ、地球史上で最強の種になった。

すべてのものは繋がっている。人の営みに関係ないものは、もはや地球には存在しない。その意味で、私たちは人間中心の世界を達成したのかもしれない。たしかに人は、創造によって周辺の生態系を劇的に変えられるようになった。だが、テクノロジーが発展した現在でも、生態系との因果関係の把握や、持続可能な共生は苦手なままだ。理解がとどかない無知をいいことに、人の活動は自然とは無関係だという幻想のなかで生きながら、人は数世紀にわたって生態系を搾取しつづけてきた。

明らかに問題は悪化しているのに、幻想の先にある本質を人は見ないようにしてきた。それは私たちにとって、耳の痛い話だからだ。一九七二年、ローマクラブが「成長の限界」を宣言して、地球環境と文明の限界を予見し、強く警鐘を鳴らした。それからすでに五〇年近くも経過したというのに、アメリカ元副大統領アル・ゴア氏の言葉を借りれば「不都合な真実」には見て見ぬ振りをしつづけている。こうして人間中心の世界を作り上げていった結果、数億年かけて築かれてきた生物の生態系と、人間社会の生態系とのあいだには強烈な断絶が生まれてしまった。

そして悲劇が起こった。私たちが自覚的か無自覚的かはともかく、現在の地球は二・五億年前のペルム紀に起こった寒冷化や、白亜紀の巨大隕石の襲来に匹敵する、地球史上で六回目の大量絶滅時代を経験している。最も控えめに試算しても、人類登場以

1　本来、反比例的関係である私益と公益が、努力勉励によって正比例的関係になる。
2　公徳と私徳は源が同じであり、光の当てられ方によって区別がなされているだけである。
3　高級魚の濫獲は、繁殖を妨げて事業を突き崩してしまい、長期的には個人を利することはない。
4　地方のある一人が工夫したものが特産品となることによって、その地方の人々が仕事を得るようになることがある。
5　製造業者が粗製濫造を慎んで品質向上に努めると、信用を得て需要が増加し、個々の職人の事業が発展することがある。

㈣　傍線――――Cについて、筆者は「デモクラシーの時代」における芸術作品のありかたをどのように捉えているか。適当なものを、次のうちから一つ選び、その番号を記せ。

1　複製技術の進歩によって多くの人々の悦楽に奉仕する芸術が社会に浸透し、芸術を一緒に楽しむという感動が共有される一方で、芸術作品の質は担保できなくなった。
2　欲望の膨張によって手近に芸術を求める人の数が増加する一方で、抜きんでた作品が少なくなり、芸術鑑賞は複製技術によって個人が楽しむ形のものが中心となった。
3　幸福を求める競争の中で芸術の美に関心を向ける人が増加する一方で、文壇や画壇に認められようとした職人が、複製技術を活用してバラバラに自分の作品を制作するようになった。
4　経済的利益を求める競争の中で往時の大金持ちで趣味のよい消費者が消えていく一方で、時間と労力に相応する報酬を支払う顧客が登場し、優れた芸術品を誕生させることになった。
5　富や所得の膨張によって他人の趣味や流行に人々が敏感になる一方で、個人主義の影響を受け、個人化された形での芸術鑑賞の形態がＤＶＤやYouTubeによって大きく変化し始めた。

（以上・四十五点）

1　a　安寧　b　システム化
2　a　共感　b　マクロ化
3　a　欲望　b　パターン化
4　a　紐帯　b　アトム化
5　a　責任　b　デジタル化

㈡　傍線――――Aについて、「デモクラシーのもとでは、この二律背反的な人間の精神はどのような形で現出する」と言えるのか。適当なものを、次のうちから一つ選び、その番号を記せ。

1　条件の平等化が基本原則とされるなかで、有限なもの、物質的なものへの関心を強めて競い合うことで多忙になり、時間のかかる精神活動が軽視されるようになる。
2　境遇の恒常的な不平等を許容する体制の中で、有限なもの、物質的なものを求めて競い合うようになる一方で、抽象的な美の追求や、真理の探究に人々の関心が集中するようになる。
3　多忙さと注意力の欠如をもたらす民主制のもとで、無駄とも見えるものを求める形而上学的姿勢を強く持つようになったために、効率的に生活を美しく飾ることへの関心が低下するようになる。
4　自由と平等に最大の価値を置く民主制のもとで、無限のもの、精神的なものを求めるようになったことで、具体的で分かりやすい美への欲求を肥大させ、実在としての美の表現を追求するようになる。
5　機会が平等に与えられていくなかで、無限のもの、精神的なものについて好奇の気持ちを持つ一方で、いつでもどこでも役に立つものを求め、生活を効率的で楽なものにすることに傾注するようになる。

㈢　傍線――――Bについて、「幸田露伴の指摘」として不適当なものを、次のうちから一つ選び、その番号を記せ。

うに、「大金持ちで趣味のよい消費者」は稀な存在となる。

トクヴィルはこのような認識に基づいて次のような見通しを持つ。美術品の数は増えるが抜きんでた作品は少なくなる。個々の職人がバラバラになって自分の作品を制作するデモクラシーの時代と、自分たちが属する団体の名声と誇りを念頭に置きながら制作に励む貴族制の時代とでは、生み出される作品の質は自ずと異なってくるのだ。このように考えると、「文壇」や「画壇」、あるいは（ショパンやシューベルトが活躍したシューベルティアードのような）「サロン」も、職人たちの社交の場としてだけでなく、芸術作品の質を担保するための一定の機能（友人たちからの支援と評価）を持ったことが分かる。

加えて、現代社会における複製技術の飛躍的進歩は、写真、映画、DVD、YouTubeなど、芸術鑑賞の形態を大きく変えた。デモクラシーのもとで多くの人々の悦楽に奉仕する芸術は広く社会に浸透したが、「一緒に楽しむ」という形は弱まった。独りで自室にこもって、高級オーディオセットで再生された音楽を楽しむことがほとんど常態と化した。芸術鑑賞が「宴会型」から「独酌型」へと変貌したとも言われる（梅棹忠夫『美意識と神さま』Ⅸ章「比較芸能論——芸能論における比較文明論的アプローチ」）。もちろんこうした「個人化」された形での楽しみや喜びが「魂を揺さぶることはない」とは必ずしも言えない。しかしその感動は、近代の音楽の歴史の中で人々が味わってきた緊張感や一緒に感動する「共感」とは性格が異なることは確かだ。

（猪木武徳「言葉、音楽、デモクラシー」）

注　ヤーヌス　ローマ神話で、門の守護神。前向きと後ろ向きの二つの顔を持つ双面神。

設　問

㈠　空欄［　a　］・bに入る語句の組み合わせとして適当なものを、次のうちから一つ選び、その番号を記せ。

認し、公益と反比例的でない関係の存する状態で、努力勉励して貫いたいと露伴は言う。

　私益の追求が熱烈過ぎると、ややもすると、「私益と公益が一致、或は正比例的関係を存するを必要とすることを忘れて」、公益は公益、私益は私益というように、別々に考えるようになり、やがては「一団体、一組合、一地方、乃至一国、世界の利益を傷害しても自己の利益を図らうとするやうに」なる。こうした「魔王の奴僕」は、結局、当該個人にも益せず、国家にとっても不利益となると露伴は説くのだ。

　デモクラシーのもとでは、個と全体が完全に分離し、私益と公益が別物と把握され、それをどう一致させるのかが問題とされる。しかしこうした問題設定は貴族制社会では生まれなかったと考えられる。

　機会の平等が与えられた近代デモクラシーの社会では、人々は経済的安寧が最も確実な幸福への道だと考え、経済的な成功を目指して競争するようになる。こうした競争によって誰しも自分自身の事柄に多忙になるため相互に無関心となり、人々は自分の世界に閉じこもるようになる。その結果、社会的な［　a　］が弱まり、人々がバラバラになって［　b　］して行く。

　このような「個人主義」は、職人たちの世界にも浸透するとトクヴィルは見ていた。最小のコストで最大限の経済的利益を求めることに関心を向け、何につけ便利な方法を探しはじめる。そのために技術を改良し、より迅速でより巧妙な生産方法を導入するか、「粗悪品」をより大量に製造するようになる。幸田露伴が描く私益と公益が自ずと一致する世界から次第に乖離して行くのだ。もちろん、デモクラシーのもとですぐれた作品がつくられることもある。時間と労力に相応の報酬を支払う顧客が現われれば、優れた芸術品は誕生しうるのだ。

　Cデモクラシーの時代の芸術愛好家の多くは、貴族制の時代のように富裕ではない。ほどほどに豊かなのだ。しかし欲望のほうは富や所得よりも急速に膨張するため、人々は手近に芸術を享受できる安易な近道はないかと探しまわるようになる。加えて、人は他人の趣味や流行に敏感なため、芸術の美に関心を向ける人の数は増加する。だが往時の王侯貴族や教皇・大司教たちのよは「できる限り良質なものを作ること」に向けられた。

B こうした職人たちの行動規範は、日本の封建社会における職人たちの「制作動機」について述べた幸田露伴（一八六七〜一九四七）の指摘とも重なる。露伴は「公徳公益と私徳私益と」と題して次のような「私益公益」論を展開している。

まず徳について露伴は、私徳と公徳が、「結果から言へば二途、本源から言へば一水」であり、「私徳の円満なる人は公徳に欠くるといふことも無く、公徳に円満なる人が私徳に欠くるといふことも尠い訳である」から、私徳も公徳も同じ直心の美しい光源から発せられたものであり、その光が当たるところによって、公と私の区別がなされているに過ぎないと見る。私徳と公徳はその源を同じくしており、この光を進行方向の逆から見れば、真の公徳と真の私徳は（真であればこそ）収束すると考える。

同様に、露伴は、公益と私益にも類似の構造があるという。私益が公益になる例として、一婦人が工夫をした絣が、その地方の特産品となり、その地方の人々がこれによって仕事を得るようになるという例を挙げる。さらに公益が私益になる例として、露伴は、同業組合内における自己規制を例として挙げる。製造業者が、公益を重んじて粗製濫造を慎み、品質の向上に努めれば、そのために信用を博し、需要の増加が起こって個々の職人の事業の発展につながるようなケースである。

露伴は、私益と公益に不一致があるように見える場合も、一致がすぐさま感知されないだけであるという。例として上等の魚を濫獲する場合を挙げる。濫獲は公益を害する。「当面」は濫獲する者の私益は増大する。しかし長期的に見れば濫獲は個人を利することはない。濫獲は高級魚の繁殖を妨げ、漁業者の事業の根底を突き崩すような事態を招くからだ。

つまり、私益と公益が一致しないように見える場合に、私益だけを追求すればいかなる帰結を生むのかは明らかだ。にもかかわらず、世間では、公と私を分けて考えてしまうのは「甚だ遺憾である」と露伴は言う。「先づ私益を収めて後に、公益を図らう」という「公」と「私」を別々に考える高説も、「公益を図れ私益を図る勿れ」と勧める「人情に遠き宗教家」の説教も、どちらも露伴が是とするところではない。公益と私益の一致、あるいは正比例的関係が個人にとっても「大必要である」ことを確く抜きんでようとして自ずと人間は忙しくなる。この「多忙」という要素は、デモクラシーを特徴づける重要な要素だとトクヴィルは見るのだ。デモクラシーのもとでは、ボーッと物思いにふけっている人間は珍しくなった。

「多忙」の影響は音楽にも及んでいる。市場経済のもとで豊かになった中産階級は、音楽鑑賞に時間と金銭を費やすようになっただけでない。複製技術の発展が、コンサート会場やオペラ劇場に行かなくても、機器で再生された音楽を楽しむ機会をもたらした。極端に言えば、「いつでも、どこでも」音楽は再生可能になったのである。その結果、人々から自律的に精神を集中させて音楽を聴くという姿勢を奪うようになる。アドルノが指摘したように、複製技術は、忙しい音楽愛好家の集中力を弱め、鑑賞という行為を散漫なものにするようになった。このような多忙さと注意力の欠如は、芸術を生活の彼方にある「実在としての美」の表現と考える形而上学的姿勢を見失わせ、具体的で分かりやすい美への欲求を肥大させ、伝統や形式を軽んずる傾向を強めるようになるのだ。

競争で生活が忙しくなった結果、人々は生活を美しく飾ることへの関心よりも、多忙な生活を効率的で楽にすることに傾注するようになるとトクヴィルは指摘する。「もっとも迅速に」、「もっとも廉価に」という方向だ。貴族制という「境遇の恒常的な不平等」を許容する体制が、一部の人を抽象的な美の追求や真理の探究といった実りの少ない活動に集中させるのに対して、デモクラシーの社会では時間のかかる精神活動は軽視されるようになる。

制作者側には何が起こっていたのだろうか。貴族制社会では、ほとんどすべての芸術家や職人たちは、それぞれの職業分野がひとつの団体を形成し、職業団体としての意見と誇りを持ち合わせていた。この点に注目しつつ、トクヴィルは職人たちの行動の基準は、「自分の利益でもなく、顧客の利益でもなく、団体の利益」にあった点に注目している。職人団体の利益は、一人一人が傑作を作り、それが職人団体全体の栄誉に結びつくところにある。デモクラシーとは異なり、貴族制社会では、職人の目標

国語

（七五分）

一　次の文章を読んで、後の設問に答えよ。

　人間の精神はヤーヌスのように二つの顔を持っている。一方では、有限なもの、物質的なもの、役に立つものを求める。これはおおらかに肯定されるべき重要な欲求だ。他方、われわれの中には、無限のもの、精神的なもの、無駄とも見えるようなものを好奇の気持ちから求めるという傾きがある。われわれが、冗談やフィクションを好むのはそうした欲求の例であろう。こうした人間精神の二面性のうち、どちらが強まるのかは政治経済体制に依存するところがある。Aデモクラシーのもとでは、この二律背反的な人間の精神はどのような形で現出するのだろうか。

　古代ギリシャの哲学者は、政治形態を、その体制で生きる人々が何に最大の価値を置いているかによって分類した。何を大事にするのかが人間の魂の形を規定すると考えたのである。このような体制の分類は、モンテスキュー、トクヴィルなどの近代政治思想にも受け継がれている。自由と平等に最大の価値を置くデモクラシーも、人間の魂に独自の形を与えていると見るのである。

　トクヴィルは、「条件の平等化」を基本原則とする民主制のもとでは、多くの機会を平等に与えられた人々が、有限なもの、物質的なものへの関心を強め、経済的厚生を求めて「競い合う」という点に注目した。激しく競い合えば、互いに他者よりも早

解答編

英語

I **解答** A. (W)—3 (X)—1 (Y)—2 (Z)—3

B. (a)—4 (b)—1 (c)—1 (d)—2 (e)—4 (f)—3 (g)—4 (h)—1 (i)—4 (j)—1

C. (ア)—1 (イ)—3 (ウ)—3

D. (い)—6 (う)—1 (え)—5

E. 3・4・7

◆全　訳◆

≪嗅覚と記憶の関連性≫

匂いに関する最も有名な話のひとつに，長編小説シリーズ『失われた時を求めて』の冒頭において，マルセル＝プルーストが語ったものがある。その本の語り手は成人していて，彼の母親が紅茶を入れてくれる様を叙述している。その際に彼は子供のようにマドレーヌの小さな一片を手に取り，ティースプーン一杯分の熱い飲み物にそれを浸す。そしてこのふやけたケーキを口に含むと，彼は突然，どこから来たのかすぐにはわからないが非日常感，極上の幸福感に圧倒されたのだ。そして彼は思い出した。子供の頃，レオニーおばさんがマドレーヌを紅茶に浸してくれたことを。これがきっかけで，彼の少年時代の複雑かつ精密な記憶の連鎖がいっぺんに解き放たれたのだ。(中略)

匂いが真の意味で，記憶を完全に呼び起こす鍵を握っているというには論拠が薄い。匂いを専門にする科学者アヴェリィ＝ギルバートは，これを「文学的発想」と呼んでいる。しかし，プルースト以前の多くの作家が気づき，さらに科学調査が示してきたように，匂いは確かに非常に強力な方法で記憶を呼び覚ますことができる。たとえば，大人になってから子供時代に関連する匂いを嗅ぐと，子供時代に関連する映像よりも豊かな記憶が呼び起こされるという十分な証拠がある。匂いによって解き放たれるように感じる記憶の重要な側面は，プルーストの作り話の例も含めて，単にある特定の事実や，ある特定の出来事についての記憶ではなく，ある特定の場所や特定の時に経験した物事や感情を思い出すということなのだ。（中略）

このような効果の根底にあるのは，ほとんどの動物の場合，匂いは即座に経験を分類するのに使われるので，場所つまり特定の出来事が起こった所と匂いの記憶が結びついていることが多いということである。哺乳動物の海馬には，「場所細胞」と呼ばれる細胞があり，動物が特定の場所にいるとき，この細胞が活発に働き，記憶を呼び覚ます鍵になる（この細胞の発見に対し，2014年ノーベル賞が授与された）。これらの細胞は，単なるGPSの一種ではなく，嗅覚など他の感覚様相も結びつける。研究者たちはさらに，マウス用の嗅覚バーチャルリアリティシステムを作り，場所細胞が視覚表象に対してと同じくらい嗅覚誘導による仮想世界探検に対して反応することを明らかにした。

マウスが持つ匂いの記憶が，どのように脳にとって受容可能な形にされるかは，特定の場所，あるいは特定の時点に関連しているかどうかによる。「いつ」嗅いだ匂いなのか，「どこで」嗅いだ匂いなのかというこのような別々の匂いに関連する記憶の側面は，前嗅核と呼ばれる脳構造のひとつに投影されるが，そこは嗅球からの入力も受けて「何の」という感覚記憶の側面をも内包する。このことは，なぜ匂いによって活性化された記憶がとても鮮明に思えることがあるのかということを説明している――我々は心の中でしばしば（特定の瞬間の）特定の場所に戻るのである。（中略）

空間記憶と嗅覚の関連の重要性に関心が高まっている。最近のヒトを対象とした研究では，匂いを識別する能力が高いほど，空間記憶が優れており，嗅覚処理と空間学習の両方に関与する脳の前頭領域が特に重要な役割を担っていることが明らかになった。これらの部位に損傷を受けた患者では，匂いの識別や空間学習課題の効率が低下したことから，嗅覚的識別と空間記憶には共通の神経基盤がある可能性が示唆された。プルーストは，匂いが記憶を呼び起こす力を誇張したのかもしれないが，匂い，時間，場所が私たちの記憶の中で何らかの形でつながっているという彼の示唆は正しかったのである。

このような場所と記憶と匂いの複雑な関係はもしかしたらカリフォルニ

ア大学のルシア＝ジェイコブスによって2012年に初めて提唱された概念を使って説明できる可能性がある。彼女は，あらゆる動物において，主要な嗅覚の機能は，目的地への誘導であると示唆した。ジェイコブスの出発点は，脊椎動物の嗅球の大きさが，なぜ脳の他の部分と必ずしも釣り合わないのかがわからなかったことだった。関連する海馬のような部位も同様である。その理由は，生態系にあるのかもしれない。陸上で暮らす肉食哺乳類146種を対象にした研究で，以下のことが明らかになった。嗅球の相対的な大きさは，その種の生息域と正の相関があり，餌を探す際その動物が普段カバーする範囲が広いほど，脳の他の部位と比べて嗅球が大きくなるのだ。ジェイコブスは，採餌戦略が異なる種が持つ脳の解剖学的特徴も自分の仮説を支持していると主張し，他の研究者は，脊椎動物の脳の進化を理解する取り組みの中で，彼女の枠組みを採用した。その根底にある説明は，嗅球の大きさは嗅神経の数に直接関係しており，それは動物の生態と，その動物の匂いを検知する距離に関連があるということだ。

ジェイコブスの仮説の真偽はともかく，嗅覚は局所的，地球的なスケールで動物の目的地誘導に関与している。ハトは何百キロも離れた場所に放たれたとしても，小屋に戻ってくる。星や目印となるもの，さらには地球の磁場もこの能力に関与してきたが，嗅覚は特に，小屋からわずか数十キロメートル以内にいる場合，重要な役割を果たすのだ。イタリアの科学者たちは，ハトの嗅覚系が損傷している場合は，傷ついていない場合より小屋に戻る可能性が非常に低くなることを示した一方で，ドイツの研究者たちは，ヴュルツブルクにある研究所の周辺に様々な匂いが分布していることを図示し，鳥の帰巣性を説明するために，彼らが嗅覚景観と呼ぶものには十分な種類があることを示した。（中略）

人間が目的地へのルートを考えるときはたいてい，他の感覚様相を用いることは明らかだが，私たちがどこかへ帰るとき，つまり故郷やしばらく訪れていない場所へ帰るとき，匂いはその場所を想起させ，安らぎを与えてくれる。多くの動物にとって，匂いとそれにまつわる記憶は，特定の場所を認識する能力の重要な要素である。

◀解　説▶

A．(W)空所の直後にある identify は他動詞。目的語がなく，空所以下が不完全文なので，関係代名詞 which を入れる。前置詞＋関係代名詞 that は不可。

(X)空所の直後に smells are used to ～ という完全文がきているので，is の補語を導く接続詞 that を入れる。

(Y)空所の直前で，「匂いが記憶を呼び起こす力を誇張したのかもしれない」と書かれており，直後で「匂い，時間，場所が私たちの記憶の中で何らかの形でつながっている」とあるので，これらが逆接の関係と考えて，接続詞 but を入れる。

(Z)空所の直前で，「その範囲が広いほど」とあり，何をする際にその範囲が広いのかを考えて，in を入れる。in *doing* は「～する際に」という意味。

B．(a)overwhelmed は「圧倒された」という意味なので，4が正解。1は「汚す，傷つける」，2は「(注意などを) そらす」，3は「餓死する」という意味。

(b)retrieval は「復旧，回復」という意味なので，1が正解。2は「安心，安堵」，3は「逆転，反転」，4は「修正，改正」という意味。

(c)associated with ～ は「～と関連がある」という意味なので，1が正解。2は「～によって騙される」，3は「～から分けられる」，4は「～の間で打ち解ける」という意味。

(d)significance は「重要性」という意味なので，2が正解。1は「違い」，3は「類似性」，4は「特異点」という意味。

(e)put forward は「(案・意見などを) 出す」という意味なので，4が正解。1は「引きつける，導き出す」，2は「誇張する」，3は「拡大する」という意味。

(f)forage は「(食べ物・餌を) あさる，探し回る」という意味なので，3が正解。1は「子を産む，繁殖する」，2は「飛ぶ」，4は「巣を作る」という意味。

(g)detect は「検知する」という意味なので，正解は4。1は「影響を及ぼす」，2は「集める」，3は「発行する」という意味。

(h)fundamental は「重要な，基本的な」という意味なので，1が正解。2は「貨幣の，通貨の」，3は「愉快な」，4は「心理的な」という意味。

(i)intact は「無傷で，そのままの」という意味なので，4が正解。1は「集められた」，2は「視力を失わされた」，3は「接触させられた」という意味。

(j) account for ～ は「～を説明する」という意味なので，1 が正解。2 は「表現する」，3 は「調査する」，4 は「最新のものにする」という意味。

C．(ア)波線部は直訳で「匂いが本当に完全な想起の鍵を握っている」という意味。complete recall は「記憶を完全に呼び起こす」ということを表しているので，正解は 1 の「人々に出来事を完全に思い出させる」。2 は「記憶を溜めておくことが必要である」，3 は「記憶を閉じ込められる原因となる」，4 は「人の隠れた創造性を解放する」という意味。

(イ)波線部は「ジェイコブスの仮説の真偽はともかく」という意味。正解は 3 の「ジェイコブスの考えの妥当性は置いておいて」。whatever は副詞節を導いて「何が（を）～しようとも」という意味。1 は「ジェイコブスの想定が正しいということを考慮に入れると」，2 は「ジェイコブスの理論の正しさを疑って」，4 は「ジェイコブスの理論は理解できないが」という意味。

(ウ)波線部は「しばらく訪れていない場所」という意味。正解は 3 の「何年もの間，行っていない場所」。for some time は「かなりの間」という意味。1 は「行ったことがない場所」，2 は「いつか訪れたいと思っている場所」，4 の at length は「長時間にわたり，長々と，詳細に」という意味で，for some time とは意味が異なる。

D．解答へのプロセスは以下の通り。

①空所(あ)の直後にある good evidence は単数なので，is を入れる。

②空所(い)の後ろから始まる文は完全文なので，同格の that を入れる。

③空所(う)の直後に過去分詞形 evoked があるので，受動態と考え，are を入れる。

④空所(え)には，主語 memories を修飾している比較級 richer に対応して，than を入れる。さらに，比較対象を考えると，記憶が呼び覚まされる手段である「子供時代に関連する匂い」と「子供時代に関連する映像」が比べられていると考えられる。したがって，空所(お)には直前の with childhood-related odors と形を合わせて，手段を表す with を入れる。

E．それぞれの選択肢の意味と正誤の根拠は以下の通り。

1．「『失われた時を求めて』において，語り手は紅茶にケーキを浸したとき，大喜びしたが，子供っぽく受け取られるので，それについて言及しないでいる」

→第1段第2文（The narrator describes …）で，マドレーヌの小さな一片を紅茶に浸す様子が描かれているので，誤り。

2.「学術論文において，マルセル＝プルーストは匂いが無関係な記憶でさえも呼び起こすという科学的証拠を提示した」

→第2段第2文（But, as many …）より，匂いに関する科学的研究を発表したのはプルーストではないことがわかり，また匂いが無関係な記憶でさえも呼び起こすという研究結果は書かれていないので，誤りである。

3.「『場所細胞』は特定の場所が想起されるだけでなく，多くの感覚と関わりがある」

→第3段第2・3文（In the mammalian … such as smell.）に，場所細胞は特定の場所にいるときに活発になるだけでなく，他の感覚様相をも結びつけると書かれており，これに合致するので正解となる。

4.「最近の研究によると，とても敏感な嗅覚を持つ人は，高い空間記憶能力も示している」

→第5段第2文（A recent study of …）に「匂いを識別する能力が高いほど，空間記憶が優れている」と書かれているので，正解となる。

5.「陸上の肉食動物の種を研究した後に，ルシア＝ジェイコブスは，嗅球の大きさはいつも脳の大きさに比例すると主張した」

→第6段第4文（The explanation may …）に嗅球の相対的な大きさは，その種の生息域と正の相関があると書かれており，脳の大きさと比例するとは述べられていないので，誤り。

6.「進化を研究している科学者は，他の特定の脊椎動物の構造を研究しても，矛盾したデータが出るので，ジェイコブスの考えと合わない」

→第6段第5文（Jacobs argued that …）の後半に，「他の研究者は，脊椎動物の脳の進化を理解する取り組みの中で，彼女（ジェイコブス）の枠組みを採用した」と書かれているので，誤りである。

7.「ハトの目的地誘導は基本的に嗅覚系に基づいて発揮される。とりわけ，ハトが小屋に近い場所にいるときは」

→第7段第2文（Pigeons can return …）の後半に，「嗅覚は特に，小屋からわずか数十キロメートル以内にいる場合，重要な役割を果たす」と書かれているので，正解である。

8．「ドイツの研究者は，怪我をした鳥の帰巣性を検証するために，匂いのない場所を地図に細かく示した」
→第7段第3文（Scientists in Italy …）の後半に，帰巣性を説明するために，「ドイツの研究者たちは，ヴュルツブルクにある研究所の周辺に様々な匂いが分布していることを図示した」と書かれているので，誤りである。

II　解答　A．(Y)―4　(Z)―2
B．(a)―1　(b)―3　(c)―2　(d)―3　(e)―4　(f)―3　(g)―4　(h)―4　(i)―4　(j)―4
C．(ア)―4　(イ)―4　(ウ)―3　(エ)―3
D．(い)―3　(え)―7　(お)―1
E．1・3・6
F．全訳下線部参照。

◆全　訳◆

≪犬のしつけの仕方とは≫

ヨーロッパ，特にイギリス，ドイツ，フランス，オランダを旅したとき，犬の扱いや社会への溶け込み方がアメリカとは強烈に違うことに気づいた。レストランやバス，パフォーマンス会場など数え始めるときりがないのだが，端的に言うと，いたるところに犬がいるということだ。

このようなことはアメリカには当てはまらないことが明らかであり，なぜヨーロッパの犬とアメリカの犬はこんなにも行動が違うのだろうと不思議に思うきっかけとなった。ヨーロッパでは，犬はほとんどの公共スペースで歓迎され，そこで落ち着いて，リラックスして静かに過ごしている。しかし，アメリカでは，ペットの犬はほとんどの公共の場で歓迎されず，許可されている公共の場でも，動き回りにくいことが多い。犬はどこで生まれても犬であり，その行動の違いは，子犬のころに受けた周囲との関わりや，しつけだけでなく，個々の気質によることが多い。

しかし，犬の行動は，犬だけの問題ではない。その多くは，私たちに関係している。アメリカの犬とヨーロッパの犬の行動には大きな違いがあるかもしれないが，アメリカ人が公共の場で出会う犬たちとどう関わるかには，さらに大きな違いがある。私たちの行動は，なぜ私たちが飼っている犬が行動面での課題をたくさん持っているのかということと大いに関係があり，幸いなことに，私たちがそれについてできることがあるということなのだ。

私たちができることで，自分の犬に大きな影響を与えることができる小さなことは，その眼前にしゃしゃり出るのではなく，遠くから愛でることだ。（中略）

あなたが飼っている犬はあなたとあなたの家族が好きかもしれないし，あなたの友人が好きかもしれないが，見知らぬ人全員に駆け寄ってきてもらって，ハグをして欲しいということを意味するわけではない。

かわいい犬に惹かれる気持ちは容易にわかるが，アメリカの愛犬家ができる最も大切なことのひとつは，見知らぬ人が愛犬をなでようとしたら「やめて」と言い，人通りの多い公共の場では気を配るなど，愛犬を守る擁護者になることなのだ。

人間との境界線と犬のしつけについて考えるとき，一般的には犬に焦点が当たると思われがちだが，ほとんどの場合，問題となるのは，主に人間なのだ。

自分の犬を成功に導くには，外の世界でも，家で訪問客や家族と一緒にいるときでも，犬を不快な状況に置かないことが必要なのである。プロのドッグトレーナーであり，近日発売予定の「尻尾を振って：犬を幸せにする科学」の著者でもあるザジー＝トッド氏は，次のように述べている。「人は，犬は社交的で人懐っこいと思いがちで，犬がある瞬間に人の愛情を求めているかどうかを必ずしも考えるわけではない。これは特に子供との間で問題となる」と述べている。

子供は特に犬に咬まれやすいのだが，見知らぬ犬にだけ咬まれるわけではない。多くの子供たちは，顔見知りで家の中にいる犬に咬まれる。これは犬というより，子供に関することである。どのような場合に犬と関わっていいのか，悪いのかということを，あらゆる年齢の家族や友人を教育することで，犬も含めて全員が安全でいられるのだ。

トッド博士は，「犬が休んでいる（座っているか横になっている）場合，子供が近づいてはいけないということを知っておくことが重要です。これは小さな子供が咬まれるよくある状況だからです。代わりに，犬を自分のところに呼ぶことを教え，犬を撫でている間も慎重に監督しなければなりません」と述べている。

犬に対する教え方は，犬の生活の質や，新しい状況への適応性に大きな影響を与える。しかし，残念ながらアメリカでは，ドッグトレーニングは規制の対象となる産業ではない。誰でもドッグトレーナーを名乗ることができ，資格や経験の幅がなくても，科学的根拠があろうがなかろうが，好きな方法を使って商売を始めることができるのだ。

ドッグトレーニングには時間がかかるのだが，よい行動には報酬を与えることで，犬を優しく助け，励ます前向きな報酬を原則としたトレーニング方法を用いるとき，犬は最もよく学ぶのだ。「リードを強くひいたり，電子首輪を使ったりするような嫌悪感をもよおさせる方法は，犬にとって恐怖や不安，攻撃性などのリスクがあることが研究によりわかっています」とトッド博士は述べた。「正の強化は，それらのリスクを回避し，本当によく機能します」

愛犬の問題行動を早く解決しようと躍起になっている人たちは，とりわけ，無資格のトレーナーからの空約束や，苦痛や強制を原則とした方法を用いるトレーナーに影響を受けやすいと言われている。

「残念ながら，多くの犬の飼い主が，様々な方法を組み合わせて使っていることがわかっており，そして犬の訓練は規制されていないので，犬の飼い主は，犬の訓練方法についてもっと学ぶことが重要です」とトッド博士は述べている。

たとえば，電子首輪と呼ばれることもある電気ショックを与える首輪は，英国では禁止されているが，米国では合法である。ドッグトレーナーを雇う場合は，そのトレーナーの経験だけでなく，資格やしつけに対する考え方についても必ず確認を取るようにしよう。

トレーナーが正の強化に基づいたしつけの方法のみを使用しているかどうかを遠慮せずに尋ねるべきだ。犬が学習したら，おやつやおもちゃなどのご褒美を与えるような，そして罰則を与えたり，痛みに基づく方法（プロングカラー，電気ショックを与える首輪，痛い目にあわせるぞという脅しなど）を使用しないようなトレーナーを見つけたいものだ。

同様に，「支配トレーニング」，「アルファトレーニング」，「詰め込みトレーニング」について話すトレーナーも避けたいものだ。なぜなら，犬は実際には小さなオオカミではないことがわかっているからである。このような攻撃的なトレーニングは，目にすることがある行動の課題を悪化させるだけなのだ。

どこに住んでいようと，私たちは皆，出会う子犬との関わり方について，もう少し考えることができる。すべての犬が見知らぬ人と接して心地よくなりたい，あるいは心地よくなるだろうと思い込むのではなく，触れてもいいか尋ねたり，たいていは単に犬に空間を与えるようにしよう。

犬を飼っている人は，犬の代弁者となり，飼っている犬が歩くぬいぐるみではないことを出会った人々に気づかせることで，自分の犬を助けることができるのだ。

◀解　説▶

A. (Y)空所の直後の「境界線と犬のしつけについて考える」と「一般的には犬のことを話しているのだと思われがちだが，ほとんどの場合，問題となるのは，主に人間なのだ」の２つの内容の関係を考える。「境界線」とはそれを踏み越えると，たとえば犬が咬みついたりするようなラインのこと。これと犬のしつけについて考える「とき」，一般的には犬に原因があると思われがちだが，実は理解が足りていない人間の方にあると考えると文意が通る。したがって空所には４の When が入る。譲歩を表す Although，理由を表す Because，条件を表す Unless では文意が通らない。

(Z)空所の後ろに文が続いていることから，for，of，with のような前置詞を入れることはできない。したがって接続詞の２の if を入れる。この if は名詞節を導いて「～かどうか」という意味を表す。

B. (a)venue は「会場」という意味なので，１が正解。２は「公園」，３は「通り」，４は「乗り物」という意味。

(b)challenge は「課題，難問」という意味なので，３が正解。１は「競争」，２は「喧嘩」，４は「勝利」という意味。

(c)get in *one's* face は「～の眼前にしゃしゃり出る」という意味なので，最も近いのは２の「彼らの空間（縄張り）に侵入する」。１は「彼らを無視する」，３は「彼らを軽く撫でる」，４は「彼らに横柄に話しかける」という意味。

(d)advocate は名詞で「擁護者，代弁者」という意味なので，３が正解。１は「助言者，相談員」，２は「指導者」，４は「訓練士」という意味。

(e)forthcoming は「近々来る」という意味で，「本が近々来る」とは「本がもうすぐ出版される」と考え，4が正解。1は「ベストセラーの」，2は「正直な」，3は「すでに手に入る」という意味。

(f) scenarioは「筋書，シナリオ」という意味なので，最も近いのは3。1は「事故」，2は「感覚」，4は「光，輝き」という意味。

(g) superviseは「監督する」という意味なので，4が正解。

(h) take timeは「時間がかかる」という意味なので，最も近いのは4「忍耐を必要とする」。1は「機会次第である」，2は「スケジュールに基づいている」，3は「よく遅れる」という意味。

(i) susceptible to～は「～の影響を受けやすい」という意味なので，4が正解。1は「～に疑いを持っている」，2は「～に励まされる」，3は「～を怖がる」という意味。

(j) intimidationは「脅し，威嚇」という意味なので，4が正解。1は「運動」，2は「妨害」，3は「公益事業，サービス業」という意味。

C．(ア)波線部は「違いは大きいかもしれないが」という意味。よって4の「その違いがどんなに大きくても」が正解。As＋形容詞／副詞＋as S Vという形は譲歩を表し，「Sが…ではあるが」という意味を表す。1は「誰もその違いがどれだけ大きいのかわからないので」，2は「その違いは大きいかもしれないので」，3は「違いがまったくないにもかかわらず」という意味。

(イ)波線部は「これは犬というより，子供に関することである」という意味。よって4の「その問題は普通，犬ではなく子供にある」が正解。have～to do with…は「…と～な関係がある」という意味を表す。1は「子供は犬ほど，言い訳が許されない」，2は「犬は子供に対してまったく優しくない」，3は「犬は子供より，人懐っこい」という意味。

(ウ)波線部は「本当によく機能する」という意味。したがって3「とてもよく機能する」が正解。1は「かなり多くの収入を生み出す」，2は「多くの労働者を巻き込む」，4は「多くの努力を要する」という意味。

(エ)波線部は「歩くぬいぐるみではない」という意味。つまり，ぬいぐるみのように動かず，何もしないというわけではないということ。よって3の「思っているほどいつも行動を予想できない」が正解。1は「どのペットショップでも購入できる」，2は「おもちゃとして扱われるほど元気いっぱいである」，4は「子供たちのそばにいるときは，座りたがる」という意味。

D．ポイントは以下の通り。

①空所(あ)の直前に are があるので，born を入れると，「犬がどこで生まれても」という意味になり，文意が通る。

②空所(い)の直前に differences があるので，in を入れる。difference in ～は「～における違い」という意味。

③空所(う)の直前に come down があるので，to を入れる。come down to ～「～に及ぶ，～に依る」という意味。

④空所(え)の前後に as があることから，形容詞か副詞を入れる。soon では文意が通らないので，well を入れる。*A* as well as *B* は「*B* だけでなく *A* も」という意味。

⑤空所(お)の直前の received は過去分詞の形容詞的用法で前の名詞を修飾しており，「子犬のころに受けたしつけ」とすれば文意が通る。よって as を入れる。

E．それぞれの選択肢の意味と正誤の根拠は以下の通り。

1．「もし犬の行動を変えたいと思うなら，犬に対する我々自身の行動を変えるところから始めなければならない」

→第 3 段第 4 文（Our behavior has …）に，「私たちの行動は，なぜ私たちの犬が行動面での課題をたくさん持っているのかということと大いに関係があるのだが，幸いなことに，私たちがそれについてできることがある」と書かれているので，正解である。

2．「ヨーロッパの多くの国では，公共の場で犬を見かけるのを好まない傾向にある人が多い」

→第 2 段第 2 文（In Europe dogs …）に「ヨーロッパでは，犬はほとんどの公共スペースで歓迎される」と書かれているので，誤りとなる。

3．「子供は何も考えずに犬に近づけば，なじみのある犬でも咬まれることが多い」

→第 9 段第 1・2 文（Children are particularly … in the home.）に「子供は特に犬に咬まれやすいのだが，見知らぬ犬にだけ咬まれるわけではない。多くの子供たちは，顔見知りで家の中にいる犬に咬まれる」とあるので，正解である。

4．「動物より人間の方が大事であるということを示すためには，子供たちが咬まれたら厳しく犬をしつけるべきだ」

→このような内容は本文に書かれていないので，誤りである。

5.「罰を基本とした訓練方法は，普通は避けられるべきだが，特定の状況下では勧められる場合がある」

→第12段第1・2文（Dog training takes … Dr. Todd said.）に，嫌悪感を催させるようなしつけを犬に行うのは避け，報酬に基づいたトレーニング方法を行うべきだと書かれているので，誤りである。

6.「資格と経験があり，適切な方法を使うドッグトレーナーだと確信するまで，その人のアドバイスを信用すべきではない」

→第15段第2文（If you are …）に，「ドッグトレーナーを雇う場合は，そのトレーナーの経験だけでなく，資格やしつけに対する考え方についても必ず確認を取るようにしよう」と書かれているので，正解である。

7.「犬は一匹一匹育ちによって振る舞いが異なるので，人間の子供に犬との接し方を教えることは無駄である」

→第10段（Dr. Todd said, …）で，子供がすべき犬への接し方をトッド博士が説いていることから，誤りである。

8.「犬は社交的で人懐っこいので，見知らぬ人からも愛情を欲しがる」

→第5段（Your dog might …）より，犬は，家族や友達が好きだからと言って，見知らぬ人に駆け寄ってきてもらってハグをして欲しいというわけではないことがわかるので，誤りである。

F. This is not the caseは「これは本当（事実）ではない」という意味の表現。get *A doing* は「*A* に～（始め）させる」という意味。直訳は「これはアメリカ合衆国では明らかに事実ではなく，それはなぜヨーロッパの犬とアメリカの犬がこんなに異なる振る舞いをするのか私に考えさせ始めた」。無生物主語 it を副詞的に訳し，目的語 me を主語のように訳すと，わかりやすい日本語訳ができる。

Ⅲ　**解答**

A. (a)―9　(b)―8　(c)―3　(d)―10　(e)―4　(f)―7　(g)―6　(h)―5

B.〈解答例1〉Do you remember what you dreamed of before you started thinking about making money?

〈解答例2〉Do you remember what you were dreaming about before

starting to think about earning money?

◆全　訳◆

≪人生の目的とは≫

(ナオミはカフェで友人のテッドを見かけて，一緒に座る)

ナオミ：どうしたの，テッド？　幽霊を見たような顔をしているわね。

テッド：ああ…やあ。いや，そんなことはないんだ。ちょっと考え事をしていたんだ。

ナオミ：何を考えているの？

テッド：ニュースは見た？　ある男性が宝くじで2億ドル当たったんだって。

ナオミ：ああ，そうだったわね。見たような気がするわ。大金よね。

テッド：いきなりそんな大金が当たるなんて想像できる？　僕はちょうどそのことを想像していたんだ。

ナオミ：そうね，そんな大金はあなたの人生を180度変えてしまうことになるわね。何を買おうか考えているの？　それとも毎日食べる物について考えていたのかな…

テッド：いやあ…まだそこまでは考えてなかったよ。僕はただ自分の人生について考えていただけなんだ。大学生活は楽しいけれど，もしそんな大金があったら，働く必要がなくなるよね。それなら，大学も辞めていいのかな？

ナオミ：じゃあ，代わりに何をするの？

テッド：旅行かな。好きなだけ世界のいろんな場所に行けるだろうし。イタリアで昼食にピザを食べて，それから日本へ行って夕食に美味しい寿司を食べたりできるよね。

ナオミ：ほら，食べ物のこと考えてたでしょ！

テッド：人生が夢のようになるってことを言いたかっただけだよ！　何でもできるし，次の給料がいつに払われるのかを心配する必要がなくなるしね。バイトはすぐに辞めるよ。

ナオミ：なるほどね，ところで…　昼食はイタリア，夕食は日本…　1日でやり遂げたと。その後は何をするつもりなの？　どれぐらいの間，そんなふうに旅行し続けられると思っているの？

テッド：え？　君なら同じことはしないの？

ナオミ：まあ，確かに楽しいんだろうけれどね。でも，最終的には飽きるわよ。今あなたは何歳？　20歳？　それで，数カ月間旅行するのよね。残りの人生をどうするの？

テッド：確かにそうだけど…　ちょっと想像していただけで，現実になると考えていたわけではないよ。少し夢を見させてよ。この頃，授業が忙しくてね。どこかで働くために，コンピュータサイエンスの学位を取らないといけないんだ。

ナオミ：それがやりたいことなんじゃないの？

テッド：まあね。でもお金を稼がないといけないからやっているだけなのさ。今の僕の人生の決断は，ほとんどお金を基準にしている気がするよ。だから，もし僕が2億ドルを当てたら，絶対にそこから逃げ出したいよ。

ナオミ：その気持ちもわかるけれど，でもやっぱりあなたには何かやることが必要だと思うわ。人生には目的が必要よ。旅行や食べることだけでは，それを何かの形で仕事にしない限り，十分ではないわ。

テッド：もちろん，目的は必要だけど，正直なところ，「仕事」という言葉を聞くと不安なんだよ。「何で生計をたてていますか？」と聞かれることもあるよね。生きるためのお金をどうやって稼ぐかということを言っているんだよね。全部，お金に関わることなんだよ。

ナオミ：その通りよね。じゃあ「従事」という言葉はどうかしら？　あなたは何に従事していますか？

テッド：なるほど，ずっと聞こえがいい言葉だね。その言葉なら，趣味とか知識の追求とか，そういうことを考えるね。お金のことは考えないなあ。

ナオミ：そうでしょ。確かに2億ドルが当たったら，仕事は必要なくなるわ。でも，従事することが必要なのは間違いないことよ。お金を稼ぐことを考え始める前に，何を夢見ていたか覚えている？

テッド：子供の頃の話のことかな？　プロ野球選手になりたかったんだ。

ナオミ：だったら，挑戦してみてもいいかもね。

テッド：僕は上手くはないけれど，毎日野球だけをして腕を磨けば，とても楽しいだろうね。

ナオミ：そうなら，それがあなたが従事することになるかもね。
テッド：あとは宝くじが当たればいいんだけどね。
ナオミ：とりあえず，勉強を終わらせた方がいいわね。宝くじが当たらなくても，納得のいく「従事」がまだ見つけられると思うわ。

◀解　説▶

A．(a)ナオミが空所の直前で「どうしたの？」と言ったのは，テッドの普段とは違う様子を見たからだと考えて，9の「幽霊を見たような顔をしているわね」を入れると文意が通る。

(b)空所の直前のテッドの発言「いきなりそんな大金が当たるなんて想像できる？　僕はちょうどそのことを想像していたんだ」に対するナオミの意見として適切なのは，8の「そうね，そんな大金はあなたの人生を180度変えてしまうことになるわね」である。

(c)空所の直前で，宝くじで2億ドルが当たった場合，テッドは旅行をしたいと述べ，さらに直後で，その旅行の具体的内容を述べているので，その間に入る発言として適切なのは，3の「好きなだけ世界のいろんな場所に行けるだろうし」である。

(d)空所の直後で，ナオミが「まあ，確かに楽しいんだろうけれどね」と答えていることから，テッドが何かを提案したと考えると，10の「君なら同じことはしないの？」が正解となる。「同じこと」とはテッドが大金を使ってしたいと思っている世界旅行のことである。

(e)空所の直前で，テッドが「この頃，授業が忙しくてね」と言っていることから，これに続く空所には勉学に関する発言が入ると考える。したがって正解は4の「どこかで働くために，コンピュータサイエンスの学位を取らないといけないんだ」となる。

(f)空所の直前で，宝くじで大金が当たったら現実逃避したいと言っているテッドに対して「でもやっぱりあなたには何かやることが必要だと思うわ」とナオミが言っている。この発言に近い内容のものが入ると考え，さらに直後の発言で，テッドが「もちろん，目的は必要だけど…」と述べていることから，7の「人生には目的が必要よ」が正解となる。

(g)空所の直前の発言で，テッドがcareerという言葉を聞くと不安になる理由を述べ，これを受けてナオミが代替案を出したと考える。正解は6の「じゃあ『occupation（従事)』という言葉はどうかしら？」となる。

(h)空所の直後で，ナオミが「宝くじが当たらなくても，納得のいく『occupation（従事)』がまだ見つかると思うわ」と述べていることから，満足できる仕事を見つけるためにすべきことは何かと考える。したがって正解は5の「とりあえず，勉強を終わらせた方がいいわね」となる。

B．「あなたは～を覚えていますか」は現在形の疑問文 Do you remember ～? で表す。「夢見ていた」は「考え始める」よりも前のことなので，過去完了形を用いるのが原則だが，before などの前後関係がはっきりする場合は，過去形で代用してもよい。「夢見る」は dream of (about) で表す。「夢見ていたこと」は関係代名詞 what を用いて書き，名詞節を作って remember の目的語にする。「お金を稼ぐ」は make money，または earn money で表す。before が導く節（従属節）の主語と，主節の主語が一致している場合は，before 以下（従属節）の主語を省略し，動詞を ing 形にする。

❖講　評

2022 年度も 2021 年度と同様に，長文読解総合問題が 2 題，会話文読解問題が 1 題の構成で，試験時間 100 分，下線部和訳と和文英訳以外はすべて記号選択式であった。**Ⅰ**と**Ⅱ**は英文が長く，問題量が多いのも例年と同様である。普段の学習から様々な英文を読み，正確な読解力と，速読即解の力をつけておきたい。

Ⅰ　「嗅覚と記憶の関連性」について論じた英文である。第 1 段でマルセル＝プルーストの長編小説『失われた時を求めて』の中の，記憶と匂いの関係を示唆する作り話が引用され，第 2 段以降で，匂いと記憶の関係を，専門家たちの実験で証明していくという文章構造になっている。「場所細胞と記憶の関連性」や「空間記憶と嗅覚との関連性」など，やや専門的な議論や表現が含まれており，中略も多く，難解な箇所もいくつかあった。だが，設問は例年通り，すべて標準的なもので，文章の大意を見失うことなく，文構造が複雑な箇所で立ち止まらずに 1 問 1 問丁寧に解答していけば，十分対応可能なものであった。

Ⅱ　「犬のしつけ」について論じた英文である。馴染みのあるトピックであり，比較的取り組みやすかったと思われる。犬のしつけと聞けば，犬をどう教育していくかということを考えがちだが，本文では我々人間が犬に対する態度を変える必要があると述べられており，考えさせられる内容であった。設問はほぼ標準レベルであったが，選択問題に譲歩を表す as ～ as … や，和訳問題に get *A* *doing* が出題され，細かい知識が試される箇所が見受けられた。

Ⅲ　友達同士がカフェで会話をしている場面である。前半は宝くじで2億ドルが当たったらどうするかという内容で，後半は現実的な内容について言及されている。この会話文を読み，空所補充問題と和文英訳問題に答えるものである。例年同様，聞き慣れないイディオムや会話表現はほとんど使われていない。空所補充問題は比較的平易なので，ぜひ完答を目指したい。和文英訳問題も難しい表現を問われているわけではないので，確実に得点したい。

2022年度の読解問題の英文は上記で述べたように，一部を除いてそこまで抽象度が高くなく，受験生にとっては理解しやすいものであったと思われる。

英文・設問の分量や難易度を考慮すると，100分という試験時間では時間不足になる恐れがある。過去問演習の際には，Ⅰは35分，Ⅱは35分，Ⅲは25分，見直し5分というような時間配分を決めて実戦的な演習を積み，感覚をつかんでおこう。

日本史

I　解答

【設問 a】最澄　【設問 b】松原客院
【設問 c】菅原道真　【設問 d】大輪田泊
【設問 e】後白河　【設問 f】唐物　【設問 g】東路軍　【設問 h】江南軍
【設問 i】蒙古　【設問 j】尚巴志　【設問 k】十三湊
【設問 l】コシャマイン
ア―26　イ―36　ウ―29　エ―13　オ―18　カ―40　キ―16
ク―2　ケ―1　コ―4　サ―35　シ―23

◀解　説▶

≪古代～中世の対外関係≫

【設問 a】最澄は桓武天皇時代の 804 年の遣唐使にしたがい入唐し，天台教学を学んで翌年帰国した。嵯峨天皇時代には比叡山に大乗戒壇の設立を求めて南都の僧と論争し，反駁の書『顕戒論』を著した。大乗戒壇は彼の死の 7 日後に認められた。

【設問 b】渤海の使節を迎えもてなす施設は，越前の松原客院（現・敦賀市）や能登客院があった。

【設問 c】菅原道真は文章博士として活躍した学者貴族で，渤海使の接待役に任じられ，また 894 年には遣唐大使にもなったが，唐の疲弊や航路の危険性を理由にその廃止を建言し，宇多天皇に受理された。

【設問 d】大輪田泊は平清盛の福原の別荘の南に隣接した良港であり，清盛は宋の貿易船を畿内に引き入れようと大輪田泊の拡張工事を行った。

【設問 e】「上皇」がリード文に記されているので，「後白河」の 3 字で答える。上皇は当初は平氏と協力しつつ院政をおこなったが，のち平清盛と対立し院政を停止させられた。その後，源氏を利用して平氏を滅亡にみちびいた。

【設問 f】中国などから舶載輸入された美術品・織物・工芸品などの物品を唐物と呼んだ。唐の滅亡後も長くそう呼ばれた。

【設問 g】・【設問 h】元軍による 2 度目の日本襲来は 1281 年のことで，弘安の役という。元は二軍に別れ，モンゴル人，高麗人などからなる東路軍約 4 万人と，南宋の降兵を主体とした江南軍約 10 万人からなる大軍で襲来した。

【設問 i】元軍の襲来事件は当時「蒙古襲来」，「蒙古合戦」などと呼ばれた。「元寇」は後世の呼称である。

【設問 j】尚巴志は琉球王国の 2 代目の王で，父を初代としたが，彼が三山を統一し実質的に琉球の統一王朝を樹立した人物である。

【設問 k】津軽半島の日本海側に汽水湖の十三湖があり，十三湊はその湖にあった港である。北条氏の被官であった安藤（安東）氏がここを拠点とし日本海から蝦夷地にいたる交易を行ったとされる。

【設問 l】和人がアイヌ青年を殺害した事件を機に，1457 年コシャマインが蜂起，道南のアイヌを率いて和人の築いた館を次々と攻略した。しかし花沢の館主蠣崎氏の客将であった武田信広に討たれ，乱は鎮圧された。

ア．桓武天皇のあとの天皇で唐風を好み，平安宮の殿舎に唐風の名前をつけた，また 838 年以前に活躍した，などの説明から，26.「嵯峨天皇」を答えよう。彼の治世には漢詩文が隆盛し，平安京の宮殿・諸門の名が唐風に改められ，弘仁文化が隆盛した。

イ．838 年当時の和年号を答える問い。選択肢には「弘仁（810〜24 年）」「貞観（859〜77 年）」「宝亀（770〜81 年）」などの和年号が並ぶが，842 年の嵯峨上皇没後に起きた承和の変から 36.「承和（834〜48 年）」を選ぼう。

ウ・エ．ともに難問。ウの人物は新羅の末期に活躍した貿易業者で，「弓福」の名を持つが，中国名では張保皐，日本名では 29.「張宝高」で伝わる。日・唐・新羅 3 国間の貿易に携わって巨利を得，新羅の政治にも影響力を行使した。日本で彼の貿易相手となり富を築いた人物が 13.「文室宮田麻呂」であるが，843 年に謀反の罪を負わされ伊豆に流された。なお，31.「張景恵」は，「満州国」の国務総理を務めた人物。11.「文屋康秀」は平安前期の歌人で，六歌仙の 1 人。12.「文室綿麻呂」は征夷将軍として蝦夷を討伐した。

オ．肥前国にあった荘園名を選ぶ。語群では，18.「神埼」19.「鹿子木」20.「阿氏河」などの日本史に登場する荘園名があるが，「鹿子木」は肥後，「阿氏河」は紀伊と判別できれば，「神埼」（摂津の「神崎」とは異なる）を選べる。

カ．中国の東北地方より興った女真族の王朝が 40.「金」で，1234 年モンゴルにより滅ぼされた。

キ．チンギス＝ハン（成吉思汗）の孫で 1260 年にモンゴル帝国 5 代目のハンとなった人物が 16.「忽必烈（フビライ）」で，1267 年に大都に遷都し，1271 年国号を元とした。

ク・ケ・コ．14 世紀の沖縄本島では三山の分立状態がつづき，今帰仁城を拠点とする 2.「北山（山北)」，島尻大里城を拠点とする 1.「南山（山南)」，浦添城を拠点とする 4.「中山」が鼎立した。今帰仁，島尻と首里との位置関係は確認しておこう。

サ．道南地方に移住した和人は，35.「館」と呼ばれる城館を築いて移り住んだ。その城館群は道南十二館と呼ばれる。

シ．コシャマインの蜂起により，道南の館は次々と陥落したが，蠣崎氏の客将であった武田信広により鎮圧された。信広は蠣崎氏の娘婿として家督を継ぎ，和人勢力を支配した。

II 解答

【設問ア】堂島　【設問イ】樽廻船　【設問ウ】角倉了以
【設問エ】日本橋　【設問オ】道中奉行
【設問カ】寛永通宝　【設問キ】計数　【設問ク】三井高利
【設問ケ】新貨条例
【設問 a】 2　【設問 b】 3　【設問 c】 2　【設問 d】 4　【設問 e】 1
【設問 f】 3　【設問 g】 1　【設問 h】 2　【設問 i】 1

◀解　説▶

≪近世の交通網と貨幣制度≫

【設問ア】諸藩の蔵米が集まる近世の大坂は米の売買が盛んで，当初豪商の淀屋の門前に米市が立ったが，その後米市は堂島に移転し，幕府にも公認された。

【設問イ】船足の速い廻船を用い，樽に詰めた酒を主に摂津の港から江戸へと運んだことから，この輸送船は樽廻船の名で呼ばれた。

【設問ウ】「京都の豪商」で「朱印船」の貿易商を答える。「保津川」の「整備」，「高瀬川を開削」とあるので，江戸初期の豪商角倉了以が正答となる。

【設問エ】五街道の基点となったのは日本橋で，ここを起点として一里塚が設けられた。橋の北側周辺には魚河岸があり，大商店・問屋も集まって，商業の中心地として発展した。

【設問オ】五街道の諸施設など道中いっさいの事務を管掌した役職は道中奉行で，当初は大目付がこの地位を兼任した。

【設問カ】1636 年より幕府の許可を得て各地の銭座で鋳造された銭貨が寛永通宝である。一文銭と四文銭があり，素材は青銅，鉄，真鍮があった。

【設問キ】銀貨が重さにより価値をはかる秤量貨幣であったのに対し，金貨と銭貨は個数や額面により運用する「計数」貨幣であった。

【設問ク】伊勢松坂の商家に生まれた三井高利は，江戸に出て兄の営む呉服商で働き，兄の没後に越後屋の屋号で呉服店をひらき，「現銀掛け値なし」という薄利多売の商法で日本有数の呉服商となり，その後両替商としても活躍した。

【設問ケ】明治新政府は 1871 年に新貨条例を発して江戸時代の貨幣制度を刷新し，貨幣単位として円・銭・厘を，さらに 10 進法による単位の繰り上がりを採用し，金銀のうち金を本位貨幣と定めたが，実際は金銀複本位制となった。

【設問 a】江戸幕府の命をうけて寛文年間に東廻り・西廻り航路を整備した豪商は河村瑞賢である。

【設問 b】一般庶民を「食事付き」で宿泊させる旅宿は旅籠である。これに対し，庶民が湯代・薪代のみを支払い自炊する宿を木賃宿という。

【設問 c】遠江と駿河の国境を流れる大井川は軍事的見地から架橋・渡船が禁じられ，旅人は人足の手引きにより渡河するという東海道の難所であった。

【設問 d】町飛脚は月に 3 回大坂を出立するので三度飛脚，または東海道を 6 日で走ったので定六ともいった。なお 1 の「継飛脚」は幕府公用の飛脚である。

【設問 e】金座において金貨の鋳造にあたったのは後藤庄三郎で，代々同名を名乗り，小判や一分金の鋳造と鑑定・極印を行った。

【設問 f】勘定吟味役荻原重秀の建議を受け，1695 年に改鋳された品位の低い小判が元禄小判である。品位を下げた結果貨幣量が増え，その差益（出目）で幕府は財政難を補ったが，物価高騰などの混乱をまねいた。

【設問 g】江戸時代，江戸を中心とする経済圏では金貨本位の取引が，大坂を中心とする経済圏では銀貨本位の取引が行われ，これを「江戸の金遣い，大坂の銀遣い」と呼んだ。よって，1を選ぶ。

【設問h】・【設問i】金・銀・銭三貨の公定の交換比率は，1609年に金1両＝銀50匁＝銭4貫文とされたが，1700年には金1両＝銀60匁＝銭4貫文に改められた。

Ⅲ　解答

【設問a】神宮　【設問b】島崎藤村

【設問c】復古神道　【設問d】神仏分離〔神仏判然〕

【設問e】大教宣布　【設問f】加賀国　【設問g】会津藩

【設問h】八坂神社　【設問i】庚申講

【設問ア】3　【設問イ】3　【設問ウ】2　【設問エ】3　【設問オ】4

【設問カ】2　【設問キ】3　【設問ク】2　【設問ケ】1

◀解　説▶

≪近代の宗教・思想≫

【設問a】奈良時代以降，有力な神社では施設の一環として寺院を建てるようになった。神々の力が強まり権威が高まると考えられたのである。こうした寺院を神宮寺という。敦賀の気比神社などにその早い事例が見られる。

【設問b】『夜明け前』は明治維新前後の木曽地方を舞台とした歴史小説で，作者は島崎藤村である。父をモデルとした青山半蔵を主人公に，動乱の時代を描いている。

【設問c】神の働きによりつくられた神代からの道は本居宣長により「惟神の道」と説かれたが，宣長の死後の弟子を自称した平田篤胤もこの立場を引き継いだ。篤胤が大成した神道説を復古神道と呼ぶ。

【設問d】「維新政府の樹立」後発令され，「一気に神道優位へと転換」することとなった発令は何かを問われている。1868年の明治維新期に発令された神仏分離令を答えよう。これは政府が神社から仏教色を排除するため神仏の混淆を禁止しようとした施策である。

【設問e】1870年に神道国教化をすすめるために発せられた詔が大教宣布の詔である。仏教勢力の抵抗などにあい，国教化政策は失敗した。

【設問f】1488年に「本願寺門徒」が「守護を敗死させ」る事件をおこし，以後約100年の自治的支配を行った，とあるので，加賀の一向一揆を想起しよう。求められているのは国名なので，加賀国を答える。

【設問g】やや難。阿賀野川がどこを流れているかがわからないと，正答にたどり着くのは困難である。「津川」から阿賀野川を少し遡ると会津地方（現・福島県）に入る。会津は列藩同盟の中心であり，津川はその西の玄関口にあたった。したがって，ここでは会津藩が正答である。

【設問h】祇園社は京都市の四条通の東端にあり，祇園祭の祭礼でも知られる。「祇園」は仏教由来の語句であるため，明治初期の神仏分離令により八坂神社と改名された。

【設問i】「かのえさる」=「庚申」の夜に招福除災を期して集まり，夜を徹して談笑・飲食する行事を庚申待，その組織を庚申講という。

【設問イ】関東大震災のおりに甘粕正彦憲兵分隊長は，無政府主義者であった3の「大杉栄」や伊藤野枝，大杉の甥橘宗一の3人を連行して殺害した。これが甘粕事件である。甘粕は処罰されるが，その後満州に渡り，満州事変以降の日本の満州工作活動に携わった。

【設問ウ】1925年に無産政党の農民労働党が結成されたが，共産主義的であると見なされ即日禁止となった。翌1926年に杉山元治郎らにより合法的な活動をうたう2．「労働農民党」が結成された。まもなく同党から反共派が脱退し，1928年には結社禁止となった。なお，1．「日本社会党」は，1906年に結成された最初の合法的無産政党（戦後にも同名の政党が結成されている）。3．「社会民主党」は，1901年結成された最初の社会主義政党（これも同名の政党が戦後に結成された）。4．「民主社会党」は，1960年に結成された政党。

【設問エ】難問。選択肢のうち，講座派に属するのは野呂栄太郎と服部之総で，労農派で『窮乏の農村』の著者は猪俣津南雄である。なお河合栄治郎は自由主義的な社会思想家でマルクス主義には反対の立場であった。

【設問オ】1922年に被差別民の差別解消をめざす全国水平社が創立された。創立大会では，「人の世に熱あれ，人間に光あれ」で結ばれる，西光万吉が起草した水平社宣言が発せられた。

【設問カ】矢島楫子はキリスト教徒の教育家で，社会事業にも取り組んだ。1893年に矯風会，正式には日本基督教婦人矯風会を組織してその会長となり，廃娼運動にとりくんだ。

【設問キ】有島武郎や弟である里見弴，武者小路実篤，志賀直哉，柳宗悦らが集まった文学誌が『白樺』で，人道主義・理想主義的な文学を追求し，そのグループは白樺派と呼ばれた。

【設問ク】哲学者の西田幾多郎は自らの禅体験をもとに1911年『善の研究』を著し，「東洋思想と西洋哲学を統一すべく思索」する独創的な哲学を展開し，のちに西田哲学と呼ばれる哲学体系を残した。

【設問ケ】賀川豊彦は神戸に生まれ，キリスト教社会主義者として神戸の貧民街に住み，布教につとめた。1921年の三菱・川崎造船争議を主導し，翌1922年には日本農民組合を結成した。

❖講　評

Ⅰ　古代〜中世の対外関係史で，対外関係史は頻出。東アジア各国との関係が時代別に問われている。全体にやや難。とくに（ウ）と（エ）の解「張宝高」と「文室宮田麻呂」は，選択肢問題であっても難解。（オ）の解「神埼」も難解であるが，選択肢の比較で解が得られる。（ク）〜（コ）に入る三山は，今帰仁や首里などの位置関係をあらかじめ整理しておく必要がある。

Ⅱ　江戸時代の交通網と貨幣制度の二つのテーマを問う，標準的な問題。これらの分野について整理できていれば高得点が可能なので，この問題で点数を稼いでおきたい。貨幣の交換比率も教科書の範囲内だが，金と銀に関しては公定の交換比率に変更があったので，前後の比率を記憶しておきたい。

Ⅲ　明治初期の神道政策と大正・昭和の社会運動・社会主義運動などを問う。ともに著作物からの引用を用いた問題文である。全体にやや難。【設問g】の解「会津藩」は，地名「越後」にこだわらず，阿賀野川の上流域までイメージする必要がある。【設問ウ】は選択肢の各政党の結成年代の違いがわかれば解ける。【設問エ】の「猪俣津南雄」は教科書に登場する頻度も低く難問である。

世界史

I　解答

設問1．ア．トラヤヌス帝　イ．ノルマン
ウ．プランタジネット　エ．ピューリタン
オ．ジェントリ〔郷紳〕　カ．東インド会社
キ．経験論〔イギリス経験論〕　ク．イギリス＝オランダ戦争〔英蘭戦争〕
設問2．あ－1　い－1　う－3　え－2　お－4　か－3　き－2　く－4
設問3．(a)－2　(b)－1　(c)－5　(d)－3　(e)－2

◀解　説▶

≪古代～近世のロンドンの歴史≫

設問1．ア．トラヤヌス帝はローマ帝国初の属州（スペイン）出身の皇帝。ダキア（現在のルーマニア）を属州とし，一時メソポタミア征服にも成功して帝国の版図を最大とした。

イ．ノルマンディー公ウィリアムがウィリアム1世として即位し，ノルマン朝が開かれた。

ウ．1154年，フランスのアンジュー伯アンリがヘンリ2世として即位し，プランタジネット朝が始まった。その子ジョン王はフィリップ2世と争い，大陸領土の大半を失った。

オ．ジェントリは貴族とヨーマン（独立自営農民）の中間に位置する地主階層。無給の名誉職である治安判事として地方政治を担った。

キ．経験論は認識や知識が経験からのみ得られるとするもので，イギリスを中心に発展した。これに対し，演繹法による合理論を主張したのがフランスのデカルトである。

ク．イギリス＝オランダ戦争の過程でイギリスはオランダ植民地のニューネーデルラントを侵略，その中心地ニューアムステルダムを占領して，ニューヨークと改称した。

設問2．あ．ローマ時代は，ウィーンはウィンドボナ，パリはルテティアと呼ばれていた。

い．アングロ＝サクソン人は5世紀に大ブリテン島に侵入し，ウェセック

スなどアングロ＝サクソン七王国（ヘプターキー）を建国した。
う．フランドル地方はネーデルラント南部で，現在のベルギーとフランス北部にまたがる地域。毛織物業で繁栄したことから英仏抗争の地となり，百年戦争の一因となった。
え．『カンタベリ物語』はボッカチオの『デカメロン』の影響を受けて書かれたとされ，当時のイギリスのさまざまな階層の人々の生活を24の説話で描いている。
お．ヘンリ7世はテューダー朝の創始者。
か．アンボイナ事件は1623年に起きた，モルッカ諸島（香料諸島）をめぐるイギリスとオランダの紛争。
き．鉄騎隊を中心に再編成された議会軍はニューモデル軍と呼ばれた。
く．ミルトンはチャールズ1世の処刑を支持し，クロムウェルの秘書官もつとめたため，王政復古後に逮捕・投獄された。さらに，失明するという苦難の中で口述筆記したのが『失楽園』である。
設問3．(a)A．イエスの処刑は30年頃。
C．ネロ帝のキリスト教徒迫害は64年。
B．五賢帝時代の開始は96年である。
(b)やや難。A．ノヴゴロド王国の建国は862年。
B．東フランクのカロリング朝が断絶した年代は細かいが，ノルマンディー公国の建国と同じ911年である。
C．両シチリア王国の建国は1130年である。
(c)やや難。C．ヨーロッパに製紙法が伝播した時期が難しい。タラス河畔の戦いでイスラーム世界に伝播した製紙法は，サマルカンド・バグダードを経て，13世紀頃にヨーロッパに伝わった。
A．「黒死病」の流行は14世紀。
B．ポルトガル人による西アフリカ沿岸部の探検は，「航海王子」エンリケのセウタ攻略（1415年）に始まる。
(d)B．ドイツ農民戦争の開始は1524年。
A．シュマルカルデン同盟の成立は1530年。
C．ユグノー戦争の開始は1562年。
(e)Aのアメリカ独立戦争（1775年開始）の影響などを背景として，Cのフランス革命が1789年に始まった。Bのハイチ共和国の独立（1804年）

はフランス革命の影響を受けた黒人奴隷の反乱に端を発している。

II 解答　設問1．a―35　b―40　c―11　d―38　e―36　f―20　g―8　h―1　i―21　j―26　k―25　l―47　m―33

設問2．林則徐　設問3―3　設問4―4　設問5―3・4

設問6．洪秀全　設問7―2　設問8―3　設問9―2

◀解　説▶

≪清朝の動揺と列強の進出≫

設問1．a．白蓮教は浄土系の宗教結社。弥勒仏が救世主として現れるという下生信仰と結びついて反体制的な傾向を帯び，元末にも紅巾の乱を起こしている。

b・c．マカートニーはイギリス国王ジョージ3世が1793年に派遣した全権使節。皇帝に対する三跪九叩頭の礼を免除されて乾隆帝に謁見を許されたが，貿易改善には成功しなかった。

g．北京条約後，イギリスは九龍（九竜）半島の残り全域と付属する島々（新界）を1898年に期限99カ年で租借したが，期限となった1997年に香港島とともに中国に返還した。

h．清とアイグン条約を締結したのは東シベリア総督のムラヴィヨフ。太平天国やアロー戦争で苦しむ清に対し武力で威嚇して締結を迫った。

m．同治帝の時代は比較的安定が続き，「同治の中興」と呼ばれている。

設問2．林則徐は道光帝から欽差大臣に任命され，広州に派遣された。

設問3．南京条約で開港されたのは，上海・寧波・福州・厦門・広州の5港である。このため，(b)汕頭（潮州），(c)鎮江，(d)南京の3つが正解。

設問4．北京条約は天津条約を確認したものなので，天津条約とほぼ同じ内容であるが，賠償金の増額・開港場は天津を加えて11港にするなど，英仏に有利になるよう変更を加えた。

設問5．プガチョフの農民反乱は1773年，血の日曜日事件は1905年である。

設問7．2．誤文。南京は天京と改称された。

設問8．(a)誤文。フランスは1887年にベトナムとカンボジアをあわせてフランス領インドシナを成立させた。

(b)正文。

設問9．(a)の大躍進政策（大躍進運動：1958年開始）の失敗で国家主席の座を失った毛沢東による奪権闘争が(d)のプロレタリア文化大革命（1966～77年）であるから，a→dの順となる。文化大革命で経済が立ち遅れ，国際的にも孤立した中国が，アメリカとの関係改善をはかった結果が(c)のニクソン大統領の訪中（1972年）となったので，d→cの順になる。(b)の天安門事件（1989年）は毛沢東の死後に起きた事件なので，a→d→c→bの順になる。

III 解答

設問1．あ．ホー＝チ＝ミン　い．人民戦線
う．ヴィシー　え．ド＝ゴール　お．アルジェリア

設問2．a―48　b―49　c―35　d―10　e―38　f―43　g―29
h―30　i―23　j―42　k―9　l―39　m―8

設問3．(ア)―4　(イ)―4　(ウ)―2

◀解　説▶

≪1920年代～1960年代のフランス外交史≫

設問1．あ．ホー＝チ＝ミンは1930年にベトナム共産党を結成したが，コミンテルンの指示により同年インドシナ共産党と改称した。インドシナ共産党は1951年にベトナム労働党，ベトナム戦争後の1976年にベトナム共産党と改称している。

い．スペインでも1936年にアサーニャを首班とする人民戦線内閣が成立している。

お．アルジェリアでは民族解放戦線（FLN）が1954年に武装蜂起して独立戦争が始まった。1958年には現地フランス軍の反乱まで起こり第四共和政が崩壊した。1962年にド＝ゴールがエヴィアン協定で独立を承認した。

設問2．c．不戦条約はフランス外相ブリアンとアメリカ国務長官ケロッグが提唱し，1928年に成立した国際条約。国際連盟に不参加だったアメリカも調印し，最終的には63カ国が参加した。

d．コミンテルンは共産主義インターナショナル，第3インターナショナルともいう。1935年にモスクワで開催された第7回大会で，ファシズムに対抗する人民戦線の方針を打ち出した。

i．第四共和政は 1958 年に崩壊。首相に復帰したド＝ゴールのもとで憲法が改正されて第五共和政となり，ド＝ゴールが大統領に就任した。

k．ゴ＝ディン＝ジエムは同族支配による政治腐敗と仏教徒弾圧で国民の非難を浴び，1963 年の軍部クーデタで暗殺された。

m．1968 年の五月危機（五月革命）の影響によって，翌年ド＝ゴールは大統領を辞任している。

設問 3．(ア)(a)誤文。国際連盟の設立を推進したのはウィルソン大統領。

(b)誤文。国際連盟発足当時の常任理事国はイギリス・フランス・イタリア・日本の 4 カ国である。

(イ)(a)誤文。株価が大暴落したので，銀行が連鎖倒産した。

(b)誤文。ドイツは世界恐慌の被害が大きく，再軍備やナチ党の躍進をまねいた。

(ウ)(a)正文。

(b)誤文。東方外交を進めたのは，西ドイツのブラント首相である。

❖講　評

Ⅰは古代～近世のロンドンの歴史に関する問題。ローマ帝国時代・ヴァイキングの侵入からピューリタン革命の時代までがテーマだが，設問では 19 世紀初頭のハイチの独立まで問われている。設問 1 と設問 2 はおおむね教科書レベルの標準的問題なので，ここは確実に得点しておきたい。設問 3 の配列問題は，(b)と(c)がかなり細かい知識が要求されておりやや難しい。

Ⅱは白蓮教徒の反乱に始まる清朝政治の動揺と列強の進出に関する問題。アヘン戦争・アロー戦争と太平天国を中心に問われているが，ロシアや第二次世界大戦後の中国からの出題もみられる。設問 1 の選択問題と，設問 2 と設問 6 の記述問題は，教科書レベルの標準的問題である。設問 3 の南京条約での開港場は注意深く取り組みたい。設問 4 の北京条約の内容に関する問題は選択肢がすべて正しいので迷った受験生がいたと思われる。設問 9 の配列問題は易しい。

Ⅲは第一次世界大戦後から 1960 年代のフランスの外交を中心とした問題。ルール占領，インドシナ戦争，第二次世界大戦，アルジェリア戦争などの知識が問われている。設問 1 と設問 2 はほぼ教科書レベルの標準的問題であるが，ｊのベトナム民主共和国とｌのベトナム共和国を混同しないように注意したい。設問３の正誤問題は正誤の判断がしやすく，それほど難しくはない。

2022 年度は 2021 年度と比べて解答個数に変化はないが，2021 年度にみられた難問が減り，やや易化した。ただし，年代配列問題が１問から６問に増加しており，ここで得点差がついた可能性がある。また「２つの短文」の正誤判定など得点しにくい形式の問題も出されており，全体的にレベルの高い問題である。

■政治・経済■

I

解答

【設問1】ア．宴のあと　イ．公開　ウ．個人
エ．表現　オ．差し止め　カ．通信傍受
キ．通信の秘密　ク．コントロール

【設問2】A－9　B・C－2・10（順不同）D－6

【設問3】E－4　F－8　G－2

【設問4】H－4　I－6　J－1

【設問5】K－8　L・M－6・7（順不同）

◀解　説▶

≪プライバシーの権利≫

【設問1】ア～オ．『宴のあと』事件と『石に泳ぐ魚』事件は，プライバシーの権利をめぐる重要判例である。

ク．個人は個人情報の取扱いについて自己決定できるとする自己情報コントロール権を含む積極的，能動的な権利としてプライバシーの権利を解釈する動きが近年みられる。

【設問2】A．大阪国際空港公害訴訟は，大阪国際空港近隣住民が飛行機の騒音等による公害被害に対して，人格権ないし環境権に基づいて損害賠償と空港の夜間利用差し止め等を求めた裁判である。

B．人格権は憲法第 13 条および第 25 条を根拠とするとされる。

【設問3】E・F．2017 年の改正によって追加された，組織犯罪処罰法第 6 条の 2 の規定である。

【設問5】K．住基ネットにおいて 11 桁から成るのは住民票コードである。12 桁の個人番号（マイナンバー）と間違えやすいので注意。

L・M．氏名，性別，住所，生年月日は個人を特定するための基本的な情報として基本 4 情報と呼ばれる。

II

解答

【設問1】A－7　B－4　C－10　D－9　E－3
F－18

【設問2】1　【設問3】1

【設問4】ア．デマンド・プル　イ．コスト・プッシュ
ウ．スタグフレーション　エ．デフレスパイラル
オ．インフレターゲット
【設問5】2　【設問6】1
【設問7】カ．コンドラチェフ　キ．ジュグラー
【設問8】4　【設問9】ポリシーミックス
【設問10】a－2　b－1

◀解　説▶

≪一国の経済活動≫

【設問1】C．SNAは国民経済計算と訳され，国の経済の全体像を国際比較可能な形で体系的に記録することを目的に，国連の定める国際基準に準拠して作成される。

F．無償ボランティアや家事労働などは市場で取引されないため，GDPには計上されない。

【設問2】1．雇用者報酬は日本の国民所得の中で一貫して最も大きな割合を占めており，2020年度では75.5%となっている。

【設問3】1が不適。日本の高度経済成長期には産業構造の高度化によって第一次産業の比重が低くなり，第二次，第三次産業の比重が高まった。

【設問4】ア・イ．インフレには需要側の要因によるデマンド・プル・インフレと供給側の要因によるコスト・プッシュ・インフレがある。

【設問5】物価上昇率が3％であるため，翌年の実質国民総所得は50÷1.03=48.54兆円となる。国民総所得の実質上昇率は，実質国民総所得の増加分を基準年の国民総所得で割ることで求められるため，(48.54－40)÷40×100=21.35%となり，最もその値に近い22%が正答となる。

【設問6】消費者物価指数に含まれるすべての対象商品によって算出される総合指数から生鮮食品を除いて算出した物価指数をコアという。2のコアコアは総合指数から生鮮食品とエネルギーを除いて算出したものである。
3・4のパーシェとラスパイレスはいずれも物価の変化を表す指数であり，消費者物価指数などの算出に用いられる。

【設問8】2008年9月にリーマンブラザーズは倒産した。

【設問10】a．国民総幸福は「持続可能な開発の推進」，「文化的価値の保存と推進」，「自然環境の保全」，「善い統治の確立」という4つの柱からな

り，貨幣価値に換算されていない。

b．グリーンGDPはGDPから環境に関する外部不経済を貨幣価値に換算した費用を差し引いたものであり，貨幣価値に換算されている。

III 解答

【設問1】ア．金本位制　イ．WTO
ウ．ネガティブコンセンサス　エ．トランプ
オ．シンガポール

【設問2】A―28　B―23　C―17　D―4　E―6　F―12　G―25

【設問3】カ．最恵国待遇　キ．内国民待遇　【設問4】2

【設問5】1　【設問6】2　【設問7】a―2　b―1　c―2

【設問8】RCEP（地域的な包括的経済連携）協定

◀解　説▶

≪国際経済秩序≫

【設問1】イ・ウ．WTOで採用されているネガティブコンセンサス方式は，全加盟国が反対しない限り議長の提案が採択される議決方式である。

【設問2】B．GATTの三原則は自由・無差別・多角主義である。

【設問3】GATTの無差別原則は，カの最恵国待遇およびキの内国民待遇からなる。

【設問4】2が不適。貿易円滑化協定はウルグアイ・ラウンドではなく，ドーハ・ラウンド交渉の末に成立した。

【設問5】1が不適。APECは1989年，オーストラリアの提唱で設立された。

【設問6】2が不適。日韓EPAの交渉は2022年現在中断中である。

【設問7】a．誤文。2006年に発効しTPP協定の原型となった協定の加盟国はシンガポール，ニュージーランド，ブルネイ，チリの4カ国である。

c．誤文。投資家が投資受入国を相手として国際的な仲裁機関に提訴することを可能にするISDS条項は，TPP11協定では凍結された。

❖講　評

I　プライバシーの権利について，憲法や法律の規定を中心に出題された。【設問4】の忘れられる権利についての地裁の判決など，近年のプライバシーや情報に関わる判例や法の規定を正確に理解していること

が問われている。

Ⅱ　一国の経済活動について，経済指標等に関する詳細な知識を問う問題が出題された。【設問５】のように，国民総所得の実質上昇率を算出させる問題も出題されているため，知識だけでなく実際に計算してみるトレーニングも必要である。【設問６】のコア物価指数のように，教科書レベルをやや越えた用語も使用されているため，資料集を通して経済学の用語に慣れておく必要がある。

Ⅲ　国際経済秩序について出題された。標準的な難易度の問題が多かったものの，【設問４】のウルグアイ・ラウンドの協定とドーハ・ラウンドの協定を区別させる問題や，【設問７】のTPPに関する詳細な知識問題も出されており，注意が必要である。重要度の高い国際的取り決めについては，教科書レベル以上にフォローしておく必要がある。

数学

I

解答　(1)ア．$\frac{11}{12}$　イ．$\frac{29}{60}$　ウ．$\frac{4}{45}$　エ．$\frac{143}{630}$　オ．$2\sqrt{3}$

カ．$\frac{\sqrt{3}}{2}(-1+\sqrt{13})$　キ．$\frac{\sqrt{3}}{8}(13+3\sqrt{13})$　ク．$-\frac{11}{4}$　ケ．$\frac{25}{4}$

コ．$-\frac{5}{4}$

◀解　説▶

≪確率の計算と余事象，余弦定理と四角形の面積，３次方程式と虚数解≫

(1)　10枚のカードから，同時に３枚を取り出す方法は全部で

$${}_{10}C_3=\frac{10\cdot9\cdot8}{3\cdot2\cdot1}=120\text{ 通り}$$

である。また，取り出した３つの番号の積が奇数となるのは，３つの番号がすべて，１，３，５，７，９のどれかであればよいので，その確率は

$$\frac{{}_5C_3}{{}_{10}C_3}=\frac{\frac{5\cdot4\cdot3}{3\cdot2\cdot1}}{120}=\frac{1}{12}$$

よって，３つの番号の積が偶数である確率は，余事象を用いて

$$1-\frac{1}{12}=\frac{11}{12}\quad\to\text{ア}$$

次に，３つの番号の積が10の倍数とならない時を考える。

奇数となる確率は　$\frac{1}{12}$

５の倍数とならない確率は

$$\frac{{}_8C_3}{{}_{10}C_3}=\frac{\frac{8\cdot7\cdot6}{3\cdot2\cdot1}}{120}=\frac{7}{15}$$

２の倍数にも５の倍数にもならない確率は

$$\frac{{}_4C_3}{{}_{10}C_3}=\frac{\frac{4\cdot3\cdot2}{3\cdot2\cdot1}}{120}=\frac{1}{30}$$

よって 3 つの番号の積が 10 の倍数である確率は

$$1-\left(\frac{1}{12}+\frac{7}{15}-\frac{1}{30}\right)=\frac{29}{60}\quad \toイ$$

また，10 枚のカードから，同時に n 枚を取り出す方法は全部で

$${}_{10}\mathrm{C}_n\ 通り\quad (n=1,\ 2,\ \cdots,\ 10)$$

である。このとき，取り出した n 個の番号の和を S_n，$S_n=10$ となる確率を p_n とすると

$n=1$ のとき，$S_1=10$ となるのは，1 通りであるから

$$p_1=\frac{1}{{}_{10}\mathrm{C}_1}=\frac{1}{10}$$

$n=2$ のとき，$S_2=10$ となるのは

$$S_2=1+9=2+8=3+7=4+6$$

の 4 通りであるから　$p_2=\dfrac{4}{{}_{10}\mathrm{C}_2}=\dfrac{4}{\dfrac{10\cdot 9}{2\cdot 1}}=\dfrac{4}{45}\quad \toウ$

$n=3$ のとき，$S_3=10$ となるのは

$$S_3=1+2+7=1+3+6=1+4+5=2+3+5$$

の 4 通りであるから　$p_3=\dfrac{4}{{}_{10}\mathrm{C}_3}=\dfrac{4}{120}=\dfrac{1}{30}$

$n=4$ のとき，$S_4=10$ となるのは　$S_4=1+2+3+4$

の 1 通りであるから　$p_4=\dfrac{1}{{}_{10}\mathrm{C}_4}=\dfrac{1}{\dfrac{10\cdot 9\cdot 8\cdot 7}{4\cdot 3\cdot 2\cdot 1}}=\dfrac{1}{210}$

$n\geqq 5$ のとき，$S_n>1+2+3+4=10$ であるから，$S_n=10$ となる n は存在しないので，$p_n=0$ となる。以上より

$$\begin{aligned}\sum_{k=1}^{10}p_k&=p_1+p_2+p_3+p_4+p_5+p_6+p_7+p_8+p_9+p_{10}\\&=\frac{1}{10}+\frac{4}{45}+\frac{1}{30}+\frac{1}{210}+0+0+0+0+0+0\\&=\frac{63+56+21+3}{630}=\frac{143}{630}\quad \toエ\end{aligned}$$

(2)　△ABC に余弦定理を用いると

$$\begin{aligned}\mathrm{AC}^2&=\mathrm{AB}^2+\mathrm{BC}^2-2\mathrm{AB}\cdot\mathrm{BC}\cdot\cos\angle\mathrm{ABC}\\&=4^2+2^2-2\cdot 4\cdot 2\cdot\cos 60^\circ\end{aligned}$$

$$=16+4-2\cdot4\cdot2\cdot\frac{1}{2}=12$$

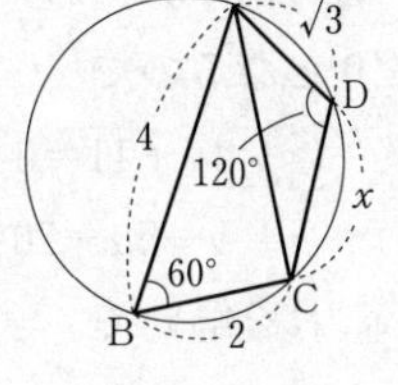

AC>0 より　　$AC=2\sqrt{3}$　→オ

また，四角形 ABCD は円に内接するので

$$\angle ADC=180^\circ-\angle ABC=180^\circ-60^\circ=120^\circ$$

このとき，$CD=x$ とおいて，△ADC に余弦定理を用いると

$$AC^2=AD^2+DC^2-2AD\cdot DC\cdot\cos\angle ADC$$

$$(2\sqrt{3})^2=(\sqrt{3})^2+x^2-2\cdot\sqrt{3}\cdot x\cdot\cos120^\circ$$

$$12=3+x^2-2\sqrt{3}x\cdot\left(-\frac{1}{2}\right)\qquad x^2+\sqrt{3}x-9=0$$

$$x=\frac{-\sqrt{3}\pm\sqrt{(\sqrt{3})^2-4\cdot1\cdot(-9)}}{2\cdot1}=\frac{-\sqrt{3}\pm\sqrt{39}}{2}$$

$x>0$ より

$$x=CD=\frac{-\sqrt{3}+\sqrt{39}}{2}=\frac{\sqrt{3}}{2}(-1+\sqrt{13})\quad\text{→カ}$$

また，四角形 ABCD の面積 S は

$$S=\triangle ABC+\triangle ADC$$

$$=\frac{1}{2}AB\cdot BC\cdot\sin\angle ABC+\frac{1}{2}AD\cdot DC\cdot\sin\angle ADC$$

$$=\frac{1}{2}\cdot4\cdot2\cdot\sin60^\circ+\frac{1}{2}\cdot\sqrt{3}\cdot\frac{\sqrt{3}}{2}(-1+\sqrt{13})\sin120^\circ$$

$$=4\cdot\left(\frac{\sqrt{3}}{2}\right)+\frac{3}{4}(-1+\sqrt{13})\cdot\left(\frac{\sqrt{3}}{2}\right)$$

$$=\frac{\sqrt{3}}{2}\cdot\left\{4+\frac{3}{4}(-1+\sqrt{13})\right\}=\frac{\sqrt{3}}{2}\cdot\frac{13+3\sqrt{13}}{4}$$

$$=\frac{\sqrt{3}}{8}(13+3\sqrt{13})\quad\text{→キ}$$

(3)　$x^3+ax^2+b=0$　(a，b は実数)　……①

①は実数係数の 3 次方程式であるから，虚数解 $2+i$ を解にもつので，その共役複素数 $2-i$ も解にもつ。

よって，x^3+ax^2+b は $\{x-(2+i)\}\{x-(2-i)\}$，すなわち，x^2-4x+5 で割り切れる。

右の割り算において，余りは0となるので

$$\begin{array}{r|llll} & x+(a+4) & & & \\ \hline x^2-4x+5 & x^3 & +ax^2 & & +b \\ - & x^3 & -4x^2 & +5x & \\ \hline & & (a+4)x^2 & -5x & +b \\ - & & (a+4)x^2 & -4(a+4)x & +5(a+4) \\ \hline & & & (4a+11)x & +b-5a-20 \end{array}$$

$$4a+11=0$$

$$b-5a-20=0$$

これを解いて

$$a=-\frac{11}{4},\ b=\frac{25}{4}\quad \to ク,\ ケ$$

このとき，商は　$x+a+4=x-\dfrac{11}{4}+4=x+\dfrac{5}{4}$

であるから，①は　$(x^2-4x+5)\left(x+\dfrac{5}{4}\right)=0$

$$x=2\pm i,\ -\frac{5}{4}$$

よって，方程式①の実数解は $-\dfrac{5}{4}$ である。 →コ

別解1　$x^3+ax^2+b=0$　（a，b は実数）　……①

①は実数係数の方程式であるから，虚数解 $2+i$ を解にもつので，その共役複素数 $2-i$ も解にもつ。さらに，①は3次方程式であるから，もう1つの解は実数解 α となる。……(＊) よって

$$(①の左辺)=\{x-(2+i)\}\{x-(2-i)\}(x-\alpha)$$

と因数分解できるので，これより

$$\begin{aligned} x^3+ax^2+b&=[x^2-\{(2+i)+(2-i)\}x+(2+i)(2-i)](x-\alpha)\\ &=(x^2-4x+5)(x-\alpha)\\ &=x^3-\alpha x^2-4x^2+4\alpha x+5x-5\alpha\\ &=x^3+(-\alpha-4)x^2+(4\alpha+5)x-5\alpha \end{aligned}$$

両辺の係数を比較して

$$a=-\alpha-4,\ 0=4\alpha+5,\ b=-5\alpha$$

これらを解くと　$\alpha=-\dfrac{5}{4},\ a=-\dfrac{11}{4},\ b=\dfrac{25}{4}$

よって，方程式①の実数解は $-\dfrac{5}{4}$ である。

別解2　〔別解1の(＊)まで同じ〕 3次方程式①の解と係数の関係より

$$(2+i)+(2-i)+\alpha=-\frac{a}{1}\quad ……②$$

$$(2+i)(2-i)+(2-i)\alpha+\alpha(2+i)=\frac{0}{1}\quad\cdots\cdots③$$

$$(2+i)(2-i)\alpha=-\frac{b}{1}\quad\cdots\cdots④$$

②より　$4+\alpha=-a$　……⑤

③より　$5+4\alpha=0$　$\alpha=-\frac{5}{4}$

このとき，④，⑤は　$5\cdot\left(-\frac{5}{4}\right)=-b,\ 4+\left(-\frac{5}{4}\right)=-a$

$$a=-\frac{11}{4},\ b=\frac{25}{4}$$

別解 3　$x^3+ax^2+b=0$　（a，b は実数）　……①

方程式①は $x=2+i$ を解にもつので，①に $x=2+i$ を代入して

$$(2+i)^3+a(2+i)^2+b=0$$

$$2^3+3\cdot2^2\cdot i+3\cdot2\cdot i^2+i^3+a(4+4i-1)+b=0$$

$$8+12i-6-i+a(3+4i)+b=0$$

$$3a+b+2+(11+4a)i=0$$

ここで，a，b は実数であるから，$3a+b+2$，$11+4a$ も実数となる。

よって　$3a+b+2=0,\ 11+4a=0$

これらを解くと　$a=-\frac{11}{4},\ b=\frac{25}{4}$

このとき，①は

$$x^3-\frac{11}{4}x^2+\frac{25}{4}=0\qquad 4x^3-11x^2+25=0$$

$f(x)=4x^3-11x^2+25$ とおくと

$$f\left(-\frac{5}{4}\right)=4\left(-\frac{5}{4}\right)^3-11\left(-\frac{5}{4}\right)^2+25$$

$$=-\frac{125}{16}-\frac{275}{16}+25$$

$$=-\frac{400}{16}+25=-25+25=0$$

となるので，$f(x)$ は $x+\frac{5}{4}$ を因数にもつ。

よって，組立除法を用いると

$$f(x)=\left(x+\frac{5}{4}\right)(4x^2-16x+20)$$
$$=(4x+5)(x^2-4x+5)$$

$-\frac{5}{4}$	4	−11	0	25
		−5	20	−25
	4	−16	20	0

$f(x)=0$ を解くと　　$x=-\dfrac{5}{4}$，$x^2-4x+5=0$

$$x=\frac{-(-2)\pm\sqrt{(-2)^2-1\cdot5}}{1}=2\pm i$$

以上より，①の実数解は $-\dfrac{5}{4}$ である。

参考　$p(x)=ax^3+bx^2+cx+d$ について，$p(\alpha)=0$ となる α は

$$\alpha=\pm\frac{(d\text{ の約数})}{(a\text{ の約数})}$$

の中から見つけるとよい。

II　解答

(1)　まず，C(5, 12) より

$$|\vec{c}|=|\overrightarrow{OC}|=\sqrt{5^2+12^2}=\sqrt{169}=13$$

次に，A，B は，O を中心とする半径 r の円周上にあるので

$$|\vec{a}|=|\overrightarrow{OA}|=r,\ |\vec{b}|=|\overrightarrow{OB}|=r$$

また，OA⊥OB より　　$\overrightarrow{OA}\cdot\overrightarrow{OB}=0$　　$\vec{a}\cdot\vec{b}=0$

このとき，$3\vec{a}+2\vec{b}=\vec{c}$ の両辺を 2 乗すると

$$|3\vec{a}+2\vec{b}|^2=|\vec{c}|^2\qquad 9|\vec{a}|^2+12\vec{a}\cdot\vec{b}+4|\vec{b}|^2=|\vec{c}|^2$$
$$9r^2+12\cdot0+4r^2=13^2\qquad r^2=13$$
$$r=\sqrt{13}\quad(r>0)\quad\cdots\cdots(\text{答})$$

(2)　$3\vec{a}+2\vec{b}=\vec{c}$　……① より

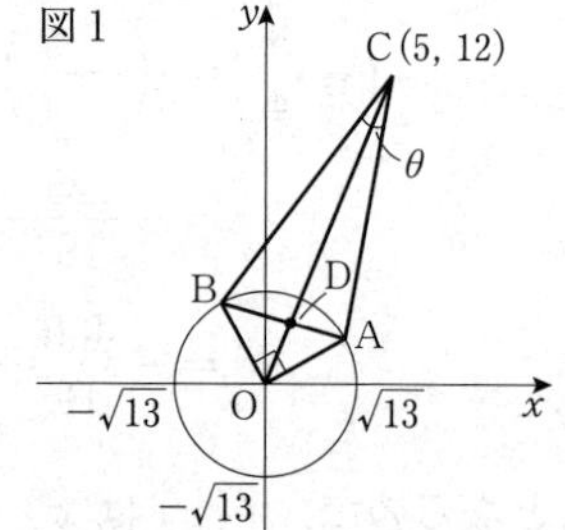

図 1

$$\overrightarrow{OC}=3\overrightarrow{OA}+2\overrightarrow{OB}=5\cdot\frac{3\overrightarrow{OA}+2\overrightarrow{OB}}{2+3}$$

ここで，$\overrightarrow{OD}=\dfrac{3\overrightarrow{OA}+2\overrightarrow{OB}}{2+3}$ とおくと

$$\overrightarrow{OC}=5\overrightarrow{OD}$$

これより，点 D は

AD：DB＝2：3，OD：DC＝1：4

をみたす位置にある。これより，点 A，B は図 1 または図 2 の位置にある。

図 2

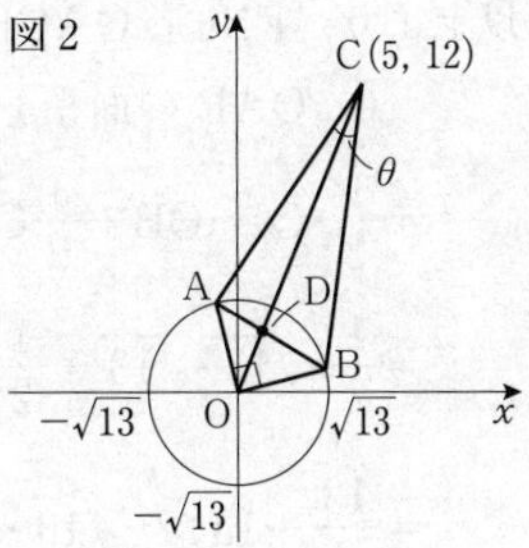

このとき，∠ACB$=\theta$ とすると

$$\cos\theta=\frac{\overrightarrow{\mathrm{CA}}\cdot\overrightarrow{\mathrm{CB}}}{|\overrightarrow{\mathrm{CA}}||\overrightarrow{\mathrm{CB}}|}\quad\cdots\cdots②$$

ここで

$$\begin{aligned}\overrightarrow{\mathrm{CA}}\cdot\overrightarrow{\mathrm{CB}}&=(\overrightarrow{\mathrm{OA}}-\overrightarrow{\mathrm{OC}})\cdot(\overrightarrow{\mathrm{OB}}-\overrightarrow{\mathrm{OC}})\\&=(\vec{a}-\vec{c})\cdot(\vec{b}-\vec{c})\\&=(-2\vec{a}-2\vec{b})\cdot(-3\vec{a}-\vec{b})\quad(①より)\\&=2(\vec{a}+\vec{b})\cdot(3\vec{a}+\vec{b})\\&=6|\vec{a}|^2+2|\vec{b}|^2\\&=6\cdot13+2\cdot13\\&=8\cdot13\\&=104\end{aligned}$$

$$\begin{aligned}|\overrightarrow{\mathrm{CA}}|^2&=|\overrightarrow{\mathrm{OA}}-\overrightarrow{\mathrm{OC}}|^2=|\vec{a}-\vec{c}|^2=|\vec{a}-(3\vec{a}+2\vec{b})|^2\quad(①より)\\&=|-2\vec{a}-2\vec{b}|^2=4|\vec{a}|^2+8\vec{a}\cdot\vec{b}+4|\vec{b}|^2\\&=4(\sqrt{13})^2+8\cdot0+4(\sqrt{13})^2=104\end{aligned}$$

$|\overrightarrow{\mathrm{CA}}|>0$ より　$|\overrightarrow{\mathrm{CA}}|=\sqrt{104}=2\sqrt{26}$

$$\begin{aligned}|\overrightarrow{\mathrm{CB}}|^2&=|\overrightarrow{\mathrm{OB}}-\overrightarrow{\mathrm{OC}}|^2=|\vec{b}-\vec{c}|^2=|\vec{b}-(3\vec{a}+2\vec{b})|^2\quad(①より)\\&=|-3\vec{a}-\vec{b}|^2=9|\vec{a}|^2+6\vec{a}\cdot\vec{b}+|\vec{b}|^2=9(\sqrt{13})^2+6\cdot0+(\sqrt{13})^2\\&=130\end{aligned}$$

$|\overrightarrow{\mathrm{CB}}|>0$ より　$|\overrightarrow{\mathrm{CB}}|=\sqrt{130}$

よって，②より

$$\cos\theta=\frac{104}{2\sqrt{26}\cdot\sqrt{130}}=\frac{52}{13\cdot\sqrt{2}\sqrt{10}}=\frac{4}{2\sqrt{5}}=\frac{2}{\sqrt{5}}\quad\cdots\cdots(答)$$

このとき　$\sin^2\theta=1-\cos^2\theta=1-\left(\frac{2}{\sqrt{5}}\right)^2=\frac{1}{5}$

$0^\circ\leqq\theta\leqq180^\circ$ より，$\sin\theta>0$ であるから　$\sin\theta=\frac{1}{\sqrt{5}}$

以上より，四角形OACBの面積は，図1より

$$(\triangle \mathrm{OAB}\text{の面積})+(\triangle \mathrm{ACB}\text{の面積})$$
$$=\frac{1}{2}\cdot \mathrm{OA}\cdot \mathrm{OB}+\frac{1}{2}\mathrm{CA}\cdot \mathrm{CB}\cdot \sin\theta$$
$$=\frac{1}{2}\cdot\sqrt{13}\cdot\sqrt{13}+\frac{1}{2}\cdot 2\sqrt{26}\cdot\sqrt{130}\cdot\frac{1}{\sqrt{5}}$$
$$=\frac{13}{2}+13\sqrt{2}\cdot\sqrt{10}\cdot\frac{1}{\sqrt{5}}$$
$$=\frac{13}{2}+26=\frac{65}{2}\quad\cdots\cdots(\text{答})$$

別解　△OABは直角二等辺三角形であるから　$\mathrm{AB}=\sqrt{2}\sqrt{13}=\sqrt{26}$

このとき，△ACBに余弦定理を用いると

$$\cos\theta=\frac{\mathrm{CA}^2+\mathrm{CB}^2-\mathrm{AB}^2}{2\mathrm{CA}\cdot \mathrm{CB}}=\frac{(2\sqrt{26})^2+(\sqrt{130})^2-(\sqrt{26})^2}{2\cdot 2\sqrt{26}\cdot\sqrt{130}}$$
$$=\frac{208}{2\cdot 2\cdot 13\sqrt{2}\cdot\sqrt{10}}=\frac{2}{\sqrt{5}}$$

(3)　(i)図1より，点Aの座標を$(x,\ y)$とおくと

$\angle \mathrm{AOB}=90°$より，点Bの座標は$(-y,\ x)$となるので

$$\overrightarrow{\mathrm{OA}}=\vec{a}=(x,\ y),\ \overrightarrow{\mathrm{OB}}=\vec{b}=(-y,\ x)$$

これらを$3\vec{a}+2\vec{b}=\vec{c}$に代入すると

$$3(x,\ y)+2(-y,\ x)=(5,\ 12)$$
$$(3x-2y,\ 3y+2x)=(5,\ 12)\qquad 3x-2y=5,\ 2x+3y=12$$

これを解くと　$x=3,\ y=2$

であるから　$\overrightarrow{\mathrm{OA}}=(3,\ 2),\ \overrightarrow{\mathrm{OB}}=(-2,\ 3)$

よって，点A，Bの座標は　$\mathrm{A}(3,\ 2),\ \mathrm{B}(-2,\ 3)$

(ii)図2より，点Bの座標を$(z,\ w)$とおくと，$\angle \mathrm{BOA}=90°$より，点Aの座標は$(-w,\ z)$となるので

$$\overrightarrow{\mathrm{OA}}=\vec{a}=(-w,\ z),\ \overrightarrow{\mathrm{OB}}=\vec{b}=(z,\ w)$$

これらを$3\vec{a}+2\vec{b}=\vec{c}$に代入すると

$$3(-w,\ z)+2(z,\ w)=(5,\ 12)$$

$(-3w+2z,\ 3z+2w)=(5,\ 12)$　　$2z-3w=5,\ 3z+2w=12$

これを解くと　　$z=\dfrac{46}{13},\ w=\dfrac{9}{13}$

であるから　　$\overrightarrow{\mathrm{OA}}=\left(-\dfrac{9}{13},\ \dfrac{46}{13}\right),\ \overrightarrow{\mathrm{OB}}=\left(\dfrac{46}{13},\ \dfrac{9}{13}\right)$

よって，点 A，B の座標は　　$\mathrm{A}\left(-\dfrac{9}{13},\ \dfrac{46}{13}\right),\ \mathrm{B}\left(\dfrac{46}{13},\ \dfrac{9}{13}\right)$

以上(i)(ii)より，求める点 A，B の座標は

$$\left.\begin{array}{l}\mathrm{A}(3,\ 2),\ \mathrm{B}(-2,\ 3),\\ \mathrm{A}\left(-\dfrac{9}{13},\ \dfrac{46}{13}\right),\ \mathrm{B}\left(\dfrac{46}{13},\ \dfrac{9}{13}\right)\end{array}\right\}\ \cdots\cdots(\text{答})$$

◀解　説▶

≪ベクトルの大きさ，垂直条件，余弦の値と四角形の面積≫

(1)　$3\vec{a}+2\vec{b}=\vec{c}$ の両辺を 2 乗して，$|\vec{a}|=|\vec{b}|=r,\ \vec{a}\cdot\vec{b}=0$ を代入すればよい。

(2)　$\cos\theta=\dfrac{\overrightarrow{\mathrm{CA}}\cdot\overrightarrow{\mathrm{CB}}}{|\overrightarrow{\mathrm{CA}}||\overrightarrow{\mathrm{CB}}|}$，または余弦定理を用いて $\cos\theta$ を求める。四角形の面積は 2 つの三角形に分けて考えればよい。

(3)　$\mathrm{OA}\perp\mathrm{OB}$ を利用して点 A，B の座標を設定する。

III　解答

$f(x)=-x^3-x^2+8x+12$

(1)　$C：y=f(x)$ と x 軸との交点の x 座標を求めると

$y=0$ として

$$0=-x^3-x^2+8x+12$$
$$x^3+x^2-8x-12=0$$
$$(x+2)(x^2-x-6)=0$$
$$(x+2)(x+2)(x-3)=0\qquad (x+2)^2(x-3)=0$$
$$x=-2,\ 3$$

-2	1	1	-8	-12
		-2	2	12
	1	-1	-6	0

また　　$f'(x)=-3x^2-2x+8$

$$=-(3x^2+2x-8)$$
$$=-(x+2)(3x-4)$$

$f'(x)=0$ のとき　　$x=-2,\ \dfrac{4}{3}$

x	$\cdots$	-2	$\cdots$	$\dfrac{4}{3}$	$\cdots$
$f'(x)$	$-$	0	$+$	0	$-$
$f(x)$	↘	0	↗	$\dfrac{500}{27}$	↘

であるから，$f(x)$ の増減表は上のようになる。
よって，求める面積 S は右図の網かけ部分となるので

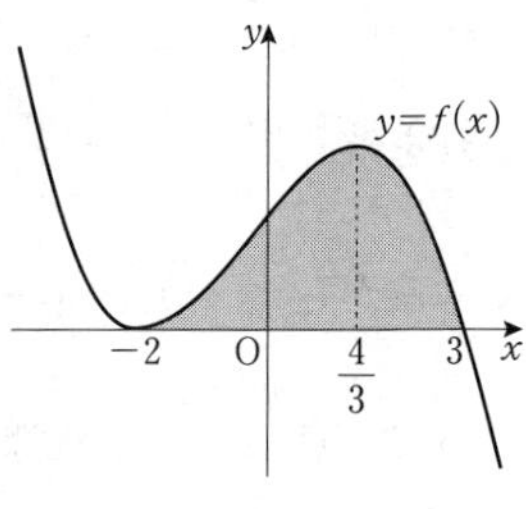

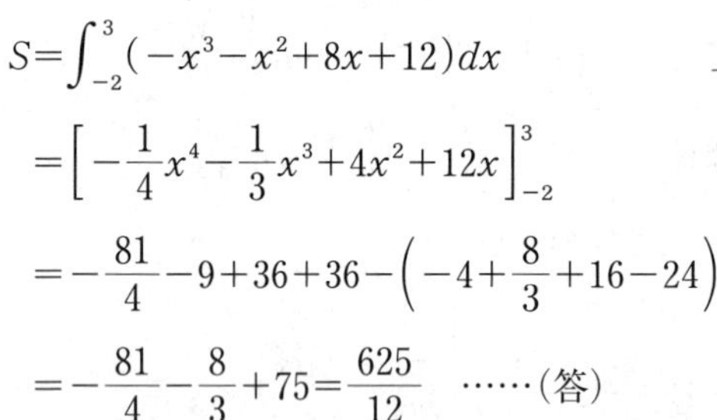

$$S=\int_{-2}^{3}(-x^3-x^2+8x+12)dx$$
$$=\left[-\frac{1}{4}x^4-\frac{1}{3}x^3+4x^2+12x\right]_{-2}^{3}$$
$$=-\frac{81}{4}-9+36+36-\left(-4+\frac{8}{3}+16-24\right)$$
$$=-\frac{81}{4}-\frac{8}{3}+75=\frac{625}{12} \quad \cdots\cdots(\text{答})$$

参考 $\int(x+a)^n dx=\frac{1}{n}(x+a)^n+C$ （n は自然数，C：積分定数）

を利用すると

$$S=\int_{-2}^{3}(-x^3-x^2+8x+12)dx=-\int_{-2}^{3}(x^3+x^2-8x-12)dx$$
$$=-\int_{-2}^{3}(x+2)^2(x-3)dx=-\int_{-2}^{3}(x+2)^2\{(x+2)-5\}dx$$
$$=-\int_{-2}^{3}\{(x+2)^3-5(x+2)^2\}dx$$
$$=-\left[\frac{1}{4}(x+2)^4-\frac{5}{3}(x+2)^3\right]_{-2}^{3}$$
$$=-\left(\frac{1}{4}\cdot5^4-\frac{1}{3}\cdot5^4\right)=\frac{625}{12}$$

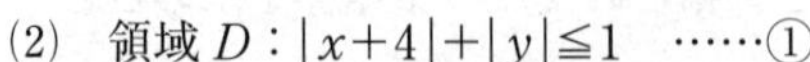

(2) 領域 D：$|x+4|+|y|\leqq 1$ ……①

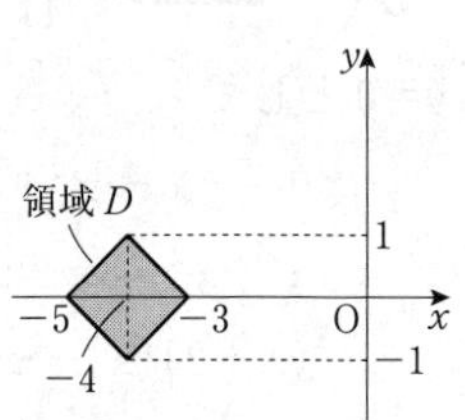

(i) $x+4\geqq 0$，$y\geqq 0$，すなわち，$x\geqq -4$，$y\geqq 0$ のとき

①は　$(x+4)+y\leqq 1$　　$y\leqq -x-3$

(ii) $x\geqq -4$，$y<0$ のとき

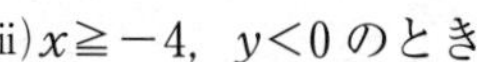

①は　$(x+4)-y\leqq 1$　　$y\geqq x+3$

(iii) $x<-4$，$y\geqq 0$ のとき

①は　$-(x+4)+y\leqq 1$　　$y\leqq x+5$

(iv) $x<-4$，$y<0$ のとき

①は　$-(x+4)-y\leqq 1$　　$y\geqq -x-5$

以上(i)〜(iv)より，領域 D を図示すると上図の網かけ部分となる。ただし，

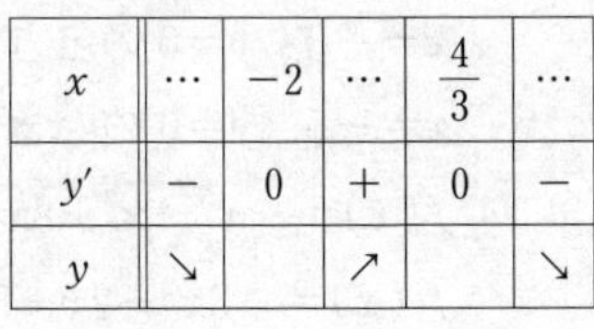

x	$\cdots$	-2	$\cdots$	$\frac{4}{3}$	$\cdots$
y'	$-$	0	$+$	0	$-$
y	↘		↗		↘

境界線は含む。次に，$k=x^3+x^2-8x+y$ とおくと

$$y=-x^3-x^2+8x+k \quad \cdots\cdots ②$$

(1)を利用すると，y の増減表は右のようになる。

ここで，曲線②と直線 $y=-x-3$ ……③ の接点の x 座標を α とすると

$$y'=-3x^2-2x+8$$

より，曲線②の $x=\alpha$ における接線の傾きが -1 となる α を求めると

$$-3\alpha^2-2\alpha+8=-1$$

$$3\alpha^2+2\alpha-9=0$$

$$\alpha=\frac{-1\pm\sqrt{(-1)^2-3(-9)}}{3}$$

$$=\frac{-1\pm\sqrt{28}}{3}$$

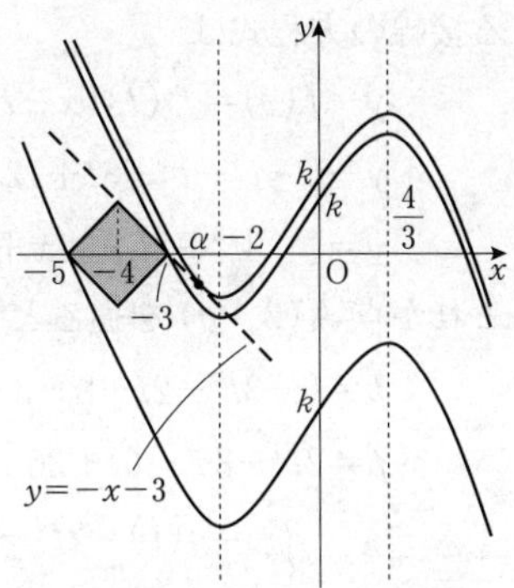

ここで，$\alpha<0$ の場合を考えると

$$\alpha=\frac{-1-\sqrt{28}}{3}$$

であり，$5<\sqrt{28}<6$ 　　$-6<-\sqrt{28}<-5$

$$-7<-1-\sqrt{28}<-6$$

$$-\frac{7}{3}<\frac{-1-\sqrt{28}}{3}<-2$$

これより，$\alpha=\dfrac{-1-\sqrt{28}}{3}>-3$ であることがいえる。

y 切片 k，すなわち，k が最大となるのは，曲線②が $(-3,\ 0)$ を通るときなので

$$最大値\ k=(-3)^3+(-3)^2-8(-3)+0=6$$

y 切片 k，すなわち，k が最小となるのは，曲線②が $(-5,\ 0)$ を通るときなので

$$最小値\ k=(-5)^3+(-5)^2-8(-5)+0=-60$$

以上より，求める最大値，最小値は

$x=-3$, $y=0$ のとき，最大値 6
$x=-5$, $y=0$ のとき，最小値 -60　……(答)

(3)　$f(x)=-x^3-x^2+8x+12$

$f'(x)=-3x^2-2x+8$

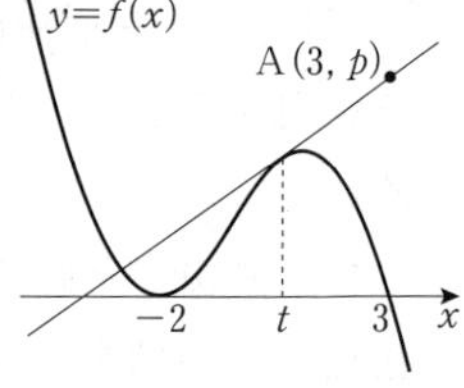

であるから，$y=f(x)$ 上の点 $(t,\ f(t))$ における接線の方程式は

$$y-f(t)=f'(t)(x-t)$$

$$y-(-t^3-t^2+8t+12)=(-3t^2-2t+8)(x-t)$$

$$y=(-3t^2-2t+8)x+2t^3+t^2+12$$

これが点 A$(3,\ p)$ を通るとき

$$p=(-3t^2-2t+8)\cdot 3+2t^3+t^2+12$$

$$p=2t^3-8t^2-6t+36 \quad \cdots\cdots ④$$

ここで　$\begin{cases} y=g(t)=2t^3-8t^2-6t+36 \\ y=p \end{cases}$

とおくと　$g'(t)=6t^2-16t-6$

$=2(3t^2-8t-3)$

$=2(t-3)(3t+1)$

$g'(t)=0$ のとき　$t=-\dfrac{1}{3},\ 3$

t	$\cdots$	$-\dfrac{1}{3}$	$\cdots$	3	$\cdots$
$g'(t)$	+	0	−	0	+
$g(t)$	↗	$\dfrac{1000}{27}$	↘	0	↗

であるから，$g(t)$ の増減表は右のようになる。

ここで，3 次関数 $y=f(x)$ のグラフでは，接点が異なると接線が異なるから，t の 3 次方程式④の異なる実数解の個数と曲線 $C : y=f(x)$ に点 A から引いた接線の本数は一致する。

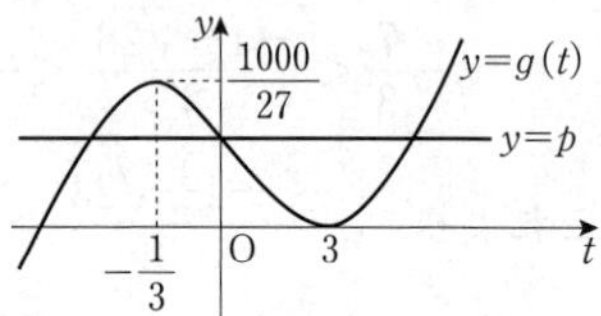

したがって，曲線 $y=g(t)$ と直線 $y=p$ の異なる交点の個数を考えると，求める接線の本数は

$p<0$, $\dfrac{1000}{27}<p$ のとき，1 本
$p=0$, $\dfrac{1000}{27}$ のとき，2 本
$0<p<\dfrac{1000}{27}$ のとき，3 本
……(答)

◀解　説▶

≪面積，線型計画法，接線の本数≫

(1)　x 軸との交点の x 座標を求め，グラフを描く。〔参考〕については，数Ⅲの範囲となる。

(2)　領域 D を図示し，$k=x^3+x^2-8x+y$ とおく。

(3)　曲線 $y=f(x)$ 上の点 $(t,\ f(t))$ における接線の方程式を求め，これが点 $\mathrm{A}(3,\ p)$ を通ることから，$p=g(t)$ の形を導くことがポイントである。

❖講　評

例年，大問 3 題であり，標準的な問題が多い。試験時間は 75 分であるが，計算量がやや多いので，日頃からケアレスミスに気をつけて，標準レベルの問題を速く確実に解けるようにしておくとよい。

Ⅰは確率，三角比，高次方程式の問題。空所補充形式で誘導も親切であるが計算量が多い。

Ⅱはベクトルの問題。(1)，(2)を利用して，(3)を解く流れになっているが，計算量がやや多い。

Ⅲは微・積分法と図形と方程式の問題。(2)の線型計画法については論証力が多少必要となる。

めなければならないため、かなりの記述力が求められる。内容が重複する箇所を、重ねて抜き出さないようにしたい。

三の古文『小夜衣』は、入試での出題は珍しくないものの、全体のあらすじを知っている受験生は稀であろう。「姫君」、「北の方」、「対の御方」、「帝」の関係性を読み間違えないようにしたい。㈠の古文単語と㈤の古典文法の問題は易しいので間違えないようにしたい。一方、㈡や㈢はやや難しい。助詞、助動詞、古文単語の知識で、選択肢を絞ることができるので、ここで文脈の読み違いがあれば修正していきたい。㈣の和歌の問題は、古文常識として当時の男女交際の礼儀を知っていれば答えは容易に絞ることができる。逆にそれを知らなければかなりの難問になるので、模試や問題集で古文の文章問題を解いたあと、解説まで読み込むようにして古文常識を身につけておきたい。㈥の内容真偽は対応箇所を丁寧に押さえれば正解しやすい。㈦の記述問題は、「をかし」のここでの意味を判別したうえで制限字数以内にまとめるのが難しい。過去問等を活用し、練習を重ねる必要がある。古文は全体的にやや難しく、時間配分にも気を付けたい。

る〟以外に〝滑稽だ〟の意味も派生する。ここでの「をかし」の対象は、帝が昼にまで姫君の部屋へ来訪することに対して、姫君の親たちが喜び合う様子である。しかし実際には、帝は「つつましげなりつる人」（＝対の御方）の素性を知るために通ってきているのである。それを誤解して喜ぶ様子を「をかしき」と筆者は評しているので、ここでの「をかし」は〝滑稽だ〟であると判断する。そのうえで制限字数以内にまとめるが、三十字以内という制限は非常に厳しいので、できるだけ簡潔にするよう心掛けなければならない。

❖講　評

昨年、従来の現代文一題、古文一題から現代文二題、古文一題の大問三題へと変更されたが、今年度もそれを踏襲している。難易度もほぼ変わっていない。

一の現代文は、全体としては音楽史だが、それを人間の欲求の傾向と政治経済体制の関係性から分析している。難度は標準的である。「無限のもの、精神的なもの、無駄とも見えるようなもの」を一部の人間が追い求める貴族制の時代から、「有限なもの、物質的なもの、役に立つもの」を多くの人々が求める民主制の時代への変化という二項対立を丁寧に押さえていきたい。㈠の空欄補充は、「紐帯」「アトム」等の語彙を理解しているかどうかが問われた。類題の選択肢で未知の語句と出合った場合には、そのつどしっかり覚えていきたい。㈡は先述した二項対立を押さえておけば解答できる。㈢は「幸田露伴の指摘」について述べられている本文中の箇所が長いので、選択肢との対応をしっかり確認したい。㈣の内容真偽は選択肢で紛らわしいところがあるので、注意する必要がある。

二の現代文は、生物の進化と環境問題をとおして、創造性についての思索を深めている。文章自体の内容としては一見平易だが、明確な二項対立などの構造がなく抽象的な部分も多いため、筆者の主張の軸を読み取るのがやや難しい。㈠の内容真偽も利用しつつ、ポイントを押さえていくとよい。㈡については、まず「デザイン」を言い換え、「未来」と「自然の生態系との共生」の説明箇所を本文全体から抜き出すようにする。抜き出す候補が多く、制限字数内にまと

㈣　女性と契りを結び、翌朝別れた後で男性から女性へ贈る歌を〈後朝（きぬぎぬ）の歌〉と呼ぶ。内容としては、別れを惜しんで夜明けを恨めしく思うもの、実際に会ったらますます愛しくなったというもの、こんなに自分は思っているのにあなたはそれほど思ってくれないと恨むものなどが多い。この帝の歌にある「鳥の音」は暁を告げる鶏の声であり、それを「そめ（初め）」、つまり〈初めて〉「つらし」と知ったというのが歌の主意。よって1、4、5は不適となる。一方姫君の歌は初句の解釈がポイント。「さ」は〝そのように〟、「ぞ」は強意の係助詞、「な」は詠嘆の終助詞。続く「げに」は〝本当に〟と訳す副詞なので、〈その通りですねえ、本当に〉と帝の歌に共感している。3の選択肢のように〈そっけなく歌を返す〉様子は読み取れないので、正解は2となる。

㈤　「ぬ」の識別問題である。①ナ行変格活用動詞「死ぬ」「去ぬ（いぬ）」の一部、②未然形に接続→打消の助動詞「ず」の連体形、③連用形に接続→完了の助動詞「ぬ」の終止形、と識別する。

本文中の傍線部「ぬ」は接続している「移り」が連用形で、終止形接続の「べし」が下接するので、③の〈完了の助動詞「ぬ」の終止形〉と判断できる。選択肢のうち「ぬ」が連用形に接続しているのは1のみ。「老い」は上二段活用のため未然形、連用形が同形だが、「年ふれば」は〈年を経ると〉であり、「ぬ」が打消だと矛盾する。なお、この和歌は二句切れで、「ぬ」は終止形である。2と4は①、3と5は②である。

㈥　1は本文一行目と対応。〈評判が高い〉を含む「さしも名高く聞こえしかば、いかならん」は帝の心中表現で、評判が高いのは姫君のことなので誤り。また、後半部「姫君の女房たちも……見に行くほど」に該当する部分もない。2は四行目と対照する。「聞きつるほどはなけれども」は選択肢の「噂に違わぬ美しさ」とは合致しない。3は第二段落一行目「このほどの心もとなさ」と一致。4は最後から四段落目「今めかし」が「当世風」と訳せるが、「意外にも」「帝には理解することができなかった」が本文中にない。5は最後から三段落目に該当する描写がある。6は最後から二つ目の段落「さしも目驚くばかりは見えず」と矛盾する。以上より、正解は3と5となる。

㈦　「あはれ」が共感からの感動を表すのに対し、「をかし」は客観的な観察が根底にあると言われる。そこから〝趣があしばらくの間語らいあって、（対の御方がどのような人であるのかを）早く聞いて明らかにしたいと（帝は）お思いになっているために、その後は昼などにも（姫君のもとへ）お通いになるので、「帝のご寵愛が、（姫君を入内させた）かいのある様子で、思ったとおりである」と親たちも喜びあっておられるのが、滑稽である。

▲解　説▼

㈠　a、「おもだたし」は、漢字では〈面立たし〉と表記する。〈面〉は面目であり、「おもだたし」で〝面目が立つ〟の意となる。よって正解は4となる。

b、「いつしか」は〝知らぬ間に・いつの間にか・早くも〟の意の副詞。よって正解は1となる。

㈡　各選択肢前半部の帝の様子については、傍線アと同じ段落で「このほどの心もとなさ（近頃の待ち遠しさは）」など姫君と親しく語らい合う描写がある。1は「退出した姫君」とあるが、姫君はまだ退出していない。2は「宮中で熱心に政務にあたっている」や、5は「姫君との不本意な結婚を強いられた」という様子が本文中にない。4は「他の女性に心ひかれている」という描写は、ここではなく本文後半。また、選択肢後半部も確認すると、1「思い煩っている」、2「姫君からの迎え」、4「いいかげんな態度」、5「立腹した様子」は本文から読み取れない。「いとま」は〈ひま・休み〉といった意味であり、ここでは姫君が帝の前から退出しようとする様子であると捉える。よって正解は3となる。

㈢　「さりとて」の意味は〝だからといって〟であるので、各選択肢の前半部は傍線部の直前から判断する。直前部で対の御方の様子は、「かかる晴ればれしき御文などは書きもならはぬを、いかに申すべきにやと、つつましげにおぼしたれば」と描写されている。「つつまし」は〝遠慮される〟の意なので、2「自信を持っている人がいても」や、5「どれほど美しい文字で……あっても」は不適。3は帝からの手紙の相手を「あなた」としているのが誤り。手紙の送り先は姫君である。次に選択肢後半については、まず「誰かは」に着目する。〈か〉〈は〉はいずれも係助詞で、〈かは〉の形では反語の意になることが多い。また、「手」は〝筆跡〟の意。よってこれらを満たす4が正解である。

そ、（帝へのお返事に）ふさわしい」と、北の方が、すすめなさったので、（対の御方は）このような正式なお手紙などは書き慣れてもいないものを、どのように申し上げればいいのだろうかと、遠慮深くお思いになっていると、（北の方は）「だからといって、誰があなたほどの筆跡の者がいるだろうか」と、しきりにすすめなさるので、（対の御方は）困りながらも、

（対の御方）そのとおりでございます。本当にまだ知らなかった暁を告げる鶏の声を初めて聞いた、暁の空の下でございました。

とだけ書いて、（対の御方が）置きなさったのを、（北の方は）包んで（帝へ）差し上げなさった。お使いの者には、慣習に則って、並一通りではなく立派な女房の装束に、小袿を添えて、褒美として与えなさった。

帝は、このお返事をご覧になると、墨つきも、筆の流れる様子も、文字の様子も、非常に立派で、当世風に書き流されている様子に、これほどまでに素晴らしいとは思っていなかったので、意外である気持ちがして、遠慮がちにしていた人（＝対の御方）の様子も気にかかっておられたので、昼間に、（姫君の部屋へ）お入りになった。

対の君は、このような（帝がいらっしゃった）正式な場にいることを、遠慮されて、膝立ちで（奥に）入ろうとなさるのを、北の方、「どうしてそのように（退出しようとするのか）」とおっしゃるので、不本意ながらも出て来なさる様子が、本当に、きれいだという言葉では言い尽くせない。帝は、女房たちを一通りご覧になると、いずれも美人ではないことはないけれど、この人（＝対の御方）は、特別に目を引く様子であるので、どのような人であろうかと、心がひかれるようにお思いになって、しばらくの間じっと見つめて、（姫君のいる）御帳の中にお入りになった。

姫君は、紅葉襲を十重に、紅でつやを出した八重の唐衣、萩襲の小袿など、はなやかな配色で着ておられるのは、（帝には）それほど目を引くほどには見えず、遠慮した様子でいた人（＝対の御方）の容姿は、（はなやかに装っている姫君と）比べることもできないほどである（＝美しかった）ので、「（対の御方は）どのような人であるのだろう」と、早くも（帝の）御心は今にも移ってしまいそうだとお思いになる。

◆全　訳◆

（姫君が入内する）その夜になって、（姫君が宮中に）参上しなさる儀式は、いいかげんなものであるはずがない。帝は、あれほど（姫君の）評判が高いので、「（姫君は）どのようであろうか」と、心ひかれて、急いで（姫君の部屋に）お入りになった。（姫君に仕える）女房の様子などは、本当に心を尽くしてこの日を準備なさったのだと見えた。その中に、（対の御方が）特に身分の高い人と見えて、姿はやや小柄で、扇をかざしている様子は、夜目であっても際立っており、髪がかかる様子なども、目を引くものである。（帝は）「どのような人であるのだろう」とお思いになる。姫君の容姿は、聞いていたほどではなかったけれども、これも好ましいとご覧になる。

（帝が）お帰りになって、（帝からの）使者が来た。（姫君が帝の部屋に）参上なさる様子は、立派である。帝は、「近頃の（姫君が入内するまでの）待ち遠しさは」など語らいなさるうちに、夜更けになってしまったからだろうか、長い秋の夜もすぐに明けてしまうような心地がして、（姫君の）ご兄弟の弁の少将、侍従などは、（姫君の）お迎えに参上してせきばらいをしながらも、「どのようであろうか」と心配しあっている。（帝は）姫君が退室されるのを、お許しにならない様子である。

（姫君が）退室しなさったあとの名残惜しさも、（帝は）心にかかりなさる。すぐに（帝から）お手紙がある。紅葉襲の薄様に、

（帝）心苦しいものだともまだ知らなかった暁を告げる鶏の声を、（あなたと過ごしたあとの）この暁に初めて思い知ったことですよ。

（帝の）筆跡のすばらしいことは、言い尽くせない。並一通りではない（美しい）袖口で（女房が手紙を部屋に）受け取り入れる様子は、（姫君が入内して）面目が立ったことである。母上（北の方）が（姫君に）付き添っておられるけれど、「このお手紙のお返事は、申しにくくて」など言い合っている。

あの山里の姫君は、対の御方と（姫君の女房としての呼び名を）申し上げなさっている。「この（対の御方の）筆跡こ

られるが、「人の活動を自然と切り離して見る」ことと「文明の限界を予見できる」ことに因果関係はないので不適。5は第四段落と見比べると「劇的に変わった」の部分が本文と食い違っている。8は第六段落と比較。ヨハン・ロックストローム博士の指摘の中に「人間が生き延びるための方法」はない。

㈡　「どのようなことか」という設問なので、傍線部を過不足なく説明する。まず「デザイン」は構想や計画、方策などに言い換えるとよい。「未来」については、繰り返されている「持続可能」という表現に置き換える。「自然の生態系との共生」については、第三段落「生態系との因果関係の把握」、第六段落「環境との適応を取り戻し」、第七段落「現在まで他者と認識していた範囲が、人間のみに限定されていただけ」、第八段落「七〇億の人や、無数の企業の利己性と利他性を繋げ」、第十段落「生態系に対して負担が少ないデザインに作り変え、ときには過去に戻って検証しなおす」などがその具体的な方法になる。このうち重複しているものを省き、制限字数以内で解答を作成する。

三

出典　『小夜衣』〈中〉

解答

㈠　a―4　b―1

㈡　3

㈢　4

㈣　2

㈤　1

㈥　3・5

㈦　対の君めあての帝の行動を、両親が姫君への寵愛と誤解する様子。（三十字以内）

て正解は2となる。1は「芸術を一緒に……感動が共有される」が間違い。3は「文壇や画壇に認められようとした……作品を制作する」という内容が本文中にない。4は「往時の大金持ちで趣味のよい消費者」に代わって登場するのは〈ほどほどに豊かな芸術愛好家〉である。「時間と労力……支払う顧客」は、「現われれば」「優れた芸術品」が「誕生しうる」、仮定の存在である（第十五段落）。5はＤＶＤなどによってもたらされたのが〈個人化された形での芸術鑑賞の形態〉であり、因果関係が誤っている。

二

出典　太刀川英輔『進化思考』〈終章　創造性の進化〉（海士の風）

解答

㈠　2・6・7

㈡　利他性の範囲を生態系全体に広げ、因果関係を把握し、持続可能な共生を目指す構想。（四十字以内）

◆要　旨◆

人間の持つ創造力は、自然のなかの不自由を克服し、自身と世界との関係、つまり生態系を人のために変えていった。しかし、生態系を搾取して人間中心の世界を作り上げていった結果、数億年かけて築かれてきた生物の生態系と、人間社会の生態系とのあいだには強烈な断絶が生まれてしまった。人間は社会的動物であり利他によって社会を築いてきたが、その利他の範囲を自然全体に広げなければならない。創造によって失ってしまった自然との適応関係を、もう一度創造力によってデザインしなおすことが、人の生息できる惑星環境を持続可能とするために必要な課題である。

▲解　説▼

㈠　2は第二段落、6と7は第五段落に同様の内容がある。1は第一段落と対照すると、〈人間が持つ創造という超能力〉が進化論で述べられているという記述はない。3は「人の営みと自然とが無関係」の部分が、第三段落にある「人の営みに関係ないものは、もはや地球には存在しない」と矛盾する。4は第三段落から第四段落に言葉としては見つけ

〈バラバラになる〉の結果の状態を意味する語が当てはまる。「紐帯（ちゅうたい）」とは帯と紐だが、転じて〈両者を結びつけるつながり〉の意味も持つ。また、「アトム」とは〈原子〉の意味だが、転じて〈それ以上分けることができないもの〉となる。以上により、4が適当。2はbの「マクロ化」が〈巨大化する〉という意味なので不適。

(二)　傍線Aにある「二律背反的な人間の精神」とは、一行目の〈有限なもの、物質的なもの、役に立つものを求める〉精神と、二行目〈無限のもの、精神的なもの、無駄とも見えるようなものを好奇の気持ちから求める〉精神である。また、第三段落では「条件の平等化」を原則とする民主制のもとで人々は有限なもの、物質的なものを求めると指摘され、第五段落では「デモクラシーの社会では時間のかかる精神活動は軽視されるようになる」と述べられている。これらに一致するのは1となる。2の「境遇の……許容する体制」は、第五段落にある貴族制の説明。3、4、5は「無駄とも見えるもの」「無限のもの、精神的なもの」を求めたり好奇の気持ちを持ったりという部分が、デモクラシーの説明として不適。

(三)　「幸田露伴の指摘」は傍線Bの次の段落から第十二段落の五つの段落で説明されている。それと矛盾するのは1である。「私益と公益」の関係については第十一・十二段落で論じられているが、それらが「本来、反比例的関係である」とは述べられていない。2は傍線Bの次の段落にある「私徳も公徳も同じ直心の美しい光源から発せられたものであり、……に過ぎない」の部分と一致。3はその二段落後「しかし長期的に見れば濫獲は個人を利することはない。……事態を招くからだ」に書かれている。4は第九段落「一婦人が工夫をした絣が……仕事を得るようになる」の部分と合致する。5は同じ第九段落の「製造業者が、公益を重んじて……個々の職人の事業の発展につながる」と一致する。

(四)　「デモクラシーの時代」における芸術作品のありかたについて、傍線Cの段落では〈欲望の膨張〉によって芸術に関心を向ける人が増加すること、次の段落ではその時代には〈美術品の数は増えるが抜きんでた作品は少なくなる〉こと、続く最終段落では〈複製技術の進歩により「一緒に楽しむ」形は弱まった〉ということが述べられている。よっ

国語

一

出典　猪木武徳『社会思想としてのクラシック音楽』〈第八章　言葉、音楽、デモクラシー〉（新潮選書）

解答

(一)　4

(二)　1

(三)　1

(四)　2

◆要　旨◆

人間の精神には、〈有限なもの、物質的なもの、役に立つものへの欲求〉と、〈無限のもの、精神的なもの、無駄とも見えるようなものを求める傾向〉の二側面がある。貴族制という「境遇の恒常的な不平等」を許容する体制から「条件の平等化」を基本原則とする民主制、デモクラシーへと社会が変化する中で、人々は有限なもの、物質的なものへの関心を強めていった。その中で芸術に関心を向ける人の数は増え、美術品の数も増えるが、抜きんでた作品は少なくなる。加えて複製技術の進歩は「一緒に楽しむ」という芸術鑑賞の形を弱め、個人で楽しむ「独酌型」の鑑賞へと変貌させた。

▲解　説▼

(一)　空欄a及びbを含む段落に、「その結果、社会的な［a］が弱まり、人々がバラバラになって［b］して行く」とある。その直前の一文は「こうした競争によって誰しも自分自身の事柄に多忙になるため相互に無関心となり、人々は自分の世界に閉じこもるようになる」であるので、aには〈相互の無関心〉の結果として弱まるもの、bには

//////////////////// ·memo· ////////////////////

教学社 刊行一覧

2025年版 大学赤本シリーズ

374大学556点
全都道府県を網羅

国公立大学（都道府県順）

全国の書店で取り扱っています。店頭にない場合は，お取り寄せができます。

1 北海道大学(文系-前期日程)
2 北海道大学(理系-前期日程) 医
3 北海道大学(後期日程)
4 旭川医科大学(医学部〈医学科〉) 医
5 小樽商科大学
6 帯広畜産大学
7 北海道教育大学
8 室蘭工業大学／北見工業大学
9 釧路公立大学
10 公立千歳科学技術大学
11 公立はこだて未来大学 総推
12 札幌医科大学(医学部) 医
13 弘前大学 医
14 岩手大学
15 岩手県立大学・盛岡短期大学部・宮古短期大学部
16 東北大学(文系-前期日程)
17 東北大学(理系-前期日程) 医
18 東北大学(後期日程)
19 宮城教育大学
20 宮城大学
21 秋田大学 医
22 秋田県立大学
23 国際教養大学 総推
24 山形大学 医
25 福島大学
26 会津大学
27 福島県立医科大学(医・保健科学部) 医
28 茨城大学(文系)
29 茨城大学(理系)
30 筑波大学(推薦入試) 医 総推
31 筑波大学(文系-前期日程)
32 筑波大学(理系-前期日程) 医
33 筑波大学(後期日程)
34 宇都宮大学
35 群馬大学 医
36 群馬県立女子大学
37 高崎経済大学
38 前橋工科大学
39 埼玉大学(文系)
40 埼玉大学(理系)
41 千葉大学(文系-前期日程)
42 千葉大学(理系-前期日程) 医
43 千葉大学(後期日程) 医
44 東京大学(文科) DL
45 東京大学(理科) DL 医
46 お茶の水女子大学
47 電気通信大学
48 東京外国語大学 DL
49 東京海洋大学
50 東京科学大学(旧 東京工業大学)
51 東京科学大学(旧 東京医科歯科大学) 医
52 東京学芸大学
53 東京藝術大学
54 東京農工大学
55 一橋大学(前期日程)
56 一橋大学(後期日程)
57 東京都立大学(文系)
58 東京都立大学(理系)
59 横浜国立大学(文系)
60 横浜国立大学(理系)
61 横浜市立大学(国際教養・国際商・理・データサイエンス・医〈看護〉学部)
62 横浜市立大学(医学部〈医学科〉) 医
63 新潟大学(人文・教育〈文系〉・法・経済科・医〈看護〉・創生学部)
64 新潟大学(教育〈理系〉・理・医〈看護を除く〉・歯・工・農学部) 医
65 新潟県立大学
66 富山大学(文系)
67 富山大学(理系) 医
68 富山県立大学
69 金沢大学(文系)
70 金沢大学(理系) 医
71 福井大学(教育・医〈看護〉・工・国際地域学部)
72 福井大学(医学部〈医学科〉) 医
73 福井県立大学
74 山梨大学(教育・医〈看護〉・工・生命環境学部)
75 山梨大学(医学部〈医学科〉) 医
76 都留文科大学
77 信州大学(文系-前期日程)
78 信州大学(理系-前期日程) 医
79 信州大学(後期日程)
80 公立諏訪東京理科大学 総推
81 岐阜大学(前期日程) 医
82 岐阜大学(後期日程)
83 岐阜薬科大学
84 静岡大学(前期日程)
85 静岡大学(後期日程)
86 浜松医科大学(医学部〈医学科〉) 医
87 静岡県立大学
88 静岡文化芸術大学
89 名古屋大学(文系)
90 名古屋大学(理系) 医
91 愛知教育大学
92 名古屋工業大学
93 愛知県立大学
94 名古屋市立大学(経済・人文社会・芸術工・看護・総合生命理・データサイエンス学部)
95 名古屋市立大学(医学部〈医学科〉) 医
96 名古屋市立大学(薬学部)
97 三重大学(人文・教育・医〈看護〉学部)
98 三重大学(医〈医〉・工・生物資源学部) 医
99 滋賀大学
100 滋賀医科大学(医学部〈医学科〉) 医
101 滋賀県立大学
102 京都大学(文系)
103 京都大学(理系) 医
104 京都教育大学
105 京都工芸繊維大学
106 京都府立大学
107 京都府立医科大学(医学部〈医学科〉) 医
108 大阪大学(文系) DL
109 大阪大学(理系) 医
110 大阪教育大学
111 大阪公立大学(現代システム科学域〈文系〉・文・法・経済・商・看護・生活科〈居住環境・人間福祉〉学部-前期日程)
112 大阪公立大学(現代システム科学域〈理系〉・理・工・農・獣医・医・生活科〈食栄養〉学部-前期日程) 医
113 大阪公立大学(中期日程)
114 大阪公立大学(後期日程)
115 神戸大学(文系-前期日程)
116 神戸大学(理系-前期日程) 医
117 神戸大学(後期日程)
118 神戸市外国語大学 DL
119 兵庫県立大学(国際商経・社会情報科・看護学部)
120 兵庫県立大学(工・理・環境人間学部)
121 奈良教育大学／奈良県立大学
122 奈良女子大学
123 奈良県立医科大学(医学部〈医学科〉) 医
124 和歌山大学
125 和歌山県立医科大学(医・薬学部) 医
126 鳥取大学 医
127 公立鳥取環境大学
128 島根大学 医
129 岡山大学(文系)
130 岡山大学(理系) 医
131 岡山県立大学
132 広島大学(文系-前期日程)
133 広島大学(理系-前期日程) 医
134 広島大学(後期日程)
135 尾道市立大学 総推
136 県立広島大学
137 広島市立大学
138 福山市立大学 総推
139 山口大学(人文・教育〈文系〉・経済・医〈看護〉・国際総合科学部)
140 山口大学(教育〈理系〉・理・医〈看護を除く〉・工・農・共同獣医学部) 医
141 山陽小野田市立山口東京理科大学 総推
142 下関市立大学／山口県立大学
143 周南公立大学 新 総推
144 徳島大学 医
145 香川大学 医
146 愛媛大学 医
147 高知大学 医
148 高知工科大学
149 九州大学(文系-前期日程)
150 九州大学(理系-前期日程) 医
151 九州大学(後期日程)
152 九州工業大学
153 福岡教育大学
154 北九州市立大学
155 九州歯科大学
156 福岡県立大学／福岡女子大学
157 佐賀大学 医
158 長崎大学(多文化社会・教育〈文系〉・経済・医〈保健〉・環境科〈文系〉学部)
159 長崎大学(教育〈理系〉・医〈医〉・歯・薬・情報データ科・工・環境科〈理系〉・水産学部) 医
160 長崎県立大学 総推
161 熊本大学(文・教育・法・医〈看護〉学部・情報融合学環〈文系型〉)
162 熊本大学(理・医〈看護を除く〉・薬・工学部・情報融合学環〈理系型〉) 医
163 熊本県立大学
164 大分大学(教育・経済・医〈看護〉・理工・福祉健康科学部)
165 大分大学(医学部〈医・先進医療科学科〉) 医
166 宮崎大学(教育・医〈看護〉・工・農・地域資源創成学部)
167 宮崎大学(医学部〈医学科〉) 医
168 鹿児島大学(文系)
169 鹿児島大学(理系) 医
170 琉球大学 医

2025年版　大学赤本シリーズ

国公立大学 その他

171 〔国公立大〕医学部医学科 総合型選抜・学校推薦型選抜※ 医 総推
172 看護・医療系大学〈国公立 東日本〉※
173 看護・医療系大学〈国公立 中日本〉※
174 看護・医療系大学〈国公立 西日本〉※
175 海上保安大学校／気象大学校
176 航空保安大学校
177 国立看護大学校
178 防衛大学校 総推
179 防衛医科大学校（医学科） 医
180 防衛医科大学校（看護学科）

※No.171～174の収載大学は赤本ウェブサイト（http://akahon.net/）でご確認ください。

私立大学①

北海道の大学（50音順）
201 札幌大学
202 札幌学院大学
203 北星学園大学
204 北海学園大学
205 北海道医療大学
206 北海道科学大学
207 北海道武蔵女子大学・短期大学
208 酪農学園大学（獣医学群〈獣医学類〉）

東北の大学（50音順）
209 岩手医科大学（医・歯・薬学部） 医
210 仙台大学 総推
211 東北医科薬科大学（医・薬学部） 医
212 東北学院大学
213 東北工業大学
214 東北福祉大学
215 宮城学院女子大学 総推

関東の大学（50音順）

あ行（関東の大学）
216 青山学院大学（法・国際政治経済学部－個別学部日程）
217 青山学院大学（経済学部－個別学部日程）
218 青山学院大学（経営学部－個別学部日程）
219 青山学院大学（文・教育人間科学部－個別学部日程）
220 青山学院大学（総合文化政策・社会情報・地球社会共生・コミュニティ人間科学部－個別学部日程）
221 青山学院大学（理工学部－個別学部日程）
222 青山学院大学（全学部日程）
223 麻布大学（獣医、生命・環境科学部）
224 亜細亜大学
226 桜美林大学
227 大妻女子大学・短期大学部

か行（関東の大学）
228 学習院大学（法学部－コア試験）
229 学習院大学（経済学部－コア試験）
230 学習院大学（文学部－コア試験）
231 学習院大学（国際社会科学部－コア試験）
232 学習院大学（理学部－コア試験）
233 学習院女子大学
234 神奈川大学（給費生試験）
235 神奈川大学（一般入試）
236 神奈川工科大学
237 鎌倉女子大学・短期大学部
238 川村学園女子大学
239 神田外語大学
240 関東学院大学
241 北里大学（理学部）
242 北里大学（医学部） 医
243 北里大学（薬学部）
244 北里大学（看護・医療衛生学部）
245 北里大学（未来工・獣医・海洋生命科学部）
246 共立女子大学・短期大学
247 杏林大学（医学部） 医
248 杏林大学（保健学部）
249 群馬医療福祉大学・短期大学部
250 群馬パース大学 総推
251 慶應義塾大学（法学部）
252 慶應義塾大学（経済学部）
253 慶應義塾大学（商学部）
254 慶應義塾大学（文学部） 総推
255 慶應義塾大学（総合政策学部）
256 慶應義塾大学（環境情報学部）
257 慶應義塾大学（理工学部）
258 慶應義塾大学（医学部） 医
259 慶應義塾大学（薬学部）
260 慶應義塾大学（看護医療学部）
261 工学院大学
262 國學院大學
263 国際医療福祉大学 医
264 国際基督教大学
265 国士舘大学
266 駒澤大学（一般選抜T方式・S方式）
267 駒澤大学（全学部統一日程選抜）

さ行（関東の大学）
268 埼玉医科大学（医学部） 医
269 相模女子大学・短期大学部
270 産業能率大学
271 自治医科大学（医学部） 医
272 自治医科大学（看護学部）／東京慈恵会医科大学（医学部〈看護学科〉）
273 実践女子大学 総推
274 芝浦工業大学（前期日程）
275 芝浦工業大学（全学統一日程・後期日程）
276 十文字学園女子大学
277 淑徳大学
278 順天堂大学（医学部） 医
279 順天堂大学（スポーツ健康科・医療看護・保健看護・国際教養・保健医療・医療科・健康データサイエンス・薬学部） 総推
280 上智大学（神・文・総合人間科学部）
281 上智大学（法・経済学部）
282 上智大学（外国語・総合グローバル学部）
283 上智大学（理工学部）
284 上智大学（TEAPスコア利用方式）
285 湘南工科大学
286 昭和大学（医学部） 医
287 昭和大学（歯・薬・保健医療学部）
288 昭和女子大学
289 昭和薬科大学
290 女子栄養大学・短期大学部 総推
291 白百合女子大学
292 成蹊大学（法学部－A方式）
293 成蹊大学（経済・経営学部－A方式）
294 成蹊大学（文学部－A方式）
295 成蹊大学（理工学部－A方式）
296 成蹊大学（E方式・G方式・P方式）
297 成城大学（経済・社会イノベーション学部－A方式）
298 成城大学（文芸・法学部－A方式）
299 成城大学（S方式〈全学部統一選抜〉）
300 聖心女子大学
301 清泉女子大学
303 聖マリアンナ医科大学 医
304 聖路加国際大学（看護学部）
305 専修大学（スカラシップ・全国入試）
306 専修大学（前期入試〈学部個別入試〉）
307 専修大学（前期入試〈全学部入試・スカラシップ入試〉）

た行（関東の大学）
308 大正大学
309 大東文化大学
310 高崎健康福祉大学
311 拓殖大学
312 玉川大学
313 多摩美術大学
314 千葉工業大学
315 中央大学（法学部－学部別選抜）
316 中央大学（経済学部－学部別選抜）
317 中央大学（商学部－学部別選抜）
318 中央大学（文学部－学部別選抜）
319 中央大学（総合政策学部－学部別選抜）
320 中央大学（国際経営・国際情報学部－学部別選抜）
321 中央大学（理工学部－学部別選抜）
322 中央大学（5学部共通選抜）
323 中央学院大学
324 津田塾大学
325 帝京大学（薬・経済・法・文・外国語・教育・理工・医療技術・福岡医療技術学部）
326 帝京大学（医学部） 医
327 帝京科学大学 総推
328 帝京平成大学 総推
329 東海大学（医〈医〉学部を除く－一般選抜）
330 東海大学（文系・理系学部統一選抜）
331 東海大学（医学部〈医学科〉） 医
332 東京医科大学（医学部〈医学科〉） 医
333 東京家政大学・短期大学部 総推
334 東京経済大学
335 東京工科大学
336 東京工芸大学
337 東京国際大学
338 東京歯科大学
339 東京慈恵会医科大学（医学部〈医学科〉） 医
340 東京情報大学
341 東京女子大学
342 東京女子医科大学（医学部） 医
343 東京電機大学
344 東京都市大学
345 東京農業大学
346 東京薬科大学（薬学部） 総推
347 東京薬科大学（生命科学部） 総推
348 東京理科大学（理学部〈第一部〉－B方式）
349 東京理科大学（創域理工学部－B方式・S方式）
350 東京理科大学（工学部－B方式）
351 東京理科大学（先進工学部－B方式）
352 東京理科大学（薬学部－B方式）
353 東京理科大学（経営学部－B方式）
354 東京理科大学（C方式、グローバル方式、理学部〈第二部〉－B方式）
355 東邦大学（医学部） 医
356 東邦大学（薬学部）

2025年版　大学赤本シリーズ

私立大学②

- 357 東邦大学（理・看護・健康科学部）
- 358 東洋大学（文・経済・経営・法・社会・国際・国際観光学部）
- 359 東洋大学（情報連携・福祉社会デザイン・健康スポーツ科・理工・総合情報・生命科・食環境科学部）
- 360 東洋大学（英語〈3日程×3カ年〉）
- 361 東洋大学（国語〈3日程×3カ年〉）
- 362 東洋大学（日本史・世界史〈2日程×3カ年〉）
- 363 東洋英和女学院大学
- 364 常磐大学・短期大学 総推
- 365 獨協大学
- 366 獨協医科大学（医学部） 医

な行（関東の大学）

- 367 二松学舎大学
- 368 日本大学（法学部）
- 369 日本大学（経済学部）
- 370 日本大学（商学部）
- 371 日本大学（文理学部〈文系〉）
- 372 日本大学（文理学部〈理系〉）
- 373 日本大学（芸術学部〈専門試験併用型〉）
- 374 日本大学（国際関係学部）
- 375 日本大学（危機管理・スポーツ科学部）
- 376 日本大学（理工学部）
- 377 日本大学（生産工・工学部）
- 378 日本大学（生物資源科学部）
- 379 日本大学（医学部） 医
- 380 日本大学（歯・松戸歯学部）
- 381 日本大学（薬学部）
- 382 日本大学（N全学統一方式－医・芸術〈専門試験併用型〉学部を除く）
- 383 日本医科大学 医
- 384 日本工業大学
- 385 日本歯科大学
- 386 日本社会事業大学 総推
- 387 日本獣医生命科学大学
- 388 日本女子大学
- 389 日本体育大学

は行（関東の大学）

- 390 白鷗大学（学業特待選抜・一般選抜）
- 391 フェリス女学院大学
- 392 文教大学
- 393 法政大学（法〈Ⅰ日程〉・文〈Ⅱ日程〉・経営〈Ⅱ日程〉学部－A方式）
- 394 法政大学（法〈Ⅱ日程〉・国際文化・キャリアデザイン学部－A方式）
- 395 法政大学（文〈Ⅰ日程〉・経営〈Ⅰ日程〉・人間環境・グローバル教養学部－A方式）
- 396 法政大学（経済〈Ⅰ日程〉・社会〈Ⅰ日程〉・現代福祉学部－A方式）
- 397 法政大学（経済〈Ⅱ日程〉・社会〈Ⅱ日程〉・スポーツ健康学部－A方式）
- 398 法政大学（情報科・デザイン工・理工・生命科学部－A方式）
- 399 法政大学（T日程〈統一日程〉・英語外部試験利用入試）
- 400 星薬科大学 総推

ま行（関東の大学）

- 401 武蔵大学
- 402 武蔵野大学
- 403 武蔵野美術大学
- 404 明海大学
- 405 明治大学（法学部－学部別入試）
- 406 明治大学（政治経済学部－学部別入試）
- 407 明治大学（商学部－学部別入試）
- 408 明治大学（経営学部－学部別入試）
- 409 明治大学（文学部－学部別入試）
- 410 明治大学（国際日本学部－学部別入試）
- 411 明治大学（情報コミュニケーション学部－学部別入試）
- 412 明治大学（理工学部－学部別入試）
- 413 明治大学（総合数理学部－学部別入試）
- 414 明治大学（農学部－学部別入試）
- 415 明治大学（全学部統一入試）
- 416 明治学院大学（A日程）
- 417 明治学院大学（全学部日程）
- 418 明治薬科大学 総推
- 419 明星大学
- 420 目白大学・短期大学部

ら・わ行（関東の大学）

- 421 立教大学（文系学部－一般入試〈大学独自の英語を課さない日程〉）
- 422 立教大学（国語〈3日程×3カ年〉）
- 423 立教大学（日本史・世界史〈2日程×3カ年〉）
- 424 立教大学（文学部－一般入試〈大学独自の英語を課す日程〉）
- 425 立教大学（理学部－一般入試）
- 426 立正大学
- 427 早稲田大学（法学部）
- 428 早稲田大学（政治経済学部）
- 429 早稲田大学（商学部）
- 430 早稲田大学（社会科学部）
- 431 早稲田大学（文学部）
- 432 早稲田大学（文化構想学部）
- 433 早稲田大学（教育学部〈文科系〉）
- 434 早稲田大学（教育学部〈理科系〉）
- 435 早稲田大学（人間科・スポーツ科学部）
- 436 早稲田大学（国際教養学部）
- 437 早稲田大学（基幹理工・創造理工・先進理工学部）
- 438 和洋女子大学 総推

中部の大学（50音順）

- 439 愛知大学
- 440 愛知医科大学（医学部） 医
- 441 愛知学院大学・短期大学部
- 442 愛知工業大学 総推
- 443 愛知淑徳大学
- 444 朝日大学 総推
- 445 金沢医科大学（医学部） 医
- 446 金沢工業大学
- 447 岐阜聖徳学園大学 総推
- 448 金城学院大学
- 449 至学館大学 総推
- 450 静岡理工科大学
- 451 椙山女学園大学
- 452 大同大学
- 453 中京大学
- 454 中部大学
- 455 名古屋外国語大学 総推
- 456 名古屋学院大学 総推
- 457 名古屋学芸大学 総推
- 458 名古屋女子大学 総推
- 459 南山大学（外国語〈英米〉・法・総合政策・国際教養学部）
- 460 南山大学（人文・外国語〈英米を除く〉・経済・経営・理工学部）
- 461 新潟国際情報大学
- 462 日本福祉大学
- 463 福井工業大学
- 464 藤田医科大学（医学部） 医
- 465 藤田医科大学（医療科・保健衛生学部）
- 466 名城大学（法・経営・経済・外国語・人間・都市情報学部）
- 467 名城大学（情報工・理工・農・薬学部）
- 468 山梨学院大学

近畿の大学（50音順）

- 469 追手門学院大学 総推
- 470 大阪医科薬科大学（医学部） 医
- 471 大阪医科薬科大学（薬学部） 総推
- 472 大阪学院大学 総推
- 473 大阪経済大学 総推
- 474 大阪経済法科大学 総推
- 475 大阪工業大学 総推
- 476 大阪国際大学・短期大学部 総推
- 477 大阪産業大学 総推
- 478 大阪歯科大学（歯学部）
- 479 大阪商業大学 総推
- 480 大阪成蹊大学・短期大学 総推
- 481 大谷大学 総推
- 482 大手前大学・短期大学 総推
- 483 関西大学（文系）
- 484 関西大学（理系）
- 485 関西大学（英語〈3日程×3カ年〉）
- 486 関西大学（国語〈3日程×3カ年〉）
- 487 関西大学（日本史・世界史・文系数学〈3日程×3カ年〉）
- 488 関西医科大学（医学部） 医
- 489 関西医療大学 総推
- 490 関西外国語大学・短期大学部 総推
- 491 関西学院大学（文・法・商・人間福祉・総合政策学部－学部個別日程）
- 492 関西学院大学（神・社会・経済・国際・教育学部－学部個別日程）
- 493 関西学院大学（全学部日程〈文系型〉）
- 494 関西学院大学（全学部日程〈理系型〉）
- 495 関西学院大学（共通テスト併用日程〈数学〉・英数日程）
- 496 関西学院大学（英語〈3日程×3カ年〉） 新
- 497 関西学院大学（国語〈3日程×3カ年〉） 新
- 498 関西学院大学（日本史・世界史・文系数学〈3日程×3カ年〉） 新
- 499 畿央大学 総推
- 500 京都外国語大学・短期大学 総推
- 502 京都産業大学（公募推薦入試） 総推
- 503 京都産業大学（一般選抜入試〈前期日程〉）
- 504 京都女子大学 総推
- 505 京都先端科学大学 総推
- 506 京都橘大学 総推
- 507 京都ノートルダム女子大学 総推
- 508 京都薬科大学 総推
- 509 近畿大学・短期大学部（医学部を除く－推薦入試） 総推
- 510 近畿大学・短期大学部（医学部を除く－一般入試前期）
- 511 近畿大学（英語〈医学部を除く3日程×3カ年〉）
- 512 近畿大学（理系数学〈医学部を除く3日程×3カ年〉）
- 513 近畿大学（国語〈医学部を除く3日程×3カ年〉）
- 514 近畿大学（医学部－推薦入試・一般入試前期） 医 総推
- 515 近畿大学・短期大学部（一般入試後期） 医
- 516 皇學館大学 総推
- 517 甲南大学 総推
- 518 甲南女子大学（学校推薦型選抜） 新 総推
- 519 神戸学院大学 総推
- 520 神戸国際大学 総推
- 521 神戸女学院大学 総推
- 522 神戸女子大学・短期大学 総推
- 523 神戸薬科大学 総推
- 524 四天王寺大学・短期大学部 総推
- 525 摂南大学（公募制推薦入試） 総推
- 526 摂南大学（一般選抜前期日程）
- 527 帝塚山学院大学 総推
- 528 同志社大学（法、グローバル・コミュニケーション学部－学部個別日程）

2025年版　大学赤本シリーズ　No. 531

同志社大学
（社会学部－学部個別日程）

編　集　教学社編集部
発行者　上原 寿明
発行所　教学社
〒606-0031
京都市左京区岩倉南桑原町56
電話　075-721-6500
振替　01020-1-15695
印　刷　共同印刷工業

2024年6月10日　第1刷発行
ISBN978-4-325-26589-4
定価は裏表紙に表示しています